Die Expressionismusdebatte
Materialien zu einer marxistischen Realismuskonzeption

Herausgegeben von Hans-Jürgen Schmitt

Suhrkamp Verlag

edition suhrkamp 646
Erste Auflage 1973
© Suhrkamp Verlag, Frankfurt am Main 1973. Erstausgabe. Printed in
Germany. Alle Rechte vorbehalten, insbesondere das der Übersetzung, des
öffentlichen Vortrags und der Übertragung durch Rundfunk und Fernsehen,
auch einzelner Teile. Satz in Linotype Garamond, Druck und Bindung bei
Georg Wagner, Nördlingen. Gesamtausstattung Willy Fleckhaus.

Inhalt

Einleitung

Vorbemerkung

Vor mehr als dreißig Jahren entzündete sich eine Debatte an der Kontroverse um die richtige Anknüpfung an das literarische Erbe. Das Erbeproblem war in erster Linie von Marxisten aufgeworfen worden. Es muß einigermaßen paradox erscheinen, wenn wir diese Diskussion erst heute in der BRD als unser Erbe einzuschätzen lernen. Wenn das so spät geschieht, liegt es in zwei Ursachen begründet: in der lange währenden Unkenntnis von Exilliteratur und dem Desinteresse an der Realismusproblematik. Denn es handelt sich bei der sogenannten Expressonismus- bzw. Realismusdebatte von 1937/38 um eine im Exil geführte Debatte. Faschismus – und der Antikommunismus der Adenauer-Ära – haben zweifellos dazu beigetragen, die damals fruchtbaren Strömungen größtenteils abzublocken, wie andererseits das Vorhandensein des Faschismus in Europa die Debatte überhaupt mitbedingt hatte.

In der Bundesrepublik gerät die Exilliteratur erst seit ein paar Jahren zögernd in den Blick, beeinflußt von allmählich sich stärker entwickelndem Verständnis, mehr als bisher Literatur von den sie bestimmenden historischen und gesellschaftlichen Voraussetzungen zu begreifen. Die Werk-Immanenz des »Sprachlichen Kunstwerks« und dessen Kanonisierung hatte verheerende Folgen für eine ganze Generation. Wenn es nun, nach der Negierung von Geschichte nach 1945, doch schließlich anders gekommen ist, hängt das mit dem Zuwachs an politischem Bewußtsein der jüngeren Generation seit etwa 1967 zusammen und einer zumindest in Ansätzen spürbaren Rückwirkung der Studentenbewegung auf die geisteswissenschaftlichen bzw. literaturwissenschaftlichen Disziplinen. Eine wachsende Zahl von Editionen, die sich mit undogmatischer marxistischer Ästhetik, proletarisch-revolutionärer Literatur, dem Proletkult beschäftigen, Versuche, mittels einer materialistischen Literaturwissenschaft »Überbaudiskussionen« in Gang zu bringen, haben das Interesse an Realismuskonzeptionen, an marxistischer Literaturtheorie und Ästhetik wachsen lassen. Bis dahin war, sieht man von den theoretisch sehr blassen Vorstellungen der *Gruppe 61* und des *Werkkreis 70* ab, die Realismusdiskussion höchstens eine innerbürgerliche Angelegenheit, eine akademisch unfruchtbare Erörterung; man braucht sich nur den von R. Brinkmann herausgegebenen Sammelband *Begriffsbestimmung des literarischen Realismus* (1969) anzusehen.

Allerdings fragt es sich, ob das, was von der Exilliteratur zu erben gewesen wäre, nicht längst ein verpaßtes Erbe für die westdeutsche Literatur ist. Man hat nach dem Zusammenbruch von den zurückkehrenden Emigranten wenig wissen wollen; sie versuchten in der Mehrzahl in der DDR Fuß zu fassen – was Konsequenzen für die Literaturentwicklung dort hatte – oder sie blieben in den Gastländern. Was aus der Erfahrung der Exilierten zu lernen gewesen wäre, wurde nicht erkannt, weil der politische Boden, auf dem diese Literatur hätte überprüft werden können, hier nicht vorhanden war; denn die Expressionismusdebatte z. B. ist entscheidend für die Entwicklung einer sozialistischen Literatur. Sie setzte im Herbst 1937 ein, in dem Augenblick, als Hitler in München seine Ausstellung *Entartete Kunst* präsentierte, wo der Ausverkauf des Expressionismus und der gesamten Moderne begann. Es muß Zufall genannt werden, daß die der sowjetischen Konzeption vom sozialistischen Realismus verpflichtete Richtung den Expressionismus als »dekadent« ablehnte und die Nazis ihn als »entartet« verdammten; keinesfalls war es Übereinstimmung, wie erst Bloch in der Hitze der Debatte meinte. Hier war Dekadenz aus der spezifischen Klassenlage formuliert, bestimmt von der marxistischen Auffassung von der Brauchbarkeit des literarischen Erbes im Kampf gegen den Faschismus; dort war es die moralisch-spießbürgerliche Entrüstung, gekoppelt mit der Zurechtbiegung deutscher Klassik zu nordisch deutschem Wesen. Auch darum mußte die Frage nach Herkunft und Bedeutung des Expressionismus wieder gestellt werden.

Es ging jedoch nicht mehr nur um den Expressionismus an sich, sondern um eine marxistische Realismuskonzeption. Die Debatte wurde in der Moskauer Exil-Zeitschrift *Das Wort* (1937/38) ausgetragen und setzte sich vor allem im Briefwechsel zwischen Anna Seghers und Georg Lukács und in der Brecht-Polemik gegen Lukács fort, die erst 1966 in Brechts Nachlaß publiziert worden ist. Die zunächst noch einmal an Gottfried

Benns Parteinahme für den NS-Staat sich entzündende Kritik Klaus Manns und Alfred Kurellas gipfelte bei Kurella in dem Verdikt, der Geist, der den Expressionismus hervorgebracht habe, habe auch in den Faschismus geführt. Kurellas provozierter Angriff löste eine scharfe, weitreichende Debatte aus, an der sich im *Wort* 15 Schriftsteller, Literatur- und Kunstkritiker beteiligten, z. T. ehemalige Expressionisten wie Herwarth Walden, Rudolf Leonhard, Ernst Bloch oder Autoren, die schöpferisch-kritisch der expressionistischen Periode verpflichtet waren. Der Höhepunkt der Debatte muß in den Auseinandersetzungen zwischen Bloch und Lukács einerseits und Lukács und Brecht andererseits gesehen werden. Eine solche Diskussion kann allerdings nicht nur durch das theoretische Konzept eines einzelnen verursacht und gelenkt sein, wie verschiedentlich behauptet worden ist (vgl. hierzu den Abschnitt *Lukács oder Kurella?*). Der ungarische Philosoph Georg Lukács war neben Brecht und Bloch unter den deutschen Autoren[1] der herausragende und theoretisch versierteste Kopf der dreißiger Jahre – er publizierte damals unter den Genannten die meisten literaturtheoretischen Arbeiten – und hatte darum schon im *BPRS (Bund Proletarisch-Revolutionärer Schriftsteller)* eine führende Rolle eingenommen, ihm verdankt die Debatte die Akzentuierung *Es geht um den Realismus*. Lukács hatte auch drei Jahre zuvor, 1934 in der ebenfalls in Moskau erscheinenden *Internationalen Literatur* mit dem Expressionismus abgerechnet (›*Größe und Verfall‹ des Expressionismus*), wobei er, wie selbst seine Gegner Brecht und Bloch bemerkten, durchaus Richtiges gegen den Expressionismus geltend machen konnte: z. B. die allzu abstrakte Opposition gegen Bürgerlichkeit, das überspannte subjektive Pathos, die gedankliche Flucht vor der Wirklichkeit, die daraus resultierende Ablenkungsideologie – doch hatte er die expressionistische Subjektivität und Inhaltsleere als Voraussetzungen für die Inbesitznahme durch den Faschismus – wie Bloch ihm sofort nachwies – zu abgelöst von den Kunstformen gezeigt. Ferner waren seine Aufsätze in der *Internationalen Literatur* von gewissem Gewicht vor allem für die Auseinandersetzung mit Bloch und Brecht, also

---

1 »Lukács ist ein Wahldeutscher. Bei dem ist die Puste [a] bis auf den letzten Rest verschwunden«, sagte Brecht 1938. Mitgeteilt von W. Benjamin in: *Versuche über Brecht*. Frankfurt/M. 1966, S. 133.

den profiliertesten *marxistischen* Theoretikern in dieser Diskussion.

Neben Lukács muß ferner Michail Lifschitz (geb. 1905) erwähnt werden. Er arbeitete seit 1929 am Marx-Engels-Lenin-Institut und veröffentlichte *Karl Marx und die Ästhetik* (1931), eine Arbeit über *Hegels Ästhetik und der dialektische Materialismus* (1932) sowie *Winckelmann und drei Epochen der bürgerlichen Weltanschauung* (1933). Wichtig ist vor allem, daß Lifschitz mit Lukács gegen die Vulgärsoziologie der dreißiger Jahre, die willkürliche Uminterpretation klassischer Literatur als Zeugnisse der Klassenlage ihrer Autoren, kämpfte. Aus diesem Streit gingen nicht nur wichtige polemische Schriften hervor, die auch z. T. 1938 in New York auf englisch erschienen, sondern auch die erste große Sammlung *Marx/Engels ›Über die Kunst‹,* die 1937 in Moskau herauskam. Seine editorische Tätigkeit (auch die Herausgabe der Edition *Klassiker der Ästhetik*) wie seine theoretischen Schriften stehen ganz im Zeichen der Auffassung Lenins und dessen Forderung der Anknüpfung an die schöne Literatur als Modell, was Lifschitz in den zwanziger Jahren heftige Kritik von proletarischen Autoren eingebracht hatte.

Die Expressionismusdiskussion kann also allein von Lukács her nicht richtig eingeschätzt werden, sie ist insgesamt vor dem Hintergrund der Realismusdiskussion der dreißiger Jahre in der Sowjetunion und den wieder verstärkt einsetzenden Bemühungen um eine marxistische Aufarbeitung des literarischen Erbes auf der Basis der Bündnispolitik der Volksfrontbewegung zu sehen. Werner Mittenzwei hat in seinem Aufsatz[2] zuerst nachdrücklich darauf verwiesen. Nur wenn es gelingt, diese Debatte und ihre Auswirkungen historisch zu vermitteln, wird auch ihre Aktualität heute erkannt werden können. Die Voraussetzungen dafür sind in den Komplexen Volksfrontpolitik, sozialistischer Realismus und literarisches Erbe als miteinander eng zusammenhängend im einzelnen zu verfolgen.

Die Debatte selbst muß im Rahmen dieses Editionsplans für sich sprechen; sie im Vorwort vorwegzunehmen, ist nicht meine Absicht. Alfred Kurella setzt in seinem *»Schlußwort«* noch

---

2 Alle in der Einleitung nicht näher bibliographierten Arbeiten sind im Literaturverzeichnis aufgeführt; wird im Einleitungstext daraus zitiert, findet sich in ( ) die Seitenzahl.

einmal zusammenfassend notwendige Akzente und gibt eine Bewertung aus seiner Position. Man könnte ihn als authentischen Berichterstatter zur Einführung lesen.

Volksfrontpolitik

Die durch Hitlers Machtergreifung bald ausgelösten Aktionen wie die Bücherverbrennung im Mai 1933 und die Schwarzen Listen trieben die deutschen Schriftsteller in großer Zahl ins Ausland. Unter ihnen unterstützte an erster Stelle Heinrich Mann in Frankreich ein Volksbündnis aller bürgerlichen und marxistischen Schriftsteller gegen das faschistische Deutschland. Die Emigranten sollten gemeinsam »Stimme ihres stumm gewordenen Volkes« (H. Mann) sein und aktiv Widerstand gegen den Hitlerstaat leisten. Sieht man einmal von der aktuellen Notsituation ab, so mußte der Gedanke der Gemeinsamkeit und die Vorstellung, Literatur könne wieder eine Waffe gegen Imperialismus und Krieg werden, von großer Anziehungskraft gewesen sein, angesichts dessen, daß die Literatur schon im Verlauf des 19. Jahrhunderts mehr und mehr ihre Wirksamkeit als Element der Klassenkämpfe eingebüßt hatte; ja gerade das Debakel von 1933 schien den deutschen Schriftstellern die Ohnmacht des einzelnen und die absolute Wirkungslosigkeit der Literatur, insofern sie als Einzelstimme spricht, zu bestätigen. Ob und inwieweit sich die Emigranten als Intelligenz mitschuldig an der Entwicklung bis 1933 fühlten – in der Expressionismusdebatte blitzen Teilantworten auf –, kann hier nicht verfolgt werden. Sicherlich resultiert die Wendung des Nicht-Marxisten Heinrich Mann, wie er sie in seinem Aufsatz von 1936 *Der Weg der deutschen Arbeiter* vornahm, aus der Ohnmacht der deutschen Intellektuellen. Heinrich Mann schrieb in der in Zürich und Prag erscheinenden *Neuen Weltbühne* zahlreiche Beiträge und Aufrufe, in denen er Sozialisten, soziale Katholiken, besitzlose Arbeiter und das Kleinbürgertum zur Zusammenarbeit aufforderte. Als am 23. Juni 1935 60 000 Pariser Werktätige auf einer Massenkundgebung in Montreuil einen Volksfrontappell an die Anhänger aller antifaschistischen Parteien und Organisationen in Deutschland richteten, feierte Heinrich Mann diese Aktion als »Eine große Neuheit«.

Am 17. Dezember wurde der Kriegsversehrte BVG-Angestellte Rudolf Claus, ein Kommunist, von der NS-Klassenjustiz hingerichtet. Dieser Justizmord setzte das Zeichen für den Beginn einer Solidarisierung zwischen Kommunisten und Sozialdemokraten, die zur Volksfront der Deutschen führen sollte. Zwei weitere, die deutsche Volksfront vorbereitende Ereignisse des Jahres 1935 müssen markiert werden.

Zunächst fand in Paris vom 21.-25. Juni der *Internationale Schriftstellerkongreß zur Verteidigung der Kultur* statt. Eine Gruppe französischer Schriftsteller hatte dazu eingeladen (unter ihnen Henri Barbusse, Louis Aragon, André Gide, André Malraux, Romain Rolland). Man wollte zunächst einmal gemeinsame Schritte wegen der Bedrohung der Kultur in einigen westeuropäischen Ländern unternehmen, hieß es ganz allgemein in der Einladung. Unter den diskutierten Themen stand auf der Tagesordnung an erster Stelle: »Das kulturelle Erbe« (die weiteren Themen: Humanismus, Individuum, Die Rolle des Schriftstellers in der Gesellschaft, Nation und Kultur, Schöpferische Fragen und Würde des Geistes). Von deutscher Seite sprachen Ernst Bloch, Johannes R. Becher, Egon Erwin Kisch, Robert Musil, Willi Bredel, Ernst Toller, Alfred Kerr, Anna Seghers, Heinrich Mann, Lion Feuchtwanger, Bodo Uhse, Klaus Mann, Erich Weinert. Man kann die eine Grundtendenz mit Heinrich Manns Worten zusammenfassen: Es ging um die Verteidigung einer ruhmreichen Vergangenheit für eine neue denkende Gesellschaft. Brecht ergänzte in anderer Hinsicht: Um Kultur an sich könne es gar nicht gehen, so lange man nicht an die Wurzeln der Barbarei gelange, die diese Kultur zerstöre: an die Aufrechterhaltung der bestehenden Eigentumsverhältnisse.

Auf der Brüsseler Parteikonferenz der KPD im Oktober 1935 wurde dann das Volksfrontbündnis als Voraussetzung für den Übergang zum Sozialismus beschlossen und im Zusammenhang mit Wilhelm Piecks Formulierung einer »Volksfrontliteratur« die Devise, das Beste des literarischen Erbes im Kampf gegen den Faschismus fruchtbar zu machen, ausgegeben. Im Lutetia-Kreis in Paris beriet man unter Vorsitz Heinrich Manns über die Bildung einer deutschen Volksfront. Und im Juni 1936 befanden sich – wieder unter H. Manns Vorsitz – im vorbereitenden Ausschuß u. a. folgende Emigranten: Becher, Feuchtwanger, Kisch, Wilhelm Pieck, Walter Ulbricht, Ernst Toller, Bodo Uhse und Arnold Zweig. Bürgerliche Schriftsteller, Marxisten und führende KPD-Politiker arbeiteten Hand in Hand für ein gemeinsames Bündnis – ein historisches Ereignis ersten Ranges, dessen Tradierung für einen zweiten deutschen Staat nicht ohne Folgen bleiben sollte.

Die Gründung der Zeitschrift ›Das Wort‹ im Zeichen der Volksfront

Auf dem Pariser Kongreß von 1935 wurde die Gründung der Zeitschrift *Das Wort* beschlossen[3] – ein für die unsicheren Zeiten ziemlich kühnes Vorhaben, das sich nur durch großzügige Unterstützung von sowjetischer Seite realisieren ließ. Der Leiter des Moskauer Jourgaz Verlags, Michail Kolzow, war auf dem Schriftsteller-Kongreß anwesend; er bot die Hilfe des riesigen Zeitschriftenverlages an, nachdem Alexander Fadejew, damals Vorsitzender des sowjetischen Schriftstellerverbandes, und Johannes R. Becher bereits Vorarbeiten geleistet hatten. Becher hatte sich schon lange vor dem Pariser Kongreß mit dem Plan einer Literaturzeitschrift der Volksfront befaßt, die ja keineswegs mit der strenger ausgerichteten *Internationalen Literatur* (für deren deutsche Ausgabe Becher verantwortlich zeichnete) konkurrieren mußte. *Das Wort* wurde also in der Tat ein Kind der Volksfront, was schon durch das Herausgebergremium dokumentiert wurde: Bert Brecht, parteiloser Marxist, Willi Bredel, KPD, Lion Feuchtwanger, bürgerlicher Autor. Bredel blieb in Moskau ein halbes Jahr Zeit, um die Zeitschrift aufzubauen (die ersten Nummern erschienen 1936); dann ging er nach Spanien und nahm am Bürgerkrieg teil. Fritz Erpenbeck, vormaliger Redakteur der *Internationalen Literatur* wurde daraufhin der verantwortliche Redakteur und, durch die nicht immer leicht zu bewerkstelligende Kommunikation wegen der auf drei Länder verteilten Herausgeber, auch der eigentliche Blattmacher des *Wort*, das er bis zur Einstellung 1939 betreute. Wer sich heute nur den Registerband

3 In den hier gemachten Ausführungen zum *Wort* beziehe ich mich durchweg auf das Nachwort Fritz Erpenbecks im Registerband zum Reprint der Zeitschrift Berlin 1968, S. 5-18.

rasch durchsieht, wird feststellen, daß kaum ein wichtiger Schriftsteller fehlt. Diese Zeitschrift wurde aufgrund ihrer Konzeption eine der vielseitigsten (wenn nicht gar die vielseitigste) unter allen Emigrantenblättern. Es läßt sich von hier aus schon leicht einsehen, daß in diesem Kreis antifaschistisch-demokratischer Autoren die Basis der Volksfront nur das »Gemeinsame Vielfache« sein konnte, die Vielzahl ideologischer, politischer, künstlerischer Schattierungen und Auffassungen beispielsweise bei der Diskussion um das Erbe und seine Brauchbarkeit zu großen Meinungsverschiedenheiten führen mußte:

Anknüpfung an die Klassik und die großen bürgerlichen Realisten des 19. Jahrhunderts? Verteidigung des Expressionismus? Oder ein dialektisches Verhältnis zu Tradition und Moderne? Einer der Hauptgründe, warum Brechts Kontroverse mit Lukács im *Wort* nicht abgedruckt war, dürfte, wie er selbst notierte, in der Sorge um eine weitere Frontenbildung innerhalb der Volksfront in der Frage des Erbes zu sehen sein;[4] ähnliche Bedenken sind für Kurellas leichte Zurücknahme in seinem Schlußwort ausschlaggebend.

Sozialistischer Realismus und Bündnispolitik

Die Erbeproblematik ist seit der Jahrhundertwende unter Marxisten mit verschiedener Intention aufgegriffen worden; man wollte der Ablehnung von literarischer Tradition durch

4 Fritz Erpenbeck erwähnt in seinem Nachwort zum Reprint der Zeitschrift 1968 ausdrücklich, das Vertrauensverhältnis, das Brecht und Feuchtwanger ihm, ohne ihn genau zu kennen, damals entgegengebracht hätten, sei charakteristisch für die Antifaschisten gewesen, »unbeschadet aller literarischen Verschiedenheit und Rangordnung«, und er fährt fort: »In diesem Zusammenhang halte ich es für erwähnenswert, daß Bertolt Brecht, der mit einigen, hauptsächlich in anderen Zeitschriften veröffentlichten Arbeiten von Georg Lukács – insbesondere über den Realismus – nicht einverstanden war, sich zwar polemische Stichworte, kritische Bemerkungen und Gegenthesen notierte (sie wurden zum Teil in seinem Nachlaß gefunden), trotzdem aber, was für ihn als Mitherausgeber des *Worts* ohne weiteres möglich gewesen wäre, keinen literaturtheoretischen Streit begann. Die Geschlossenheit der antifaschistischen Volksfront schien ihm wichtiger; die – notwendige – Auseinandersetzung konnte auf später vertagt werden.« (Fritz Erpenbeck a.a.O., S. 9.)

die Moderne verstärkt die »klassische Literatur« und Kunst entgegenstellen.

An Lenins Einstellung zum Proletkult läßt sich erkennen, wie sehr die Frage nach dem Erbe auch ein taktisches Mittel gegen unkontrollierbare »Experimentier«-kunst war, nicht weil sie sich nicht literarisch auf einen Nenner bringen ließ, sondern mit Führungsansprüchen verbunden den Zielen der Partei zuwiderliefen. Lenin hatte der Revolution die Entfesselung aller zurückgehaltenen Kräfte und Triebe zugestanden; hielt aber bald der »Bilderstürmerei« die Erhaltung des »Schönen, Alten« als Muster entgegen. Aufschlußreich ist sein Resolutionsentwurf zum Kongreß des Proletkults 1920: »Der Marxismus hat seine weltgeschichtliche Bedeutung als Ideologie des revolutionären Proletariats dadurch erlangt, daß er die wertvollsten Errungenschaften des bürgerlichen Zeitalters keineswegs ablehnte, sondern sich umgekehrt alles, was in der mehr als zweitausendjährigen Entwicklung des menschlichen Denkens und der menschlichen Kultur wertvoll war, aneignete und weiterverarbeitete. Nur die weitere Arbeit auf dieser Grundlage und in dieser Richtung, inspiriert durch die praktische Erfahrung der Diktatur des Proletariats, dieses seines letzten Kampfes gegen jegliche Ausbeutung, kann als Aufbau einer wirklichen proletarischen Kultur anerkannt werden.«⁵ Wesentlich verengt ging diese Tendenz in die Statuten des einheitlichen sowjetischen Schriftstellerverbandes von 1934 ein – eine Auswirkung auf die heftigen Literaturfehden der zwanziger Jahre. Nicht an diese sollte weiterhin angeknüpft werden, sondern die Methode des von Stalin indoktronierten sozialistischen Realismus war mit der »kritischen Zueigenmachung des literarischen Erbes der Vergangenheit und [...] dem Studium der Erfahrungen des siegreichen sozialistischen Aufbaus« verbunden; der wichtigste Passus lautete: »Der sozialistische Realismus, der die Hauptmethode der sowjetischen schönen Literatur und Literaturkritik darstellt, fordert vom Künstler wahrheitsgetreue, historische konkrete Darstellung der Wirklichkeit in ihrer revolutionären Entwicklung. Wahrheitstreue und historische Konkretheit der künstlerischen Darstellung muß mit den Aufgaben der ideologischen Umgestaltung und Erziehung der

5 Lenin, *Werke,* Bd. 31, Berlin 1959, S. 308.

Werktätigen im Geiste des Sozialismus verbunden werden.«[6]
Es ist klar, wie es auch die Rede Alexander Shdanows auf dem
I. Allunionskongreß der Sowjetschriftsteller als Sprecher der
Regierung noch verdeutlichte, daß »Realismus« hier an die
Stelle von »Romantik« und Experiment treten sollte, daß die
rein proletarischen wie die formal-literarischen Formen zugunsten von Tolstoi, Balzac, Stendhal, Goethe, Gottfried Keller
aufgegeben werden sollten. Als theoretisch positives Element
hatte Brecht auf die Möglichkeit größerer Objektivierung der
Literatur und die Abkehr von totaler Psychologisierung hingewiesen.
Die Statuten und Shdanows propagierter Dogmatismus waren
aber nur die eine Seite des Kongresses; wenn von daher freilich
alle modernen Formen unter den Tisch fallen mußten, argumen-
tierte Karl Radek im Zeichen der Internationalität des Kongresses und der Bündnispolitik zwar entschieden parteilich,
aber nicht unversöhnlich. Radek bat die »Meister des Worts«
unter den mit der Sowjetunion sympathisierenden ausländischen bürgerlichen Schriftstellern um Unterstützung. Sie sollten
den proletarischen Sowjetschriftstellern mit ihrer *literarischen*
Erfahrung zur Seite stehen und zugleich das Kampfbündnis
gegen den Faschismus stärken helfen. Die bekanntesten ausländischen Redner waren: Malraux, Aragon, Jean-Richard
Bloch, Annabel Ellis, Martin Andersen Nexö; von deutscher
Seite: Becher, Bredel, Toller, Friedrich Wolf, Wieland Herzfelde, Theodor Plivier.
Malraux, der sich strikt gegen Shdanows Thesen gewandt hat-
te und gegen die Unterwerfung der Kunst und die gewaltsame
Beseitung alles Psychologischen eintrat, setzt sich scharfen
Angriffen aus, die eben Radek in seinem Schlußwort um des
Bündnisses willen (und um Malraux nicht in die Arme der
bourgeoisen Schriftsteller zu treiben) abbaute und ihm die
Hand entgegenstreckte. In seinem Grundsatzreferat *Die mo-*
derne Weltliteratur und die Aufgaben der proletarischen
Kunst verdammte er Joyce keineswegs als Autor, was unzu-
lässig sei, wenn Tausende von Schriftstellern ihn erregt läsen.
Aber er hielt aus zwei Gründen dessen Methode für den so-
zialistischen Realismus nicht für brauchbar: in der Methode

6 *Statut des Verbandes der Sowjetschriftsteller* – In: *Internationale Litera-*
tur 3 (1934), S. 142.

selbst und im Gegenstand. Radek sagt zu Joyces Methode:
»Er stellt dem Künstler die Aufgabe, einen Misthaufen mit
Hilfe eines Filmapparates durch ein Mikroskop zu photogra-
phieren. Joyce glaubt, man könne die Wirklichkeit darstellen,
wenn man sie Regung um Regung filme, jede Regung des Gedankens, jede Regung des Menschen aufnehme und auf diese
Weise könne man ein großes Bild erhalten.« (S. 22) Radek
verwirft ferner Joyces Sujet: die Unterwelt der Gefühle und
die Lokalitäten sowie Joyces Diffamierung des irischen Kleinbürgertums, das schließlich 1916 den Aufstand gegen die Eng-
länder organisiert habe. Dem Plädoyer für Joyce von Wieland
Herzfelde, in dem dieser Radeks Formulierung vom »Misthaufen« entgegenhält: Joyce photographiere seine Eingeweide, entgegnet Radek: »Sollen wir denn heute wirklich dem ⊁
Künstler, dem Sowjetkünstler und dem ausländischen revolutionären Künstler sagen: ›Schau in deine Eingeweide!!?‹ –
Nein! Wir müssen ihm sagen: ›Schau – ein Weltkrieg wird vorbereitet; schau, die Faschisten wollen die Reste der Kultur er-
sticken und dem Arbeiter das letzte Recht nehmen; schau –
die sterbende kapitalistische Welt will die Sowjetunion erdros-
seln.‹« (Schlußwort. S. 67) Unter solchen kämpferischen Er- ⊘
wartungen, die von der aktuellen Realität an die Literatur gestellt wurden, mußten die Methoden von Joyce, Dos Passos
und Proust als schier innerliterarische Probleme eines Individualismus für unbrauchbar erklärt werden. Dem wurde allerdings nicht nur von Herzfelde widersprochen, sondern ebenso
in den Reden von Bucharin, Olěša, Malraux, um nur die her-
ausragendsten zu nennen. Auch Jean-Richard Bloch wußte
zwischen extremem Individualismus und Individuum zu diffe-
renzieren.
Radek sah in seiner abschließenden Bilanz den sozialistischen
Realismus nur mit den proletarisch-revolutionären Autoren im
Zeichen der auch von Stalin gebilligten Bündnispolitik gedei-
hen; so war er vorsichtig genug, um nicht zu betont nur auf
klassisches Erbe zu setzen.

»Das große Bündnis«

Bechers Rede auf dem Allunionskongreß *(Das große Bündnis)*
stand eindeutig im Geiste der Volksfrontbewegung; er läßt

sich überhaupt nicht auf einen Streit mit der Moderne ein und fordert nur, die Freunde, die »vom anderen Lager« gekommen seien, zur Auseinandersetzung mit den überlieferten Vorstellungen und literarischen Formen auf; denn die Inhalte des Klassenkampfes verlangten nach neuen Formen. Freilich liegt Bechers Schwerpunkt in der Rettung deutscher Klassik vor der faschistischen Umdeutung. »Künftig ist die Sache der klassischen deutschen Kultur, die Sache des klassischen Gedankens und der klassischen Dichtung, das edle Erbe der Jahrhunderte endgültig denen übergeben, die die Zukunft in ihren Händen tragen, den deutschen Arbeitern.«[7]

Auch drei bzw. vier Jahre später ist Becher nicht unter den Diskutanten der Expressionismusdebatte zu verzeichnen, obschon von ihm dort selbstverständlich die Rede ist. Er, der ehemalige Expressionist, der noch 1927 den Expressionismus »die letzte bedeutende literarische Bewegung in Deutschland« nannte,[8] schreibt jetzt in Moskau im Hotel Lux, womöglich Tür an Tür mit Alfred Kurella, seinen autobiographischen Roman *Abschied,* in dem er furchtbar Gericht hält mit seiner Vätergeneration. Becher verlegt seinen eigenen Wandlungsprozeß vom privilegierten Bourgeois zum Parteigänger der Unterdrückten, vom expressionistischen Ästheten zum Sozialisten vor den Ersten Weltkrieg. Zur Charakterisierung der expressionistischen Epoche liefert er dort z. B. folgende aufschlußreiche Passage: »Erdbeben und Explosionen sollten sein, um die spießige Ruhe der Welt zu erschüttern, deren Geist in Museen und Klassikerausgaben, nach Bildung stinkend, verfaulte.

Ekstatisch wurde Weltbrand verkündet und Massensterben, daraus die Geburt einer neuen Menschheit erfolgen sollte: des Geschlechts der Allbeherrscher. Etwas mußte geschehen. Etwas ... Gefährlich leben! Gefahren bestehen! ... Unbehelligt blieben wir seitens der Behörden, die unsere Hieroglyphen nicht zu entziffern vermochten.« (S. 343)

Die negativen Kriterien, deretwegen der Expressionismus von der Position des sozialistischen Realismus angegriffen wurde,

7 Johannes R. Becher: *Das große Bündnis* – In: *Von der Größe unserer Literatur.* Leipzig 1970, S. 145.
8 Johannes R. Becher: *Über die proletarisch-revolutionäre Literatur in Deutschland* – In: *Zur Tradition der sozialistischen Literatur in Deutschland.* Berlin und Weimar 1967, S. 28.

lassen sich leicht ablesen: Sehnsucht nach einem Krieg als Erneuerung, sein abstraktes Wollen, seine Bohèmehaftigkeit, die praktische Wirkungslosigkeit, aber auch die Ablehnung überlieferten, vor allem klassischen Bildungsgutes, das nun der Sozialist Becher unter anderen Vorzeichen und Bedingungen wieder zurückgewinnen will. Bechers »Anderswerden« im Abschiednehmen ist nicht radikaler Bruch mit allem Vorausgegangenen, was Motto und Leitmotiv seines Buches andeuten: »Manches auch lebt weiter, von dem wir glaubten, auf immer Abschied genommen zu haben. Darum sagen wir nicht zu voreilig: ›Auf Nimmerwiedersehn!‹
Abschied. Und: es soll anders werden!
Mach dich fertig!
›Vergiß das viele Gute nicht!‹ mahnt es dich, und es warnt dich zugleich: ›Gib acht! Schau nach, was du mitnimmst!‹«

»Erbschaft dieser Zeit«

Während Becher in *Abschied* sein Verhältnis zum Erbe dichterisch doppelsinnig anklingen läßt, schält sich bei Ernst Bloch auf theoretischer Ebene in einer tiefgreifenden Auseinandersetzung mit den Literatur- und Erbauffassungen der dreißiger Jahre eine genau fixierbare Position heraus, auch mit herausgefordert durch Lukács' Aufsätze, zu denen er im Gegensatz zu Brecht sofort Stellung bezog (so etwa in *Marxismus und Dichtung*[9], der Pariser Kongreß-Rede von 1935, wo Bloch auf Lukács' Expressionismusessay aus dem Vorjahr eingeht, ohne Lukács' Namen zu nennen). Blochs Überlegungen sind auch von einigen Diskutanten in die Expressionsismusdebatte eingebracht worden. Nicht allein sein Frühwerk *Geist der Utopie*, entstanden zwischen 1915 und 1917, das Bloch »als Zeugnis des original expressionistischen Antriebs« bezeichnete, ist für seine Herkunft aus dem Expressionismus wichtig. Seine Stellung zur expressionistischen Periode in einer Reihe von Aufsätzen, in der Lukács und Kurella damals richtig Blochs »echte Kontinuität« und kein künstlich konstruiertes Verhält-

---

9 Zumindest diese Rede Blochs hätte in der Auswahl von Hans Christoph Buch *Parteilichkeit der Literatur oder Parteiliteratur* aufgenommen werden müssen.

nis erkannten, ist mit der Erbe- bzw. Realismusproblematik verknüpft. Darum ist die Zuspitzung des Interesses an der Debatte auf Brecht/Lukács viel zu eng,[10] wie andererseits auch die Expressionismusforschung Bloch übergangen hat. Zumindest die Grundlinien seiner Auffassung seien hier zum Verständnis der Expressionismusdiskussion ausgezogen.

Ausgehend von der Gemeinsamkeit, zu der sozialistisches Denken führt, sieht Bloch in »Marxismus« und »Dichtung« eine dialektische Bewegung, einen möglichen Dichtungsprozeß, der den Weg zu realistischer Dichtung erst weist, nämlich im »Tendenz-Latenz-Überschuß« des Materials, der durch den marxistischen Begriff in Prozessen, und zwar in dialektischen, gebunden wird und dabei über die Faktizität der Wirklichkeit hinausgelangt. Der darin obwaltende erkenntnistheoretische Aspekt, Bloch nennt ihn, liegt in Marx' Wort vom »Traum von einer Sache«, im poetischen Korrelat der Wahrheit; d. h. ohne einen an die Realität gebundenen Idealismus, d. i. ein Menschliches, Subjektives, ist kein Abbilden oder Aussagen möglich. Von daher wird die Seite des Expressionismus verworfen, die nur subjektivistisches Innen ist und den Anschluß an die Realität verpaßt (»abstrakte Kunst im schlechten Sinn« sagt Bloch dazu), wie er auch den »rezeptgemäß kastrierten Realismus« Shdanows und den »dichterischen Journalismus« der proletarischen Romane als Einengung der Phantasie bezeichnet. Nicht Wirklichkeit an sich, meint Bloch, sondern in der aktiven, bewegten Materie ist stets die sich formende mögliche Wirklichkeit enthalten; denn: »Die Wahrheit ist nicht Abbildung von Fakten, sondern von Prozessen, sie ist letzthin die Aufzeichnung der Tendenz und Latenz dessen, was noch nicht geworden ist und seinen Täter braucht.« (65) Realität wie Subjekt müßten in diesem Vorgang aus der Entfremdung und Verdinglichung herausgerissen werden. So eröffnet Bloch aus der negativen Erfahrung der bürgerlichen Literaturentwicklung eine mögliche zukünftige marxistische Dichtung. Aber gerade darum kann er nicht (auch der marxistische Dichter) von einer geschlossenen, zusammenhängenden Realität ausgehen, wie sie Lukács mit seinem Totalitätsbegriff noch vor Augen hatte; die Realität ist »jäh vermittelt«, spontan, schlägt ein in

10 Leider läßt auch Mittenzwei Bloch unberücksichtigt.

die Hohlräume oder Oberfläche – in Zeiten der Krise. So kann das, was längst verkrustet ist mittels Montage, wie sie z. B. auch der Expressionismus z. T. verwendet hatte (und die Lukács ja für untauglich erklärte) Neues, Zukünftiges am anderen Ort enthüllen. So hat der Expressionismus die Neoklassik erst als klassizistisch entlarvt. »Breite Vermittlung« der Realität hingegen als einer nicht unterbrochenen, wie sie sozialistischem Realismus dogmatischer Herkunft vorschwebt, ist nur zu verwirklichen nach einer »gelungenen sozialen Revolution, ohne Krisen«, wie Bloch bemerkt.

Erkenntniskritisch bedingt die Spontaneität die Montage, darin sieht Bloch die »Großtaten des Expressionismus« und *einen* brauchbaren Erbeansatz, wie ferner auch in großen Dichtungen der vorrevolutionären russischen Literatur (Dostojewski). In seinem Buch mit dem signifikanten Titel *Erbschaft dieser Zeit* von 1935 hat Bloch eigentlich schon den Kleinmütigen wie Dogmatischen in Fragen des Erbes eine Antwort erteilt. In der Endkrise des Kapitals, also nach 1900 in der »Moderne«, gebe es durchaus etwas zu holen, es sei nur eine Frage des »diabolischen Gebrauchs«: »Trägt das untergehende Bürgertum, eben als untergehendes, Elemente zum Aufbau der neuen Welt bei, und welche sind, gegebenenfalls, diese Elemente? Es ist eine rein mittelbare Frage, eine des diabolischen Gebrauchs; als solche ist sie bisher, wie es scheint, vernachlässigt worden, obwohl sie durchaus dialektisch ist. Denn nicht nur im revolutionären Aufstieg oder in der tüchtigen Blüte einer Klasse, auch in ihrem Niedergang und den mannigfachen Inhalten, die gerade die Zersetzung freimacht, kann ein dialektisch brauchbares ›Erbe‹ enthalten sein.« (S. 15/16)

Blochs differenzierte Einstellung zum literarischen Erbe als die eines »diabolischen Gebrauchs« entsprach auch der Auffassung Brechts, Benjamins, Eislers und Anna Seghers, sie bedeutete nichts weniger als eine flexible Aufnahme literarischer Tradition – nach den durch die Realität gestellten Erfordernissen.

Lukács oder Kurella? – Rezeption und Legendenbildung

Die Fragestellung erscheint durchs Vorausgegangene reichlich absurd; sie ist jedoch durch die Art der Rezeption der Debatte, soweit überhaupt davon in der BRD schon gesprochen werden kann, herausgefordert.

Erst, als 1966/67 die Brecht-Polemik gegen Lukács bekannt wurde und zum ersten Mal in den »Gesammelten Werken« bei Suhrkamp publiziert worden ist, stieß man von Brechts Notizen aus auf die Expressionismusdebatte. Bis dahin gab es nur einen, der auf die Debatte hinwies, ohne daß dies Folgen hatte:[11] Paul Raabe, versierter Expressionismus-Bibliograph, stellte 1965 den Band *Expressionismus. Der Kampf um eine literarische Bewegung* zusammen, in dem er Lukács' Expressionismus-Essay von 1934 sowie Kurellas Eröffnungsbeitrag und Blochs Aufsatz aufnahm und die Debatte fast in extenso bibliographierte und mit einem Kurzkommentar versah. Auch Blochs Aufsätze zum Expressionismus wurden erwähnt. Während Raabe in Kenntnis der beiden Beiträge Kurellas diesen als »Entfesseler« der Diskussion bezeichnete, übersah er freilich von seiner nur literar-ästhetischen Expressionismus-Kenntnis aus die wirkliche Bedeutung der Debatte. (S. 306/307)

1968 veranstaltete Rütten & Loening (DDR) einen photomechanischen Nachdruck vom *Wort*. Daß man mit dem *Wort* begann, dem weitere Exilnachdrucke folgen sollen, ist als kulturpolitische Entscheidung zu werten: Man ist sich der Bedeutung des Volksfronterbes für die DDR bewußt. In der Bundesrepublik aber hatte die Unzugänglichkeit der gesamten Debatte nur den Blick auf Brecht/Lukács gelenkt. Bereits in den Anmerkungen von Werner Hecht zur Brecht-Edition entstanden Ungenauigkeiten und falsche Schlußfolgerungen. Die Debatte wird unvollständig und mit Abweichungen zitiert. Vor allem der fehlende Hinweis auf das Schlußwort Kurellas und Hechts Bemerkung: »Die Diskussion war im Grunde angeregt durch den Artikel von Lukács ›Größe und Verfall‹ des Expressionismus [...]«[12] mag Klaus Völker, Helga Gallas und Fritz J. Raddatz dazu veranlaßt haben, Hechts Kommentar ungeprüft zu übernehmen, oder zumindest sich zu einseitig auf Brechts *Polemik* gegen Lukács zu stützen.

In Heft 67/68 der *alternative* findet sich auf Seite 204 eine *Bibliografie zur Expressionismusdebatte* (die auch von Helga

---

11 Der Herausgeber muß gestehen, daß auch er erst bei Abfassung dieser Einleitung wieder auf Raabes Band stieß.
12 Brecht, *Gesammelte Werke*, Bd. 8. Anmerkungen S. 18 f.

Gallas in ihre Arbeit *Marxistische Literaturtheorie*, 1971, übernommen wird). Dort heißt es zunächst, »der Expressionismus-
bzw. Realismusstreit stützte sich auf die Aufsätze von Georg
Lukács ›*Größe und Verfall*‹ *des Expressionismus* [...] und
›Erzählen oder Beschreiben‹ [...]« (Klaus Mann und Kurella
wird immerhin das auslösende Moment zugestanden). Dies
scheint formuliert aus der Kenntnis des Aufsatzes von Völker,
der in diesem *alternative*-Heft nochmals abgedruckt war. In
der Tat sind diese beiden Lukács-Aufsätze in erster Linie in
die damals nicht gedruckte Brecht-Polemik sowie in Blochs
Expressionismus-Artikel eingegangen. Was sonst im *alternative*-Heft bibliographiert wird, ist bis in die Titel, Bandnum-
mern und Seitenzahlen größtenteils falsch und unvollständig.
Die Debatte kann also in ihrer Entwicklung Gallas nicht bekannt sein. Es ist nicht unwichtig, dies zu bemerken, wenn gerade Völker und Gallas »Die verhängnisvolle Rolle«, die
Lukács in Moskau gespielt haben soll, allzu vereinfacht dazu
benutzen, die Schuld für die praktische Eindämmung einer bestimmten Literaturentwicklung allein Lukács zuzuschieben.
(Dabei hatte Lukács schon 1938 gegenüber Anna Seghers zu
den Vorgängen im BPRS erklärt, er habe seinen vorgeblichen
Lehrlingen nicht einmal einen »unverzauberten Besen« geliefert.)
Ebenso sieht Raddatz den »Ursprung« der Debatte in Lukács'
Aufsatz von 1934 und erweckt den Anschein, als kennte er die
Entwicklung der Diskussion. Der Abstand zwischen Januar
1934 (Lukács' Aufsatz) und September 1937 (Beginn der
Debatte) von 3½ Jahren wird von Raddatz mit »technisch-
postalischen« Schwierigkeiten plausibel gemacht. (I, 32) Raddatz erwähnt sogar in seinen Anmerkungen Kurellas Schlußwort, ohne Schlußfolgerungen daraus zu ziehen. (III, 364)
Aber wie lautet dort der erste Satz von Kurella:
»Es war, muß ich gestehen, nicht meine Absicht, eine Diskussion zu entfesseln, als ich meinen Aufsatz über Gottfried Benn
in einen Aufsatz über den Expressionismus auswachsen ließ.«
Kurella hat damals, wie auch 1961 (beim Wiederabdruck),
seinen Aufsatz für den eigentlich einleitenden gehalten, er habe
zur Debatte »den einleitenden Aufsatz (über Gottfried Benn)
und das Schlußwort beigesteuert«.[13] Der von Klaus Mann

13 »Damals schon rief meine Identifizierung des Geistes, der Gottfried

23

scheint also noch aus dessen ganz spezieller vorausgegangener Auseinandersetzung mit Benn hervorgegangen zu sein. Der andere wichtige Passus lautet: »Ich muß nebenbei zu meiner Schande und zur Enttäuschung Ernst Blochs gestehen, daß ich diesen Aufsatz (Lukács' Aufsatz von 1934, Anm. d. H.) noch nicht gelesen hatte, als ich meinen Benn-Artikel schrieb. Ernst Bloch überschätzt da unsere praktische Zusammenarbeit und Arbeitsteilung und unterschätzt unsere grundsätzliche theoretische Übereinstimmung.«

In der Tat enthält Kurellas einleitender Beitrag keinen konkreten Hinweis (wohl eine ideologische Übereinstimmung), der die Kenntnis des Lukács-Artikels zu diesem Zeitpunkt beweisen könnte. Daß es sich nicht um eine von einer Gruppe geplante Debatte gehandelt haben dürfte, erfährt man auch aus Fritz Erpenbecks Nachwort zum *Wort*-Reprint. »Als wir diese Diskussion begannen, meinten einige wohlwollende Freunde: ›Wen soll das heute noch interessieren? Ihr werdet keine Antworten auf eure Anforderungen erhalten.‹ Tatsächlich hatten wir nur vier Autoren aufgefordert, von denen zwei absagten. Aber gleich nach dem Erscheinen der ersten Beiträge setzte eine Flut von polemischen und zustimmenden Beiträgen ein. Selbst unsere Moskauer Freunde erregte plötzlich das totgesagte Thema. Ich kann heute nur bedauern, daß wir nicht genügend Raum hatten, alle eingegangenen Arbeiten abzudrucken. Die nicht verwendeten sind natürlich verloren.«[14]

Der Initiator der Expressionismusdebatte, wie sie im *Wort* ablief, war also Alfred Kurella (neben Becher der führende Kulturpolitiker der KPD in Moskau). Die redaktionelle Regie führte Fritz Erpenbeck;[15] beide vertraten Lukács Position.

Benn die Feder führte, und des ›Geistes‹ der Naziideologie lebhaften Protest hervor. Ich habe die spitzen, ja überspitzten Formulierungen von damals stehen lassen. Soll sich auch heute noch einmal der Streit an ihnen entzünden! Daß nicht so viele deutsche Intellektuelle dem Nazismus zum Opfer gefallen wären, wenn sie nicht durch die Auflösung aller humanistischen Werte durch Leute wie Benn und durch den dekadenten Grundzug des ganzen Expressionismus geistig und moralisch entwaffnet worden wären, ist heute noch meine Überzeugung. Und man sehe einmal zu, *wo* alle Expressionisten (mit Ausnahme derer, die aufhörten, es zu sein und sich zu neuen sozialistischen Positionen durchrangen) heute gelandet sind, *wem* ihr Werk heute dient!« (A. Kurella: *Zwischendurch.* 1961, S. 7.)

14 *Das Wort*, Registerband. Berlin 1968, S. 17 f.

15 Erpenbeck bekämpfte noch in der DDR Brechts Konzept vom epischen

Man wird also die Hinzunahme des Lukács-Aufsatzes im *Wort* »Das Ideal des harmonischen Menschen in der bürgerlichen Ästhetik« (den Lukács im Briefwechsel mit A. Seghers schon als dazu gehörig empfand) zur Debatte wie auch die beiden Essays über Filmkunst von Willy Haas und Béla Balázs, ohne daß diese die Debatte zum Anlaß genommen hätten, einsehen.

Daß dennoch Lukács, als der überlegene und profilierteste Theoretiker der Gegenseite, der sich selbst als »verspäteter Teilnehmer« in die Diskussion einführte, offenbar mit Machtbefugnissen ausgestattet war, wird durch die Brecht-Aufzeichnungen Benjamins von 1938, die 1966 erst erschienen, suggeriert. Darin werden Lukács *und* Kurella erwähnt, die Brecht »viel zu schaffen machen« (S. 130). Es wird von den Apparatschiks gesprochen, die der Produktion feindlich gesonnen seien, da sie selber nicht produzieren, sondern lieber kontrollieren (S. 132). Und unter dem 29. Juli 1938 notiert Benjamin: »Brecht liest mir mehrere polemische Auseinandersetzungen mit Lukács vor, Studien zu einem Aufsatze, den er im *Wort* veröffentlichen soll. Es sind getarnte aber vehemente Angriffe. Brecht fragt mich, was ihre Publikation angeht, um Rat. Da er mir gleichzeitig erzählt, Lukács habe derzeit ›drüben‹ eine große Stellung, so sage ich ihm, ich könne ihm keinen Rat geben. ›Hier handelt es sich um Machtfragen. Dazu müßte sich jemand von drüben äußern. Sie haben doch Freunde dort.‹ Brecht: ›Eigentlich habe ich dort keine Freunde. Und die Moskauer selber haben auch keine – wie die Toten‹«. (S. 133) Brecht bezieht sich auf alle Aufsätze von Lukács, die ihn herausgefordert hatten. Man muß aber bei Brechts Vermutung über Lukács' »große Stellung« anmerken, daß Brecht von Dänemark aus, einige tausend Kilometer von Moskau entfernt, Lukács' praktische politische Tätigkeit als Mitarbeiter am Philosophischen Institut der Akademie der Wissenschaften entschieden überschätzte. Im einzelnen ist zu Lukács' damali-

Theater aufs schärfste mit dem Argument »der volksfremden Dekadenz«, und nahm dabei Lukács' klassischen Standpunkt, die Forderung nach aristotelischen Regeln der Dramatik, ein. Erst Ende der fünfziger Jahre unterzog Erpenbeck seine Position einer Selbstkritik. Nachzulesen in: *Theater in der Zeitwende. Zur Geschichte des Dramas und Schauspieltheaters in der Deutschen Demokratischen Republik.* 2 Bände. 1945-68. Band 1 (Forschungsgruppe unter Leitung von Werner Mittenzwei.) Berlin 1972, S. 189 u. 383.

ger »Macht-Stellung«, wenn es eine solche überhaupt gegeben hat, nichts bekannt.

Rückblickend äußert sich Lukács in seinem Beitrag *in memoriam Hanns Eisler* 1965 über ein kurzes Treffen mit Brecht, als dieser über Moskau nach Amerika fuhr: »Wir hatten damals ein eingehendes Gespräch über die Lage der Literatur, und eine Wendung Brechts ist mir auch heute noch plastisch im Gedächtnis geblieben. Man wolle, sagte er, von vielen Seiten ihn gegen mich aufhetzen und sicher sei dies auch bei mir der Fall; wir beide aber sollten diesen Versuchen energisch widerchen.« (S. 222)

Die richtige Einschätzung der Lukácsschen Realismuskonzeption müßte allerdings jenseits vom »bürgerlichen« und »ultralinken« Standort erfolgen, wie Thomas Metscher dies bisher als einziger in der BRD versucht hat. In der Erkenntnis, daß Lukács die »dialektische Logik Hegels durchaus mit Leninschen Augen las und auf die Kunsttheorie anwandte«,[16] kann erst dessen Bedeutung für die marxistische Realismuskonzeption relevant werden.

Vier Schlußbemerkungen

1. Kann die leidenschaftlich geführte Debatte in ihrem Für und Wider aus dem historisch-politischen Kontext analysiert werden, erhellt sich nicht nur mit den Anknüpfungsmöglichkeiten an das literarische Erbe die Bedeutung der Realismuskonzeption für die Literaturentwicklung heute, sondern auch die Auswirkung des Expressionismus insgesamt.

2. Die Bündnispolitik der Volksfront wurde für die Literatur in der DDR entscheidend, das antifaschistisch-demokratische Bündnis wird zur bestimmenden literatur- und kulturpolitischen Konzeption im System des DDR-Sozialismus ausgebaut, ohne daß dabei Brechts und Blochs Auffassungen praktisch Folgen gehabt hätten.

3. So unterschiedlich die Beantwortung der Frage nach dem Erbe in der Volksfrontbewegung ausfiel, sie zeigte, daß, sofern man an Literatur als Mittel der gesellschaftlichen Verän-

16 vgl. Thomas Metscher: *Ästhetik als Abbildtheorie.* – In: *Das Argument* 77, H 11/12, 1972, S. 953 ff.

derung festhielt, immer ein Rückbezug auf literarische Tradition vorgenommen wurde, und nicht auf faktisch reproduzierbare Realität.

4. Die Expressionismusdebatte der deutschen Volksfront erbrachte zwar nicht den gemeinsamen sozialistischen Standpunkt hinsichtlich der Aufnahme des literarischen Erbes, aber gerade die Kontroversen ließen Fragen offen, die die Diskussion weitertrieben und dogmatische Enge verhinderten.

Editorisches

Die hier abgedruckte Expressionismusdebatte geht auf die Erstdrucke im *Wort* zurück. Die Absicht der Edition liegt im Erschließen des gesamten Materials der Debatte und der wichtigsten Beiträge, die sich auf sie beziehen. Lukács' Aufsatz von 1934 ist nicht abgedruckt, weil er eben 3 1/2 Jahre *vor* der Debatte liegt und in mehreren Anthologien bereits zugänglich ist; ebenso konnten aus diesen Gründen nicht alle Beiträge Blochs aufgenommen werden. Es versteht sich von selbst, daß die redaktionellen »Zugaben« (Erpenbecks) nicht berücksichtigt wurden.

Das Literaturverzeichnis liefert die notwendigen weiterführenden Lesehilfen.

Die bio-bibliographischen Angaben erleichtern dem Leser in der BRD die Standortbestimmung einzelner hier nur weniger bekannter Autoren. Zwei Autoren konnten nicht identifiziert werden: »Peter Fischer« und »Klaus Berger« sind sicherlich damals übliche Pseudonyme, sie tauchen im *Wort* nur ein einziges Mal auf.

Die numerierten Fußnoten wurden vom Herausgeber hinzugefügt. Sie sollen nicht ohne weiteres verständliche Anspielungen, Sachbezüge und Namen erläutern. Mit Stern gekennzeichnete Fußnoten wurden aus dem Erstdruck im »Wort« übernommen.

Schließlich möchte ich Professor Burt Katthiro von der State University of Maryland für seine zahlreichen Anregungen danken. Ihm ist diese Edition freundschaftlich gewidmet.

College Park/Maryland im Februar 73

Literaturverzeichnis

1. Im Umkreis der Expressionismusdebatte der dreißiger Jahre

Georg Lukács, *Größe und Verfall des Expressionismus.* – E.: *Inter-nationale Literatur* 1, (Moskau 1934), S. 153–173. In: G. L., *Werke* 4, *Probleme des Realismus I*, Essays über Realismus. Neuwied (Luchterhand) 1971, S. 109-149 (= zitiert: G. L., *Werke)* Auch in: *Expressionismus. Der Kampf um eine literarische Bewegung* (Hrsg. v. Paul Raabe) München (dtv – Originalausgabe sr 41) 1965, S. 254-273

Marxismus und Literatur (Hrsg. v. Fritz J. Raddatz), Bd. II, Rein-bek (Rowohlt Paperback 81) 1969, S. 7-42

Deutsche Literaturkritik der Gegenwart IV, 1 (Hrsg. v. Hans Mayer), Stuttgart (Goverts) 1971, S. 67-112

Walter Benjamin, *Der Autor als Produzent.* Ansprache im Institut zum Studium des Faschismus in Paris am 27. 4. 1934

–, *Gespräche mit Brecht.* Svendborger Notizen 1934 und 1938. Beide in: W. B.: *Versuche über Brecht.* Frankfurt (Suhrkamp = es 172) 1966, S. 95-116 bzw. 117-135

Johannes R. Becher. *Das große Bündnis.* – E: *Internationale Literatur* 5 (1934), S. 26-33. In: J. R. B., *Von der Größe unserer Literatur.* Leipzig (Reclam) 1971, S. 131-148

Karl Radek, *Die moderne Weltliteratur und die Aufgaben der Kunst* Deutsche Erstveröffentl. leicht gekürzt in: *Internationale Literatur* 5 (1934), S. 5-25

–: *Schlußwort Karl Radeks.* – In: *Internationale Literatur* 5 (1934), S. 59-69

Ernst Bloch, *Marxismus und Dichtung.* Rede auf dem Kongreß zur Verteidigung der Kultur. Paris 1935. – In: E. B. Die Kunst, Schil-ler zu sprechen. Frankfurt (Suhrkamp = BS 234) 1969, S. 58-67

Georg Lukács, *Erzählen oder Beschreiben.* – E: *Internationale Litera-tur* 11/12 (1936), S. 100-118 bzw. S. 108-123
In: G. L., *Werke*, S. 197-242

Ernst Bloch, *Der Expressionismus, jetzt erblickt.* – E: *Die neue Welt-bühne* 44 (1937)
In: E. B., *Erbschaft dieser Zeit.* Erweiterte Neuausgabe. Frankfurt (Suhrkamp) 1962, S. 255-263
Auch in: E. B., *Die Kunst, Schiller zu sprechen.* Frankfurt (Suhr-kamp = BS 234) 1969, S. 73-83

Georg Lukács: *Das Ideal des harmonischen Menschen in der bürger-lichen Ästhetik.* – E: *Das Wort* 4 (1938), S. 82-93
In: G. L., *Werke*, S. 299-311

Hanns Eisler, *Antwort an Georg Lukács.* – E: *Die neue Weltbühne* 50 (1938)

Georg Lukács, *Marx und das Problem des ideologischen Verfalls.* E: *Internationale Literatur* 7 (1938), S. 103-143
  In: G. L., *Werke*, S. 243-298

Ernst Bloch, *Erbschaft dieser Zeit.* Zürich 1935. Erweiterte Neuausgabe Frankfurt (Suhrkamp) 1962
  Darin: *Das Problem des Expressionismus nochmals* (1940), S. 275 bis 278
  Auch in: E. B., *Die Kunst, Schiller zu sprechen.* Frankfurt (Suhrkamp = BS 234) 1969, S. 97-101

Bertolt Brecht, *Arbeitsjournal.* Erster Band 1938 bis 1942. Hrsg. von Werner Hecht. Frankfurt 1973, S. 12, 13, 17, 25-27, 28, 38 f.

2. Literatur zur Debatte

Georg Lukács, *In memoriam Hanns Eisler.* – E: *Die Zeit,* Nr. 36 (1965), auch in: *alternative* 69 (1969), S. 220-223

Klaus Völker, *Brecht und Lukács.* Analyse einer Meinungsverschiedenheit. – In: *Kursbuch* 7, 1966, S. 80-101

Werner Mittenzwei, *Die Brecht-Lukács-Debatte.* – In: *Sinn und Form* 1 (1967), S. 235-269
  Auch in: *Das Argument* 1/2 (1968) S. 12-43 unter verändertem Titel: *Marxismus und Realismus.* Die Brecht-Lukács-Debatte; mit der von der Redaktion gemachten Anmerkung: »Wir veröffentlichen diesen Beitrag nicht zuletzt deshalb, weil er uns von mittelbarer Bedeutung für die aktuelle Auseinandersetzung innerhalb der westdeutschen Linken zu sein scheint.«

Kurt Batt, *Expressionismus und kein Ende.* – In: *Neue deutsche Literatur* 12 (1969) S. 173-179

Kurt Batt, *Unmittelbarkeit und Praxis.* Zur ästhetischen Position von Anna Seghers. – In: *Positionen.* Beiträge zur marxistischen Literaturtheorie in der DDR. (Hrsg. v. Werner Mittenzwei) Leipzig (Reclam) 1969, S. 134-178 (u. a. Zum Briefwechsel A. Seghers/ G. Lukács)

Johann-Friedrich Anders, Elisabeth Klobusicky, *Vorschlag zu einer Interpretation der Brecht-Lukács-Kontroverse, zugleich eine Kritik an Gallas, Mittenzwei und Völker.* – In: *alternative* 84/85 (1972) S. 114-120

Helga Gallas, *Zur Brecht-Lukács-Kontroverse.* Bemerkungen zum Beitrag Anders/Klobusicky und zu Lukács' Wangenheim-Kritik. – In: *alternative* 84/85 (1972) S. 121-123

Friedrich Gaede: *Die marxistische Realismusdebatte. Lukács-Bloch-Brecht.* – In: F. G.: *Realismus von Brant bis Brecht.* München (=UTB 171) (1972) S. 62–68

3. Literatur-Dokumente

Ernst Bloch, *Geist der Utopie.* München und Leipzig 1918. Faksimile dieser Ausgabe: Frankfurt (Suhrkamp) 1971

Karl Marx, Friedrich Engels, *Über Kunst und Literatur.* (Hrsg. v. Michail Lifschitz, russische Ausgabe Moskau Leningrad 1937) Deutsche Ausgabe: Vorwort Fritz Erpenbeck, Berlin 1948 [6]1953

Johannes R. Becher, *Abschied.* Einer deutscher Tragödie erster Teil 1900-1914. Moskau 1940, Berlin 1959

Expressionismus. Der Kampf um eine literarische Bewegung. (Hrsg. v. Paul Raabe) München (dtv-Originalausgabe sr 41). 1965

Marxismus und Literatur. Drei Bände (Hrsg. v. Fritz J. Raddatz) Reinbek 1969

Heinrich Mann, *Verteidigung der Kultur.* Antifaschistische Streitschriften und Essays. Berlin und Weimar 1971

Johannes R. Becher, *Von der Größe unserer Literatur.* Leipzig 1971

Sergej Tretjakov, *Die Arbeit des Schriftstellers.* Aufsätze. Reportagen. Porträts. (Hrsg. v. Heiner Boehnke) Reinbek 1972

Parteilichkeit der Literatur oder Parteiliteratur. Materialien zu einer undogmatischen marxistischen Ästhetik (Hrsg. v. Hans Christoph Buch) Reinbek 1972

Hans-Albert Walter, *Bedrohung und Verfolgung bis 1933.* Deutsche Exilliteratur 1933-1950. Band 1, Darmstadt 1972

Hans-Albert Walter, *Asylpraxis und Lebensbedingungen in Europa.* Deutsche Exilliteratur 1933-1950, Band 2, Darmstadt 1973

Wiegand Petzet, *Heinrich Vogeler.* Von Worpswede nach Moskau – Ein Künstler zwischen den Zeiten. Köln 1972

Heinrich Vogeler, *Das Neue Leben.* Schriften zur proletarischen Revolution und Kunst. Darmstadt (SL 103) 1973

Die Autoren

Béla Balázs: * 1884 in Szeged (Ungarn), † 1949 in Budapest, studierte Philosophie in Budapest; Theater- und Filmtheoretiker, Lyriker und Dramatiker. War beteiligt an der ungarischen Räterevolution; Leiter der Literaturabteilung im Volksbildungskommissariat unter Georg Lukács. 1919 Flucht nach Wien. Ging 1926 nach Berlin. Vorsitzender des *Deutschen Arbeiter-Theater-Bundes.* Mitglied des *Bundes proletarisch-revolutionärer Schriftsteller.* 1931 Emigration in die UdSSR. 1932-1946 Professor an der Moskauer Filmhochschule. 1946 Rückkehr nach Budapest.
Werke: *Der sichtbare Mensch* (1924); *Der Geist des Films* (1930, Neuauflage Makol Verlag Frankfurt/M. 1972);
(*Filmtheorie* 1945, sollte bereits 1938 in Moskau erscheinen).

Klaus Berger: (wahrscheinlich Pseudnonym; nicht aufdeckbar; siehe Einleitung des Hrsg.)

Ernst Bloch: * 1885 in Ludwigshafen; übersiedelte 1915 nach Bern, als Pazifist engagiert. 1918 ging Bloch nach Berlin, Mitarbeit bei der *Frankfurter Zeitung* und der *Vossischen Zeitung.* 1933 Emigration nach Zürich, dann nach Paris, Wien und Prag, wo er für die *Neue Weltbühne* schrieb. 1938 Emigration in die USA; Mitbegründer des *Aurora Verlages* und Mitarbeit an der Zeitschrift *Freies Deutschland.* 1948 Rückkehr nach Deutschland, Professor in Leipzig; 1957 zwangsemeritiert; seit 1961 Professor in Tübingen.
Werke: *Geist der Utopie* (1918, entstanden zwischen 1915 und 1917); *Erbschaft dieser Zeit* (1935); *Prinzip Hoffnung* (Bd. 1 1954, Bd. 2 1955, Bd. 3 1959).

Bert Brecht: * 1898 in Augsburg, † 1956 in Berlin (DDR). 1933 geht Brecht von Berlin nach Prag, Wien und Zürich, trifft dort Anna Seghers, Heinrich Mann, Walter Benjamin, Leonhard Frank; dann Übersiedlung nach Dänemark, wo er bis 1939 lebt, Aufenthalt in Paris. 1935 in Moskau und auf dem Pariser Internationalen Schriftstellerkongreß. 1939 in Schweden; fährt nach London zum Treffen *Schaffende Emigration,* trifft dort Kokoschka, Berthold Viertel, Hanns Eisler. 1940 in Finnland. 1941 geht Brecht über die Sowjetunion nach Kalifornien. 1947 in Zürich. 1948 Rückkehr nach Berlin (DDR).

Einige Werke aus der Emigrationszeit in den dreißiger Jahren: *Die sieben Todsünden des Kleinbürgers* (1933); *Die Horatier und die Kuratier* (1933); *Dreigroschenroman* (1934); *Die Gewehre der Frau Carrar* (1936); *Leben des Galilei* (1938); *Die Geschäfte des Herrn Julius Caesar* (1938); *Furcht und Elend des Dritten Reiches* (1938); *Der gute Mensch von Sezuan* (1938); *Mutter Courage und ihre Kinder* (1939).

Alfred Durus (Alfréd Keményi) * 1895 in Djykova (Ungarn), † 1949 in Budapest. Sohn eines Arztes. Studierte Rechtswissenschaft, Ästhetik und Kunstgeschichte. Teilnahme an der ungarischen Räterevolution, Emigration seit 1920 in Berlin. 1923 in der KPD. Begann seine Laufbahn in Herwarth Waldens *Sturm*. 1924–33 Redakteur der *Roten Fahne*. Mitglied des *Bundes proletarisch-revolutionärer Schriftsteller*. 1933 Emigration, zunächst in Prag, 1934 in die Sowjetunion. Seit 1937 Sekretär im Moskauer Kommitee des Verbandes bildender Künstler der UdSSR. Publikationen in *Internationale Literatur, Das Wort*, sowjetischen Zeitschriften. Offizier der Roten Armee.

Hanns Eisler: * 1898 in Leipzig, † 1962 in Berlin. Schüler Arnold Schönbergs in Wien. Ab 1924 in Berlin. KPD 1926. 1933 Emigration über Österreich, Dänemark, wo er Brecht traf (1934), Spanien, USA, wo er sich 1938 niederließ; dort u. a. Lehrer für Komposition an der New School for Social Research in New York und University of Southern California Los Angeles. 1948 zurück nach Wien, 1950 endgültig in Berlin. Lehrte dort an der Hochschule für Musik. Schrieb über 40 Bühnenmusiken, vor allem zu Brecht-Stücken, sowie zahlreiche Filmmusiken. Eine Gesamtausgabe seiner Werke wird bei der Akademie der Künste, Berlin (DDR) vorbereitet. *Reden und Aufsätze* (Hrsg. v. W. Höntsch, 1961), *Komposition für den Film* (Adorno/Eisler, 1969), Eisler/Brecht: *Verhöre vor dem Ausschuß für unamerikanische Tätigkeit* [in: *alternative* 87 (1972)].

Fritz Erpenbeck: * 1897 in Mainz, Ausbildung auf einer Maschinenbauschule sowie Schauspielausbildung. Arbeitete für die Piscatorbühne und Agitproptruppen. Seit 1927 Mitglied der KPD; Mitarbeiter der *Roten Fahne*. Reporter der *Welt am Abend*. Kurze Zeit Redakteur der *Linkskurve*. Emigrierte 1933 nach Prag, 1935 in die Sowjetunion. In Moskau Redakteur der *Internationalen Literatur* und von *Das Wort*; dort im Nationalkomitée *Freies Deutschland*. 1945 Rückkehr nach Deutschland, Chefredakteur von *Theater der*

Zeit, 1959–62 Chefdramaturg der Berliner Volksbühne. Lebt als freier Schriftsteller in Berlin (DDR).
Werke: *Aber ich wollte nicht feige sein* (E. 1936); *Heimkehr* (N. 1938); *Emigranten* (R. 1938); *Deutsche Schicksale* (E. 1938); *Wilhelm Pieck. Ein Lebensbild* (1951).

Peter Fischer: (Wahrscheinlich Pseudonym, nicht aufdeckbar, siehe Einleitung des Hrsg.; nennt sich in seinem Beitrag Verfasser von *Kunstgeschichte als Klassengeschichte*.)

Werner Ilberg: * 1896 in Wolfenbüttel. Sohn eines jüdischen Kaufmanns. Textilkaufmann im väterlichen Geschäft, das in der Weltwirtschaftskrise in Konkurs ging. 1925 kurze Zeit SPD-Mitglied, seit 1932 im *Bund proletarisch-revolutionärer Schriftsteller*. 1933, nach zweimaliger Verhaftung, Emigration in die Tschechoslowakei; 1939 in England. Im Exil Verbindung zur KPD. 1947 Rückkehr nach Wolfenbüttel. 1956 Übersiedlung in die DDR. Aufsätze und Prosa in *Das Wort* und *Freie Deutsche Kultur*. Lebt in Berlin.
Werke: *Die Fahne der Witwe Grasbach* (autobiographischer R. 1948); *Rastlose Jahre* (E. 1948).

Kurt Kersten: * 1891 in Welheiden bei Kassel, † 1962 in New York. Publizist und biographischer Erzähler. Mitarbeit an den Zeitschriften *Pan, März, Die Front* (Zeitschrift für Wirtschaft, Politik, Kultur und Arbeiterbewegung), *Linkskurve, Neue Deutsche Blätter* (Prag), *Das Wort, Aufbau* (New York). Schrieb 1920 eine Biographie über Lenin, gab 1939 den *Deutschen Freiheitskalender* in Straßburg heraus; mußte aus Deutschland über die Schweiz, ČSR nach New York fliehen.

Rudolf Leonhard: * 1889 in Lissa (Posen), † 1953 in Berlin. Sohn eines Juristen, studierte Germanistik und Jura in Göttingen und Berlin. 1914 Kriegsfreiwilliger, zum Pazifisten bekehrt, aktiv beteiligt an der Revolution von 1918. Seit 1927 in Paris. Leitete dort nach 1933 den *Schutzverband deutscher Schriftsteller im Exil*. Arbeitete in antifaschistischen Organisationen. 1939 im Pyrenäenlager Le Vernet interniert. Versucht 1940, sich in die USA zu retten, wird wieder gefangen und entkommt erneut, und wird im französischen Untergrund tätig. Nach der Befreiung bis 1947 bzw. 1950 in Paris. Übersiedlung nach Berlin (DDR).

Werke: *Über den Städten* (1914); *Polnische Gedichte* (1918); *Das Chaos* (1919); *L'Allemagne et la Paix* (Rede. 1932); *Führer & Co., Politische Komödie* (1933); *Gedichte* (illegal nach Deutschland eingeschmuggelt, im nachgedruckten Reclam-Umschlag Nr. 7248, (1936); *Unsere Republik, Aufsätze und Gedichte* (1951).

Franz Leschnitzer: * 1905 in Posen, † 1967 in Berlin. Apothekersohn, studierte Jura und Nationalökonomie in Berlin. 1922 Mitglied der *Deutschen Friedensgesellschaft;* 1927 in der *Roten Studentengruppe,* 1931 KPD, Mitglied des *Bundes proletarisch-revolutionärer Schriftsteller.* 1932/33 Sekretär des *Deutschen Kampfkomitees gegen Krieg und Faschismus.* 1933 Emigration über Österreich und Tschechoslowakei in die Sowjetunion. Redakteur der Zeitschrift *Internationale Literatur.* 1946/48 tätig durch politische Aufklärung unter deutschen Kriegsgefangenen. 1959 ging L. in die DDR. Lyriker, Essayist, Übersetzer. Aufsätze und Essays über Tucholsky, Krems, Weinert u. a.
Werke: *Verse* (Kiew 1939); *Zwei Welten* (Taschkent 1943); *Literarisches Lesebuch* (Moskau 1935).

Georg Lukács: * 1885 in Budapest, † 1971 ebenda. 1912 Freundschaft mit Ernst Bloch. 1918 Eintritt in die ungarische KP; 1919, nach Sturz der Räteregierung, im Untergrund; Flucht nach Wien, einige Wochen in Haft. 1920 Kontroverse mit Lenin wegen seines Artikels *Zur Frage des Parlamentarismus* in der von Lukács geleiteten Zeitschrift *Kommunismus.* 1921 Delegierter der KPU auf dem III. Weltkongreß der kommunistischen Internationalen in Moskau. Trifft Lenin. 1924 auf dem V. Weltkongreß in Moskau. Vorwurf der Linksabweichung von Bucharin und Sinowjew erhoben. 1928/29 Verbreitung der Blum-Thesen, L.s Konzept der »demokratischen Diktatur« die unter dem Pseudonym Blum für den 2. Kongreß der illegalen KPU geschrieben waren. 1929 Selbstkritik wegen der Blum-Thesen nach Kritik durch offenen Brief der kommunistischen Internationalen. 1930/31 in Moskau 1931-33 in Berlin. Mitglied des *Bundes proletarisch-revolutionärer Schriftsteller.* 1933-44 Emigration in der Sowjetunion. Bis 1938 Mitarbeit im Philosophischen Institut der Akademie der Wissenschaften der UdSSR. 1942-44 in Moskau; Mitglied der Akademie der Wissenschaften der UdSSR. 1944 Rückkehr nach Ungarn. 1956 öffentliche Auseinandersetzung mit dem Stalinismus. Selbstkritik an den zum ersten Mal offiziell gedruckten Blum-Thesen z. T. zurückgenommen; wird Minister für Volksbildung in der Regierung Nagy. Nach der gescheiterten Revolution Deportation nach

Rumänien. 1957 Rückkehr nach Budapest. 1958 Diskussion des philosophischen Werkes und des »Revisionismus« in Budapest. 1969 wieder in die KP aufgenommen.

Werke: *Theorie des Romans* (1914/15) entstanden); *Geschichte und Klassenbewußtsein* (1923); *Der junge Hegel* (1948); *Essays über Realismus* (1948); *Probleme des Realismus* (1955).

Klaus Mann: * 1906 in München, schied 1949 in Cannes aus dem Leben. 1933 Emigration (Amsterdam, Paris, Zürich, Prag).
Gründet mit Heinrich Mann und André Gide erste literarische Emigrantenzeitschrift *Die Sammlung* 1933/35. 1935 auf dem I. Internationalen Schriftstellerkongreß zur Verteidigung der Kultur in Paris. 1936 in die USA. 1938 im von Faschisten belagerten Madrid. Eintritt in US-Armee; über Italien nach Deutschland.
Werke: *Heute und Morgen. Zur Situation des jungen geistigen Europas* (1927); *Auf der Suche nach einem Weg* (1931); *Mephisto* (R. 1936); *Der Wendepunkt* (autobiogr. R. 1952).

Anna Seghers: (eigentlich Netty Radvanyi, geb. Reiling), * 1900 in Mainz. Tochter eines Antiquitätenhändlers und Kunstsachverständigen; studierte in Köln und Heidelberg Philologie, Geschichte, Kunstgeschichte, Sinologie, promovierte 1924 über Rembrandt. 1928 KPD-Mitglied; Mitglied des *Bundes proletarisch-revolutionärer Schriftsteller*. 1930 auf dem Kongreß der Internationalen Vereinigung revolutionärer Schriftsteller in Charkow; Auf den internationalen Schriftstellerkongressen in Paris (1935), in Madrid (1937) und Paris (1938) als Rednerin.
1933 verhaftet, Flucht nach Frankreich. Schrieb Beiträge für antifaschistische Zeitschriften. Mitherausgeberin der in Prag erscheinenden Neuen Deutschen Blätter. 1940 Flucht in den unbesetzten Teil Frankreichs; von dort über Marseille nach Mexiko, wo sie im Zentrum antifaschistischer Schriftsteller tätig ist. 1947 Rückkehr nach Deutschland. Lebt in Berlin (DDR).
Werke: *Aufstand der Fischer von St. Barbara* (E. 1928); *Auf dem Weg zur amerikanischen Botschaft* (E. 1930); *Die Rettung* (R. 1937); *Das Siebte Kreuz* (R. 1942); *Transit* (R. 1943); *Die Toten bleiben jung* (R. 1949); *Die Kraft der Schwachen* (E. 1965); *Das Vertrauen* (R. 1968).

Heinrich Vogeler: * 1872 in Bremen, † 1942 in Kasachstan. Stammte aus wohlhabender Kaufmannsfamilie. Studierte an der Kunstakademie in Düsseldorf. 1894 Übersiedelung nach Worpswede, 1896 Ausstellung mit Worpsweder Malergruppe im Münchner Glaspalast. 1898 Reise nach Florenz; trifft Rilke in Bremen und Worpswede. Wurde zunächst weit bekannt als Künstler des Jugendstils, neben Buchillustrationen und Buchschmuck für verschiedene deutsche Verlage, Bauten und Architekturentwürfe, Innenausstattungen, u. a. die ›Güldenkammer‹ des alten Bremer Rathauses. 1914 Kriegsfreiwilliger an der Ostfront. Militärische Aufträge und Reisen. 1918 Brief an den Kaiser; vorübergehend in der Irrenanstalt Bremen inhaftiert. Mitglied des ersten Bremer Arbeiter- und Soldatenrates, aktive kommunistische Propaganda. Einrichtung seines Besitzes Barkenhoff in eine Kommune, nach dessen Scheitern Umwandlung in ein Kinderheim *Rote Hilfe*. Zwischen 1923 und 1931 mehrfach auf längeren Reisen in der Sowjetunion. 1940 Ausstellung in Moskau von Wilhelm Pieck eröffnet. 1941 vor den anrückenden deutschen Truppen mit anderen deutschen Emigranten aus Moskau nach Kasachstan deportiert, wo er unter konzentrationslager-ähnlichen Bedingungen beim Straßenbau stirbt. Neben dem Lyrikband *Dir* (1899) folgende Werke: *Proletkunst* 1920, *Friede* 1922, *Expressionismus. Eine Zeitstudie* (o. J.), *Erinnerungen* (Hrsg. v. Erich Weinert 1952).

Herwarth Walden: (eigentlich Georg Lewin) * 1887 in Berlin, angeblich † 1941 in Saratow (Wolga). Bedeutendster Förderer der Literatur und Kunst zu Beginn des Jahrhunderts, vor allem des Expressionismus. Sohn eines jüdischen Arztes. 1901 kurze Ehe mit Else Lasker-Schüler. Studierte Musik. 1904 gründete er in Berlin *Verein für Kunst,* wo viele zeitgenössische Autoren zum ersten Mal präsentiert wurden, u. a. die Brüder Heinrich und Thomas Mann, Dehmel, Rilke, Wedekind. 1910 gründet er Zeitschrift *Der Sturm* (die bis 1932 erscheint). Setzte sich für Futurismus, Expressionismus und Kubismus ein. 1912 Heirat der Malerin Nell Walden. Im *Ersten deutschen Herbstsalon* 1913 veranstaltete er eine internationale Ausstellung von 366 Werken (von Feininger bis Macke). Während der Weimarer Republik Beziehungen zur revolutionären Arbeiterbewegung, Mitglied der *Gesellschaft der Freunde Sowjetrußlands*. 1932 als Lehrer am Fremdspracheninstitut in Moskau; dort Mitarbeit an der *Internationalen Literatur* und am *Wort*. 1941 verhaftet und deportiert. Schrieb viele Romane, Dramen, Gedichte. Werke: *Einblick in die Kunst. Expressionismus, Futurismus, Kubismus* (1917); *Expressionismus. Die Kunstwende* (1918).

Gustav (von) Wangenheim: * 1895 in Wiesbaden, Dramatiker, Filmregisseur, Schauspieler. Schüler von Max Reinhardt; gehörte zum

Kreis um Pfemferts Aktion; 1918 Mitglied der USPD, 1922 der KPD; 1924 Gründung der Barbusse-Gruppe, Tourneen durch Deutschland, 1925-28 Schauspieler in Darmstadt und Hamburg. 1928 in Berlin; künstlerischer Leiter des *Arbeitertheater-Bundes*. 1933 bis 1945 Exil in der Sowjetunion. Inszenierte viele agitatorische Stükke, *Massenpantomime gegen den Krieg* 1924, *Chorwerk über den Achtstundentag* 1924. Kollektivstücke: *Die Mausefalle* (1931); *Da liegt der Hund begraben* (1932).

Bernhard Ziegler: (Alfred Kurella) * 1895 in Brieg (Schlesien). Arztsohn, Jugend im Rheinland, studierte an der Kunstgewerbeschule in München. Ausbildung zum Maler und Graphiker. Soldat im Ersten Weltkrieg, gegen Ende Anschluß an die Arbeiterjugend. Gründete 1918 *Die Freie Sozialistische Jugend* in München, Mitglied der KPD und Mitbegründer der *Kommunistischen Jugendinternationalen*. 1919 zum ersten Mal in der Sowjetunion, trifft Lenin. Zwischen 1929 und 1932 hauptsächlich in Berlin, Lehrer an der Marxistischen Arbeiterschule, Mitarbeit an der *Linkskurve*, der *Literatur der Weltrevolution* und der *Arbeiter-Illustrierten-Zeitung*. 1932-34 Sekretär des von Henri Barbusse und Romain Rolland geleiteten *Internationalen Komitees zum Kampf gegen Faschismus und Krieg*. Chefredakteur von *Le Monde*. Ab 1935 in Moskau, Mitarbeiter von Dimitroff. 1954 Rückkehr nach Deutschland, in die DDR. Mitbegründer und Direktor des Instituts für Literatur *Johannes R. Becher* in Leipzig 1955. Hoher Kulturpolitiker der DDR. 1957-63 Leiter der Kommission für Fragen der Kultur beim SED-Politbüro, Leiter der Sektion Dichtung in der Deutschen Akademie der Künste; Mitglied des ZK. Maßgeblich am Bitterfelder Weg beteiligt.
Werke: *Mussolini ohne Maske* (Rp. 1931); *Die Gronauer Akten* (R. 1936, erschienen 1954); *Ich lebe in Moskau* (1947); *Kleiner Stein im großen Spiel* (R. 1939-41, erschienen 1961).

*Die beiden nachstehenden Beiträge von Klaus Mann
und Bernhard Ziegler, die eine Frage anschneiden,
deren Beantwortung uns, weit über das Schaffen und
die Haltung Gottfried Benns hinaus, von grundsätz-
licher Wichtigkeit zu sein scheint, nämlich die Frage
nach der Grundlage und dem Wesen des Expressionismus, stellen wir zur Diskussion.*

Die Redaktion

Klaus Mann
Gottfried Benn. Die Geschichte einer Verirrung

Begonnen werden muß mit der Frage: Warum beschäftigt uns
»der Fall Gottfried Benn«? Weil ich – Autor dieser Zeilen –
für einige von Benns Versen eine ziemlich tiefgehende Schwäche hatte – oder habe? Weil ich, gleich zu Anfang der Emigration, eine Korrespondenz mit ihm führte[1] – die übrigens nur
von Benn aus der Öffentlichkeit vorgelegt und öffentlich aus-
genutzt wurde, so weit es aber an mir lag, durchaus privat
blieb –, und die trotzdem – eben durch Benns unfaire »Flucht
in die Öffentlichkeit« – vielleicht bis zum gewissen Grade re-
präsentativ geworden ist für die Auseinandersetzung zwischen
zwei Schriftstellern, von denen der eine den Fascismus verab-
scheute, der andere aber entschlossen war, seinen Frieden mit
ihm zu machen?
All dies wären gewiß keine Gründe, um heute noch über Benn
zu reden. Sein »Fall« ist nur deshalb noch interessant, weil es
sich bei ihm um den einzigen – den einzigen! – deutschen
Schriftsteller von Rang handelt, der sich allen Ernstes und mit
einiger geistiger Konsequenz in den Nationalsozialismus ver-

---

1 Klaus Mann hatte aus Le Lavandoux/Südfrankreich am 9. Mai 1933 an
Benn geschrieben. Darauf antwortete Benn zunächst in einem offenen Brief
Antwort an die literarischen Emigranten im Berliner Rundfunk am 24. 5.
1933, der am darauffolgenden Tag in der *Deutschen Allgemeinen Zeitung*
veröffentlicht wurde, sowie in: G. B. *Der neue Staat und die Intellektuellen*,
Stuttgart/Berlin 1933; wieder abgedruckt in: G. B. *Autobiographische und
vermischte Schriften. Gesammelte Werke, Band 4*, hrsg. v. D. Wellershoff,
Wiesbaden 1961, S. 239-248; vgl. ebenda auch den Brief K. Manns S. 74 bis
78.

irrt hat. Alle anderen, die heute zu einem Institut gehören, das sich – wie man mir berichtet – »Reichsschrifttumskammer« nennt, haben nur eben so ein bißchen »mitgemacht« – manchmal vielleicht sogar mit ein wenig Groll im Herzen –: aus Opportunismus, aus Angst und Schwäche, aus kleinbürgerlich-reaktionären Instinkten. Dagegen dürfte es ein Faktum sein, daß Gottfried Benn, mindestens eine Zeitlang, der plump und kreischend lügenden Propaganda des deutschen Faschismus wirklich verfallen war. Heute mag er enttäuscht sein, bitterlich vereinsamt, desillusioniert –[2]: Aber spielt das eine Rolle? Ist es nicht eine Selbstverständlichkeit, daß er heute sich enttäuscht, vereinsamt, desillusioniert befindet, da er sich ja in eine völlig unmögliche, schiefe, sogar groteske Position manövriert hat? Da man ihn ja nicht *will* bei den Nazis – die einen untrüglichen Instinkt haben *gegen* alle seine Qualitäten? Da er ja in Deutschland überhaupt kein Publikum mehr findet, die wenigen Leser, die er jemals hatte, vertrieben oder doch mundtot gemacht sieht? Nun sitzt er als ein grämlicher Stabsarzt in Hannover – was eine beneidenswerte Situation kaum sein dürfte. Aber, wie gesagt, diese nachträgliche Enttäuschung wollen wir völlig bei Seite lassen: sie ist selbstverständlich und nebensächlich. Wichtig bleibt einzig und allein, daß dieser nicht unbedeutende Geist notorisch sich hatte verführen, berauschen, auf die ärgsten Pfade verlocken lassen.

Einen Umstand freilich gibt es, der dafür spricht, daß eben diese Berauschtheit niemals so ganz tief gegangen ist, sondern immer halber Opportunismus, halbe Berechnung – und als solche also prinzipiell uninteressant war. Ich meine die sehr auffallende Tatsache, daß das patriotische Thema, das Führer-Thema, der ganze fascistische Themen-Komplex niemals in seine *Lyrik* – also niemals in sein eigentliches Werk – eingedrungen sind; sondern daß er dieses durchaus rein zu halten wußte. Immerhin ist nicht zu leugnen, daß bei Benn die Essays fast im gleichen Range neben den Gedichten stehen, und daß

2 Benn zog sich nach dem Röhm-Putsch (30. Juni 1934) immer mehr aus der Öffentlichkeit zurück. Ab 1936 werden im *Völkischen Beobachter* und im *Schwarzen Korps* heftige Angriffe gegen seine Lyrik inszeniert. Er rechtfertigte seine Haltung der »aristokratischen Form der Emigration« in *Doppelleben: G. B. Autobiographische und vermischte Schriften*, a.a.O., S. 67-172.

eben in diesen Aufsätzen – besonders in denen unter dem Titel *Kunst und Macht,* Deutsche Verlagsanstalt, Stuttgart, zusammengefaßten – sich Bekenntnisse und politische Deklamationen finden, deren Eindeutigkeit und Fanatismus nicht mehr zu überbieten – und verblüffend sind.

Ich schreibe »verblüffend«, und bin mir wohl bewußt, daß es nicht unbillig wäre, zu erwidern: Aber was wollen Sie! Der Fall ist doch logisch! Dieser Benn – er hat doch genau so sich entwickelt, wie er sich entwickeln *mußte;* er ist genau den Weg gegangen, der ihm vorgezeichnet war. – Darüber bin ich mir ebenso wohl im Klaren, wie jene, die mir solche Antwort entgegenhalten könnten – und trotzdem bin ich verblüfft: Verblüfft nämlich darüber, daß Benn vor den ärgsten Entgleisungen, vor dem schlimmsten Absturz nicht behütet blieb durch sein Wissen um gewisse geistige Werte; daß *sein Niveau* ihn nicht davor bewahrte, den Stilisten von *Mein Kampf* für einen großen Mann allen Ernstes zu halten. Man bedenke doch, daß Geister, bei denen es mindestens ebenso viele intellektuelle Affinitäten zum Fascismus gab wie bei Gottfried Benn – daß etwa Oswald Spengler oder Stefan George sich sofort in eine durchaus dezidierte Opposition zum neu-deutschen Regime begaben – einfach weil die physische und die »spirituelle« Physiognomie dieser durch Intrige an die Macht gekommenen Führer-Garnitur sie *ekelte;* weil es sich mit ihrem ästhetischen Gewissen nicht vertrug, Goebbels und Rosenberg als ihre geistigen Mentoren – oder auch nur als ihre geistigen Schüler anzuerkennen. Da wir also Zeugen waren, daß ein Mann wie Stefan George[3], dem das Propaganda-Ministerium nur zu gerne alle Herrlichkeit der Erde zu Füßen gelegt hätte, für den Jargon des »Angriffs« und des *Mythos des XX. Jahrhunderts* nichts übrig hatte, als die Gebärde kalten Dégoûts – so verzeihe man mir meine »Verblüffung« über die ruchlos-infantile Leichtgläubigkeit, mit der Benn auf diesen riesenhaft geblähten Schwindel hereinfiel. Ja, vielleicht ist es eben die unbarmherzige und exemplarische *Logik* des Falles, die mich überrascht und verblüfft. Als ich Benn, schon 1930 und 1931, vor seinen Neigungen zum Irrationalen und zum »Mythischen« und vor seinem verdächtigen Widerwillen gegen den »Fortschritt« publizistisch

3 George war im Frühjahr 33 in die Schweiz gegangen, um sich den Anbiederungsversuchen von Goebbels zu entziehen.

41

warnte – wie übrigens damals auch andere Autoren, etwa der unvergessene Werner Hegemann[4] es taten –, da meinte ich doch wohl nicht, daß er bis zu diesem Grade mit seinen Irrtümern Ernst machen würde; da hielt ich es doch wohl kaum für möglich, daß selbst noch die Schreie aus den Konzentrationslagern ihm wie schöne Urlaute aus »frühen Schichten« in den Ohren tönen würden; da erschien es mir doch wohl als ausgeschlossen, daß der Verfasser der *Morgue*-Gedichte eine »Bewegung«, die den 30. Juni[5], die Juden-, Priester- und Sozialisten-Verfolgungen und die Beschießung von Guernica mit sich bringt, als eine Tat der »Zucht, Ordnung und Disziplin« zu glorifizieren die Stirn haben könnte. All dies ist beschämendes Ereignis geworden; die intellektuelle Logik wirkte sich stärker aus als das »Niveau«, als das Wissen um artistische Verfeinerungen – und es lohnt sich also wohl der Mühe, den Gesetzen dieser Logik ein wenig nachzuspüren . . .
Alles beginnt hier mit dem atavistischen Komplex; mit der Sehnsucht nach dem Zurück – oder, vielmehr: das Vorwärts wird, in seinem Endziel, mit dem Zurück identifiziert –; mit dem Heimweh nach der »frühen Schicht«.

»Oh, daß wir unsere Ururahnen wären,
Ein Klümpchen Schleim in einem warmen Moor!« –:

mit diesem recht verdächtigen Aufschrei beginnen vier Strophen des frühen, »expressionistischen« Benn, die *Gesänge* überschrieben sind und die ich in den Band *Ausgewählte Gedichte* (Deutsche Verlagsanstalt, 1936) aufgenommen finde. Wie charakteristisch ist dieses Heimweh nach der vormenschlichen, vorzivilisierten, der Urschleim-Form! – Es erscheint mir heute als die ärgste Plattheit, die Idee des Fortschrittes als »Plattheit« verächtlich zu machen. Eben in diesem Trick – dem eigentlich gefährlichen und eigentlich widerwärtigen Trick des XX. Jahrhunderts – exzellierte Benn Jahre lang: bis er denn dazu kam, den sittlichen Niedergang ohne Beispiel, den der

---

4 Benn hatte 1931 eine *Rede auf Heinrich Mann* gehalten, bei der er sich nur auf den »Artisten« im Frühwerk bezog. Das hatte ihm u. a. von dem sozialistischen Architekten Werner Hegemann heftige Kritik eingebracht: *Benns Geburtstagsrede und ihre Folgen.* – In: *Das Tagebuch*, Berlin, 25. April 1931.
5 Vgl. Anm. 2.

Fascismus bedeutet, als »geschichtliche Bewegung« frech zu preisen... »Oh, daß wir unsere Ururahnen wären...« Das würde dem Benn wohl so passen, und dann wäre das Leben bequemer für ihn! Schwieriger freilich, als sich mit atavistischen Fluchtversuchen interessant zu machen und vor einem Parkett von Goebbels-Journalisten den wilden und tiefsinnigen Mann zu spielen, ist es, der Idee des menschlichen Fortschrittes, der Idee der *Zivilisation* die Treue zu wahren, und doch kein platter Rationalist und Aufklärer zu werden. Von dieser echten und legitimen Problematik, der Europas wirkliche geistige Avantgarde sich mit Mut und Leidenschaft stellt, scheint Benn mit seinen billigen Urschleim-Schwärmereien keine Ahnung zu haben...

Da das Fortschritts-, das Entwicklungs-, das Zivilisations-Problem sich mit dem beliebten und von der Obrigkeit gar nicht ungern gesehenen atavistischen Komplex also nicht verträgt, klammert Benn sich, mit einer wahrhaft manischen Hartnäckigkeit, an ein anderes geistiges Thema: an das Thema der *Form*. Da es den Fortschritt nicht geben soll, und da die Vorstellung, das Los der Menschen auf diesem Stern könne sich vielleicht einmal verbessern, eine dem tiefen Künstler unerträgliche Plattheit ist, bleibt das Form-Problem – isoliert, hochmütig, unfruchtbar, manisch – übrig.

»Doch dir bestimmt: kein Werden,
du bleibst gebannt und bist
der Himmel und der Erden
Formalist –«:

wie es in einem schwachen – und gerade formal schwachen –, aber sehr offenherzigen Gedicht einmal ausgedrückt ist. In den Essays wird die idée fixe dieser »zentralen Bedeutung des Formproblems« bis zum Überdruß wiederholt, variiert, immer noch einmal neu – oder vielmehr *nicht* neu – beleuchtet. Der Umstand, daß die Kunst – oder die Philosophie – jemals soziologische, gesellschaftskritische Inhalte gehabt haben könnte, wird überhaupt nicht in Betracht gezogen. Von allem anderen zunächst einmal abgesehen, was über diese ungeheuer einseitige und willkürliche Darstellung und Deutung des Künstler-Phänomens zu bemerken wäre, ist es wesentlich und unerläßlich, zu betonen, daß, gerade *wenn* man das Form-Problem als das

europäische und *als das deutsche* Problem par excellence empfindet und stilisiert, das neu-deutsche Regime *erst recht* – wenn
auch, meiner Meinung nach, mit falschen oder doch ungenü-
genden Argumenten – abzulehnen, ja, zu hassen bleibt. Jeder,
der in Deutschland das Form-Problem jemals ernst genommen
hat – und gerade Nietzsche, auf den Benn sich hundert Mal,
in völlig unsinniger und verwirrter Weise, bezieht – hat es mit
dem Komplex: Süden-Mittelmeer-Antike – kurzum: mit dem
Komplex *Europa* in Zusammenhang gebracht. Gerade vom
Mittelmeer und von der Antike – gerade von jeder Überlieferung europäischer Form – wollen die Nazis doch Deutschland
distanzieren und lösen. Warum hätte denn Nietzsche diese Nazis verabscheut –? – denn es ist für mich gar keine Frage, daß
er sie verabscheut und zutiefst verachtet hätte. Doch eben *weil*
sie den »germanischen Mythos« und seine Formlosigkeit (jenen
Mythos, gegen den sich Nietzsches Instinkte am heftigsten
wehrten) gegen »Europa« (und das bedeutet in diesem Zusammenhang: gegen das Mittelmeer und gegen Frankreich) ausspielen und den unbedingten Primat des Germanischen über
das Europäische beanspruchen. – Warum denn *hat* Stefan
George alles Hitlertum perhorresciert? – und ich *weiß*, daß er
es getan hat. Doch eben weil in seiner Conception der Schönheit das Mittelmeer-Element, das antike und das französische
Element viel zu wesentlich, viel zu zentral waren, als daß er
die Rosenbergsche »Rückkehr nach Walhall«, den ganzen fau-
len Zauber von Bayreuth und Braunau hätte ertragbar finden
können. George stirbt in Gram und Einsamkeit, stirbt *in der
Verbannung* – und Benn – der von den Gegenständen, die ich
hier anrühre, ebenso viel weiß oder wissen sollte wie ich –
stellt sich hin in einem öffentlichen Berliner Saal und spricht
aus, »daß sein Axiom« – gemeint ist wohl das Axiom der
»neuen Zeit«, der »Bewegung« – »in der Kunst Georges wie im
Kolonnenschritt der braunen Bataillone als *ein* Kommando
lebt«.[6]
Die wahrhaft schamlose Leichenschändung an George wird
komplett, wenn man in Betracht zieht, daß die »Rede auf Ste-

6 Zitat aus Benns *Rede auf Stefan George*, die entgegen der Information
K. Manns »aus äußeren Gründen« wie es beim Erstdruck in der Zeitschrift
Literatur (7. April 1934) hieß, nicht gehalten wurde. Der betreffende Satz
ist 1950 von Benn aus der Rede entfernt worden.

fan George« unmittelbar neben einer »Rede auf Marinetti«
steht, und daß die gleichen Phrasen über die »Form«, mit denen Benn das Andenken Georges kränkt und lästert, nun dazu
herhalten, um der »Exzellenz«, dem Clown Mussolinis, dem
Barden des Abessynischen Feldzuges um den Bart zu gehen.
»Form!« ruft der zukünftige Stabsarzt von Hannover der Rö-
mischen Exzellenz zu –, »Form –: in ihrem Namen wurde alles
erkämpft, was Sie im neuen Deutschland um sich sehen: Form
und Zucht: die beiden Symbole der neuen Reiche; Zucht und
Stil im Staat und in der Kunst: die Grundlage des imperativen
Weltbildes, das ich kommen sehe.«[7] – da bleibt einem doch der
Mund offen stehen, und man schämt sich in Grund und Boden,
daß man jemals irgendetwas übrig hatte für ein paar Verse,
die dem Autor dieser nicht »imperativen«, sondern durchaus
impertinenten Worte ehemals geglückt sind! Denn man vergesse doch nicht, *wer* hier zu *wem* spricht, und wer hier die Begriff-
fe der »Form« und der »Zucht« als dreiste Umschreibung gebraucht für eine Fülle der Greueltaten ohnegleichen; für eine
erst geplante oder schon ausgeführte Masse der krassen Ver-
brechen.
Die Marinetti-Rede wurde gehalten »auf dem Bankett der
Union nationaler Schriftsteller, Berlin, 29. März 1934«. Damals standen Hitler und Mussolini wohl gerade gut. Dann
kam es zu den bekannten Unannehmlichkeiten in Wien, und
eine Zeitlang waren Hitler und sein Kreis für die römische
Presse eine Bande von »Mördern und Päderasten«. Gerade im
Augenblick der Verstimmung zwischen den zwei Diktaturen
hatte ich meinerseits die Gelegenheit, Exzellenz Marinetti
kennenzulernen – ohne freilich gleich eine Rede auf ihn zu halten. Damals schimpfte er auf Berlin wie ein Rohrspatz –: Hitler hatte ja, aus lauter Sinn für Form und Zucht, den Kanzler
in Wien umbringen lassen[8], wodurch Mussolini seinerseits ner-
vös geworden war. Plötzlich erinnerten sich Exzellenz gar
nicht mehr daran, daß die »neuen Reiche« doch den Willen zu

7 Vgl. hierzu Benns Aufsätze und Vorträge: *Züchtung I, Züchtung II,
Kunst und Drittes Reich, Zucht und Zukunft, Dorische Welt. Eine Unter-
suchung über die Beziehung von Kunst und Macht*, alle in: *G. B. Essays.
Reden. Vorträge, Gesammelte Werke, Band I*, hrsg. v. D. Wellershoff,
Wiesbaden 1959.
8 Engelbert Dollfuß wurde am 25. 7. 1934 im Bundeskanzleramt erschossen.

Form und Zucht gemeinsam haben –: heute ist es dem amü-
santen »Futuristen« und Liebhaber der Kolonial-Metzeleien
gewiß wieder eingefallen. – Hat Marinetti denn nicht grinsen
müssen, als Benn ihm mit seiner schönen, sonoren Stimme ganz
ernsthaft erzählte, die italienische und die deutsche Diktatur
basierten auf dem Willen zu »Form und Zucht«? Aber diese
Clowns der Macht haben ja wohl das Grinsen verlernt . . .
Freilich, ich hatte schon früher die Gelegenheit, zu beobachten,
wie Gottfried Benn ungeheuer und feierlich ernst bleiben
konnte, während er Dinge aussprach, die eigentlich komisch
waren. Da gab es, zum Beispiel, die große Feierlichkeit zu
Heinrich Manns sechzigstem Geburtstag –: er wurde, noch
ganz kurz vor Ausbruch der Hitlerei, von allen offiziellen
Schriftstellerorganisationen mit größtem Aufwand begangen.
Benn gehörte zu den Festrednern.
Ferne liegt es mir, zu leugnen, daß seine Ansprache starke lyrische Schönheiten, und oft sehr bezwingende Akzente hatte.
Aber andererseits war sie doch auch sehr komisch, und jetzt
erst kann man ihre tiefe Drolligkeit so recht würdigen. – In
den Essay-Band *Kunst und Macht* (in dem nur Marinetti und
der »Kunstwille« des »Führers« gepriesen werden) ist die
Heinrich Mann-Rede freilich nicht mehr aufgenommen; aber
ich finde sie in einem älteren Buch von Bennschen Aufsätzen
wieder. Benn unternahm damals – und zwar noch in seiner
Eigenschaft als besonders glühender Verehrer Heinrich Manns
– den Versuch, den Autor des *Untertans* und des Zola-Essays
zum radikalen Ästheten, zum »Formalisten« – im Bennschen
Sinn –, zum manisch auf die Form Versessenen zu stilisieren –
das heißt: zu fälschen.[9] Gerade auf Heinrich Mann angewendet
und im Zusammenhang mit ihm – der für Benn doch wohl einmal ein sehr wichtiger, sehr zentraler Zusammenhang gewesen
ist – erweist sich ja die ganze Absurdität, die fast klinische
Abwegigkeit des Form-Ethos, wie es bei Benn sich dargestellt
findet und wie es ihm sich darstellt. Denn eben im Fall Heinrich Mann wird es ja auf eine exemplarische Art deutlich, daß
aus dem Willen zur Form der Wille zur Zivilisation – und das
heißt also: der Wille zum gesellschaftlichen Fortschritt –
kommt, und wie diese beiden Willens-Tendenzen sich ergänzen
und eine sich auf bedeutende Art an der anderen steigert.

9 Vgl. Anm. 4.

Als »Ästhet« beginnen und als Sozialist enden: ich habe in solcher Entwicklungskurve ein Paradox niemals zu sehen vermocht. Das Schönheits-Pathos kann auf dem geraden Weg zum sozial-moralischen Pathos führen – oder, um beim Beispiel Heinrich Mann zu bleiben: von seinen frühen italienischen Novellen und den Herzoginnen von Assy bis zu seinen flammenden Protest- und Anklage-Schriften gegen das Hitler-Regime führt eine direkte Linie – ich wüßte gar nicht, wo die Abweichung, der Umweg liegen sollte. Als paradox, als frivol und obendrein als etwas dumm freilich erscheint es mir, bei einem Schriftsteller, dessen ganzes Werk der Idee des gesellschaftlichen Fortschrittes mit Leidenschaft dient, eben diesen Fortschrittswillen als eine Art von ästhetischem Schnörkel am Rande, als eine artistische Caprice und Nebensache hinzustellen. Genau das zu tun, versucht Gottfried Benn in seiner Festrede. Eigensinnig und seinerseits kapriziös, und übrigens – wohl damals schon – mit bösen politischen Hintergedanken, versucht er den ganzen Themen-Komplex dieses Werkes auf das *eine* Thema – »das Verhältnis des Nordens zur Form« – zu reduzieren. Als ob ein ernsthafter Wille zur Form ohne den Willen zum Humanismus – und als ob der Wille zum Humanismus ohne ein innig bemühtes Interesse fürs Gesellschaftliche überhaupt vorstellbar wären! Mit seinem falschen Pathos der Form verengt und verdirbt Benn den Begriff und das Wesen der menschlichen Gesittung überhaupt – was kaum wundernehmen kann, da er ja den ganzen Gesittungs-Begriff in seinen atavistischen Sehnsüchten und Räuschen eigentlich aufheben möchte ...

Man sieht: die Geschichte dieser Verirrung, dieses geistigen Falles, dieser intellektuellen und moralischen *Abdankung* ist im Grunde sehr einfach: Sie beginnt mit dem lyrischen Schrei nach dem großen »Zurück!«, sie führt zu der manischen Isolierung des Form-Problems und zu der *doppelten* Verfälschung eben dieses Problems (doppelt, weil Benn das Thema »Form« einerseits vom Thema »antike Überlieferung – Mittelmeer-lateinisch-europäische Kultur« – andererseits vom Thema »sozialer Fortschritt« zu trennen und solcherart all seiner wirklichen Inhalte zu berauben versucht;) – und sie führt –: wohin? Ach, genau dorthin, wo wir den entgleisten Benn heute sehen ...

Wir sehen ihn bei Beschäftigungen, die uns recht eigentlich ins

Irrenhaus zu gehören scheinen; während er, zum Beispiel, vorgibt, den *Lebensweg eines Intellektuellen* – seinen eigenen Lebensweg nämlich – zu erzählen, treibt er Rassen- und Familien-Forschung auf eine Art, die uns ebenso grausig wie humoristisch anmutet. Zunächst muß natürlich festgestellt werden, daß kein jüdisches Blut in der Familie ist. Dann berichtet der Prophet des »imperativen Weltbildes« allen Ernstes, er habe im Weinhaus Kempinski – welches bekanntlich in »arische Hände übergegangen« ist – auf der Getränkekarte einen edlen Tropfen namens »Dürkheimer Benn« angeführt gefunden. »Nachforschungen ergaben«, daß eine Weinsorte, genannt der »Hochbenn«, existiert – und dieser »Hochbenn« – von dem wir hoffen, daß er recht süffig sei und eine prima Blume habe – muß wiederum als Beweis dafür herhalten, daß es in der Familie Benn kein semitisches Blut gibt. Mit solchen Scherzen gibt ein erwachsener Mensch sich ab, der früher einmal schöne Verse gemacht hat und übrigens ein recht brauchbarer Hautarzt gewesen sein soll . . .

Eine andre seiner macabren Spielereien ist, daß er es versucht, den Expressionismus vor dem Propaganda-Ministerium zu rechtfertigen – als ob vor diesem überhaupt irgendetwas Kulturelles zu rechtfertigen wäre. Ideologisch läßt sich über den Expressionismus – dessen Charakteristikum ja geradezu die ideologische Wirrheit ist – alles behaupten. Aber Eines steht doch für die Nazis fest: daß diese ganze – teilweise sehr wertvolle – Literatur der deutschen Nachkriegsepoche über Hitlers Horizont geht und also »Kulturbolschewismus« ist. Benn indessen beschwört seinen Goebbels bei »jenem enormen biologischen Instinkt für das rassenhaft Vollkommene, das über der ganzen Bewegung schwebt«, bei dem außerordentlichen »Maß an Interesse, das die Führung des neuen Deutschland den Fragen der Kunst entgegenbringt«, dem Expressionismus doch ja zu verzeihen, daß einige seiner Anhänger inzwischen Sozialisten geworden sind. Verlorene Liebesmüh! Während Benn an höchster Stelle um Nachsicht für jene Talente bettelt – die heute entweder in der Verbannung oder aber (wie Staatsrat Johst) keine Talente mehr sind – werden die großen expressionistischen Maler aus den deutschen Museen in die Keller verbannt. »Einen solchen Widersinn«, ruft Benn beschwörend, »wird das neue Deutschland bestimmt nicht mitmachen – die Leute, die es führen, selber ja artistisch produktive Typen, wissen zu viel von der Kunst . . .« Mir scheint leider, das »neue Deutschland« und seine artistisch kolossal produktiven Führer haben schon ganz anderen Widersinn mitgemacht, als die Ächtung von Otto Dix oder Georg Trakl . . .

In welche Abgründe ist dieser Benn gestürzt, mit seinen Atavismen und Formproblemen! »Auch der Züchtungsgedanke fällt unter dies Formproblem«, heißt es einmal – und da sind wir ja schon mitten im Abgrund, tief drin in der Finsternis, im krankhaften Aberglauben an die »hehre Sendung des Germanentums«, in der Sphäre des »Stürmers«, im Barbarismus . . .

Ist der Fall Benn noch interessant? Ach, kaum – wenn man nur das liest, was er heute schreibt; aber doch ziemlich interessant noch – will mir scheinen –, wenn man an das denkt, was Benn früher gewesen ist.

Sein Beispiel bleibt das krasseste für die Entwürdigung, den Absturz, die *Selbstvernichtung* eines Intellektuellen, der die Ideen des Fortschritts und des Humanismus an die Pseudo-Ideologie der »Form« und der »Züchtung« verrät. Solcher Selbstverrat straft sich fürchterlich. Man wird nicht nur nach Hannover versetzt, sondern in die Hölle.

Der Intellektuelle, der gegen den Geist zeugt, verwest bei lebendigem Leibe. Nicht ohne Grauen kann ich heute die Zeilen des frühen Benn wiederlesen:

»O Seele, um und um verweste,
kaum lebst du noch und noch zuviel!«

Bernhard Ziegler
»Nun ist dies Erbe zuende . . .«

Zu den Voraussetzungen einer fruchtbaren Weiterentwicklung
unserer antifaschistischen Literatur gehört die Auseinandersetzung mit der jüngeren Vergangenheit der Kunst Deutschlands
und Europas, deren letzte große Stilbewegung der Expressionismus gewesen ist.

Lohnt es sich, heute noch viel über den Expressionismus zu reden? könnte man fragen; er ist doch eine längst überholte
Etappe. So scheint es. Aber es scheint nur so. Ich weiß, daß ich
nicht nur ein persönliches Gefühl ausdrücke, wenn ich sage:
jedesmal, wenn es mir gelingt, in ihrer Gänze jene Periode
wieder heraufzubeschwören, in die die Anfangszeit der geistigen und künstlerischen Entwicklung unserer Generation (der
Generation der gerade noch im neunzehnten Jahrhundert Ge-
borenen) fiel, überfällt es mich wie ein tiefer Schrecken, der
mir die alte Geschichte vom Reiter über den Bodensee ins Gedächtnis ruft. Mir ist dann, als müßte ich die Feder sofort und
für immer hinlegen. Und das, obwohl ich mir bewußt bin, hinüber zu sein und wirklich festen Boden unter den Füßen zu
haben.

Dies Erlebnis wiederholt sich mit einer Regelmäßigkeit, die
dafür spricht, daß die Leidenschaftlichkeit der Reaktion auf
diese im Bewußtsein längst überwundene Kunstepoche tiefere
Gründe haben muß. Auf kurze Formeln gebracht, scheinen mir
diese Gründe folgende zu sein:

Erstens läßt sich heute klar erkennen, wes Geistes Kind der Expressionismus war, und wohin dieser Geist, ganz befolgt,
führt: in den Faschismus.

Zweitens müssen wir (ich meine die obengenannte Generation
– aber auch ein gut Teil der vorhergehenden Generation, aus
der fast jeder so oder so dem Expressionismus und seinen Göt-
zen geopfert hat) ehrlicherweise zugeben, daß jedem von uns
aus jener Zeit etwas in den Knochen steckengeblieben ist.

Das sind zwei harte Behauptungen und ich bin mir bewußt,
sie in einem kurzen Aufsatz auch nicht annähernd beweisen zu

können. Denn es geht hier und die ganze geistige »Erbschaft« des neunzehnten Jahrhunderts und um ihr Schicksal im ersten Drittel unseres Jahrhunderts – um ein Problem also, das bis jetzt so gut wie überhaupt noch nicht von einem außerhalb liegenden Standpunkt behandelt worden ist: denn die kritischen Arbeiten über den Expressionismus (von den apologetischen ganz zu schweigen) entsprangen der gleichen Denkwelt, von der der Expressionismus eine Erscheinungsform war. Aber die Diskussion muß einmal eröffnet werden. Denn von der Abrechnung mit der expressionistischen Geistes- und Gefühlslage, von ihrer wirklichen Überwindung hängt es ab, ob unsere deutsche antifaschistische Literatur mehr als eine Etappe im allgemeinen Zerfall der deutschen Dichtung, oder ob sie der Beginn einer großen, wieder an die eigentlichen Traditionen der nationalen und internationalen Geisteskultur anknüpfenden Kunst werden kann.

Ich will gleich sagen, was der unmittelbare – zufällige – Anlaß dafür war, daß diese Gedanken sich wieder einmal in mir meldeten: beim Ordnen einer Bibliothek fiel mir ein Bändchen der *Aktionsbücherei der Äternisten*[1] in die Hand: *Der Vermessungsdirigent* von Gottfried Benn (ihm folgt im gleichen Bändchen Benns ›Rapides Drama‹ *Karandasch*.[2] Ich schlug das Buch auf und begann zu lesen. Und plötzlich entdeckte ich, daß ich ganze Absätze auswendig wußte. Aber mehr – mit Zeilen wie:

»*Pameelen:* Karandasch . . . das ist die große Eidesformel, die ich gebrauchte, wenn ich mitten im sogenannten Dasein stehe, und heißt: als ob Worte Sinn hätten. Wir glauben es doch nicht mehr, Renz. Alle Vokabeln, in die das Bürgerhirn seine Seele sabberte, Jahrtausendelang, sind aufgelöst, wohin, ich weiß es nicht. Wir müssen quasseln, weil wir fressen müssen, wir müssen grinsen, weil wir arme Luders sind, aber Karandasch, Karandasch – das ist die Schachtel: die Worte sind geordnet: unter jedem steht ein kleiner Mann. Nachts schläft der kleine Mann bei kleiner Frau, fortzupflanzen, anzuschließen . . . Renz, der Worte sind so viele: Spreu der Tenne, Schatten der Verlorenen, aber die alten Worte, Renz, die uralten Worte – Karandasch – Karandasch . . .«

1 *Aktions-Bücher der Aeternisten,* hrsg. v. Franz Pfemfert, Berlin-Wilmersdorf 1916-1921.
2 *Der Vermessungsdirigent* (1916), *Karandasch* (1917).

– mit solchen Zeilen, die sich heute lesen wie das Gefasel eines Paranoikers, war auf einmal eine ganze Welt da und nah: Reichenhall 1917, Militärlazarett, ein zerlesenes Heft der *Weißen Blätter*,3 an einem Klavier ließ Hemmerich in Anstaltskleidung *Peleas und Melisande* erdröhnen, um die Kurkapelle draußen (Wagner: »Herr Graf, ein Schaf...«) zu übertönen... und das ist nicht nur »Jugenderinnerung«, das ist irgendwie unheimlich lebendig! Es ruft sofort tausende von Assoziationen wach:

»Vom Laboratorium ins Museum gehend, sah ich den Göttern in die Gurgel. – Sie sahen...? – Gips!...«

Der Apoll von Belvedere – Hohngelächter! Gips für alte Tanten. Aber die Ägineten, schmerzlich lächelnd, weltentrückt – nicht wahr? Totempfähle von den Fitschiinseln... Cimabue... und... und... Jedes Wort eine ganze Welt, jeder Name bis zum Bersten vollgestopft mit Urteilen und Werten. Damit waren wir aufgewachsen. Das hatten wir uns – so glaubten wir – erkämpft!
Wir wußten nicht, was das für eine Welt war, wo sie herkam, wohin sie mündete. Sie schien uns ganz neu, ganz nur unseren Sinnen, unserem Gehirn entsprungen. Aus diesem Bewußtsein sprudelten die extatischen Hymnen und verzückten Zeichnungen jener Zeit, in denen Madonnen mit der Fahne des Aufruhrs umherliefen und Propheten matte Völker in den Staub donnerten.
Wir ahnten nicht, daß das ein Woher und Wohin hatte. Aber heute wissen wir es, können wir es wenigstens wissen.
Und ich will bei dem bleiben, der mir dieser Tage zum Anlaß einer Wiederheraufbeschwörung der expressionistischen Gespenster wurde, bei Gottfried Benn. Warum soll man eines Dichters nicht auch aus Anlaß seines 51. Geburtstags gedenken – den fünfzigsten feiern kann jeder Banause. Unter Menschen von Rang, von Niveau, die um geistige Werte wissen...
Ja, das waren so Maßstäbe damals: Rang, Niveau, geistige Werte. Wer fragte ernsthaft danach, wo (auf welchem Ring des Höllentrichters) der »Rang« lag, von welchem »Geist« die Re-

3 *Die Weißen Blätter*. Eine Monatsschrift. 1913-1921, repräsentative Zeitschrift für Literatur des Expressionismus.

de war? »Geist«: ein Jahr später gab es einen »Zielbund«[4],
»tätiger Geist« war seine Devise. Ich war ein paar Wochen so
was wie ein Sekretär darin. Ehrenvorsitzender war Heinrich
Mann. Motor war der geschäftige Philosoph der Langeweile,
der Todfeind der Geschäftigkeit, Kurt Hiller. Als Oberpriester
zelebrierte Hans Blüher.[5] Heißumworben wurde Franz Werfel. Was war der »Geist«, den man meinte? Gottfried Benn
gibt eine Antwort. Denn Gottfried Benn ist kein Einzelfall.
Es nützt nichts, ihn isoliert zu untersuchen und sich entrüstet
von einem »Renegaten« abzuwenden. Es geht bei Gottfried
Benn nicht um Gottfried Benn; *es geht um den Expressionismus,* um dessen Herkunft, um dessen Auslauf.
Ich habe mir nach der Wiederbegegnung mit *Karandasch* das
ganze Werk von Benn noch einmal vorgenommen, vom *Morgue* über Rönne und Pameelen bis zum *Lebensweg eines Intellektuellen.* Es gibt keinen unter den Expressionisten, der die
Gedanken und Gefühlswelt dieses »Stils« (und Benn hat recht,
wenn er ihn als »europäischen Stil« bezeichnet) so konsequent
gebraucht und so auf den letzten gedanklichen Ausdruck gebracht hat, wie Benn; keinen, der dem Expressionismus so bis
zuletzt, bis unter Hitlers Dolche, die Treue bewahrt hat.
Der Ausgangspunkt: er liegt nicht so sehr in *Morgue,* in diesen
sechs Programmstücken der »Ästhetik des Häßlichen«, die ihn
berühmt machten; dies Programm erfüllten damals auch andere und besser. Es beginnt eigentlich in den Dramen und Prosa-
stücken aus Brüssel. Hier wurde Bewußtsein, was 1912 und 13
bei dem, leicht lädiert aus dem Militärdienst in eine Kassen-
praxis (Belle-Alliance-Platz!) übergehenden Haut- usw.-Arzt
»Gefühlsausdruck« gewesen war. Das lyrische Bewußtsein des
Mannes, der in jedem Gegenüber nur eine Variation der zer-
fressenen Elendspatienten seiner Tagespraxis sah und ihn sich
(Gottlob einmal jemand, den man nicht zu betasten brauchte!)
zwei Meter vom Leibe hielt – dieses »lyrische« Bewußtsein
wurde analytisch.

---

4 *Das Ziel. Aufruf zu tätigem Geist,* hrsg. v. Kurt Hiller, München, Berlin
1916. Der erste Band der Ziel-Jahrbücher erschien Ende 1915; wegen seiner
pazifistischen Haltung 1916 verboten.
5 Hans Blüher (1888-1955) Philosoph und Kulturkritiker aus der Jugendbewegung. Von Nietzsche beeinflußt. *Wandervogel* (1912), *Die Rolle der
Erotik in der männlichen Gesellschaft* (1917).

Und in welcher Umgebung! Brüssel 1916/17. Man muß dort
gewesen sein, um zu verstehen. (Ich war dort, von Beverloo
aus, sonntags, auf einer Spritztour aus dem Ausbildungslager.)
Man sieht ihn ordentlich vor sich, den Sprößling eines bran-
denburgischen Pfarrhauses, den eigentlich Feld- und Garni-
sonsdienstuntauglichen als Militärarzt im Kreise der Ober- und
Stabsärzte, der an- und abschwimmelnden Etappenhengste, die
er tagsüber – man weiß schon wovon – kurieren mußte, um
sich abends im Kasino ihr Gewäsch und Geblödel, ihre Gra-
ben-, Heimat- und Bordellanekdoten, ihre stets fertigen Rede-
wendungen – »Körchen-Mallörchen«, »Stolz will ich den Spa-
nier«, »machine kaputt« – anzuhören. Tagaus tagein. Quint-
essenz des finstersten Deutschland, zusammenströmend an dem
finstersten, verdorbensten Punkt der Etappe. Und er, Gottfried Benn, hatte noch den Duft märkischer Wiesen in der Nase, den Ton junger Weidenzweige im Ohr, die man mit dem
Messerrücken auf den Knien klopft, und den Kopf voll Griechenland und Goethe, voll neuer erstaunlicher Entdeckungen
und Gedanken aus Physik, Chemie, Biologie, Ethnologie, voll
all der Dinge, die ein aufgeschlossener Geist damals in sich
hineinfraß.
Das prallte nun aufeinander: diese Innen- und diese Außenwelt! Damit konnte »ein Mann allein« nicht fertig werden.
Hier wurden in diesen Jahren die zwei Figuren Rönne und
Pameelen geboren: Rönne, der Arzt, der sein Ich nur noch als
Summe von um ein Nichts herumgeklebten Konventionen empfindet; Pameelen, auch ein Arzt, der da fortfährt, wo Rönne
aufhört, der das konventionelle Ich abstreift und sich auf-
macht, die ganze Welt aus dem Nichts seines Ich heraus (das
nur individuell ein Nichts, im Grunde aber alles, der Kern der
Welt, ist) als Form neu aufzubauen.
Dunkles aber intensives Gefühl eines Weltuntergangs.
»Nun ist dies Erbe zuende . . .«,[6] das Erbe von vierhundert

6 Ziegler bezieht sich auf Benns Aufsatz *Lebensweg eines Intellektualisten*
von 1934, in dem unter Teil II von den Erscheinungsformen der Erbmasse
die Rede ist. Die Stelle, aus der Ziegler den Titel für seinen Aufsatz nimmt,
lautet: »Neben Rönne tritt Pameelen, ebenfalls Brüssel 1916, in zwei
Stücken, *Der Vermessungsdirigent*, erkenntnistheoretisches Drama, und
Karandasch, ein rapides Drama. In Pameelen tritt die Frage nach der
Wirklichkeit noch direkter auf, noch grausamer, noch bodenloser. Hier ist
tatsächlich Zersetzung der Epoche. In diesem Hirn zerfällt etwas, was seit

Jahren nämlich, meinte Benn. So definierte er sein Weltgefühl in Brüssel 1916. Weltende – aber auch Beginn von etwas ganz Neuem. Alles fängt von vorne an. Und er tut sich auf, er gibt sich hin.

Aber was in ihn, den ausgehöhlten, durchgerüttelten Militärarzt und Kasinostammgast von Brüssel, hineinstürzt, ist alles andere als »Tao«, der Urgrund des Lebens: es ist der Absud aus den Töpfen, in denen die Bourgeoisie des 20. Jahrhunderts das schon ein halbes Jahrhundert lang zerkaute Erbe ihrer Väter endgültig zu Brei zerkocht:

»Ein Bouvard und Pécuchet[7] unserer Zeit hat Benn alles in sich hineingefressen, was es Neues und Erstaunliches in den verschiedensten Wissenszweigen gibt. Das wird alles erwähnt, was gut und teuer ist! Da kommt natürlich Freud, aber noch mehr Jung, Planck und Einstein, Schrödinger und Heisenberg, Kammerer und Tower, Driesch und Köhler, Jordan und Johannsen, Daqué und Klaatsch, Spemann und Mangold, Kretschmar und Klages, und so weiter, usw.! Die meisten werden nicht genannt, in Stichworten nur tauchen ihre Entdeckungen, Hypothesen und Schlußfolgerungen auf. Und so entsteht ein wahrer Hexensabbath immer neuer, immerfort einander ablösender und aufhebender Theorien.«

So schrieb ich einmal im Jahre 1931, als ich Benn in zwei Artikeln *Symptome*[8] und *Eine Akademie faschistischer Mystik* seine Hitlerzukunft voraussagte. Anhand der seither veröffentlichten Reden und Aufsätze Benns könnte man die Liste dieser

vierhundert Jahren als Ich galt und wahrhaft legitim für diesen Zeitraum den menschlichen Kosmos in vererbbaren Formen durch die Geschlechter trug. Nun ist dies Erbe zu Ende. Pameelen hofft anfangs durchaus, sich noch Welt in diese morschen Formen holen, Einzeldinge bis zur Weiterführung und Bearbeitung zu: Erfahrung, innerem Aufbau, gemütvollem Erleben: eben »Persönlichkeit« im alten Sinne, »Innerlichkeit« fassen zu können. Er überprüft dazu das Unwahrscheinlichste, mißt alles ab, daher Vermessungsdirigent, aber es zerrinnt. Er bekämpft den Zerfall, er will Positives, er will »Ansammlung«, aber nur sporadisch und künstlich gerufen tritt sie auf. Die Linie, die so großartig im cogito ergo sum als souveränes Leben, das seiner Existenz nur im Gedanken sicher war, begann, in dieser Figur geht sie schauerlich zu Ende. (G. B. *Autobiographische und vermischte Schriften*, a.a.O., S. 38.)

7 *Bouvard und Pécuchet*, Flauberts unvollendetes Spätwerk, in dem Standpunktlosigkeit und Eklektizismus der beiden Titelfiguren parodiert werden.

8 In: *Die Linkskurve* 2 (1931), S. 8-13.

Autoren noch fortsetzen: Troeltsch, Frobenius, Worringer, Scheler, Spengler, Curtius, Bertram, Semi Meyer ... schier endlos. Es ist geradezu erstaunlich, wie er es fertiggebracht hat, sich das alles anzulesen und es durchzudenken, eines gegen das andere. Denn das hat er getan. Nur, daß nichts dabei herauskam, nichts herauskommen konnte, als eine ständige Vertiefung des brüsseler Grundgefühls:

»Keine Welten mehr zu leben, keine Wirklichkeiten mehr zu fühlen, keine Erkenntnisse mehr zum Glauben, dabei ewig gereizt der in diesen Breiten nächst dem Hunger brutalste Trieb, die Einheit des Denkens herzustellen, dieser Trieb nach Definition, qualvoller als Hunger und erschütternder als Liebe, kehrend sich gegen das sogenannte eigene Ich.«

– Gefühl eines Weltenendes, Ragnarökr. Es blieb ein Fieberzustand. Das Ich – ein Vulkan, der glühende Brocken hinauswirft ... aber es sind immer die gleichen Brocken, zerhacktes, zerschmolzenes Erbe der Väter.
Und noch etwas kam hinzu. Zur gleichen Zeit, wie die Termiten der bürgerlichen Ideologie alles zernagten und aus den Schnipseln hohle Riesentürme aufbauten, trug der Räume und Zeiten überwindende Weltverkehr und der Bienenfluß von Spezialisten uns die Resultate des Denkens und Schaffens aller Völker, aller Zeiten ins Haus. Da lag es um uns, über uns: T'ang-Plastiken, Buddhareden, Nippesfiguren aus Kreta, Gilgamesch, Leonardoskizzen, indische Felsentempel, Skythengold, Brockes, Beninplastik, skandinavische Felsbilder, – endlos – alles gleichwertig nebeneinander, niemand weiß, wie was zusammengehört: oder vielmehr: Dutzende von »Gelehrten« und »Philosophen« tischen jeden Tag neue Theorien auf; was kann man nicht alles aus einer solchen Fülle heraus-, was nicht in sie hineingeheimnissen!
Und doch eine herrliche, überwältigende Fülle, was für ein Material, um den Weg des Menschen zu begreifen!
Aber entwurzelt, schöpferisch ermattet, weil der letzten Verbindungen mit den lebendigen Kräften des Volkes beraubt, versagte der stolze »westliche Mensch«. Wir entsinnen uns (um nur ein paar grobe Beispiele zu nennen): Pölzig baut auf einmal spätägyptisch, Hermann Hesse dichtet indisch, Pechstein malt Negerplastik, Barlach schnitzt Ikone ...

Als ganz neu, urwüchsig, elementar wurde es ausgegeben, dieses »Denken« sowohl wie diese »Kunst«, ein noch nie dagewesener Durchbruch.

Und war doch so alt, so gar nichts anderes, als die ganz konsequente Fortführung einer Entwicklung, die schon seit 50 Jahren und mehr im Gange war! Letztes Wort jener Auflösung des klassischen Erbes, die während der letzten Hälfte des 19. Jahrhunderts einzige Beschäftigung der bürgerlichen Ideologen war. Letzte Etappe dieser Auflösung mit dem kläglichen Versuch einer Synthese der auseinanderstrebenden Pseudoantinomien.

Das müßte man nun beweisen, müßte Stück für Stück die Theoreme Benns vornehmen (Theoreme des Expressionismus, einer ganzen Generation!) und zeigen, wie sie in diesen trüben, gurgelnden, bodenlosen Strom der Selbstzersetzung des bürgerlichen Denkens eingebettet sind. Das würde ein ganzes Buch ergeben – und dieses Buch muß einmal geschrieben werden. Hier wollen wir nur ein einziges Beispiel betrachten: die Stellung zur Antike.

Antike Gestalten wandeln bei Benn neben den Syphilitikern vom Belle-Alliance-Platz und den Stabsärzten aus Brüssel einträchtig durch die ligurischen Gefilde, Bordelle und märkischen Wiesen des ganzen Werkes dahin, Ikarus stürzt in die Friedrichstraße, Venus mit den Tauben kommt in die Sprechstunde, Dionysos der Nächtliche, die Fichte im Haar, schreitet über den Prenzlauer Berg, Pasiphä am Kurfürstendamm. Appolo lehnt geheim an Eduard Krawutsche ... alles ist da. Und zuletzt, 1934, wird es gedeutet: *Dorische Welt. Die Geburt der Kunst aus der Macht.* Ganz neu! Ganz groß! Und was ist es? Kläglich geleimtes Gerümpel, ein Gebäude aufgetürmt aus dem Sägemehl, das die nagende Arbeit der Bachofen, Rhode, Burckhardt, Nietzsche, Chamberlain, Bäumler, Rosenberg vom klassischen Bild der Antike der Winkelmann-Goethe übriggelassen haben! Nicht ein einziger eigener Gedanke, auch nicht ein Ansatz zu einer Untersuchung der Materie selbst (das wenigstens hatten die Bachofen, Rhode, Burckhardt noch getan), alles aus zweiter, dritter Hand unbesehen hingenommen, ohne das geringste Gefühl für die Gesetzmäßigkeit des Wandels und Wechsels jener Theorien, Substantive, »große Schachteln« aneinandergepappt – Karandasch! Und wozu das alles? Eine

Neuauflage der Wagnerschen Entschuldigung, eine neue Rechtfertigung dessen, was Thomas Mann »machtgeschützte Innerlichkeit« genannt hat. Man, d. h. Gottfried Benn, müßte erklären, warum er sich in den Schatten der Dolche Hitlers geflüch-
tet hatte. Dazu die Entdeckung der »dorischen Welt« als »Synthese« all der zersetzenden Umdeutungen der Antike, die das
19. Jahrhundert hinterlassen hat.
Was bedeutet diese »Entdeckung der dorischen Welt« grundsätzlich, welches ist ihr historischer Ort? O weh! Sie ist nicht
einmal Weiterführung jener fremden Gedanken, sie ist Rückkehr, Rückkehr auf niedrigerer, niedrigster Stufe zu der Position, von der aus die Liquidierung der jakobinischen Etappe
der bürgerlichen Auffassung von der Antike vor hundert Jahren begonnen hatte. Der Jakobinismus war mutig und drauf-
gängerisch gewesen. Das System seiner Gedanken war voller
Widersprüche, starrte von Kanten und Ecken, die für die All-
tagsphase der bürgerlichen Herrschaft unerträglich wurden. Mit
der Abfeilung dieser Ecken und Kanten hatte die Auflösung
des klassischen Erbes der vorletzten Jahrhundertwende begonnen. »Juste milieu« war die Losung. Aber der Traum von der
goldenen Mitte war bald ausgeträumt. Eine neue Klasse mel-
dete sich: das Proletariat. Gegen sie brauchte die Bourgeoisie
damals das, was Benn ihr auch jetzt wieder geben will:

»Gehirne mit Eckzähnen, Gebiß aus Donnerkeilen. Verbrecherisch,
wer den neuen Menschen träumerisch sieht, statt ihn zu hämmern;
kämpfen muß er können, das lernt er nicht aus Märchen, Spuk-
geschichten, Minnesang . . .«

Es fanden sich die Ärzte, die dem weichgewordenen Bürgerhirn
das neue Gebiß anmontierten. Nietzsche, Stomatologe und
Zahnklempner in einer Person, mit dem Holzhammer in der
Hand, leitete das Laboratorium. Aber bei dieser komplizierten
Arbeit gab es neue Widersprüche, neue Ecken und Kanten.
Auch das bei diesen Operationen im 19. Jahrhundert ange-
häufte »Erbe« wurde schließlich für die Bourgeoisie der imperialistischen Endphase unerträglich. Eine neue Liquidation,
eine neue »Versöhnung« war fällig. Das Resultat war die Zu-
sammenkoppelung von Apoll und Dionysos, von hellem und
dunklem Griechenland, von Intellekt und élan vital. Dabei
kam ein Griechenland heraus, das dem Original genau so ähn-

lich ist, wie die saftlosen Kompositionen eines Chirico der Akropolis von Athen ähneln.

Der Expressionismus der »titanische, supergescheite, dämonische, kristallklare« (alles zusammen!) – eine trübe Lauge, in der die Brocken der liquidierten Liquidation des klassischen Erbes, die Reste der Bemühungen dreier Generationen bürgerlicher Denker um die Rettung des nicht zu Rettenden herumschwimmen! Ein verdünnter Aufguß des juste milieu!

Das klingt paradox, und doch: das Gesamtbild der Werke von Gottfried Benn, dieses konsequenten Vertreters des Expressionismus führt unausweichlich zu dieser Schlußfolgerung. Auf ihre Herkunft und ihren Inhalt untersucht, führen die Lösungen, die er all den aufgeworfenen Problemen zu geben versucht (Antike, Kunst, Ich, Form, Persönlichkeit usw.) zu demselben Resultat: Zersetzung einer Zersetzung; Zersetzung, in der auch noch das Wenige zerfressen wird, was hundert Jahre bürgerliche Geistesentwicklung neben allem Unfug an Wahrheits- und Kunstwerten doch noch zustandegebracht haben – und dann ein letzter lahmer Versuch einer Synthese, Montage geistiger Werte. Genau das, dem Wesen nach, was Goebbels heute braucht. Das war der Nährboden des Expressionismus. Benn weiß das:

»So entstanden diese Generationen, die alles tranken, was an Stoffen die Zersetzung bot ... Destruktion war auch Erlebnis, Abbau unter Morgenröten. ›Nihilismus ist ein Glücksgefühl‹, und das strömte alles in die Arbeiten unverhohlen ein, daraus entstanden sie, das verwandte man methodisch für ihre Herstellung ...«

Er weiß es, denn er weiß alles. Aber er löst ja alles Wissen sofort wieder auf, wie der ganze Expressionismus, nicht einmal mehr zur Ironie fähig, alles sofort wieder auflöste, was ihm zufällig einmal gelang.

Es blieb ihm nur eins: der Salto ins Lager Hitlers – Salto vitale, meint er, und ist doch auch nur ein Salto mortale und dazu noch ein häßlicher und kläglicher.

Dieses Ende ist gesetzmäßig. Daß nicht alle Expressionisten diesen Weg gegangen sind, ist kein Gegenbeweis. Den Expressionismus so umfassend und so ganz zu verwirklichen, war nicht jedem gegeben. Es gehörte ein ungewöhnliches Maß von – wie soll man sagen? – Stärke oder Schwäche dazu. Die diese

Stärke oder Schwäche nicht besessen haben und denen ein Ende wie das Gottfried Benns erspart geblieben ist, sollen daraus noch keine Tugend machen, bevor sie nicht restlos erkannt haben, was der Expressionismus war; bevor sie nicht verstanden haben, daß er nichts enthält, worauf man für den antifaschistischen Kampf fußen kann; bevor sie nicht einsehen, daß jeder Rest aus jener Gedanken- und Gefühlswelt ein Fremdkörper in unserem Lager ist.

Und damit sind wir wieder bei uns. Auch hier wären neue Beispiele, neue Beweise dafür nötig, daß es Reste des Expressionismus in unserem Denken und Schaffen gibt. Ich will nur drei Beispiele anführen und auch sie nur andeuten. Nur als *Fragen*. Möge jeder selbstprüfend die Antworten untersuchen, die sich ihm sofort auf die Zunge drängen.

Die Antike: »Edle Einfalt und stille Größe« – sehen wir sie so?[9]

Der Formalismus: Hauptfeind einer Literatur, die wirklich zu großen Höhen strebt – sind wir damit einverstanden?

Volksnähe und Volkstümlichkeit: die Grundkriterien jeder wahrhaft großen Kunst – bejahen wir das unbedingt?

Die ersten Gedanken, die sich bei unserer Generation als Antwort auf diese Fragen einstellen, tragen den Stempel der expressionistischen Epoche! Sie und nichts anderes, ihre Argumente, ihre Ideenwelt, die Zersetzung der Zersetzung des klassischen Erbes – das ist es, was auch in den Wenns und Abers mitschwingt, mit denen wir diese Fragen schließlich bejahen.

Der Expressionismus als *Stil* scheint hinter uns zu liegen, liegt wohl auch hinter uns. Die *Gedanken- und Gefühlswelt,* aus der er geboren wurde und die nichts unerhört Neues, sondern etwas gräßlich Altes war – sie ist noch nicht überwunden. Aber ohne diese Überwindung – die mehr sein muß als Erstaunen oder Entrüstung über den Weg eines Gottfried Benn – ist ein wirklicher Aufstieg unserer antifaschistischen Literatur, der deutschen Literatur überhaupt nicht möglich.

---

9 Anspielung auf Winkelmanns Aufsatz *Gedanken über die Nachahmung der griechischen Werke in der Malerei und Bildhauerkunst.*

Mit dem nachstehenden Beitrag setzen wir die im Heft 9 von Klaus Mann und Bernhard Ziegler begonnene Diskussion über den Expressionismus fort. Weitere Beiträge folgen.

Franz Leschnitzer
Über drei Expressionisten

Die Diskussion über den Expressionismus, die *Das Wort* im Septemberheft mit Klaus Manns und Bernhard Zieglers Darlegungen über Gottfried Benn eröffnet hat, und der redaktionelle Vorschlag, die Benn-Debatte zu einer grundsätzlichen Erörterung über den Expressionismus auszuweiten, ist aus aktuellen literaturpolitischen Gründen lebhaft zu begrüßen. Denn obwohl eine Zeitspanne von siebzehn Jahren zwischen der Gegenwart und dem Ableben des Expressionismus liegt (die Grabrede hielt ihm Wilhelm Worringer im Oktober 1920) sind zahlreiche Widersprüche in seiner Bewertung noch heute ungeklärt nicht nur im feindlichen faschistischen Lager, sondern sogar in unserem antifaschistischen – trotz der großen Vorarbeit zu ihrer Klärung, die Georg Lukács schon vor nahezu vier Jahren in seiner tiefen und scharfsinnigen Untersuchung ›Größe und Verfall‹ *des Expressionismus* (*Internationale Literatur*, 1934, Heft 1) geleistet hat.

Die Widersprüche der faschistischen Einschätzung des Expressionismus liegen auf der Hand. Dem Goebbels-Satz aus dem Jahre 1933: »Der Expressionismus hatte gesunde Ansätze, denn die Zeit hatte etwas Expressionistisches an sich« – dieser albernen faschistischen These steht die freche faschistische Praktik gegenüber, in der Ausstellung »entarteter Kunst«[1] just dem Expressionismus einen der breitesten Plätze einzuräumen. (Die Überfüllung gerade dieser Ausstellung, eine hocherfreuliche antifaschistische Demonstration, sprach freilich nicht so sehr für den Wert der dort ausgestellten Werke wie *gegen* den »Wert« der im Dritten Reich äußerlich allmächtigen, aber zutiefst eben doch ohnmächtigen Dilettanten.) Indes auch bei der

---

1 1937 in München, wo der endgültige Ausverkauf moderner, insbesondere expressionistischer Kunst begann.

antifaschistischen Beurteilung dieser Ausstellung wie überhaupt des Expressionismus kamen Widersprüche zum Vorschein: der Antifaschist G. Forster definierte in der prager *Deutschen Volkszeitung* den Expressionismus als »leidenschaftlichen Versuch, einen neuen Ausdruck zu schaffen und die Grenzen des Bürgertums zu überschreiten«, während der Antifaschist Bernhard Ziegler im *Wort* zu der Erkenntnis gelangte, »wes Geistes Kind der Expressionismus war und wohin dieser Geist, ganz befolgt, führt: in den Faschismus.«

Nicht uninteressant, daß Kurt Hiller, den Ziegler hernach polemisch erwähnt, in seinem Aufsatz *Philosophie des Ziels* (1916) den folgenden Passus verübt hat:

»Es müßte schon als Verrat gelten, wenn einer im Feuilleton einer liberalen Tageszeitung den Expressionismus, selbst mit treffenden Gründen, verulkte. Der vom linken Ufer hat das rechte nicht zu betreten – es sei denn als Feind.«

Wie wenig »links« das expressionistische Ufer gewesen ist, beweist das rechte, auf dem grade der Autor dieses Zitats ansässig ist und, streng genommen, stets ansässig war – wer selber mal an chronischer Hilleritis krankte wie Ziegler und ich, erkennt dies mit doppelter Schärfe. Zieglers Hinweis auf die reaktionäre Zielrichtung selbst des scheinrevolutionärsten Expressionismus trifft also zu; aber eben dieser zutreffende Hinweis beschwört sofort einen neuen Widerspruch herauf. Denn wir Marxisten wissen zwar, daß Benn, Bronnen, Heynicke, Johst nicht trotz, sondern *dank* dem Expressionismus zu Mystizisten und Faschisten geworden sind und, umgekehrt, Becher, Brecht, Wolf, Zech nicht dank, sondern *trotz* dem Expressionismus zu Realisten und Antifaschisten; aber wir wissen auch, daß es beispielsweise mitten in Bechers heutiger, wahrhaft realistischer Lyrik noch expressionistische Einsprengsel gibt, die in so spärlicher Dosierung dort keineswegs deplaciert sind. In Bechers grandiosem Poem »Luther«, im achten Abschnitt, wo die Empörung der Bauern über Luthers Verrat in jedem Sinne auflodert, mischen sich Abstraktionen und Bildhaftigkeit, optische und akustische Wahrnehmungen echt expressionistisch, dabei höchst wirksam, in folgender Weise:

Ich bin der Hahn, der rote Hahn, der kräht.
Ich krähe rot, oh rot, auf Fürstendächern.

Ich bin der Hahn, der den Verrat verrät.
Ich rufe, wenn ich krähe, nach den Rächern.

Rot krähen – das erinnert fast wörtlich an den bekannten »roten Schrei«, der sich anno 1919 sogar als *Schrey*[2] (mit y!) zum Titel einer hessischen Expressionistenzeitschrift auswuchs, welche der *Aktion* nachgemacht ... und mit der Kühnheit gesegnet war, sich selber für die legitime Nachfolgerin des *Hessischen Landboten* Georg Büchners zu halten und zu erklären. Ich erwähne diesen letzten Tatbestand deshalb, weil er beweist, daß die Expressionisten auch die Dreistigkeit in der Usurpierung des Erbes der großen deutschen Literaturvergangenheit gemeinhatten mit präfaschistischen Literaturtheoretikern wie Gundolf und mit faschistischen wie Neter und Kindermann.
Doch eben auch von dezidierten Antifaschisten werden bei der Auswahl des Erbes bedenkliche Fehler begangen. Liest man, wie Klaus Mann im *Wort* die Thesen aufstellt, Herr Gottfried Benn habe »sich in den Nationalsozialismus verirrt«, habe »sich verführen, berauschen, auf die ärgsten Pfade verlocken lassen«, und die Nazis hätten »einen untrüglichen Instinkt *gegen* alle seine Qualitäten« – so kann man sich der Befürchtung nicht erwehren, daß Klaus Mann in der früheren Produktion Benns immer noch irgendwelche »Erbelemente« vermutet. Er möge es mir nicht verübeln, wenn ich ihn daran erinnere, daß er einen analogen Fehler vor genau vier Jahren begangen hat, als er in seinem Aufsatz *Das Schweigen Stefan Georges* – in der *Sammlung* 1. Jahrgang, 2. Heft, Oktober 1933 – die echt präfaschistisch-dekadente Hinneigung Georges zu Mallarmé als das Symptom eines »Europäertums« gedeutet und sich sogar zu dem Satz verstiegen hat:

»Hitler – und Stefan George: das sind zwei Welten, die niemals zueinander finden können.«

Sie *haben,* trotz ihrem kolossalen Qualitätsunterschied und trotz der Schweigsamkeit Georges, objektiv und faktisch zueinander gefunden; und ebenso, trotz allen gegenteiligen Lippenbekenntnissen der Nazis, die »Welten« Hitlers und Benns.

2 *Der Schrey,* Mannheim 1919, pazifistische Flugblätter, Sammlung literarischer Dokumente gegen den Krieg, z. T. aus der Weltliteratur, gegen verantwortungslosen Journalismus; neben Büchner wurden auch Texte von Georg Herwegh, Peter Krapotkin und Leo Tolstoi abgedruckt.

Es gibt nur einen Ausweg aus dem Labyrinth sämtlicher hier angedeuteter Widersprüche: die konkrete historische Analyse des Schaffens einzelner Expressionisten. Damit sei nun begonnen, und zwar gerade am Beispiel dreier Vergessener, die dem Vorkriegsexpressionismus zugehörten — und deren einst erregendes Werk noch dort, wo es zeitgemäße Züge trägt, heute bloß rührend-atavistisch wirkt.

I

Vor nunmehr siebzehn Jahren schloß Kurt Pinthus in seiner *Menschheitsdämmerung* die Stimmen von dreiundzwanzig expressionistischen Lyrikern zu einer »Symphonie jüngster Dichtung« zusammen. Darin nahm er auch Verse von Georg Trakl, Georg Heym und Ernst Wilhelm Lotz auf. Und sie wie alle anderen empfahl er im Schlußsatz seines Vorworts den Jünglingen einer freieren und glücklicheren Menschheit:

»Diese zukünftige Menschheit, wenn sie im Buche ›Menschheitsdämmerung‹ (›Du Chaos-Zeiten schrecklich edles Monument‹) lesen wird, möge nicht den Zug dieser sehnsüchtigen Verdammten verdammen, denen nichts blieb als die Hoffnung auf den Menschen und der Glaube an die Utopie.«

Solcher Glaube und solche Hoffnung von einst — beides rührt heute gerade uns um so mehr, als wir nun schon zu eben der glücklicheren »zukünftigen« Menschheit gehören, der beides entrückt ist. Glückhaft verwirklicht wird ja, im sozialistischen Neuhumanismus, die schwermutvolle Hoffnung jener »sehnsüchtig Verdammten« . . .
Schwermut war die Achse zumal in Trakls Gefühlswelt. Schwermut warum? Eine gültige Antwort auf diese Frage hat auch Klaus Mann in dem Essay über Trakl, den er einst in der *Weltbühne* erscheinen ließ, nicht zu geben vermocht. Klaus Mann begann und beendete jenen Essay mit dem Satz: »Er aber war der Schwermütigste von allen.« Gewiß; doch diese Wahrnehmung, stereotyp wiederholt, reicht nicht aus zur Verbreitung eines innigen Verständnisses für die Schwermut eben des Schwermütigsten. Und ausreichen würde hierzu sicherlich ebensowenig die vulgärsoziologische »Analyse« Trakls als eines

zum »schwankenden Kleinbürger« prädestinierten »Intellektuellen«.

Wie unsicher freilich die materielle Basis des Fünfundzwanzigjährigen war, der 1913 als Medikamentenakzessist ans Garnisonhospital nach Innsbruck kam, aber diese und andere Berufstätigkeit bald aufgab, am gleichen Ort im Hause Ludwig Fickers bis zum Kriegsausbruch lebte – das hat ebendieser beschrieben: »Er fand sich im äußeren Leben immer schwerer zurecht . . . Hab und Gut besaß er kaum mehr.« Aber gleichzeitig »erschloß sich der Born seiner dichterischen Schöpfung immer tiefer«. Auch weder Weine noch Drogen, die ihn physisch entkräfteten, waren die Verursacher seiner psychischen Schwermut:

»Ihn, der ein starker Trinker und Drogenesser war, verließ nie seine edle, geistig ungemein gestählte Haltung; es gibt keinen Menschen, der ihn im Zustand der Trunkenheit jemals auch nur hätte schwanken oder vorlaut werden gesehen, obschon sich seine sonst so milde und wie um eine unsägliche Verstummtheit kreisende Art des Sprechens in vorgeschrittener Nachtstunde beim Wein oft seltsam verhärten und ins Funkelnd-Böse zuspitzen konnte. Aber darunter hat er oft mehr gelitten als die, über deren Köpfe hinweg er die Dolche seiner Rede in die schweigende Runde blitzen ließ; denn er schien in solchen Augenblicken von einer Wahrhaftigkeit, die sein Herz förmlich bluten machte. Im übrigen war er ein schweigender, in sich verstummter, aber keineswegs verschlossener Mensch . . .«

Als der Krieg ausbrach und als der junge Medikamentenakzessist mit einem fliegenden Spital ins Feld mußte, »schien er aufgetaut und seiner Schwermut entrissen« – nicht etwa aus Begeisterung für die geistlose Habsburgerei, sondern einfach kraft der Vitalität, die ihm die erste Begegnung zwischen seiner sanften Innerlichkeit und der grimmigsten Realwelt einhauchte. Dem Zusammenbruch des galizischen Feldzugs (Rückzug von Grodek) folgte sein eigener Zusammenbruch; man brachte ihn zur Beobachtung seines Geisteszustands in das krakauer Garnisonspital, wo er in der Nacht vom 3. auf den 4. November 1914 verschied, nach eintägiger Agonie und, wie sein Biograph vermutet, »an der Wirkung einer zu starken Dosis Gift, die er zu sich genommen . . .«

Die Kenntnis biographischer Fakten ist hier wie immer von Nutzen, aber sie allein gewährt keine tiefere Einsicht in die schmerzlich-schwermütige Schönheit der Dichtungen Trakls. Es wäre wiederum eine vulgärsoziologische Torheit, wollte man die in seinem Leben und in seinem Lebenswerk dominierende Schwermut unmittelbar aus einem stetigen Zusammenprall mit der bürgerlichen Sozialordnung ableiten. Schwermut von solcher Tiefe ist bei einem so apolitischen, ökonomisch so labilen, sein Hab und Gut, selbst den Besitz der ihm liebsten Bücher so unbedenklich veräußernden Menschen wie Trakl kein unmittelbares Produkt des Kapitalismus. Wohl aber dessen *mittelbares* Produkt (durch die Produktion und Reproduktion der Arbeit »*in letzter Instanz*« bestimmt, wie Engels zu sagen pflegte): eine Folge der *durch* die kapitalistische Arbeitsteilung verursachten Undurchsichtigkeit der Beziehungen des Menschen zum Menschen; seiner seelischen Verarmung (zugunsten reicherer »Benervtheit« von fragwürdigem Wert); seiner Vereinsamung. Wessen Poesie aus der Wurzel solcher Schwermut herauswächst, der gestaltet freilich nicht die Vereinsamung selbst als wandelbaren, gleichsam revisionsfähigen Prozeß, vielmehr sogleich und ausschließlich dessen tragisches Resultat: die Einsamkeit als unwandelbaren, kontinuierlichen Zustand. Nicht die Erstarrung, sondern die Starrnis. Nicht Drang noch Bedrängung, sondern Bedrängnis. Nicht Druck noch Bedrückung, sondern Bedrücktheit. So Trakl, wohl am bedrücktesten und bedrückendsten in drei Strophen des Gedichts *De profundis,* in denen des Dichters Einsamkeit und die der Natur einander bitter durchdringen:

Es ist ein Stoppelfeld, in das ein schwarzer Regen fällt.
Es ist ein brauner Baum, der einsam dasteht.
Es ist ein Zischelwind, der leere Hütten umkreist –
Wie traurig dieser Abend.

. . . Auf meine Stirne tritt kaltes Metall.
Spinnen suchen mein Herz.
Es ist ein Licht, das in meinem Mund erlöscht.

Nachts fand ich mich auf einer Heide,
starrend von Unrat und Staub der Sterne.
Im Haselgebüsch
klagen wieder kristallne Engel.

Ein mystischer Abgesang, wie hier in der Schlußstrophe, schwächt nicht selten den Ausklang der Traklschen Verse. Kein

Rätsel, warum der Dichter von russischen Autoren am inbrün-
stigsten Dostojewski verehrte. Auch andere Quellen mystizi-
stischen Einflusses durchrieseln sein Werk, so die Sprachmeta-
physik des Karl Kraus und ein von diesem wie von dem ihm
nahen innsbrucker Kreis um den *Brenner,* dessen Herausgeber
ja Ludwig Ficker war, geschätztes und gefordertes Katholisie-
ren in Kierkegaards Art. Zu den Metaphysikern der Kraus-
Sphäre gehörten Adolf Loos und Karl Borromäus Heinrich,
deren jedem je eines der Gedichte Trakls (*Sebastian im Traum*
und *Gesang des Abgeschiedenen*) zugeeignet ist; auch Kraus
selbst besang er, freilich mehr als zwanzig Jahre vor dessen
erkennbarer Entartung, als »kristallene Stimme, in der Gottes
eisiger Odem weht«.
Aber stärker als diese zeitgenössische Illusionierung ist in
Trakls Poesie der Einfluß Hölderlins spürbar, wenn auch –
gemäß der kälteren Einsamkeit Trakls – nur im düster-kon-
templativen, resignierenden, nicht im leuchtend-aktiven, jakobinischen Sinn. Die Bilderwelt und insbesondere die Farben-
welt Trakls ist durchaus hölderlinisch in ihrer Begrenztheit und
in ihrer dennoch erstaunlichen Fülle. Hier einige Beispiele, ab-
sichtsvoll »aus dem Zusammenhang gerissen«: Kristallne Engel, kristallene Stirn, kristallene Stimme; mondenes Gestein,
mondene Augen; blaue Felsengruft, blaues Wild, blaue Stille,
blaue Blumen und Früchte, blaue Brauen und Lider; schwarzer
Wald, schwarzes Tal, schwarze Mauern, schwarzer Flug,
schwarze Verwesung; rosiger Spiegel, rosiger Hügel, rosige
Osterglocke, rosige Seufzer; purpurner Nachtwind, purpurne
Höhlen, purpurner Wein, purpurner Schlaf. Beim Eintritt in
die mystische Sphäre verdichtet sich solche Bildhaftigkeit gar
zum tragisch-hölderlinischen Sujet der Geistesumnachtung:

Stirne Gottes Farben träumt,
spürt des Wahnsinns sanfte Flügel.
Schatten drehen sich am Hügel
von Verwesung schwarz umsäumt.

Nicht aus Hölderlins Werk, doch aus Hölderlins Leben geschöpft, nimmt das Motiv »sanfter Wahnsinn« in Trakls Versen
einen stets breiteren Raum ein: der »heilige Bruder« in dem
Poem *Helian* ist ebenso »versunken in das sanfte Saitenspiel
seines Wahnsinns«, wie am Ende desselben Poems »der Enkel

in sanfter Umnachtung einsam dem dunkleren Ende nachsinnt«. Die Häufigkeit dieses furchtbaren Motivs ist symptomatisch für das tragische Ende einer zeitgeborenen tragischen Einsamkeit und dessen, der an ihr tiefstens litt.

II

Georg Heym, grundverschieden von dem fast gleichaltrigen Trakl, beugte nicht wie dieser wehmütig sein Haupt vor den Imponderabilien der neudeutschen Misere – er griff wuchtig mitten hinein in die brausende Realität. In die Realität des Brausens par excellence: der neuzeitlichen Metropole, der Großstadt des »Asphalts«. Mit bärenstarken, nicht spinnwebzarten Nerven meisterte er die großstädtische Sphäre, deren Einbeziehung in die künstlerische Thematik den »Asphaltliteraten« heut goebbels-gleiche Zwerge verargen (einem Troglodytentum und einem technischen Rückschritt zuliebe, welch letzterer ihnen bloß dann nicht reizvoll erscheint, wenn er ihre Kriegsrüstungen beeinträchtigen könnte). Lügen gestraft wird dabei gerade durch Heyms vorbildliches Beispiel der Vorwurf der Dekadenz, mit dem – nach der Devise »Haltet den Dieb!« – ausgerechnet die nun wirklich dekadenten George-Epigonen hinter einem Geschrei nach Zucht und Sitte ihre eigene Zuchtlosigkeit und Unsittlichkeit vergebens zu tarnen versuchen.
Wohl, wie George so war auch Heym von Baudelaire entscheidend beeinflußt – aber auf ungleich gesundere Art als der doch fürwahr nicht »asphaltene« Lehrmeister des Goebbels-Lehrmeisters Gundolf. Denn während George die deutsche Lyrik durch Nachdichtung und (im *Jahr der Seele*) durch Nachahmung der *Fleurs du mal* parfümierte, machte sich Heym nicht Baudelaires morbide Empfindsamkeit, sondern dessen heilsame Formstrenge zu eigen. Jeder seiner Rhythmen »sitzt«, wo er »sitzen« soll, und überschlägt er sich doch einmal, dann nur dort, wo der Inhalt es vorschreibt; jeder seiner Reime ist hart und hell wie Edelmetall. Nichts angelesen, alles gleichwohl erlesen; nichts ersonnen, alles durchlebt und durchlitten in ihm selbst oder im Nachbarmenschen:

In einer Stube voll von Finsternissen
schreit eine Wöchnerin in ihren Wehn.

Ihr starker Leib ragt riesig aus den Kissen,
um den herum die großen Teufel stehn.

Sie hält sich zitternd an der Wehebank.
Das Zimmer schwankt um sie von ihrem Schrei,
da kommt die Frucht. Ihr Schoß klafft rot und lang
und blutend reißt er von der Frucht entzwei.

Der Teufel Hälse wachsen wie Giraffen.
Das Kind hat keinen Kopf. Die Mutter hält
es vor sich hin. In ihrem Rücken klaffen
des Schrecks Froschfinger, wenn sie rückwärts fällt.

Doch die Dämonen wachsen riesengroß.
Ihr Schläfenhorn zerreißt den Himmel rot.
Erdbeben donnert durch der Städte Schoß
um ihren Hof, den Feuer überloht.

Zu lesen in dem gewaltigen Gedicht *Die Dämonen der Städte*.
Der Städte, die Heym mit inbrünstiger Haßliebe umgab,
gleichweit entfernt vom naturalistischen Fetischkult für die
städtische Technik wie vom stadtfeindlichen romantischen
Antikapitalismus. Diese Haßliebe ist der geometrische Ort zur
Bestimmung *seiner* Schwermut – einer völlig andern als der
Traklschen. Denn die Heymsche steigerte sich, wenn das Züng-
lein an ihrer Waage sich auf die Haßseite neigte, zu einer
wahrhaft dämonischen sozialen Prophetie. Gigantisch zumal in den Schlußstrophen des Gedichts *Der Krieg*, geschrieben drei Jahre *vor* dem Weltkrieg und machtvoller noch als
das gleichnamige Wuchtbild des Zeichners Kubin:

Eine große Stadt versank in gelbem Rauch,
warf sich lautlos in des Abgrunds Bauch.
Aber riesig über glühnden Trümmern steht,
der in wilde Himmel dreimal seine Fackel dreht

über sturmzerfetzter Wolken Widerschein,
in des toten Dunkels kalten Wüstenein,
daß er mit dem Brande weit die Nacht verdorr,
Pech und Feuer träufet unten auf Gomorrh.

Zu einer ähnlich machtvollen Prophetie war Heym jedoch auch
jenseits der ihm geläufigen Sphäre befähigt. Das Sonett *Rußland*, ein Brudergruß an die ihm zaristischen Kerker schmach-

tenden »düsteren Kohorten«, gleichfalls schon 1911 (im März) geschrieben, klingt aus in die Seherworte:

Der Mond schwenkt seine große Nachtlaterne
auf ihren Weg, wenn sie zur Hürde wanken,
sie fallen schwer in Schlaf. Und sehen ferne
die Nacht voll Feuer in den Traumgedanken
und auf der Stange, rot, gleich einem Sterne,
auf Aufruhrs Meer das Haupt des Zaren schwanken.

Die gleiche visionäre Blickschärfe, die gleiche Bildhaftigkeit, die den monumentalen Zauber seiner Verszyklen *Der ewige Tag*, *Umbra vitae* und *Der Himmel Trauerspiel* bewirkte, strahlt uns auch entgegen aus Heyms Novellensammlung *Der Dieb*, deren Prosa geradezu versifiziert wirkt.

Wie eine Vision der von Heym nicht mehr erlebten Großen Sozialistischen Revolution muß der folgende Passus seiner (im Paris der ersten französischen Revolution spielenden) Novelle *Der Fünfte Oktober* anmuten:

»... Ein blutrotes Banner war entfaltet. Eine gewaltige Oriflamme der Freiheit, die mit einem purpurnen Fahnentuche im Abendhimmel ihnen vorausflackerte wie eine Morgenröte.
Sie alle waren unzählige Brüder geworden, die Stunde der Begeisterung hatte sie aneinander geschweißt.
... Ihre Leiden waren geadelt, ihre Qualen waren vergessen, der Mensch war in ihnen erwacht.
Das war der Abend, wo der Sklave, der Knecht der Jahrtausende seine Ketten abwarf und sein Haupt in die Abendsonne emporhob, ein Prometheus, der ein neues Feuer in seinen Händen trug.
... Und das Abendrot lief über sie hin, über ihre Gesichter und brannte auf ihre Stirnen einen ewigen Traum von Größe. Die ganze meilenweite Straße brannten tausend Köpfe in seinem Lichte wie ein Meer, ein urewiges Meer.
Ihre Herzen, die in der trüben Flut der Jahre, in der Asche der Mühsal erstickt waren, fingen wieder an zu brennen, sie entzündeten sich an diesem Abendrot.
Sie gaben sich die Hände auf dem Marsche, sie umarmten sich. Sie hatten nicht umsonst gelitten. Sie wußten alle, daß die Jahre der Leiden vorbei waren, und ihre Herzen zitterten leise ...«

Und diese Schilderung eines Triumphs streitbarer Humanität, eines Aufruhrs und der Sekunden zuvor,

»in denen die Zukunft Frankreichs gewogen ward, bis die Schale voll Fesseln, Kerkern, Kreuzen, Bibeln, Rosenkränzen, Kronen, Zeptern, Reichsäpfeln, gebettet in die falsche Sanftmut bourbonischer Lilien voll hohler Worte, Versprechungen, Tafeln voll königlicher Eidbrüche, ungerechter Urteile, harmloser Privilegien, dieser ungeheure Berg alles dessen, mit dem die Jahrtausende Europa betrogen hatten, langsam zu sinken begann«

– diese singende, klingende (nicht klingelnde), musizierende, skandierende, marschierende und zum Marsch mitreißende Prosa, auch diese *Lyrik* bleibe unvergessen!
So unvergessen wie der grauenvolle, von Heym selbst oft prophetisch besungene Tod, den er vor und mit fünfundzwanzig Jahren beim Eislaufen auf der Havel (in der Nähe von Schwanenwerder) zugleich mit seinem Freunde, dem Lyriker Ernst Balcke, erlitt – eine »Sensation« für Pressehyänen, die den lebendigen Dichter hämisch ignorierten, ein Tod, der ihn bekannter gemacht hat, als sein Werk . . .

III

Ernst Wilhelm Lotz starb noch jünger als Trakl und Heym (mit vierundzwanzig Jahren fiel er am 26. September 1914 als Leutnant und Kompanieführer in Frankreich) und ihn hat man völlig vergessen; man kennt selbst in literaturbeflissenen Kreisen kaum noch seinen Namen. Diesen und nicht nur diesen, sondern vor allem sein Werk lebendig zu machen, dünkt uns sehr ernsthaft ein Gebot der Stunde, nicht etwa bloß ein Gebot larmoyanten Mitgefühls und konventioneller Pietät. Denn in einem Grade wie nur wenige seiner und unserer Zeitgenossen besaß er als Haupteigenschaft eine Tugend, die jeder Revolutionär, noch der kühlste, zu würdigen weiß: blühende, glühende, auch den Mitmenschen befeuernde Vitalität. Dabei hatte sein Sensualismus gar nichts gemein mit dem geistfeindlichen humanitätsfeindlichen, nietzscheanisch-faschistischen Dionysoskult, mit jenem Kultus der »blonden Bestie«, der dem von jeher metaphysisch-imperialistischen Herrn Gottfried Benn die alberne Theorie von den »Gehirnen mit Eckzähnen« eingab; im Gegenteil, die Bejahung der Humanität, die Bejahung sogar schon der sozialistischen Revolution (*Aufbruch der Jugend*) bildete den Hauptinhalt vieler Lotzscher Gedichte. Und es war keineswegs ein Zurückweichen vor der Reaktion, wenn er, der ehemalige preußische Berufsoffizier, aus Klugheitsgründen den mittelbaren Weg der geistigen Revolutionierung für gangbarer hielt als den unmittelbaren.

Hierbei vermochte er, der doch keineswegs ein Marxist war, instinktsicher immerhin schon eine der unsrigen ähnliche Einstellung zur *Agitka*[3] zu antezipieren:

Im Zwielicht summt das halbe Kaffeehaus,
das halbe ist getaucht in leichtes Glühen
und flackert in den Lampentag hinaus,
wo dünne Nebel an die Scheiben sprühen.

Es wollen ernste Freunde mich bedeuten,
ich sei zu leicht für diese Gründerjahre,
weil ich, statt kampfgenössisch Sturm zu läuten,
auf blauer Gondel durch den Äther fahre.

Ich sah bisher nur Zeitungsfahnenwische
und warte längst auf Barrikadenschrei,
daß ich mich heiß in eure Reihen mische,
besonnt vom Wind des Ersten Völkermai.

Den Kopf ganz rot, malt ihr Kulissenbrand
und übertäubt die Zeiten mit Besingung.
Begreift: ich wirke, spielend leichter Hand,
mein helles Ethos silberner Beschwingung!

Man braucht den metaphysischen Begriff »helles Ethos« nicht anzuerkennen, um diese silberne Beschwingung gegen jene Besingung und gegen den Kulissenbrand auch der heutigen Agitka-Täter mit ebensolchem Enthusiasmus und ebenso spielend leichter Hand auszuspielen wie der Dichter dieser sicherlich nicht unsterblichen, aber sicherlich stets zeitgemäßen Verse. Der polemische Imperativ »Begreift!«, den er dem zitierten Gedicht als Titel vorangesetzt und den Imperativen der Kulissenbrandmaler entgegengesetzt hat, will ja keineswegs die Imperativität als solche aus dem Kunstwerk verbannen, will sie vielmehr durch Mittelbarkeit wirksamer machen – ein durchaus zeitgemäßes Postulat.

3 Agitka = Agitationsdichtung des russ. Bürgerkriegs, bestand aus kurzen, schlagkräftigen Versen.

Wo seine anderen (nie bloß didaktischen, stets auch ekstatischen, nie bloß ekstatischen, stets auch suggestiven) Imperative und Postulate heut unzeitgemäß sind, da würde gerade Lotz sich am innigsten freuen, daß sie es sind. Denn auf einem Erdsechstel ist seit zwanzig Jahren verwirklicht, was er vor vierundzwanzig im *Ausbruch der Jugend* postulierte und manifestierte:

Grell wehen die Fahnen, wir haben uns heftig entschlossen,
ein Stoß ging durch uns, Not schrie, wir rollen geschwellt,
wie Sturmflut haben wir uns in die Straßen der Städte ergossen
und spülen vorüber die Trümmer zerborstener Welt.

Wir fegen die Macht und stürzen die Throne der Alten,
vermoderte Kronen bieten wir lachend zu Kauf,
wir haben die Türen zu wimmernden Kasematten zerspalten
und stoßen die Tore verruchter Gefängnisse auf.

Nun kommen die Scharen Verbannter, sie strammen die Rücken,
wir pflanzen Waffen in ihre Hand, die sich fürchterlich krampft,
von roten Tribünen lodert erzürntes Entzücken,
und türmt Barrikaden, von glühenden Rufen umdampft.

Beglänzt von Morgen, wir sind die verheißnen Erhellten,
von jungen Messiaskronen das Haupthaar umzackt,
aus unsern Stirnen springen leuchtende, neue Welten,
Erfüllung und Künftiges, Tage, Sturmüberflaggt!

Gerade jetzt erscheint diese lyrische Hinterlassenschaft eines Lotz und die eines Heym, eines Trakl zwar nicht als »Erbe«, aber als Vermächtnis früherer Zeitgenossen an uns Genossen einer Zeit, die noch bewegter als die ihrige und doch geklärter ist, ja schon sieghaft und glückhaft auf einem Sechstel der Erde. Und so ists kein Gedenktag nur im Kalendersinn, was uns mahnt, dieser drei zu gedenken – wiewohl gerade in diesem Jahre der 3. Februar als fünfzigster Geburtstag Georg Trakls, der 30. Oktober als fünfzigster Geburtstag Georg Heyms und der 16. Januar als ebendessen fünfundzwanzigster Todestag das Gedenken an zumindest zwei von ihnen schon der Pietät halber hätte wachrufen sollen.
Eine Ehrenrettung? Jawohl – aber nicht des *Expressionismus*, sondern dreier *Expressionisten!* Jener wirkt um so anachronistischer, je mehr diese uns rühren. Denn was sie – alle drei –

eben wegen ihrer expressionistischen Beengtheit nur zu ersehnen, nur zu erahnen vermochten, ist uns Wirklichkeit oder Teilwirklichkeit; was sie schwermütig stimmte, ward uns fremd, ist uns fern ... und doch nah und vertraut, weil solcher Schwermut nachzuhängen noch vor zwanzig Jahren auch unsereiner historisch befugt schien.

Mit den beiden nachstehenden Artikeln von Her-
warth Walden und Klaus Berger setzen wir unsere,
in Heft 9 von Klaus Mann und Bernhard Ziegler be-
gonnene und in Heft 12 von Franz Leschnitzer wei-
tergeführte Diskussion zum Thema »Expressionis-
mus« fort. Da sich noch eine Reihe von Autoren zu
Wort gemeldet hat, und auch schon einige weitere
Diskussionsbeiträge vorliegen, möchten wir alle Auto-
ren die noch an der Diskussion teilnehmen wollen,
bitten, ihre Manuskripte bis spätestens Ende Februar
einzusenden, damit der notwendige zusammenfas-
sende Abschluß erzielt werden kann.

Die Redaktion

Herwarth Walden
Vulgär-Expressionismus

Der Kassenarzt für Geschlechtskrankheiten, Herr Dr. Gottfried Benn, hat 1910 den kollegialen medizinischen Jargon in
Verse gebracht. Das interessierte die, die so etwas nicht kannten. Schon viele Autoren vor ihm haben von Exkrementen gelebt. Viele Gebildete fühlen sich lebensnah, wenn sie so etwas
über sich ergehen lassen. Ein Schuß Lues und ein Schuß Absinth
dazu, und die große und die kleine Bourgeoisie fühlt sich stark
und männlich. Jüngere Literaten und Ästheten reagieren außerdem auf Geburtswehen, von denen sie so manches haben
sagen hören.
Unter der Bezeichnung »Expressionismus« wird im *Wort* ein
Autor zitiert. Als Ehrenrettung nicht des Expressionismus, sondern eines Expressionisten:

»Sie hält sich zitternd an der Wehebank.
Das Zimmer schwankt um sie von ihrem Schrei,
da kommt die Frucht. Ihr Schoß klafft rot und lang
und blutend reißt er von der Frucht entzwei.

Der Teufel Hälse wachsen wie Giraffen.
Das Kind hat keinen Kopf. Die Mutter hält
es vor sich hin. In ihrem Rücken klaffen
des Schrecks Froschfinger, wenn sie rückwärts fällt.«

Hierzu bemerkt der Ehrenretter:

»Jeder seiner Reime ist hart und hell wie Edelmetall. Nichts angelesen, alles gleichwohl erlesen; nichts ersonnen, alles durchlebt und
durchlitten, in ihm selbst oder im Nachbarmenschen.«

Mehr im Nachbarmenschen, aber immerhin. »Das Kind hat
keinen Kopf. Die Mutter hält.« Edelmetall. »Es vor sich hin.
In ihrem Rücken klaffen.« Hart und hell. Oder auch, wie der
Ehrenretter sagt: »Jeder seiner Rhythmen ›sitzt‹, wo er ›sitzen‹ soll.« Objektiv kann man nur finden, daß der Rhythmus
blutend entzweigerissen ist. Das ist nicht so schlimm, da das
Kind sowieso keinen Kopf hat. Warum aber »der Teufel Hälse« mit dem sächsischen Genitiv wie Giraffen wachsen, das
dürfte nur durch die heilsame Formstrenge zu erklären sein, die
diesem »Expressionisten« nachgerühmt wird. Mir scheinen die
Giraffen allerdings nur da zu sein, damit sie im Rücken der
Mutter klaffen können. Hart und hell wie Edelmetall. *Diese
Frucht* wird dem *Expressionismus* in den Schoß geschoben.
Wie kann man über Kunst debattieren, wenn jemand gar nicht
weiß, was Rhythmus ist. Aber er weiß, was »wahrhaft dämonische soziale Prophetie« ist. Der Ehrenretter nennt sich be-
scheiden »wir Marxisten«. Und deshalb Dämonen und Propheten. Nämlich so:

»Über sturmzerfetzter Wolken Widerschein,
in des toten Dunkels kalten Wüstenein,
daß er mit dem Brande weit die Nacht verdorr,
Pech und Feuer träufet unten auf Gomorrh.«

Da steht man machtlos vis à vis. So etwas wird »gigantisch«
genannt und »noch machtvoller als das gleichnamige Wuchtbild des Zeichners Kubin«. Es handelt sich bei dieser Angelegenheit um eine Stadt, die ich mir nicht versagen kann:

»Eine große Stadt versank in gelbem Rauch,
warf sich lautlos in des Abgrunds Bauch.
Aber riesig über glühnden Trümmern steht,
der in wilde Himmel dreimal seine Fackel dreht.«

Das ist nämlich die erste Strophe von der zweiten. Wirklich,
wahrhaft dämonisch. Und das Edelmetall. Das alte gute Go-
morrha muß sogar sein a opfern. Wegen des Edelmetalls. Sonst
könnte es mit dem »verdorr« gar nichts anfangen. Die »Wü-

steneien« opfern ihr e, um mit dem Widerschein zu »sitzen«. Wirklich wahrhaft prophetisch: der Herr, der dreimal seine Fackel dreht. Wirklich, wahrhaft sozial: die große Stadt, die versank und sich dann lautlos in des Abgrunds Bauch mit sächsischem Genitiv warf. Nicht wegen des Doktors Benn steht der Bauch da. Sonst könnte der Rauch nicht versinken, hart und rein wie Edelmetall.

Der zweite Kronzeuge gegen den Expressionismus, Ziegler, erkennt heute klar,

»wes Geistes Kind der Expressionismus war, und wohin dieser Geist, ganz befolgt, führt in den Faschismus.«

Beweis: Ziegler ist beim Ordnen einer Bibliothek ein Bändchen der »Aktionsbücherei der Äternisten« in die Hände gefallen. Wieder ein Buch von Gottfried Benn. Ziegler schlug es auf und begann zu lesen:

»Und plötzlich entdeckte ich, daß ich ganze Absätze auswendig wußte.«

Nach seiner heutigen Erkenntnis lesen sich solche Zeilen wie das Gefasel eines Paranoikers. Er hat es aber erst zwanzig Jahre später gemerkt. Wes Geistes Kind ein Paranoiker ist, läßt sich auch *ohne* Expressionismus feststellen. Wenn nur *dieses* Geistes Kinder mit dem sächsischen Genitiv zum Faschismus führen, würde sich eine Diskussion erübrigen. Wir kommen nicht von der Medizin weg. Denn beide Autoren, der Ehrenretter und Ziegler, waren, wie man liest, an chronischer Hilleritis erkrankt. Das chronische haben sie zwar überwunden, was immerhin eine medizinische Leistung ist. Die Krankheit selbst ist aber nicht einmal für Verse zu gebrauchen. Wie konnte man auf einen Kurt Hiller so hereinfallen, daß man sich anstecken ließ, wo gar nichts dazu da war, wozu alle Konfusion, die anarcho-syndikalistische Aktionsbücherei, den tätigen Geist, den revolutionären Pazifismus, und noch dazu den Äternismus. Wozu alle Konfusion heraufbeschwören, nur um das »Ableben des Expressionismus« zu »beweisen«.

Nur irrt man sich darin, daß ihm Herr Wilhelm Worringer 1920 die Grabrede hielt.[1] Im Gegenteil: Herrn Wilhelm Wor-

1 Gemeint ist Lukács mit seinem Aufsatz ›Größe und Verfall‹ des Expressionismus, der sich auf Worringer bezieht.

ringer blieb die Entdeckung Liebermanns als Expressionisten zu verdanken. Den er bestimmt nicht zu den Toten gezählt wissen wollte. Es gab noch ganz andere »Expressionisten«. Max Klinger zum Beispiel. Goethe, Stefan George, Walther von der Vogelweide. Kurz, jeder bessere Mensch wurde zu den Expressionisten gedrängt oder drängte sich zu den Expressionisten. Und dabei wurde er schon 1910 totgesagt, der Expressionismus, ein volles Jahrzehnt vor der Grabrede Worringers. Und im Weltkrieg war er mausetot, ein Kind ohne Kopf. Die gesamte Presse veröffentlichte wöchentlich Grabreden, ohne die Geburt angezeigt zu haben. Es war eine Lust. Des Schrecks Froschfinger klafften im Rücken des Expressionismus. 1912 wurde schon der Polizeipräsident von Berlin, Herr von Jagow, durch eine Eingabe des Lektors an der Universität Berlin, Dr. Wirth, auf die tote Frucht aufmerksam gemacht:

»Es handelt sich hier um eine mit üblen sensationellen und destruktiven Tendenzen arbeitende Wochenschrift, die sich den Namen ›Der Sturm‹ beigelegt hat, aber zur Kategorie der Schundliteratur gerechnet werden muß. In schuldiger Ehrerbietung Dr. Hermann F. Wirth, Lektor an der Universität Berlin.«

Und der Ehrerbietige war noch ein Ausländer:

»Als Ausländer, der die sittlichen Qualitäten des preußischen Staats und seine Organisation hat kennen und bewundern lernen, befremdet es mich im höchsten Maße . . .«

Man liest, sogar die sittlichen Qualitäten des preußischen Staats wurden aufgerufen.
Während also der Expressionismus den Faschismus vorbereitete, sah es in Deutschland so aus, daß man sich vor echter Kunst gar nicht zu lassen wußte. Die Größen dieser schrecklichen, der kaiserlichen Zeit, sind durch den Expressionismus so totgeschlagen worden, daß selbst die Nennung ihrer Namen heute nichts mehr sagt. *Gegen* den Expressionismus kämpfte alles, was später zum Faschismus führte. Die größten Kanonen wurden aufgefahren oder fuhren auf. Der deutsche Kaiser, der Kultusminister für geistliche und Unterrichtsangelegenheiten, er machte dezent nebenbei Kunst mit, der Preußische Landtag, das Lehrerkollegium der Königlichen Akademischen Hochschule für die Bildenden Künste zu Berlin, der Generaldirektor der

Königlichen Museen zu Berlin persönlich, die Münchener Kunstgenossenschaft, der Verein Berliner Künstler, die gesamte deutsche Presse. Auch die Polizei wurde mobilgemacht, sogar das Amtsgericht und das Landgericht. Die Großbourgeoisie schickte nur anonyme unflätige Postkarten. Endlich wurde sogar der Weltkrieg dagegen aufgeboten. Der Präsident der Berliner Sezession hielt schleunigst einen Vortrag vor den Vertretern der neutralen Presse und empörte sich über die »perverse Frivolität« dieser neusten Kunstrichtung. Trotzdem er selbst nur dicke Damen malte. Broschüren erschienen in Massen, einige Zitate:

»Die deutsche Kunst wird eines schönen Tages wieder da sein.« »Das große Genie, welches uns die nationale deutsche Kunst bringen wird, ist vielleicht unter Kanonen, Saluten und Maschinengewehrgeknatter wie ein Fürstenkind bereits geboren.« »Ein Abstecken der Pflöcke innerhalb unserer Landesgrenzen gebietet heute die Ehre, die Vernunft, der Zwang.«

Der Expressionismus war die Internationale, die bekämpft wurde und bekämpft werden mußte. Alles Tote fühlte sich durch den Weltkrieg neu belebt:

»Doch jetzt weht ein Geist der Wiedergeburt in unsern Landen.«

Nämlich der Weltkrieg. Aber auch dieser Geist brachte es nur zu einer toten Frucht. Der Weltkrieg endete, und der Expressionismus lebte. Alles stürzte sich jetzt auf ihn. Ihm geschah das, was in kapitalistischen Ländern mit jedem Sieg geschehen muß: er wurde Konjunktur. Hochkonjunktur. Vulgärmarxismus und Vulgärexpressionismus überschwemmten ganz Deutschland. Gegen die Feinde konnte man sich verteidigen. Gegen die Freunde war es hoffnungslos. Alle lebenden Maler, Dichter, Schriftsteller, Journalisten, Verleger, Kunsthändler, Großbürger, Kleinbürger, Konservative, Demokraten, Katholiken, Sozialdemokraten: alle waren Expressionisten, indem sie sich einfach dazu *ernannten.* Jeder alte und neue Stil war sich gut genug dazu.
Allmählich bekamen es aber die Anhänger mit der Angst zu tun. Das Wort »Kulturbolschewismus« wurde für den Expressionismus geprägt. Der Antifaschist Ernst Bloch hat als erster

in der *Neuen Weltbühne* gerade diese Zeit richtig erkannt:[2]

»Seit 1922 war der Expressionismus verleumdet; Noskes[3] Feldzüge, der Wunsch nach Ruhe und Ordnung, die Lust an den gegebenen Verdienstmöglichkeiten und an der stabilen Fassade haben ihn erledigt. Diese Lust hieß ›neue Sachlichkeit‹; sie führte zwar von allzu verstiegenen Träumen zuweilen wieder zur Welt zurück, aber sie verschwieg den Wurm in dieser Welt, sie wurde buchstäblich die Malerei der übertünchten Gräber. Hausenstein und andere Kunstschwätzer beeilten sich, im Gefolge der ›Stabilisierung‹ dem Publikum verdächtig zu machen, was sie eben noch angebetet hatten; die meisten deutschen Maler folgten der veränderten Konjunktur.«

Jetzt hat das Dritte Reich den Kampf *gegen* den angeblich faschistischen Expressionismus im größten Stil begonnen. Die Bilder wurden aus den Museen genommen und in München eine Ausstellung »entarteter Kunst« vorgeführt. Es handelt sich nach Zeitungsmeldungen im wesentlichen um expressionistische Bilder. Wie kann man nun aber den sensationellen Besuch dieser Ausstellung und den Verkauf dieser Bilder an das Ausland als »hocherfreuliche antifaschistische Demonstration« betrachten, wenn der Expressionismus faschistisch ist? Da haben die Faschisten diesmal doch den besseren Blick für ihn. Auch hier sei noch einmal Ernst Bloch zitiert:

»Zweifellos sind und bleiben diese Probleme (der utopischen Humanität) im Zug der gesamten revolutionären Mobilmachung, auch der malerischen, die bewegendsten. Humanität unterscheidet den Sozialismus vom Faschismus Grund genug, sich einer Kunst in Ehren zu erinnern, die der Banause bespuckt, einer Kunst, worin menschliche Sterne – wie unzureichend, wie seltsam immer – gebrannt haben oder brennen wollten. Ein anderes noch macht diesen Rückblick frisch und unvermeidlich. Vor uns steht das kulturelle Erbproblem; wodurch aber ist es ein frisches Problem geworden, ein durchaus kühnes? Nur dadurch, daß die expressionistische Epoche den Schlendrian, die hergebrachten Assoziationen aus der Vergangenheit so gründlich zerrissen hat... Auch dieses verpflichtet zum Dank an die ›entartete

2 Blochs Aufsatz in *Die Neue Weltbühne*, 44, 1937 hieß: *Der Expressionismus, jetzt erblickt.*
3 Gustav Noske, (1868-1946) Sozialdemokrat, warf mit Regierungstruppen und Freikorps 1919 den Spartakistenaufstand in Berlin nieder. 1919-20 Reichswehrminister unter Ebert. Nach dem Kapp-Putsch von seiner Partei zum Rücktritt gezwungen.

Kunst‹ . . . die Expressionisten haben frisches Wasser und Feuer gegraben, Quellen und wildes Licht, mindestens Willen zu diesem Licht. Nicht dadurch allein, aber im Gefolge dieser Erneuerung wurde auch der Blick auf die künstlerische Vergangenheit erquickt, er leuchtet in neuer Tiefe.«

Was aber ist nun Expressionismus?
Jedenfalls kein »Urschleim«, kein Mythos und keine Metaphysik. Das sind so einige falsche Schlagworte. Kunst wird nun aber nicht geboren, sie wächst auch nicht. Kunst wird komponiert, was auf deutsch heißt: sie wird zusammengestellt. Der wirkliche Künstler hat also nichts mit Metaphysik zu tun. Sie ist übrigens immer nur nicht verstandene oder nicht erkannte Physik.
Dichtung und Musik werden durch das Ohr wahrgenommen, die bildenden Künste durch das Auge. Um Kunst zu schaffen oder aufzunehmen, muß man hören und sehen können. Diese Voraussetzung hat jeder. Kunst muß daher jeder schaffen oder aufnehmen können, sie muß also jedem verständlich sein. Niemand wird behaupten wollen, daß er über seinen Körper völlig verfügt, wenn er ihn nicht ausbildet. Niemand wird behaupten wollen, daß er über sein Gehirn völlig verfügt, wenn er es nicht ausbildet. Nur um die *Sinne* machen sich die meisten keine Sorgen. Und doch wird nichts stärker gedacht und bedacht, als die sinnlichen Eindrücke. Die Eindrücke werden im Gehirn gelagert und komponiert, das heißt, gedanklich verwertet. Aber auch ohne sinnliche Eindrücke wird Denkgut übernommen. Denn nichts entwickelt sich intuitiv aus dem Gehirn. Alles wird in das Gehirn hineingetragen. Von andern. Von vielen andern. Von der Gesellschaft. Also das gesellschaftliche Sein bestimmt das Bewußtsein. Die Sprache übermittelt es in Bildern, nämlich in erstarrten sinnlichen Eindrücken. In den Eindrücken des Auges, den Metaphern, in den Eindrücken des Ohrs, im Rhythmus. Durch außerordentliche Übung ist das Gehirn gewöhnt, mittelbar zu denken. Man kann Bilder und Rhythmen als Denkvorstellungen logisch aufnehmen, ohne sich die sinnlichen Eindrücke zu vergegenwärtigen. Die Assoziationen häufen sich. Aber nur der denkt, der sie sich selber sichtbar und hörbar macht. Auch kein Künstler hat je Farben, Formen oder Rhythmen erfunden. Er komponiert sie nur aus seinen sinnlichen Assoziationen. Sie alle sind in der Natur vorhanden.

Auch er unterliegt dem gesellschaftlichen Bewußtsein. Auch er nimmt Bilder und Rhythmen als Denkvorstellungen logisch auf, ohne sich die sinnlichen Eindrücke zu vergegenwärtigen. Und gerade das darf der Künstler nicht. Er *muß* sich die sinnlichen Eindrücke vergegenwärtigen. Denn nur durch das Sinnfällige, durch das Sinnliche entsteht die künstlerische Wirkung.

Man spricht von einer Welt*anschauung*, man lobt die *anschauliche* Darstellung eines Denkguts. Hier weist die erstarrte Metapher deutlich auf das Optisch-Sinnliche hin. Man findet eine Leistung *unerhört,* eine erstarrte Metapher des Akustisch-Sinnlichen. Die überwältigende Mehrheit der Wörter zeigt ihren Ursprung als Ausdruck sinnlicher Eindrücke. Gemeinschaftlicher, nicht etwa individueller Eindrücke. Denn nur die gemeinschaftlichen Eindrücke bleiben als Wörter bestehen. Sie sind also eine gesellschaftliche Schöpfung. Eine individuelle wird nur Sprachgut, wenn sie etwas besser, wenn sie etwas schlagend ausdrückt. Auch *schlagend* ist eine erstarrte Metapher. Die sinnlichen Eindrücke ergeben sich nun nicht etwa nur aus der Natur. Sie ergeben sich für den Einzelnen und daher für eine Gesamtheit der Einzelnen aus dem Zufall, das heißt: was dem Einzelnen oder der Gesamtheit *zu-fällt.* Ihr fällt das zu, was aus ihrem gesellschaftlichen Sein in sie eingeht. Hieraus entwickelt sich ihr Sprachschatz, ihr Verständigungsbedürfnis, ihr Verständigungsmittel. Mit der Veränderung der Natur durch die Gesellschaft und mit der Veränderung der Gesellschaft durch die Produktion und die Produktionsmittel, mit der Veränderung der politischen und ökonomischen Verhältnisse durch den Klassenkampf ändern sich zwar nicht so sehr die Wörter, als ihr Wert, als ihre Wertung. Man nennt diesen Vorgang *Bedeutungswandel.* Dadurch ist die Sprache unmittelbar Ausdruck des gesellschaftlichen Zustands. Dadurch ist auch der sogenannte freieste Schriftsteller unmittelbar an das gesellschaftliche Sein gebunden.

Nun ist wohl nicht zu bestreiten, daß man das Material kennen muß, an dem und mit dem man arbeitet. Das Material der Künstler sind das Wort, der Ton und die Farbe, die Formmittel, also, mit denen sie den Inhalt ausdrücken. Ihre beliebige wiederholte oder wiederholbare Verwendung nennt man *Formeln.* Wenn sich alles verändert, wenn im Interesse der Gesellschaft sogar vieles und unter Umständen alles verändert werden muß, sollten Formen und Formeln ewig sein? Ewig sein, da sie ja nur Ausdruck eines jeweiligen Zustands sind und als solche entstanden? Unterliegen sie etwa nicht dem Gesetz der Dialektik? Dem Gesetz des dialektischen Materialismus? Braucht man noch metaphysische Sinnbilder, wo die physischen Bilder der Sinne unmittelbarer, also stärker wirken? Wozu immer weiter Götter, Dämonen und Propheten bemühen, die als Wunschträume oder als Magenverstimmungen hinter der Realität zurückstehen?

Der Inhalt jedes Kunstwerks muß also durch die Realität bestimmt sein. Für viele und für mich sogar durch die sozialistische. Ihre künstlerische Versinnlichung erfolgt nun durch das Mittel, was man *Form* nennt. Der Inhalt verändert die Form. Der Inhalt bestimmt die Form. Oder wird der Motor etwa schöner, wenn man ihn als Pferd verkleidet? Warum hält man gerade das für eine Form, was das Ausdrucksmittel eines vergangenen Inhalts ist? Die Form muß dem Inhalt entsprechen, sie muß ihn ausdrücken, sonst entsteht kein Kunstwerk. Je weniger, je langsamer sich die Inhalte entwickelten, je langsamer, je weniger taten es die Formen. Die Gleichheit dieser Feststellung rückwärts nennt man künstlerisch den »Stil der Zeit«.

Mit jedem wirklichen ökonomischen und politischen Fortschritt änderte sich das künstlerische Ausdrucksmittel, der Stil. Jeder Rückschritt brachte stilistisch einen Stillstand. Oder ein alter Stil, der Wunschtraum der betreffenden Reaktion, wurde wieder künstlich hervorgeholt. Herr Hitler im Löwenfell ist nächstens von einem nicht entarteten Künstler zu erwarten. Herrn Mussolini ist der Cajus Julius Cäsar bereits geglückt. Durch sogenannte Künstlerhand. Je stärker die Entwicklung ist, desto sichtbarer oder hörbarer ändert sich die künstlerische Form, die als Gesamterscheinung rückschauend *Stil* genannt wird. Waren die Enzyklopädisten nicht die Vorboten der französischen Revolution? Oder auch änderte die bessere Herstellung der Farben nicht die Malerei? Oder verändert der Fortschritt nicht die Sprache? Vermehrt er sie nicht? Drückt man sich nicht schneller, einfacher, also prägnanter aus? Wirkt der Rhythmus des Lebens nicht auf sein künstlerisches Ausdrucksmittel, die Form? Ist Kunst Schmuckmittel? Schmückt man einen Teller wirklich, wenn auf ihm Rosen blühen? Mit Soße darüber. Mit wirklicher Soße. Muß man die Zigarrenasche einer nackten Schnitterin in die Schürze tun, ihr einziges Bekleidungsstück, eigens zu diesem Zweck? Muß man den Klingelknopf einem Löwen in den Rachen drücken? Auf daß es Kunst sei? Sagt der Atheist nicht »Gott sei Dank«, gerade weil er sich nichts dabei denkt? Die Schnitterin und der Löwe und das »Gott-sei-Dank« sind eben die Formeln.

Der *Künstler muß* aber sein Material bedenken, es also formen, es also sichtbar und hörbar machen. Das nennt man künstlerisch gestalten. Das unterscheidet die Aussage von der Gestaltung. Dieses Bewußtsein der Mittel muß sich aber jeder aneignen. Das Kunstwerk entsteht eben durch die vollkommene Beherrschung dieser Mittel.

Die Avantgarde der Künstlerschaft sucht bewußt oder unbewußt, leider allzu oft nur unbewußt, die Ausdrucksmittel, ihre Zeit zu gestalten. Wirklich große Künstler sind immer Revolutionäre gewesen und sind es noch. In der *Kunst* gibt es nicht einmal Reformer, dort gibt es nur Epigonen. Daß alle Künstler selbstverständlich in irgendeiner Epoche der Gesellschaft geboren sind, ist noch kein Beweis dafür, daß sie die Vertreter eben dieser Gesellschaft sind. Denn jede neue Gesellschaft und ihre Form entsteht in dem Schoß der alten. Wie weit die Künstlerschaft einer Epoche revolutionär ist, wie weit sie also Ausdruck der Zeit, ihr Stil ist, wird in der einzelnen Epoche nicht immer und nicht von allen erkannt. Die »Verkannten« waren meistens, wenn auch nicht immer, die Revolutionäre. Gerade deshalb wurden sie von der herrschenden Klasse nicht anerkannt. Aber um so mehr bekämpft. Um so »unnatürlicher« gefunden. Eben, weil sich die Natur durch den Fortschritt der Gesellschaft verändert hat, wird die Sichtbarmachung dieses Zustands, die Hörbarmachung, unnatürlich bei denen, die von ihrem Klassenstandpunkt aus den Fortschritt nicht wollen.

Weshalb erregte die neue Kunst solches Aufsehen Jahre vor dem Weltkrieg? Weil sie zum Auf*sehen* zwang. Nicht, weil sie neue Formen schuf, sondern weil sie die neue Form des Lebens ausdrückte. Sie ging vom Individuellen zum Typischen. Sie suchte, oft mit unzulänglichen Mitteln, den Gemeinschaftswillen auszudrücken. Sie suchte den Ausdruck, die Expression der Zeit zu geben. Sie begnügte sich nicht, mit dem Eindruck, der

Impression, die ihr die Zeit gab. Sie mußte zerstören, um zu schaffen. Keine Revolution hat je anders gehandelt und kann je anders handeln. Ist etwa Zerstörung Entartung? Soll man konservieren, was zerstört werden muß, um Raum zu schaffen? Raum für das Zeitgemäße, das gesellschaftlich Notwendige. Soll man Abbilder nicht vernichten, wenn man es mit ihren Trägern tun muß? Tun muß, wenn ihre Macht oder das Symbol ihres Namens den Fortschritt zu Gunsten der Mehrheit, also der Werktätigen und insbesondere des Proletariats, hemmt?

Nun sagt man, die Massen und gerade das Proletariat seien gegen die neue Kunst. Das ist eine kleinbürgerliche Vorstellung. Der Kleinbürger weiß eben nicht, wohin er gehört. Zum mindesten schwankt er. Der gewaltige Aufschwung der Volksfront beweist, daß auch der Kleinbürger seine Feinde zu erkennen beginnt. Daß der Traum von dem kleinen zukünftigen Kapitalisten ausgeträumt ist. Daß er zum Bewußtsein seiner Ausbeutung, seiner Unterdrückung kommt. Daß er seinen »Stand« ohne Boden erkennt. Daß er sich entwurzelt fühlt, ohne je Wurzel geschlagen zu haben. Sein Ideal war die herrschende Klasse. Und ihre Kunst die seine. Für die Massen war aber Kunst gleichbedeutend mit dem Luxus der Reichen. Günstigstenfalls eine Angelegenheit des Museums. Zu seinem Besuch gehörte vor allem Zeit, Ruhe und meistens sogar noch Geld. Die Dichtung war für die Massen Luxus. Günstigstenfalls unverständlich. Die Dichter hatten sich immer in die Antike begeben oder in das Mittelalter. Oder sie verwandten Ausdrucksmittel, die eine wissenschaftliche oder sachliche Bildung voraussetzten und nur so symbolisch verstanden werden konnten. Die Mittel zu dieser Bildung waren den Massen unzugänglich, sie wurden oder werden sogar in den kapitalistischen Ländern systematisch daran verhindert, sie sich zugänglich zu machen. Nur eins blieb ihnen: die Volkskunst. Nur diese anonymen Künstler drückten aus, was sie bewegte und sprachen so, daß sie es verstanden, weil sie nicht anders sprechen konnten. Diese Volkskunst wurde nicht gedruckt, war meistens nicht einmal aufgeschrieben. Sie wurde mündlich durch Vortrag vermittelt. Vermittelt in einer Form, die dem Gedächtnis als Stütze diente. So entstanden die metrischen, unrhythmischen Verse. Sie werden typisch als Hilfsmittel noch bis in die neuste Zeit als sogenannte »Gedächtnisverse« selbst in Wissenschaften verwandt:

»Die Männer, Völker, Flüsse, Wind,
die Monat Maskulina sind.
Was man nicht deklinieren kann,
das sieht man als ein Neutrum an.«

Trotz Inhalt und Form würde wohl kaum jemand diese Verse
für eine Dichtung halten. Wohl aber hält man es in kunstge-
bildeten Kreisen für Rhythmus, hart und hell wie Edelmetall,
wenn man schreibt:

»Der Teufel Hälse wachsen wie Giraffen.
Das Kind hat keinen Kopf. Die Mutter hält
es vor sich hin. In ihrem Rücken klaffen«
undsoweiter.

Hier liegt also zweifellos eine schlichte Verwechslung von Metrum und Rhythmus vor, nur daß die Absicht des Gedächtnis-
verses fehlt. Es ist genau dasselbe, als wenn man in der Musik
die drei regelmäßigen Viertel der Begleitung eines Walzers
oder die vier regelmäßigen Viertel der Begleitung eines Mar-
sches für den Rhythmus der Musik hält. Daß manche den Wal-
zer von dem Marsch nur durch die Begleitung unterscheiden
können, spricht nicht dagegen. Daß manche sich schon für musikalisch halten, wenn sie es können, spricht nicht dafür.
Wenn sich die Volksdichtung im wesentlichen nur dieser Me-
tren bedient, so hat das den angeführten historischen Grund.
Hinzu kommt aber noch, daß diese Volksdichtungen meistens
gesungen wurden, Volkslieder waren, oder auch gleichzeitig
getanzt wurden. Musik und Bewegung schufen also den Rhythmus, der in der niedergeschriebenen Darstellung fehlt. Musik
und Bewegung wurden wegen der fehlenden Technik nicht
(oder höchst selten und dann später) notiert. Trotzdem wirkt
die Volkskunst viel unmittelbarer als ihre Nachahmung durch
die gelehrten oder die gebildeten Dichter, denn ihr Inhalt
drückt zeitlich und zeitgemäß das aus, was das Volk als Masse
sagen wollte und sagen mußte.
Daraus aber beweisen oder herleiten zu wollen, daß die Massen Kunst nicht verstehen können oder nicht verstehen, ist, einfach gesagt, Unsinn. Wenn es überhaupt Kunst gibt, kann sie
kein Privileg für eine Klasse oder gar für einen Stand oder gar

für einzelne Menschen sein. Denn alles, was Tanz, Musik und Dichtung heißt, geht historisch nachweisbar in seinem Ursprung, also in seiner Originalität, auf das sogenannte Volk, auf die Massen zurück. Aus diesen *Formen* entstanden die Kunst*formeln,* mit denen man immer wieder die *neuen Formen* bekämpfen will. Die Rhythmen, gesungene und getanzte, entstanden aus den Rhythmen der Arbeit, der bewegten Tätigkeit des Körpers, aus ihrer Wirkung auf den Blutkreislauf, aus der Nachahmung der Klänge und der Geräusche in der Natur. Sie entstanden als Ausdruck des Eindrucks. Die herrschende, die unbewegte Klasse, sah und hörte sie von ihren Sklaven, von den Massen, und schuf sich das sinnliche Vergnügen hieran auch ohne Arbeit. Die eigentlichen Finder und Erfinder, die Massen, blieben anonym. Die sie aufschrieben, sie vereinfachten, aus den Formen Formeln machten, wurden die berühmten Künstler. Dadurch wurde aber auch die Produktivität der Massen mechanisiert. Auch die Kunst ließen sie sich diktieren, ohne in ihr ihr eigenes geraubtes Gut wiederzuerkennen. Mit den Formeln wurden die Formen erschlagen.

Auf der Suche nach neuen Formen und neuen Rhythmen entdeckte man die Neger, die auf diesem einzigen Gebiet noch nicht ausgebeutet waren. Nämlich in ihrer ursprünglichen künstlerischen Produktivität. Die Jazz-Musik, wieder entsprechend formuliert, begann ihren Siegeszug über die Welt. Wieder einmal triumphierte der Rhythmus über das Metrum. Die Maler fuhren zu den sogenannten »Wilden«, nicht aus Entartung. Sie suchten aus der ungebrochenen Produktivität nicht verbildeter Massen nach neuen Gestaltungsmitteln. Wieder andere achteten auf das Sehen und Hören der Kinder, deren Sinne noch unmittelbar und nicht verbildet aufnehmen. Man suchte und man sucht Quellen. Aus Quellen entstehen Ströme und Meere. Weil man sie kennt, kann man deshalb auf Quellen verzichten? Will man die Quellen verstopfen? Ist die Quelle unnatürlich? Ist das Kind unnatürlich? Bildet sich nicht der Mensch aus dem Kind? Nicht der Strom aus der Quelle? Darf der Mensch nicht verändert werden? Und der Strom nicht? Geschehen diese Änderungen etwa nur durch den Willen der Kinder und der Quellen? Wirken nicht Massen auf sie ein? Prägt die Gesellschaft sie nicht nach ihren Bedürfnissen? Nach dem Bedürfnis ihres

Fortschritts? Soll *nur* der Künstler Handwerker bleiben, Kopf-werker mit der Technik des Mittelalters und der Urzeit? Soll er nur immer wieder ein paar tausend Meter Leinwand bema-len, statt die Kunst in das Leben zu tragen? Soll er sich nicht um die *Formen des Lebens* kümmern, das Mittel, durch das der Inhalt sichtbar und hörbar wird? Soll er sich bei Göttern auf-halten, die für die meisten nur noch Schemen sind? Soll er hinterher prophezeien, was schon Wirklichkeit ist? Soll er in einem Traumland weilen, dessen Primitivität ihm nicht einmal ein Stück Brot gibt? Weil er als großer Individualist es nicht einmal allein herstellen kann. Kurz, muß gerade der Künstler außerhalb seiner Zeit existieren? Oder ohne Zeit? Das muß er nicht, das darf er nicht, das soll er nicht. Und das kann er nicht.

Nüchtern gerechnet: aus einem Bruchteil der Menschheit, aus der herrschenden Klasse, sagen wir aus fünf Prozent, mit ih-ren Helfern und Helfershelfern aus zwanzig oder dreißig Pro-zent, entstand der Bruchteil eines Prozents von bekannten Künstlern, also von Künstlern mit Wirkung. Wieviel müssen also ziffernmäßig in den fünfundneunzig Prozent oder auch nur in den siebzig Prozent der Massen vorhanden sein, die durch die sozialen Zustände nicht zur künstlerischen Produk-tivität kamen oder kommen können. Wenigstens sehr selten mit der Wirkung oder mit dem Namen. Denn daß von eben diesen Kräften tatsächlich die künstlerische Wirkung ausgeht, ist vorhin bewiesen worden. Die Masse der wahrhaft Schöpfe-rischen kann natürlich nur zur Entfaltung kommen, wenn die sozialen Voraussetzungen hierfür gegeben sind.

Man muß ein Fach von Grund auf verstehen, wenn man in ihm schaffen will. Die Voraussetzungen, die Grenzen, das Ma-terial, die Technik. Vieles kann und muß nachgemacht werden. Man muß aber wissen und verstehen, wie es gemacht ist. Sonst erfüllt das Nachgemachte nicht seinen Zweck. Nämlich die Befriedigung des Bedürfnisses nach Quantität. Und die Quan-tität steigt nach den Bedürfnissen. Und vor allem die Quanti-tät der Qualität. Für schlechte, verunglückte oder mißverstan-dene Nachahmungen kann man aber nie die Schaffenden ver-antwortlich machen. Mit Bekenntnissen fördert man nichts, wenn es nicht zugleich Erkenntnisse sind. Viele nennen sich Demokraten, Sozialisten, und Expressionisten, wenn und solange sie sich davon persönlich einen Vorteil versprechen. So zu spucken und sich so zu räuspern, ist bekanntlich sehr einfach. Vulgärmarxisten sind keine Marxisten und Vulgärexpressionisten keine Expressionisten. Im Gegenteil. Sie verhindern nur wirkliche Erkenntnisse. Sie machen sie lächerlich, weil sie selbst lächerlich sind.

Das Wort »Expressionismus« ist ein Kampfwort. Es bedeutet nichts, wenn man es nicht oder falsch versteht. Diese Eigenschaft teilt es mit allen Wörtern. Gemeint ist damit: die Kunst zu revolutionieren. Die künstlerischen Ausdrucksmittel zu finden, die den Gemeinschaftswillen der fortschrittlichen Menschheit versinnlichen. *Die* Ausdrucksmittel zu finden, die den sozialistischen Realismus des Lebens zur sinnlich gestalteten Komposition bringen. Mit der politischen Freiheit der geistigen, unsymbolischen, unmittelbaren Äußerung, mit der Anwendung der höchsten technischen Kenntnisse und Erkenntnisse der Gegenwart. Mit der Schaffung künstlerischer Formen, die den Inhalt der Zeit real sichtbar und hörbar zum Ausdruck bringen, den Ausdruck der Zeit nicht nur in Kunstwerken sichtbar und hörbar zu machen, sondern im Leben selbst. Den Dingen, den Gegenständen *die* Form zu geben, die ihrem heutigen Inhalt entspricht. Also nichts zu »dekorieren«, wohl aber alles künstlerisch zu formen.

Ob zeitgenössische Künstler und welche dieses Ziel schon erreicht haben oder ihm nahe sind, kann nur die Wirkung zeigen. Historisch festzustellen ist jedoch bereits, daß die Bewegung, die man »Expressionismus« nennt, zu den revolutionären gehört. Mit und ohne Anerkennung. Denn Anerkennung ist nur die Feststellung eines tatsächlich erreichten Zustands. Seine unmittelbare Wirkung auf das Leben selbst. Diese Wirkung des Expressionismus kann nicht bestritten werden. Sie ist jedenfalls in vielen Formen real sichtbar und hörbar, sogar selbstverständlich geworden. Nämlich als selbstverständlicher Ausdruck der Zeit. Die Praxis kann nicht wegdiskutiert werden.

Es handelt sich nicht darum, das *Wort* »Expressionismus« zu verteidigen. Es handelt sich um seinen *Inhalt*. Um seinen Inhalt, so, wie er hier dargelegt wurde. Ich habe in diesen Begriff nichts hineinkommentiert, ich habe nur hinauskomplimentiert, was nicht dazu gehört. Deshalb muß auf das schärfste dagegen protestiert werden, daß die künstlerische Avantgarde der Vorkriegszeit, der Kriegszeit und der Gegenwart als Kleinbürgertum oder gar als Faschismus von denen verschrien wird, die von ihrer Vulgarisierung leben oder sich auf irgendeine Vergangenheit zurückziehn. Die politischen Tatsachen in den faschistischen und halbfaschistischen Ländern, die Emigration gerade der expressionistischen Künstler und die Verfolgung ihres Schaffens beweisen die Richtigkeit dieser Behauptung. Die Praxis kann nicht wegdiskutiert werden.

Das große politische Ziel der Volksfront ergibt die Konsequenz, die künstlerische Avantgarde zu stützen, sie ist ein aktiver Teil der Volksfront. Je mehr sich die Künstler politisch und sozial schulen, je mehr sie also die Zeit erkennen, in der sie leben, je mehr sie sich unvoreingenommen mit dem Aufbau der Sowjetunion befassen, um so mehr wird jeder einzelne zu dem kommen, um was es geht: zum Stil der Zeit.

Klaus Berger
Das Erbe des Expressionismus

»Heute läßt sich klar erkennen, wes Geistes Kind der Expressionismus war, und wohin dieser Geist, ganz befolgt, führt: in den Faschismus«

– das ist die blendende These, die Bernhard Ziegler im Septemberheft dieser Zeitschrift mit so eindringlicher Haß-Liebe am Beispiel von Gottfried Benn entwickelt.

Die Tatsache besteht allerdings, der Expressionist Benn hat den Marsch zu Goebbels unternommen; übrigens ist er ihm nicht gut bekommen; er hat schon wieder ausgespielt. Gerhart Hauptmann ist denselben Weg gekrochen; ist deshalb schon in den *Webern* die Klaue des Faschismus sichtbar? Johannes R. Becher ist vom Expressionismus zu uns gekommen. Franz Werfel ist beim lieben Gott angelangt. Das alles beweist noch nichts über die gesellschaftlichen Grundlagen dieses »europäischen Stils«, denn die Kunstsoziologie ist kein politisches Adreßbuch.

Es nützt in der Tat nichts, den Einzelfall Benn zu untersuchen und ihn als Anprall von Etappenmisère, märkischen Wiesen und konfusen Bildungselementen zu entlarven; es geht um den Expressionismus.

Diese Strömung hat ihre entscheidende Ausprägung am Vorabend des Krieges gefunden, als von Faschismus noch keine Rede war, sie hatte ihren Fortgang bis in die Mitte der zwanziger Jahre hinein und war nicht auf Deutschland beschränkt; Italien und Rußland machten mit. Frankreich aber stand im Kubismus etwas abseits.

Der historische Materialismus lehrt uns, den Unterbau zu betrachten und führt uns auf die Spur: *Expressionismus besteht dort, wo der Kapitalismus in seiner imperialistischen Epoche revolutionäre Spannungen und Möglichkeiten entwickelte*. Nach der »Stabilisierung« mußte er die Waffen strecken. In Italien wurde der Futuristen-Häuptling und Museumsstürmer Marinetti zum »Klassizisten« und Generaldirektor der Museen. Zehn Jahre später hat Hitler den Pseudo-Klassizismus mit angeklebten Säulen zu seinem offiziellen Stil ernannt und die

Werke der expressionistischen Kämpfer ins Museum für »entartete« Kunst stecken lassen.

Expressionismus ist überhaupt kein Stil im eigentlichen Sinne. Stil ist der Ausdruck einer bestimmten gesellschaftlichen Wirklichkeit; der Expressionismus deutete auf eine revolutionäre Möglichkeit; sie hat bis 1923 in Italien, in Deutschland, in Rußland (heroische Epoche der Revolution, Kriegskommunismus) bestanden. Danach war seine Liquididation fällig.

Der Impressionismus war noch getragen vom liberalen Finanzkapital, wie es im letzten Drittel des vorigen Jahrhunderts erblüht war; seine Ideologie war bis ins Kleinbürgertum hinunter wirksam, ganz allmählich hat sich auch noch der letzte Spießer mit Impressionismus abgefunden. Das war noch ein Stil.

Aber der Expressionismus war stets ein Bürgerschreck und wird es immer bleiben; er gilt als »unverständlich«. Etwas summarisch gesagt, hängt er gesellschaftlich in der Luft; er und die ihm folgende »Avantgarde« suchen den Boden, auf dem sie »realisieren« können. Der Überbau hängt erheblich über, er ist avancierter als die Ökonomie. Wenn die fällige Revolution versagt hat, ist es nicht seine Schuld. Zu vergleichen ist dieser Zustand nur dem 18. Jahrhundert, wie immer in Frankreich am deutlichsten abzulesen: die geistige und künstlerische Revolution seit 1750 hat nach der gesellschaftlichen schon lange gerufen. Damals trat sie dann auch ein, heute ist sie ausgeblieben.

Ähnlich war auch damals das Kritische stärker als das Konstruktive. Wer aufbauen will, muß erst einreißen, sinnvoll einreißen. Die »Selbstzersetzung des bürgerlichen Denkens«, die Bernhard Ziegler am Expressionismus tadelt, hätte sehr schöpferisch sein und den Weg zu Neuem freigeben können; übrigens war sie es auch in vielen starken Werken. Man vergesse doch nicht: Kunst, bildende Kunst, ist schon als Arbeitsprozeß immer Zerstörung. Jedes Erbe, soweit es lebendig weitergebildet wird, verfällt der Zerstörung, ja ist nur als kontinuierliche Zerstörung lebendig.

Das Ende einiger Expressionisten im Faschismus ist ebensowenig gesetzmäßig wie die Ankunft anderer beim Kommunismus. Denn der Expressionismus ist 1925 abgebrochen worden und mißlungen, weil ihm die ideologische Zerstörung der Bourgeoisie ohne die fälligen politischen Taten nicht möglich war. Ich will keineswegs den Expressionismus absolut mit Sozialismus zusammen sehen, sondern behaupte nur: in jener revolutionären Situation von 1910-1925 wäre er ein guter *Start* für eine sozialistische Entwicklung gewesen, besonders im Blickpunkt: Erbe der bürgerlichen Kunst. Niemals kann er dem Faschismus dienen, weil dieser seine ideologischen Stützpunkte (in puncto Kulturerbe) *vor* dem Hochkapitalismus sucht, im Säulenklassizismus (der Erinnerung an die politische Reaktion von 100 Jahren), im absolutistisch-pathetischen Barock, im Korporativgeist der altdeutschen Meister.

Denkt man Zieglers These zu Ende, dann hätten alle künstlerischen Taten unseres Jahrhunderts – einschließlich Bauhaus und was damit zusammenhängt – alle Avantgarde-Versuche der Linken, den bourgeoisen Epigonengeist des 19. Jahrhunderts zu überwinden, nur dazu verholfen, den Ungeist der Nazis siegen zu lassen. Wenn der Expressionismus als solcher schlechtes Erbe ist und das 19. Jahrhundert auch, dann gehört also dem die Zukunft, der am weitesten zurückgeht auf das »gute« Erbe. Diesen rückwärts gerichteten Wettlauf mit dem Faschismus wollen wir lieber nicht ausdenken!

Also wie dann?

Kein Zweifel, der Expressionismus hat in der Zersetzung des 19. Jahrhundert-Erbteils seine positive Seite gehabt, er hat viele gelungene Leistungen produziert und zeitgemäße Fragen aufgeworfen, ohne immer befriedigende Lösungen anzubieten. Ehe wir ihn ausstreichen, verwerfen und gleich um 150 Jahre zurückspringen halten wir uns an ihn, analysieren ihn bis in die Tiefe, überwinden ihn ehrlich, *heben ihn also auf* (im dreifachen Hegel-Marxschen Verstande des Wortes)!

Das Erbe des Expressionismus in diesem Sinn zu pflegen ist unsere Aufgabe.

Viele seiner Vorkämpfer von einst haben diesen Weg beschritten, folgen wir ihnen. Picassos Kampf für Spanien hat exemplarische Bedeutung. Die deutschen expressionistischen Maler, die Architekten der Avantgarde stehen gegen Hitler, ohne Zusammenschluß untereinander; schaffen wir die ideologischen Voraussetzungen, daß sie in die Volksfront treten. Denn der Expressionismus ist erstmalig und großartig Geist unseres 20. Jahrhunderts gewesen. Seine Nachfolge muß und wird mit uns sein. Den Gleichschaltungs- und Annektierungstendenzen der Nazis nachzugeben, wäre politisch, gesellschaftlich, künstlerisch unrichtig. Besetzen wir das Terrain und bauen es an, wir werden damit dem Siege näherrücken.

Kurt Kersten
Strömungen der expressionistischen Periode

Die expressionistische Periode umfaßte in Deutschland einen sehr breiten Kreis von Schriftstellern, Dichtern, Malern, Musikern, die in einer ziemlich festliegenden Zeit wirkten; ihre Hoch-Zeit fällt in die letzten Vorkriegsjahre, der Krieg reißt große Lücken in die Reihen der Expressionisten. Heym war im Januar 1912 ertrunken, in den ersten Kriegsjahren werden Stadler, Lichtenstein, Adler, Leybold, Lotz getötet, Trakl erschießt sich[1], van Hoddis wird wahnsinnig; im Verlaufe des Krieges geraten die Reihen der Überlebenden bereits in Verwirrung; gegen Ausgang entsteht der Dadaismus nicht nur als Satyrspiel, sondern auch als bewußte Opposition gegen den esoterischen, artistischen, formalistischen, religiösen Trupp der Expressionisten – er markiert nicht nur deutlich, sarkastisch den Verfall einer Kunstperiode, sondern weist bereits aus dem Dschungel heraus und löst sich freiwillig auf, nachdem er seine Totengräbermission lachend beendet glaubt und den Anschluß an den jungen Kommunismus gefunden hat. Was vom Expressionismus noch übrigbleibt, trägt die flackernde hektische Röte der Schwindsucht, er galoppiert sich rasch zu Tode.

Im Zeichen sich ständig verschärfender Kriegsgefahr, in einer Zeit von Kolonialkriegen, von nationalen Befreiungskämpfen, die im Schatten der bis an die Zähne bewaffneten, kriegsentschlossenen, zum Kriege treibenden imperialistischen Mächte ausgetragen werden, in einer Zeit schwerer sozialer und wirtschaftlicher Krisen, Krachs, Streiks, Straßendemonstrationen erscheinen die ersten expressionistischen Dichtungen: Schöpfungen junger, unbekannter Leute meist bürgerlicher Herkunft. Der Expressionismus war und konnte nur eine bürgerliche Kunst sein; er rebellierte gegen die bestehenden Zustände, war der leidenschaftliche Versuch, neue Ausdrucksformen zu schaffen und die Traditionen und Formen der bisherigen Kunst zu zerstören und zu überwinden, über die bisherigen Formen und Inhalte der Kunst des Bürgertums hinauszukommen. Dieser

---

1 Trakl stirbt an einer Überdosis Kokain.

Versuch scheiterte, mußte scheitern. Die Gescheiterten versuchten sich zu retten. Zahlreiche erreichten nach verzweifelten Kämpfen, die anderen sogar das künstlerische und politische Leben kosteten, neue Ufer, ihre Entwicklung vollzog sich fortan auf einer höheren Ebene, trotzdem und weil sie in der expressionistischen Periode zu schaffen begonnen hatten, ein Entwicklungsstadium durchliefen, das fast keinem der heute lebenden Vierzigjährigen erspart blieb.

Die expressionistische Periode ist nicht zu trennen vom Wesen und von der Entwicklung, die unser gesamtes politisches und kulturelles, soziales und wirtschaftliches Leben seit dem Jahre 1910 eingeschlagen hat. Wer sich heute in einer fortgeschrittenen Gesellschaftsordnung wie in der Sowjetunion expressionistisch gebärden wollte, würde als Reaktionär erscheinen oder zumindest verlacht werden. Aber es wäre nicht unmöglich, daß in einem Lande, in dem die *faschistische Diktatur* besonders drückend, besonders langdauernd ist, aber Zersetzungserscheinungen in stärkerem Maße aufweist, expressionistische Strömungen als Ausdruck mehr oder weniger latenter Opposition an den Tag träten. Andererseits entwickelten sich aus einstigen expressionistischen Dichtern Anhänger des Faschismus, wie sich aus expressionistischen Dichtern der selben Periode klassenbewußte revolutionäre Schriftsteller entwickelten. Es wäre ein Fatalismus, zu behaupten, aus Dichtern, die sich zum Expressionismus bekannt hatten, hätten unbedingt faschistische Dichter hervorgehen müssen, für den Expressionisten gäbe es keine andere Lösung, als faschistisch zu werden; man könnte ebenso behaupten, aus der Republik von Weimar mußte und konnte sich nur der Faschismus entwickeln.

Es gab im Expressionismus vielmehr sehr verschiedene Richtungen; die Ströme flossen aus diesem gewaltsam aufgespeicherten Staubecken nach sehr verschiedenen Richtungen, es gab sehr differenzierte Erscheinungen, grundverschieden an Haltung, Temperament, Erkenntnisvermögen; der Widersprüche und Gegensätze waren unendlich viele; Ludwig Rubiner widersprach Werfel, Ehrenstein war ein völlig anders gearteter Dichter als Däubler, zwischen Becher und Else Lasker-Schüler wird sich kaum Gemeinsames finden lassen, Kornfeld hatte gewiß nichts mit Heym gemein, wie Benn nichts mit Trakl oder Heynicke. Lassen sich Stramm und Schickele irgendwie vereinen? Selbst im Kreise der Dadaisten gab es Differenzen und Differenzierungen, mit Huelsenbeck und Baader bestand eine Arbeitsgemeinschaft sehr zweifelhaften Charakters. Gleichwohl sind einige wichtige, wesentliche Züge vorhanden, die der Bewegung in ihrer ersten Periode gemeinsam sind: diese erste Periode fällt in die letzten Jahre vor dem Krieg, sie stellt eine Einheit dar, und nur diese Periode kann als die Zeit des reinen, ungebrochenen Expressionismus rebellischen Charakters betrachtet werden, von ihr muß auch ausgegangen werden, wenn man überhaupt etwas vom Expressionismus aussagen will. Es ist die Periode, in der eine Front meist jüngerer Schriftsteller und Dichter bürgerlicher Herkunft gegen die bestehende Gesellschaftsordnung frondiert und von der Notwendigkeit ihrer radikalen Veränderung überzeugt ist. Sie ist in *jedem* Falle nicht einverstanden mit dem Bestehenden, sie ist nicht einverstanden, daß es eine bürgerliche Ordnung gibt, die sogar noch feudale Institutionen bewahrt. Es ist eine städtische, großstädtische Dichtung, die sich sehr tumultuarisch gebärdet, sich greller Mittel bedient, sich aufbäumt, vor Empörung aufschreit. Sie ist einsam und weiß, daß sie einsam ist, daß ihr kein Wesen hilft, daß sie allein anrennen muß »gegen die alte, die elende Zeit«. Viele wollen auch gar nicht verstanden werden, sondern pfeifen darauf, weil sie glauben, daß man sie gar nicht verstehen will. Man sieht sich ohne Wegweiser, ohne Leiter. Man boykottiert sie. (Ich erinnere mich, welche Sensation es machte, als ich es fertigbekam, Paul Schlenther[2] dahin zu bringen, mich über Heym schreiben zu lassen.)

Diese Dichtung war isoliert. Gab es eine revolutionäre Partei, an die ein ideologischer Anschluß möglich war? Vielleicht erinnert man sich, wie es in der sozialdemokratischen Partei in den letzten Jahren des greisen Bebel aussah, der die Geschäfte einem Beamtenkabinett überließ, aus dem Ebert und Hermann Müller[3] hervorgegangen sind. Ist der 4. August über Nacht hereingebrochen?[4] Man wußte damals außerhalb der Partei wenig

---

2 Paul Schlenther (1854-1916) Kritiker, Schriftsteller; Theaterdirektor des Wiener Burgtheaters. Leitete deutsche Ausgabe von Ibsens Werken.
3 Hermann Müller (1876-1931) SPD-Politiker. MdR 1916-18, 1920-31. 1919/20 Reichsaußenminister, 1928-30 Reichskanzler.
4 Am 4. 8. 1914 nahm die SPD im Reichstag einstimmig die Kriegskredite an.

von der Gruppe Liebknecht-Luxemburg-Zetkin um 1911, und die Ausstrahlungen ihrer Wirksamkeit reichten nur matt bis in die Kreise der unruhigen, rebellisch-geneigten Schriftstellerjugend. Auch Mehrings[5] Tätigkeit erfaßte nur engbegrenzte Kreise. Man muß diese Tatsachen kennen, um die Haltung und Handlungen, die Methoden dieser Schriftsteller zu verstehen. Sie kamen in einer unruhigen, tief erregten Periode herauf, die ohne revolutionäre proletarische Partei war. Es fehlt mir, infolge der besonderen Verhältnisse, unter denen man heute zu leben gezwungen ist, das dokumentarische Material, um den Beweis für diese vorhandene, gefühlte und bewußte Isolierung der Dichter im Detail zu belegen; einige Hefte vom ersten Jahrgang des *Pan*, das Aktionsjahrbuch stehen mir zur Verfügung; man ersieht aber schon aus diesen Schriften, wie gering die Hoffnung der intellektuellen Kreise des spärlichen linken Bürgertums auf eine aktive Sozialdemokratie war. Um so stärker wurde das Selbstbewußtsein der Intellektuellen, sich Geltung zu verschaffen, führend in einer deutschen Linken zu werden, diese Linke aus eigener Kraft zu schaffen. Heinrich Mann hat in einem Aufsatz *Geist und Tat (Pan,* 1911, Nr. 5) seine damaligen politischen Ansichten grundlegend entwickelt; dieser Aufsatz wurde das Programm einer Gruppe von Schriftstellern, die man als Expressionisten bezeichnet. Die Niederschläge dieser Ausführungen lassen sich in zahlreichen Arbeiten verschiedenster Schriftsteller feststellen. Und man kann nicht den Expressionismus bewerten, indem man jene Ausführungen Manns ignoriert oder sagen wollte, sie hätten nichts mit der Grundhaltung expressionistischer Schriftsteller zu schaffen – wie waren vielmehr von stärkster Wirkung für lange Zeit. Mann wendet sich in diesem Artikel gegen die Intellektuellen, die

»in Deutschland seit Jahrzehnten für die Beschönigung des Ungeistigen, für die sophistische Rechtfertigung des Ungerechten, für ihren Todfeind, die Macht wirkten«.

5 Franz Mehring (1846–1919) einer der bedeutendsten Führer der internationalen Arbeiterbewegung. Um 1890 stieß er zur Sozialdemokratie, schloß sich im Ersten Weltkrieg dem Spartakus-Bund an. (*Geschichte der Sozialdemokratie,* 4 Bände, 1897/98. Viele literaturkritische Studien. Sein Werk wird vom Dietz Verlag, Berlin (DDR) neu herausgegeben.)

Mann ächtet die Intellektuellen, die abtrünnig werden und sich entschuldigen, er ächtet jene, die

»das Leben des Volkes nur als Symbol genommen haben für die eigenen hohen Erlebnisse. Sie haben der Welt eine Statistenrolle zugeteilt, ihre schöne Leidenschaft nie in die Kämpfe dort unten eingemischt, haben die Demokratie nicht gekannt und haben sie verachtet. Sie verachten das parlamentarische Regime, bevor es erreicht ist, die öffentliche Meinung, bevor sie anerkannt ist. Sie tun, als hätten sie hinter sich, wofür nur die andern geblutet haben und maßen sich die Miene der Übersättigung an, obwohl sie niemals weder kämpften noch genossen. Sie sollten herrschen, der Geist sollte herrschen dadurch, daß das Volk herrscht.«

Und am Schluß erfolgt der Bannspruch:

»*Ein Intellektueller, der sich an die Herrenkaste heranmacht, begeht Verrat am Geist.* Denn der Geist ist nichts Erhaltendes und gibt kein Vorrecht.«

Von diesem Mann im Januar 1911 bis zum Mann als Kämpfer für die Einreihung der Intellektuellen in die deutsche Volksfront, als Vorkämpfer für die deutsche Volksfront, führt eine gradläufige Entwicklung, auch wenn der Begriff der Demokratie und Freiheit inzwischen einen präziseren neuen Inhalt erfahren hat. Dieser Kampf für die Demokratie, für die Volksherrschaft macht einen wesentlichen Teil der Grundhaltung zahlreicher Schriftsteller der expressionistischen Periode aus. Kurze Zeit nach Manns Manifest schreibt bereits Heym das Sonett *Rußland,* und in seinem Nachlaß findet man den Hymnus auf die Kämpfer für die Demokratie in der Schlacht bei Marathon.
Die Trapezkünste anderer, die fälschlich in Manns Spuren zu wandeln glaubten und sein klares Programm verzerrten, besagen nichts gegen die Tatsache, daß für zahlreiche andere, die sich nicht bewußt isolierten und ihre Isolierung für ein Aktivum ausgaben, die prinzipielle Äußerung Manns, die Forderung sich mit dem Volke zu verbinden, richtunggebend wurde und ihre Produktion wie ihre Grundhaltung zu den politischen und sozialen Vorgängen bestimmte.
Dichter und Schriftsteller der expressionistischen Periode führten einen leidenschaftlichen, hartnäckigen Kampf um die Sprengung des Ringes, der sie von den Massen isolierte. Sie nahmen

Richtung nicht auf die Bourgeoisie, sondern auf das Proletariat. Dieser Versuch war vorhanden, und wenn man ihn unterschlägt, wird man die ganze Bewegung nicht erfassen. Sie machten den Anspruch, als Dichter gehört zu werden, als Dichter für die Masse von der Masse. Becher hat diesen Anspruch bereits in einer sehr frühen Zeit erhoben.

Aber die Begriffe, die man von der Masse hatte, waren nicht nur unklar und verschwommen, sondern auch widerspruchsvoll, da sich beim Fehlen einer revolutionären Partei Bilder der Vergangenheit, der Revolution von 1793 eindrängten, ohne daß die Verschiedenheit des revolutionären Jakobinertums und modernen revolutionären Proletariats deutlich bewußt wurde. Die meisten expressionistischen Dichter waren lange Zeit Utopisten.

Dieser Zwiespalt fand im gewaltsamen Charakter vieler Dichtungen seinen Ausdruck; um so heftiger verfolgte man das Ziel, »Beziehungen« herzustellen, Beziehungen zum Menschen. Die Idee der Humanitas lebt und webt in vielen Dichtungen, so vielfältig ihr Ausdruck auch sein mag, sie ist die lebhafteste Reaktion gegen den bürokratischen Klassen- und Kastenstaat Wilhelm II., gegen seine imperialistische Expansions- und Kriegspolitik, die den Menschen zum Objekt machte, entwürdigte, ihm jedes Recht der Selbstbestimmung nahm. Selbst der Konstitutionalismus war doch verkümmert, mißbraucht, mißachtet. Außerdem war die Zeit erfüllt von unaufhörlichen Fehden mit Zensoren, Richtern und Polizeipräsidenten, mit der Krone selbst, die autoritär immer wieder eingriff. In Preußen galt die oktroyierte Verfassung der Konterrevolution vom Jahre 1850, es gab »Untertanen«[6], aber keine Bürger. Das Wort »Mensch« war für die Expressionisten kein Schimpfwort, sondern eine Kampfparole. Die politische Opposition aber wurde reformistisch geführt, man wollte in dieses Wechselbalg-Gebilde von imperialistischem Junkerstaat »hineinwachsen«. Die großen Wahlrechtsdemonstrationen, die blutigen Polizeiattacken in Moabit vermögen am Charakter dieser Opposition nichts zu ändern. Die Bourgeoisie aber hatte sich in diesem Staat eingerichtet, es war *ihr* Staat, *ihr* Reich geworden. Und sie ertrug nicht nur willig die Folgen und Beschwerden, Gefah-

6 Herren-Abgeordnetenhaus nach Dreiklassenwahlrecht.

ren und Abenteuer der imperialistischen Politik, sondern förderte sie, war ihre Trägerin und Nutznießerin, da sie ihren Interessen völlig entsprach. Das bismarcksche Reich war ein Reich der Bourgeoisie mit feudalen Rudimenten.

Die Schriftsteller der expressionistischen Periode suchten diese Zustände teils zu bekämpfen, teils zu negieren, teils flüchteten sie sich in die Utopie, indem sie sich stellten, als ob bereits mehrere Entwicklungsstufen übersprungen wären. In ihrer politischen Unreife fanden viele nicht den Punkt, wo die revolutionäre Opposition anzusetzen war, aber man kann nicht sagen, daß sie sich mit dem Zustand abfanden oder nur an eine Reform dachten. Sie lehnten vielmehr leidenschaftlich die bestehenden Verhältnisse ab, ohne eine Vorstellung von den gegebenen Kampfmethoden zu haben, sie blieben trotz ihres Bemühens ohne Beziehung zu den Massen, zum Volk überhaupt, aber es wäre falsch zu sagen, daß sie sich in ihrer Mehrzahl zu einer Herrschaft der besitzenden Klasse über das Volk bekannt hätten. Aus ihrer Isolierung, ihrer Gefühlslage erwachsen bestimmte, zweifellos gefährliche Tendenzen. Der anarchistische Zug in vielen Dichtungen der Zeit ist unverkennbar, Albert Ehrenstein und Karl Otten verfluchen die Maschinen, die Städte. So dichtet Ehrenstein:

»Ich beschwöre euch, zerstampfet die Stadt,
ich beschwöre euch, zertrümmert die Städte,
ich beschwöre euch, zerstört die Maschine:
ich beschwöre euch, zerstört den Staat.«

Das bakuninsche Bekenntnis[7] aus dem Jahre 1842 (»Die Lust der Zerstörung ist zugleich eine schaffende Lust ... Das Volk, die arme Klasse, beginnt ihre Rechte zu fordern«) klingt in vielen Dichtungen wieder an. Auch in Heyms Versen ist dieser anarchistische, nihilistische Zug unverkennbar, denn Heyms Weltbild war keineswegs ungebrochen, sondern voller Widersprüche und unausgetragener Gegensätze. Auch für Heym ist die radikale Zerstörung alles Bestehenden ein Wunschtraum – der anarchistische Charakter in Heyms Anschauungen darf

7 Michail Bakunin (1814-1876) philosophisch in der Nähe Marx', praktisch entgegengesetzte Auffassung einer föderalistischen und antistaatlichen Arbeiterbewegung. War für den Anarchosyndikalismus, den Eintritt anarchistischer Einzelkämpfer in die Massenbewegungen.

nicht unterschlagen werden; für ihn ist der Krieg auch die gerechte Strafe und Sühne, für ihn ist das imperialistische Zeitalter »Sodom und Gomorrh«, auf das Pech und Schwefel herniederregnen muß. Der Prophet des Untergangs kämpft in Heym mit dem Verkünder der Demokratie.

Ein gewisser Chiliasmus ist bei Heym wie bei dem Joh. R. Becher jener Jahre unverkennbar. Aber in keinem Fall kann aus diesen Stimmungen, aus diesen Erlösungswünschen eine Zustimmung zur bestehenden Ordnung, eine Hoffnung auf Erneuerung dieser alten Ordnung herausgelesen werden.

Die Zeit trieb unaufhaltsam der Katastrophe entgegen, wenigen nur war klar bewußt, welche Kräfte es waren, und wie sie beschaffen waren, die auf dies Ende lossteuerten. Es ist aber eine Legende, daß die Zeitgenossen sich nicht der Gefahr bewußt gewesen wären, die ihnen drohte. Es war ihnen nur nicht klar, wie sie die Gefahr abzuwenden vermochten, da ihnen doch jedes Vertrauen zur Opposition fehlte. Die jungen Dichter der expressionistischen Periode sahen sich deshalb als Opfer an, die von den Mächtigen gebracht werden würden. In Erkenntnis solcher Schmach schrie Ehrenstein auf:

»Uns Gefesselte umringen
Teufel, die uns tierisch zwingen.
Mich verfluch ich, der ich kam,
ehe Licht die Erde nahm.«

Die Isolierten sind in ihrer Ohnmacht von Grauen und Verzweiflung erfüllt. Heyms berühmtes Kriegsgedicht ist der Ausdruck eines Fatalismus, der wohl innere Aufbäumung, aber keine offene Revolte gestattet. Der junge Becher flüchtet in das Land Utopia. Klemm bricht verzweifelt in die Klage aus:

»O meine Zeit! So namenlos zerrissen,
so ohne Stern, so daseinsarm im Wissen . . .«
Becher dichtet:
»O Stadt der Schmerzen in Verzweiflung düsterer Zeit!
Wann grünen auf die toten Bäume mit Geklinge?
Wann steigt Ihr hügelan in weißer Schleier Kleid?
Eisflächen: Wann entfaltet Ihr der Silber Schwinge . . .«

Und schließt mit der Vision furchtbaren Untergangs und Weltengerichts, aber das Grauen vor »kommenden Dingen«, die er anders sah als Rathenau, ist so stark, daß selbst den romantisch-revolutionären Utopisten Becher zuletzt die Vision qualvoll bedrängt:

»Im Scherbenhorizonte treibt ein fetter Hai,
dem blutiger Leichen Fraß aus zackigtem Maule hängt.«

Manchen erscheinen Krieg und Untergang bereits so unvermeidlich, daß sie in ihrer Bedrängnis die Katastrophe erflehen, die eine verfluchte Welt zerstören soll, damit »das Neue« kommen könne; Sack gehörte zu diesen Katastrophengläubigen:

»O gäbe es Krieg ... eine Menschendämmerung, ein jauchzendes Vernichten –! oh, ob dann nicht ein Höheres ...?«

Nie hätten solche Stimmungen erwachsen können, wenn eine starke revolutionäre Massenbewegung, überzeugend und wachsend, alle Versprengten und Verzweifelten an sich gezogen haben würde. Der Krieg kam und verschlang viele der besten Dichter der expressionistischen Periode, aber der Krieg stellte für die andern und zuerst in vollster Brutalität die Probleme und Aufgaben des Klassenkampfes, zwang sie zur Entscheidung zwischen den Fronten, er beschleunigte die Entwicklung in einem sehr raschen Tempo. Die Oktoberrevolution, die großen Massenstreiks in Deutschland, das Auftreten Liebknechts zwingen die Dichter zu klaren Entscheidungen.
Dichter wie Benn verharrten in ihrer Negation, und ihre weitere Entwicklung verlief völlig konsequent. Das Beispiel Bechers zeigt, welche große Aufgaben harrten, und in einem unaufhörlichen Ringen gelang es dem Dichter der Utopia zum Dichter des Realismus zu werden, vom Erlebnis zum Bewußtsein durchzubrechen, die expressionistische Periode mit ihrer Unreife und Unklarheit, mit ihrer dumpfen oppositionellen Triebhaftigkeit, mit ihrem beklemmenden, qualvoll empfundenen Druck vor einem unvermeidlich anrückenden unheimlichen fürchterlichen Grauen zu überwinden, eine Periode, in der man »den Menschen« auf Pfaden suchte, auf denen er zu finden, aber nicht zu befreien war. Für den, der diese Periode ganz bis zum Ende ging, gibt es kein Zurück, keine Rückkehr, keinen Rückfall mehr. Wer steckenblieb wie Benn und übrigens auch manche außerhalb des Dritten Reiches, ging und geht verloren.

Gustav Wangenheim
Klassischer Expressionismus

Impressionen eines sozialistischen Realisten

> Paul Cassirer im Gespräch, 1918: »Wozu der tierische
> Ernst? Die Bezeichnung ist überhaupt von mir! Bei
> Munch hab ich gesagt: ›Das is nich *Im*pressionismus,
> das is *Ex*pressionismus!‹ – Aus Ulk. Und dabei bliebs.
> So is die Geschichte.«

Ernsthaft. Im *Wort* wird von Ziegler die edle Einfalt und stille Größe Goethe-Winckelmannscher Antike der verzerrten Figur des Expressionismus gegenübergestellt. Die herabschwe-
bende olympische Nike also etwa Lehmbrucks *Emporsteigen-
dem Jüngling,* von dem der kunstbeflissene Großherzog von
Hessen während des Weltkrieges traurig sagte: »Nicht einmal
kv!« – Und wie er dann anschließend vom Borghesischen Fech-
ter schwärmte, erkannte man unschwer: kein Geschmacksurteil
ohne besondere Prüfungsmaximen. Es kommt nur darauf an,
die besten Maximen zu haben. Obwohl sie uns selbst trotz aller
Fortgeschrittenheit der Theorie nicht immer bewußt werden.
Obwohl wir ihre Anwendung nicht immer meistern. Dann
bleibt eben auch uns das Geschmacksurteil. Mögen Spätere es
mit seiner entschwundenen Sinnlichkeit verdammen, wenn sie
die kahlen Knochen analysierend durch ihre Hände gleiten
lassen.
Dann wird vielleicht alles klar sein.
Heute?
Auch auf der Akropolis können weder der unablässig zum
Thema quasselnde Führer, noch die zwangsläufigen Witze,
noch die grauenhaft ausgeraubte, ausgebrannte, verstaubte
Landschaft Geschmack und Gefühle verwirren. Das meiste hat
uns schon in Museen und Büchern interessiert, kalt gelassen
oder erschüttert.
Erschüttert, denn

»warum sollte die geschichtliche Kindheit der Menschheit, wo sie am
schönsten sich entfaltet, als eine nie wiederkehrende Stufe nicht ewigen Reiz ausüben?«

So fragt der Allerklarste, der Unverwirrteste. Wir lieben die Schönheit der Antike. Aber Kinder sind nicht nur schön, wenn sie »schön« sind.

Ziegler weiß das. Was veranlaßte ihn, Goethes und der Antike Größe nur in edler Einfalt zu sehen? Dieser Goethe, der seine Wahrheiten in vielen Falten versteckte, traute der Antike noch andern Anlaß zu als den zu *seiner* Form.

Die edlen, einfältigen Griechen? Narren sind sie alle! Agamemnon ist ein Schwätzer. Nestor ein schlapper Trottel. Menelaus ein dummer Hahnrei. Ulysses ein überschlauer Staatsmann, in Einmischung und Nichteinmischung gleich erfolglos. Achilles ein widerlicher Hund, der den Hektor ermordet, als der gerade ohne Waffen ist. Hurenböcke, Päderasten aus Lager-Langeweile:

»Unzucht, Unzucht! Lauter Krieg und Lüderlichkeit, die bleiben in der Mode!«

Das ist Shakespeares Meinung.

Und bekanntlich glaubt Goethe ebenso wie Schiller (Brief 5. Mai 1797) und ebenso wie Lessing, Marx und Engels, daß Shakespeare dem Aristoteles-Ideal näherkommt als einfältige Größe. Als formvollendete Alexanderiner-Dramen zum Beispiel, in welchen die Gefühle zwar nicht verwirrt aber auch nicht erregt werden. Troilus und Cressida ist doch auch so

»wieder ganz original, als wenn das Antike gar nicht gewesen wäre, und es bedurfte wieder einen eben so gründlichen Ernst, ein ebenso entschiedenes Talent als des großen Alten, um uns ähnliche Persönlichkeiten und Charaktere mit leichter Bedeutenheit vorzuspiegeln, indem einer späteren Menschheit neuere Menschlichkeit durchschaubar vorgetragen werden.«

(Über die Parodie bei den Alten, Goethe, 1824.)

Kleists neuere Menschlichkeit[1], die der vielfältige Goethe dann als Verwirrung der Gefühle ablehnte, hat aber den riesenhaften, einfältig großen Guiskard-Akt ebenso hervorgebracht wie die aktlose, verzerrte Figur der Penthesilea. Was ist hier das Tragische? Daß jene Formzertrümmerin, daß gerade sie die *Form* liebt, die Gestalt des Achilles, des schönen, heiteren, großen Achilles. Denn bei Kleist sieht der auch bei Homer schreck-

---

1 Vgl. auch dazu den Briefwechsel Anna Seghers/Lukács.

lich launische Star des Griechenheeres ja weidlich einfältiger und edler aus als beim unverwirrten Shakespeare.

Das Fragenknäuel um die Einfalt der Antike scheint doch wohl noch nicht entwirrt zu sein. Und in diesem Wirrwarr kommen alle zu kurz, die hineinverfilzt sind: die Antike selbst, Goethe, Shakespeare, Kleist beispielsweise und – der sozialistische Realismus. Namentlich wenn ihm der Expressionismus als so eine einfältige Antithese, ja als Faschismus gegenübergestellt wird. (Wie bei Ziegler.)

Der Expressionismus hat edle Einfalt Goethes und stillgroße Klassik bekämpft. Zuerst futuristisch in Italien, wo Antikes alle Aussicht verstellte. Das ist richtig. Gemeint war aber die Misère. Die goethesche und die gestrig-heutige. Expressionisten freilich hatten nicht den Scharfsinn der großen historischen Materialisten, um trennen zu können, was Genie ist und Klassik, Philisterei. Expressionisten wollten der Zeit voraus und wußten nicht, wie sie hinter ihr zurückblieben. Sie hielten den Don-Quichotte-Kampf gegen das ideologische Gepäck der Unterdrücker für wichtiger als den aktiven, koordinierten Kampf gegen die Unterdrückung!

Haben wir noch irgendwo *diesen* Fehler? Das ist die entscheidende Frage. Ist noch ein Restbestand in uns von épater le bourgeois, von jener zweidimensionalen, flachen Kritisiererei nur auf dem Papier, nur auf der ideologischen Ebene?

Und wenn – woher kommt das? »Aus mangelnder Verbindung mit der Wirklichkeit!« – Gut, aber wo mangelt sie? Bei jedem einzelnen ist dies ganz anders zu studieren und zu beantworten. Haben wir uns aber einmal darauf geeinigt, daß hier die Wesensfragen sind, dann ist die höchst verwirrte Geschichte mit der Antike untergeordnet, und dann siehts mit hochnotpeinlichen Fragen nach Formalismus und Volksnähe auch wesentlich praktischer aus.

Lippenbekenntnisse sind nicht unschwer zu erreichen. Sozialistischer Realismus in der Theorie und Eklektizismus in der Praxis – in der Art gibt es welche, die im Expressionismus-Streit »Nieder!« schreien und »Formalismus!« krähen, weil ihnen nichts einfällt, weil sie die Volksnähe mit Niveaulosigkeit verwechseln und den sturen Glauben haben, daß jedes Kunstwerk dieselbe Aufgabe hätte, dasselbe Publikum verlange usw. Hören denn die Differenzierungen auf? Gibt es einen einzigen glatten, klaren, abgegrenzten, edlen, einfältigen sozialistischen Realismus? Nein, den gibt es nicht! Sondern wir sehen, wie sich massenhaft die schöpferischen Kräfte regen, und wie Vielfältiges am Werke ist. Vielfältig ist der sozialistische Realismus, und Vielfältiges wird reifen. Es wäre nun aber ein billiger Trick, dem Expressionismus durch ein negatives Vorzeichen alles Positive aus *seiner* Vielfalt zu nehmen, weil nicht allzuviel reifen konnte.

In der Sowjetunion haben die Völker ihre Kräfte für eine Kulturrevolution ungeheuren Ausmaßes freibekommen. Hier, wo zum erstenmal in der Geschichte Weg und Zusammenhang bewußt wird, hier werden die Werte umgewertet und neu geprägt. So entstand auch die harte Münze Sozialistischer Realismus – ein Begriff, den wir heute bitter nötig haben. So lange wie Gold und Geld. Aber auch mit diesem gut geprägten Sozialistischen Realismus, der nicht so schnell abgegriffen sein wird, kommen in den komplizierten Wechselgeschäften der Kritik oft merkwürdige Endsummen heraus. Was rechnet da alles zum sozialistischen Realismus! Wollen wir diese Erfahrung nicht auch dem Expressionismus zugute halten? Der war kein Begriff aus Gold. Eine schlechte Legierung. Zufällig gemischt. Aus mangelndem Bewußtsein gequollen. Zusammengekehrt und entgegengewitzelt. Ein Brei, von dem viele löffelten. Eine Flickerei aus Lumpen, die vielerlei deckte. Ein Dach für alles. Heute haben wir eine tiefe, bewußte Gemeinsamkeit, sind organisch miteinander verbunden durch Kampf und Ziel. Wir wissen, was das heißt: Sozialistischer Realismus. Wenn die Formel auch manchmal in der Anwendung zu eng scheint und manchmal zu weit.

Aber was wußten denn schon die Expressionisten einer vom andern? Wenn wir Georg Lukács' Familiengeschichte[2] des Expressionismus studieren (*Internationale Literatur* 1934, 1), so muß mancher von uns mir mir vielleicht zugeben, daß er von den philosophischen Vätern und Figuren, die da vorgeführt werden, die meisten nicht gelesen hat, manche nicht einmal dem Namen nach kennt. Und die gemeinsame Abstammung zugegeben – gab es da nicht Vettern in Breslau und München, die von der alten Tante in Heidelberg oder dem Onkel in

---

2 Gemeint ist: ›*Größe und Verfall*‹ *des Expressionismus.*

Darmstadt nichts wußten? Der Verkehr innerhalb der Familie, die gegenseitigen Verbindungen waren wohl nicht so organisch, wie es jetzt nachträglich erscheint. Der Hauptweg der meisten war die Sackgasse.

Auf der Akropolis führt ein armer Nichtwisser, der die von einem wohlbestallten athener Professor hergestellte Durchschnittsmeinung von der Antike zum xtenmale wiedergibt. Ihm würden wir Heutigen nur Skepsis und vermeintliches Besserwissen, allerhöchstens die bereits erwähnten guten Maximen entgegenhalten können. Wir waren ja nicht dabei. Bei der Antike. Was den Expressionismus anlangt, so sind wir Heutige und Gestrige zugleich. Da waren wir dabei.

Nachdem nun das große Wissen Georg Lukács nach bedeutender Analyse die Landschaft des Expressionismus in deutschen Grenzen aufgebaut hat, wandeln wir unter seiner Führung etwas merkwürdig in einer Mischung von bewundernder Zustimmung und erstaunter Befremdung. So war es! Richtig. – Aber so war es doch gar nicht!

Nicht nur, daß die Menschen anders lebten, als sie schrieben. (Und der Expressionismus führte naturgemäß ein großes Leben in jenem Meer der Gespräche, das, wenn es auch die Gestade der Kunst nur umspült, unbedingt dazugehört.) Nicht nur Schickele lebte anders, als er schrieb. Lukács zitiert ihn:

»Ich schwöre ab: Jegliche Gewalt, jedweden Zwang, zu Andern gut zu sein. Ich weiß: ... Gewalt regiert, was gut begann, zum Bösen.«

10. November 1918. Auf einer der Treppen des Reichstagsgebäudes steht Schickele und ruft dem emporsteigenden Volksbeauftragten Haase verzweifelt nach: »Gebt mir 1000 Mann, und wir haben die Revolution in Elsaß-Lothringen!« – Ganz unten am Fuße der Treppe: Leo Kestenberg, staunend, mit offenem Mund. Man hat die 1000 Mann nicht gegeben. Und alles weitere ist bekannt.

Nicht für alle Gewaltlosigkeit ist der Expressionismus verantwortlich zu machen. Der gewaltlose Rubiner hat einen Verfasser brutal aus seiner Wohnung geworfen, weil der in seiner damaligen Unklarheit einer romantischen Liebe zur klassischen Kunst einen Ausdruck gab, der nicht in den Expressionismus paßte, wie ihn Rubiner gerade haben wollte. Andere wollten ihn anders. Lukács' klassische Darstellung wird uns von dem

Erinnerungsbild jener Zeit überblendet. Und diese Zeit hatte natürlich absolut nichts »Expressionistisches an sich«, wie der Goebbels gesabbelt hat. Im Gegenteil. Entscheidend ist etwas anderes.

Durch den Wirrwarr, dessen Ursachen und Urgründe Lukács wie kein anderer aufzeigt, brach immer wieder Formwille, durch die Schwäche Kraft. Bei ein und demselben Autor. Wer wollte Georg Kaiser auf einen Leisten schlagen? *Gas* und die *Bürger von Calais*? Wer will aus Picasso nur einen expressionistischen Künstler machen? Wer will aber auch ohne Expressionismus einen Picasso machen? Und wer schließlich will ohne Picassos Expressionismus machen? Ohne große Künstler wäre alles ein Formexperiment der Boheme geblieben. Unser aller Heartfield wird verzeihen: Dada und nichts weiter. Wirrer, höchstens witziger Protest. (»Angelegenheit einer engeren Intellektuellenschicht«, Lukács.) Im Expressionismus war nicht nur Zerstörungswille, sondern auch der Wille zum Aufbau.

Nicht allzuviel konnte glücken, weil keine Wirklichkeit ihm entsprach. Hindert das uns, die wir sogar im größten Aufbau, den die Menschheit jemals in Angriff nahm, erst kindliche Anfänge sehen, hindert uns das an der Freude über des Expressionismus' kindliche, nicht ganz geglückte Versuche? Den Boden einer neuen Welt wollte manch ein Expressionist erreichen, indem er, jeden Boden unter den Füßen verlierend, in die Luft sprang und sich an Wolken hängte. Wir finden heute – geführt und das gelobte Land vor Augen! – solch Beginnen lächerlich, solch Vorbild gefährlich. Aber wenn wir Kunstwerke und Künstler jener Zeit betrachten, warum beginnen wir mit dem giftigen Benn? Warum – da uns seine *Schwäche* nicht mehr gefährden kann – wollen wir uns nicht der – seis infantilen – *Stärke* des Expressionismus erinnern? Und da treten die Schreckensgestalten Lukácsscher Formung wieder in den Hintergrund zurück. Andres schiebt sich vor, das uns damals als Expressionismus gegenwärtig war.

Wenn das *Frühlingsfest* von Boccioni nicht schön ist, wollen wir gemeinsam einen Besen fressen gehen. Wenn Marc, Chagall, Kandinsky, Picasso keine großen Künstler sind, dann wäre nicht zu verstehen, warum im Moskauer Museum für Westliche Kunst noch dergleichen Expressionisten (zahlreichst!) hängen. Nur um abschreckend zu zeigen, was aus den Intellektuellen wird, wenn sie keine Führung haben? So primitiv wurde »die Frage der Kunst hier nie gestellt«. Auch nicht in der Formalismusdiskussion, wo es um heutige und sehr aktuelle Fragen ging: zum Beispiel um die Frage, ob gegen Ende des zweiten Fünfjahrplans noch einer vor den Massen wie ein Kind herumtanzen darf und im wahrsten Sinne des Wortes *kleinbürgerliche* Sexualitätsopern etwa den Mittelpunkt des Masseninteresses bilden sollen. (Selbst wenns im Orchester mitunter verheißungsvoll blitzt.) Hier handelte es sich nicht um das Geschmacksurteil, bei dem wir im Grunde wieder angelangt sind. Geschmacksurteil? Ich finde mit vielen vieles, was als expressionistisch bezeichnet wird, schön und sogar groß. Das hindert mich nicht, Schwitters für einen bestenfalls Verrückten zu halten. Und es verwirrt mich gar nicht, in den »Bildnereien der Geisteskranken« wiederum zu erkennen, wie vielseitig die Quellen menschlicher Kunstschöpfung sind. Bleiben wir dabei einen Augenblick. Das ist wichtig zum Thema.

In vielen großartigen Schöpfungen jener Irrsinnigen gibt es Bilder, die ein Ausdruck tiefsten menschlichen Leides sind, der um so einprägsamer wird, weil wir sehen, wie alles Wirkliche, Gegenständliche, Menschliche zertrümmert ist von eben jenem Leid. Wer glaubt nun – wenn auch überzeugt und sicher, daß Genie und Künstler sein eben gerade *nicht* irre-sein bedeutet wem glückte nun aber, wenn auch mit »Empiriokritizismus« und »Naturdialektik« in der Hand, die Straße hinab zur objektiven Wahrheit leidlos zu wandern? Wenn wir Harmonischen von heute in solcher Nachdenklichkeit den damaligen Disharmonien lauschen, kann nicht alles verklungen sein. Manch einem ist der Schrei von damals noch im Ohr. Der kam aus dem Schützengraben, und der hat mit dem sozialistischen Realismus auch heute leider zu tun.

Ich habe eben einen Hymnus von Alexej Tolstoi auf Schestakowitschs Fünfte Symphonie gelesen. Ich habe die Orchesteraufführung noch nicht gehört; aber schon ein Satz, vom Komponisten auf dem Klavier vorgespielt, ließ einen Empfindungsreichtum und eine Nervenfeinheit spüren, eine Wahrhaftigkeit des *Ausdrucks,* daß ich zu dem Glauben an diesen Künstler hingerissen wurde. Bei dem da kommt es nicht auf einzelne Werke an, fühlte ich, auch nicht auf das épater-Trompeten des Klavierkonzerts etwa, sondern auf den ganzen Kerl, und der ist und muß ganz bei uns sein mit seinen Inhalten. Und der wird Stolz und Freude der Sowjetunion werden, sonst wäre er nicht so begabt. Die Wege dahin sind nicht immer akademisch. Es gibt sogar gefährliche Umwege. Daß dabei für andere nichts Gefährliches herauskommt, dafür ist, wie man sah, gesorgt. Der Fall Schestakowitsch[3] ist absolut nicht anormal. Moderne Musiker sind oft sehr raffinierte Handwerker. Ist ein Feinmechaniker, obwohl man sein Werk manchmal nicht fassen kann, gleich verrückt? Ist Alban Berg verrückt etwa im Wirtshaus-Akt des Meisterwerks *Wozzek*?

Wer würde andrerseits Verrücktheiten und Kindereien im Expressionismus leugnen? Wer vergäße den Exotismus? Man floh den optischen Eindruck »elektrisch beleuchteter Barbaren«, ohne zu verstehen, daß es darauf ankommt, dieses elektrische Licht besser zu verwenden. »Lenins Lämpchen«, von den Kollektivbauern zärtlich so genannt, erfreut das Sowjetdorf, weil mit der Zivilisation die Kultur einzieht. Sinnlos war damals der Streit um diese Worte, und der Expressionist floh, schreckliche Dummheiten über die Kultur auf den Lippen, die Zivilisation. Trotzdem – »Noa-Noa« ist schön. Und hier in Moskau gibts eine herrliche Sammlung Gauguins. Hinreißend. Zauberhaft. Märchenhaft. Klassischer Expressionismus.

Rousseaus Malerei ist kindliche Kunst, die wir liebten, weil der Mensch, in allen Kreisen von schlechter Erziehung verdorben, durch glattes Formenspiel eben diese schlechte Erziehung zu verbergen gelernt hatte. Und so ging der Ausdruck dessen flöten, was die Künstler *waren*. Bei Rousseau nicht. Der malte, was er war: ein kleiner Zollwächter.

So machens die Kinder. Unbewußt. Und haben ihren Ausdruck. Wenn wir das doch erst alle könnten in unserm beginnenden sozialistischen Realismus der bewußten Erwachsenheit. Voraussetzungen, die jetzt von jenen Massen namentlich entwickelt werden, die sich schon in Freiheit regen, wollten

---

3 »Der Fall Schestakowitsch«: Seine Anfänge fallen in die Zeit großer Experimentierfreudigkeit (also zwischen 1917 bis Ende der zwanziger Jahre). Während des Kampfes gegen den Formalismus in den dreißiger Jahren zog er seine vierte Symphonie nach den Proben in Leningrad zurück. Mit der fünften, 1937 in Leningrad aufgeführt, kehrte er zu einer traditionell pathetisch monumentalen Musik zurück. Gilt heute als der repräsentativste Komponist der Sowjetunion.

damals einzelne schaffen. Einzelne! Die Expressionisten waren
kein Verein, keine Organisation, sie waren *viele einzelne!*
Nicht nur Kinder oder solche, die es sein wollten. Professoren
der Formzertrümmerung waren darunter und altweise Beherr-
scher des Spiels der Formen. Künstler, welche die Realität in
all ihren Details studierten und die Zersplitterung des Na-
turalismus-Impressionismus durch eine willkürliche Einheit
überwinden wollten – Stimme aus dem Hintergrund: »Weil
die Einheit der Weltanschauung fehlte!« – Ja. Aber jetzt Mopp
in den Vordergrund. Mopps Musikerbilder sind ebenso unbekannt wie großartig. Das »Rosé-Quartett«, das »Philharmo-
nische Orchester«. »Busoni«. Sie tanzen mit dem Herzen wie
Mozart.
Klee, der vielen völlig unverständliche Kritzelbildner hat eine
Farbe, die tiefer rühren kann, als die von hundert bunten auf-
gemalten, dummen Realitäten. Wer solcherlei liebt, braucht
nicht das ganze Bauhaus, wer Heartfield liebt, nicht die Montage als Religion zu bejahen.
Ist van Gogh nur Genie, nur Kind, nur verrückt, nur Expressionist? Wenn es sich um das ganz große Format handelt, kann
man den Künstler nicht unters Stildach zwängen. Aber wenn
man dann schon den Expressionismus als Ganzes abtut, muß
man auch den großen Vincent mit dazurechnen. Entweder –
oder.
Und weiter. Gab es nur den Schrei? Nur die Berauschten, Erregten, Entsetzten? Ich sprach schon von den Professoren. Die
Expressionisten waren auch die nüchternen, kubistisch-kon-
struktivistischen Väter der zweifelhaften Neuen Sachlichkeit.
Geht keine Linie von Kandinsky, vom Bauhaus zu Kanoldt?[4]
Und hatte die USP-Ideologie, die, wie Lukács detailliert nachweist, den Expressionismus nährte, nicht ihre verdammt nüchternen Seiten, zum Beispiel gegen die Sowjetunion? Wie kompliziert die Vorgänge sind, müßte dann doch auch an *der* Tatsache noch studiert werden, daß manche, als sie, stabilisiert,
aufhörten, für die Sowjetunion und ihre aufwühlenden Einflüsse zu brausen, ein stilles reaktionäres, sachliches Wässerlein
wurden, ohne jeden Restbestand. Während solche mit Rest-
beständen die Wege zur Volks-Front weiterschritten. Unbeirrt
und unbestechlich.

4 Alexander Kanoldt (1881-1939) malte Landschaften und Stilleben.

Wie war es bei den Dichtern? Da reiste als Manager Kasimir Edschmid herum, und man glaubt es kaum, was da alles zum Expressionismus gehörte. Eben . . . alles. Die abgerutschte Märchentante Jungnickel mit einbegriffen. Und wie das frankfurter »expressionistische Publikum« dazu Beifall klatschte. Wenn der Goebbels von einer expressionistischen Zeit lügt, so denkt er heimlich, ganz heimlich an eben jenes Publikum, zu dem er damals gehörte, und das glaubte, unbedingt »etwas Expressionistisches« haben zu müssen. Daß Hasenclever den Höhepunkt seines Sohn-Aufruhrs[5] hinter die Szene verlegte, war eine bezeichnende Schwäche. Aber Sorges *Bettler*[6] hatte Kraft. Reinhardt Görings[7] grandiose, wenn auch fragwürdig endende *Seeschlacht* ist in diesen Zeiten geboren. Und wenn Werfel sich danach sehnte, Caruso zu sein, was wir ihm nicht nur ironisch nachfühlen wollen, so gab es doch stärkere Sehnsüchte, die, da übers Ziel noch diskutiert wurde, sich *selbst* ausdrückten und gestalteten, nicht das Ziel. Sich selbst als Frage ohne Antwort. Nur *einer* noch aus der Fülle. Ein ganz Abseitiger. Ein ganz Starker. Einer, der dem Maler Rousseau verwandt, sich ausdrücken wollte ohne Eitelkeit. Kein Literat. Der Postsekretär August Stramm, als Hauptmann im Kriege gefallen. Kein Bohemien. Aber auch kein kleiner Zollwächter, der mit der Wiedergabe seiner provinziellen Öldruckwelt zufrieden sein konnte. Ein Großstädter, zumindest in seinem Vorstellungskreis. Auch einer, der damals die Einheit nicht finden konnte, dem aber die trügerische Einheitlichkeit der bürgerlichen Welt schon im Satzbau lügenhaft scheinen mußte – oder besser – scheinen konnte. Revolution, Sturm im Wasserglas? Vom sichern Hafen des Jahres 1938 aus läßt sich gemächlich raten. In der damaligen Unsicherheit war Stramms Aufschrei wie eine großartige, kraftvolle Fanfare. Wenn der Dr. Blümner »Die Menschheit« rezitierte, wurden Wirkungen erzielt, von denen mancher Verseschmied in der Toga des sozialistischen Realismus nur dunkel träumen kann, während er auf der Suche nach neuen Reimworten ermattet einschläft.

5 Walter Hasenclevers Drama *Der Sohn* (1914).
6 Reinhard Johannes Sorges Stück *Der Bettler* (1912) wird als erstes expressionistisches Drama bezeichnet.
7 Goerings Drama *Seeschlacht* erschien 1917; wiederaufgelegt mit einem Nachwort von Otto F. Best, Stuttgart (Reclam) 1972.

Stramm! Ich bekenne mich kampfbereit zu dem Künstler Stramm und zu vielen seiner Kunstwerke, ohne jemals seine Weltanschauung geteilt zu haben oder seine künstlerischen Methoden für mir gemäße zu erachten. Ich empfinde ihn in vieler Beziehung sogar als ausgesprochenen Antipoden. Darf ich ihn darum nicht in seiner Art lieben und anerkennen? Ich werde mich allerdings davor hüten, aus Expressionismus ein Synonym für ausdrucksstarken sozialistischen Realismus zu machen wie Herwarth Walden.

Stramm! Es waren nicht Massen, die ihn verstanden haben, aber es lieben ihn viele. Und hier kommt ein weiteres Hauptproblem. Wenn in der Diagnose schon auf Expressionismus erkannt wird, wenn schon die einen mehr »ja«, die andern mehr »nein« stimmen – bei jedem einzelnen Künstler, bei jedem einzelnen Werk müssen wir doch fragen: gut *wofür* und für *wen?* Kann nicht gerade der Expressionismus, die infame, glatte Oberfläche abreißend, das Widerspruchsvolle (wenn auch nicht die wirklichen Widersprüche) in Ding und Geschehen aufzeigend, gut sein, lehrreich und anregend für manchen, der die Ungleichmäßigkeit des Lebens und die harmoniefeindliche Umwelt zu vergessen im Begriff ist? Kann nicht so ein alter Expressionist auch heute noch ein kraftvoller Hinweis sein? Freilich für den, ders braucht. Der im Erinnern an vergangnes Leid und in heutiger Sicherheit gleich echte Volkskünstler aus Sowjet-Aserbeidschan, den ich gestern hörte, ist edel und einfach, still und groß, aber auch nicht gefährdet von irgendeinem glatthobelnden Kunstbetrieb. Der brauchts nicht.

Gibt es aber nicht Mangel an Wachheit unter Künstlern? Schon ist der Feind im Herzen: die Verlogenheit. Schon spielt der Mechanismus der Doppelzüngigkeit, erst unbewußt vielleicht, auf jener plumpen Sicherheit: die einzig richtige Methode haben wir ja in der Tasche! Ist da nicht heute noch ein solcher besser, der, einmal eine falsche Methode nutzend, zumindest im Ausdruck echt und wahr ist, wenn auch nicht in der gesamten Gestaltung?

Und dann: sind nicht Abseitige in Studios oft von großartiger Wirkung auf solche, die richtige Wege gehen? Ist Schönberg nicht als Lehrer vielleicht auch da bedeutend, wo er keine Nachfolge sondern Gegner herangezogen hat? Ich tippe hier nur an, daß der Kampf gegen den Expressionismus leicht in den

Kampf gegen das Studio, den Versuch ausarten kann! Es gab und gibt immer auch ein »l'art pour l'artiste«, Künstler, die auf andere Künstler stärker wirken als auf die Massen. Stramm hat auf viele Künstler gewirkt, überhaupt nicht auf Massen. Und Stramm ist an Bedeutung natürlich kein Stendhal, wie ich trotz aller Liebe, um Mißverständnisse zu vermeiden, deutlichst erklären möchte: Stramm ist Sackgasse. Aber auch in einer Sackgasse kann etwas los sein: Echtes! Starkes! Ist Becher nur heute echt und stark, oder soll eine Kraft, die den Expressionismus überwunden hat, damals nur Schwäche gewesen sein? Gewiß nicht.

Hat schließlich eine Generation, der schwindlig vor Mißerfolgen war, vielleicht nur geschwindelt? Das schrieb zwar keiner der Diskutierenden, aber es ist eine allzu populäre Vermutung. (Nicht ganz ohne Ursache.) Jedoch wenn Schwitters ein Schwindler war oder Lothar Schreyer[8] – Schwindel hat es zu allen Zeiten gegeben. Schwindler beweisen auch nichts gegen unsern sozialistischen Realismus.

Das bunteste Bild mit Schwindel, wahrem, gekonntem und ungekonntem Schrei bot das Theater des Expressionismus. Und es ist interessant, wie wenig oder wie gar nicht die Kameraden von der reinen Literatur davon schreiben. Dabei hat doch der Expressionismus *Massen* außer in Witzblatt, Kabarett und Kritik nur von der Bühne herunter gestört, belustigt oder begeistert. Wer las schon *Sturm, Aktion, Lyrikbücher* usw., wer ging schon in Ateliers und Ausstellungen? Aber das expressionistische Theater hat viele begeistert. Mode hin, Mode her. Wie war das mit dem Publikum damals? Dieses Theaterpublikum, Masse aus Intellektuellen und intellektualisierten Schichten, hatte keine Zeit und sah keinen Sinn darin, sich die Inhalte eines Erbes zu erwerben, dessen ungestörter Besitz ja trotz allem sicher *schien,* und das einen langweilte mit seinem seit Schulzeiten bekannten klassisch-romantisch-naturalistischen Formenspiel. Gedankenfreiheit: ein bonmot von vorgestern, die Mode – bestimmt nicht einer gedankenfreien, offiziellen Weimarer Republik. Ibsen: Staub. Hauptmann: nu ja ja – nu nee nee. Strindberg: allein – ohne Pfeffer und Salz? Rein-

8 Lothar Schreyer (1886-1966) expressionistischer Dramatiker, Kunstschriftsteller, Essayist. 1921/23 am Bauhaus in Weimar. Konvertierte 1933 zum Katholizismus.

hardt, der alles konnte, was er wollte (auch Stramm inszenieren übrigens), verließ irritiert sein Jagdrevier, die Grenze zwischen Traum und Wirklichkeit, wie er es nannte. Und nun tobten sich da mit Pfeffer und Salz die Nichtskönner und Schwindler aus. Endlich einmal konnten die Schauspieler nicht mehr behaupten, daß die »lateinischen« Regisseure nichts vom Theater verstünden. Diese klassisch gebildeten Doktoren wurden Expressionisten. Schief! war die Parole. Und deren Durchführung erzwang die Diktatur der Dekoration. Der Terror des Bühnenbildners begann. Ob die Herren Regisseure nun aus dem angehäuften Bildungsstoff aller Zeiten und Welten dieses oder jenes Leitmotiv herauspulten, bleibt unwichtig. Ob sie Mazdaznan priesen oder Kerrsche Umriß-Kritik falsch verstanden, um so Geschäfte zu machen, ob intuitiv mit Bergson zur Konjunktur jenes Ihering, ob der flimmernde Weininger oder der schauspielernde Simmel, der katholische Scheler oder der klassizistische Karl Kraus als Gott aus der expressionistischen Maschine sprangen, hier am Theater handelte es sich leider meist nur um Nachahmung der Formen, ja um Kopie der Photos von solchen Aufführungen wie etwa der Meyerholds. Und alles dies war von jeder Wirklichkeit ebenso weit entfernt wie von jeder, wenn auch verquasten aber doch ursprünglichen Ideologie.

Es wäre sehr interessant, mit vielen Details und Anekdoten die Geschichte dieser Schreckenszeit des Theaters zu schreiben. Hier fehlt der Raum. Darum nur einige entscheidende Probleme des expressionistischen Theaters an Hand von Beispielen.

Theaterprobe 1921. In meinem »expressionistischen« Stück *Der Mann Fjodor* gibt es am Schluß eine immerhin realistische Szene. Stadtstraße. Laterne. Da kommt ein Mann seines sicheren Wegs daher. Er stolpert über den zusammengebrochenen wegunkundigen Haupthelden. Dann setzt er sich zu ihm, holt aus der Tasche Becher und Wein, um, wie mir heute nicht unklar ist, der Szene ihre trockene Lehrhaftigkeit zu nehmen. Da ich von der Oktoberrevolution, die mir schon damals Ausweg bedeutete, noch nicht allzuviel verstand, konnte ich meinen Mann nur *Worte sagen* lassen, ohne Vermögen, ihren *Inhalt zu gestalten. Hier* lagen alle und auch die künstlerischen Probleme der Szene. Aber diskutiert wurde anderes. Erste Kostümprobe mit Requisiten. Ich spiele selbst mit und probe den

Zusammengebrochenen. Auf einmal ein entsetzter Aufschrei: »Um Gotteswillen!« – »Was denn?« – »Das Publikum sieht ja nicht, daß in dem Glas *kein* Wein ist!« – Ich: »Ist das wichtig?« – Der Aufschreier (Fritz Jeßner): »Entscheidend! *Das* ist ja eben der Expressionismus!« – Es gab eine jener furchtbaren Diskussionen, die zu beenden ich damals noch nicht Kraft genug besaß. Ich floh und habe anschließend zehn Jahre lang (bis zur *Truppe 1931*) eine ernstgemeinte Tätigkeit als Künstler nur in Arbeiterversammlungen ausgeübt. Mich zwang der Wirrwarr, anderswo Klarheit zu suchen.

Mit den »neuen« Problemen des expressionistischen Theaters vermischten sich außerdem jene uralten, bücherfüllenden, über das entfesselte, romantische, phantastische, bedingte oder nicht bedingte Theater. Wo hört da der Expressionismus auf? Und wo fängt er an?

Weil Theater, Produktion vieler Künstler, eine Einheit verlangt, war, wenn die phantastisch-romantischen Seiten des expressionistischen Zauberers nicht mehr wirkten, der künstliche Zusammenhalt, den er Auseinanderstrebendem gab, nichts als gefährliche Einzwängung. Nirgends hat schon die »Neue Sachlichkeit« befreiender gewirkt als am Theater. Die ermöglichte dem armen Schauspieler wenigstens wieder den Gebrauch seiner natürlichen Mittel. Er hielt sich wieder an den menschlichen, unwegschminkbaren, nicht nur tanzenden Körper und die vom Begriff schwer lösbare menschliche Sprache. Beide hatte der Expressionismus krampfhaft unterdrücken wollen.

Und doch auch in dieser, ich wiederhole, Schreckenszeit, gab es mit der Tatsache der Gegensatzwirkung allein nicht erklärbare, große starke Leistungen und echte Publikumserfolge. Kortner-Jeßner: *Richard III*. Wenn Kortner vorher davon erzählte, wars noch stärker, denn hart im Raume stoßen sich die Treppen. Wie dem auch war – eingedenk des japanischen Theaters zum Beispiel und der Maskentänze mancher Zeiten, wollen wir wieder einmal betonen, daß Theater eine unendliche Vielfältigkeit der Darstellung nicht nur erlaubt, sondern fordert. Gerade dies, gegen naturalismusnahe Verfechter des sozialistischen Realismus geäußert, verpflichtet zu unterstreichen, daß Menschendarstellung, Nachahmung des handelnden, sich vornehmlich der begriffsbildenden Sprache bedienenden Menschen, eine Hauptaufgabe des Theaters ist. Nicht die einzige. Und auch sie wird zu guter Lösung gelangen gerade dann, wenn sie sich mit anderen Aufgaben des Theaters vereinigt. Wenn sie, die Aufgabe der Nachahmung, den Theaterkünstler nicht vergessen läßt, daß vor ihm immer wieder auch die Aufgabe steht, den künstlichen, nur innerhalb der menschlichen Gesellschaft bestehenden Raum im Gegensatz zum unvermenschlichten Raum der Wirklichkeit außer uns zu schaffen. Wie Stanislawsky oder irgendein Avantgardist, wie die Griechen oder die Neuberin, wie Reinhardt oder das Theater des Expressionismus. In der *Truppe 1931* habe ich versucht, nebenbei auch dieses Problem zu gestalten. Besonders in meinen Stücken *Mausefalle* und *Wer ist der Dümmste*.

Grundsätzlich: das Theater des Expressionismus, auch wenn es stark wirkte, reflektierte die Welt in Splittern. Das Theater des sozialistischen Realismus, in aller Vielfalt seiner Formen, spiegelt Einheitlichkeit.

Und schließlich die Schwesterkunst des Theaters: der Film. Der natürliche Körper des Menschen war, auch photographiert, der nicht wegzubeleuchtende Widerspruch zur expressionistischen Dekoration – *Dr. Caligari!* Ein Welterfolg der expressionistischen Schöpfung zweier Filmarchitekten. Unbestritten. Aber hier verwirrte das Problem der Phantastik die Kritik. Man sagte, der Expressionismus passe, weil das Thema Irrenhaus wäre und sein Umkreis. Doch wie bei hysterischen Simulanten die Krankheit Hysterie vorliegt, so eben auch bei einer expressionistischen Darstellung von Verrückten Expressionismus. Die sozialistischen Realisten wissen, daß Themenwahl nicht zufällig ist, und daß es angesichts der heroischen Themen unserer Zeit nicht auf der Hand liegt, sich mit dem Thema Irrsinn zu befassen. Oder doch? Vergessen wir nicht die ungleichmäßige Entwicklung.

Irgendein jüngerer Künstler erfaßt zum Beispiel schon verstandesmäßig, man müsse so ein kluger und menschlicher, kämpferischer Gegner des Krieges sein wie Benn. Als Volksfront-Künstler wäre er bereit, Thomas Manns militantem Humanismus Folge zu leisten. Kann er nicht trotzdem plötzlich wie ein Irrer losschreien? Vielleicht über den Immer-noch-Irrsinn 1938?

Irrsinn und Expressionismus. Wir haben sie am Schluß wieder zusammen, und im Ringen um einfache und große Gestaltung laßt uns der Ausbrechenden auf dem klassischen Wege nicht vergessen. Wer, wie die ehemaligen Expressionisten, seine Vierzig oder schon mehr auf dem Buckel hat, vergesse nicht, daß es auch heute Zwanzigjährige gibt. Unentwegte, sture Expressionisten (sind noch viele da?) müssen krankgeschrieben werden. Das wird unserer großen Kampffront gut tun, namentlich wenn wir die unentwegten Klassizisten krankschreiben. Und umgekehrt, wenn wir einem allzu satten Genießer den dégout vor dem Schrei ausreden wollen, so laßt uns auch Reim und Metrum, den Jambus etwa, nicht verachten. Dergleichen ist nicht unappetitlich an sich. Es verdirbt die Speise nur bei schlechtem Gebrauch. Zwischen Expressionismus links und Klassizismus rechts, zwischen bekannten Gefahren marschiere jeder in der breiten Front nach Können, Geschmack und Erkenntnis. Wobei wir nicht außer acht lassen dürfen, daß auch der geradeste Weg in der Kunst verdammt kompliziert ist. Die Schwächen der »Räuber« liegen nicht in ihrer wilden Form, wie Goethe und der spätere Schiller glaubten. Nicht im *Wallenstein,* wo ihn Schiller auf Humboldts Rat beinah vermieden hätte, ist der Jambus schwach, aber in der *Jungfrau.* Seien wir konkret und hüten wir uns vor starren Thesen: was abgenützt sei oder was ewig und klassisch.

»Darf ich bei dieser Stelle dem Partner in den Hintern treten?« fragte der Schauspieler den Regisseur. »Wenns liebenswürdig gemacht wird!« war die Antwort. Ein bedeutsames Erbe der Kunstweisheit: wenns »liebenswürdig« gemacht wird.

Majakowski ist auch nicht so mit einer Münze zu bezahlen. Er gilt in der Sowjetunion als größter Wert. Doch ist er nicht der einzige. *Ein* Künstler macht keine Epoche. Und *ein* Werk macht keinen Künstler.

Nochmals. Gehört der ganze Kerl zu uns? Das ist die erste Wesensfrage. Und die zweite: Auf wen kann, darf und muß gerade dieser Künstler heute wirken?

Um nun das wohl noch immer nicht ganz entwirrte Knäuel nach längerem Knüppern noch weiter zu verwirren, bringe ich zum Schluß noch einmal den auch mitunter verwirrten Klassiker Goethe, der in seiner oft bösen Vielfalt erklärte:

»Ich habe in 75 Jahren keine vier Wochen eigentliches Behagen an dieser Welt gehabt, die stets mein Sinnen und Schaffen störte, beschränkte und hinderte.«

Brief Goethes an Schiller vom 28. 4. 1797 (als sie sich zum zigsten Male über den Unterschied zwischen Epos und Drama nicht klar waren):

»Ich habe die Dichtkunst des Aristoteles wieder, mit dem größten Vergnügen, durchgelesen, es ist eine schöne Sache um den Verstand in seiner höchsten Erscheinung: Es ist sehr merkwürdig, wie sich Aristoteles bloß an die Erfahrung hält und dadurch, wenn man will, ein wenig zu materiell wird, dafür aber auch meistens desto solider auftritt. So war es mir auch sehr erquickend zu lesen, mit welcher Liberalität er die Dichter gegen Grübler und Krittler in Schutz nimmt, immer nur aufs wesentliche dringt und in allem andern so lax ist, daß ich mich an mehr als Einer Stelle verwundert habe. Dafür ist aber auch seine ganze Ansicht der Dichtkunst und der besonders von ihm begünstigten Teile so belebend, daß ich ihn nächstens wieder vornehmen werde, besonders wegen einiger bedeutenden Stellen, die nicht ganz klar sind und deren Sinn ich wohl erforschen möchte. Freilich über das epische Gedicht findet man gar keinen Aufschluß in dem Sinne, wie wir ihn wünschen.«

PS. Gestern den *Blauen Reiter* in einem Moskauer Antiquariat aufgestöbert. Auf wen beruft sich der Autor? Auf Goethe! Es ist wahrlich das Bequemste für Ex- und für Ex-Expressionisten.

Béla Balázs
Meyerhold und Stanislawsky

Das Jubiläumsjahr der zwanzigjährigen Sowjetunion brachte zwei große Theatersensationen: die Absetzung Meyerholds und die große Ehrung Stanislawskys.[1] Beide Ereignisse sind merkwürdig und haben kulturhistorische Bedeutung ersten Ranges. Sie leuchten tiefer hinein in die Entwicklung der sozialistischen Kultur als ein Haufen Statistiken.

Den fortschrittlichen, westlichen Bildungsphilister wird dabei vor allem dies überrascht haben: Meyerhold war doch der Neuerer und Revolutionär? Er war doch Mitglied der Kommunistischen Partei? Und gerade *er* wurde seines Postens enthoben? Hingegen Stanislawsky, der Alte, der seinen vorrevolutionären Stil nur wenig änderte (und das unter dem Einfluß Meyerholds!) wurde anläßlich seines fünfundsiebzigsten Geburtstages von der Sowjetregierung und der Kommunistischen Partei mit den allerhöchsten Ehrungen bedacht? Wie ist das zu erklären?

Es ist von vornherein klar, daß es sich nicht um irgendwelche persönliche Vergehen Meyerholds und nicht um private Verdienste Stanislawskys handeln kann. Die Namen dieser beiden großen Regisseure bedeuten zwei verschiedene Stile der Schauspielkunst. Mehr: zwei gegensätzliche Prinzipien der Kunst überhaupt. Noch mehr: zwei Prinzipien der Kultur, die in der revolutionären Entwicklung der Sowjetunion eine wesentliche Rolle gespielt haben.

Die Entwicklung führte zur Liquidierung jener Richtung, welche auf der Bühne Meyerhold vertreten hat. Wie kam das

[1] Wsewolod Meyerhold (1874-1940, in einem sowjetischen Lager umgekommen) leitete seit 1920 das Meyerhold-Theater in Moskau. Seine Experimente mit Majakowskis *Myterium Buffo*, seine freien Bearbeitungen von Gogol und Ostrowski waren in der Phase des Kampfes gegen den Formalismus, Anfang der dreißiger Jahre, nicht mehr gefragt. Seine Bühnenkunst, die phantastische Effekte mittels marionettenhafter Stilisierungen erreichte, schien der Parteiführung nicht für eine Massenkunst brauchbar. Deshalb behielt Konstantin Stanislawsky (1863-1938) mit seinem mehr naturalistischen psychologisierenden Illusionstheater die Oberhand.

so plötzlich? *Es kam gar nicht »so plötzlich«.* Die Meyerhold-Krise dauerte schon seit Jahr und Tag; zum Skandal wurde sie aber erst anläßlich des Jubiläums der Oktoberrevolution, bei der naturgemäß Heerschau gehalten wurde. Und siehe; der Revolutionär und Bolschewik Meyerhold war nicht zugegen mit seiner Kunst. Von den achthundert großen Theatern der Sowjetunion hatte allein das seine keine aktuelle Premiere zum Fest gebracht. Meyerhold hatte zum Jahrestag der siegreichen proletarischen Revolution mit seiner alten Inszenierung der – *Kameliendame* aufgewartet!

Das alles kam nicht *plötzlich* und nicht *unerwartet* – es wurde nur offenbar, daß die alte Meyerhold-Krise niemals *ein bloßes ästhetisches Problem gewesen ist, sondern das Symptom sehr bedeutsamer politischer und sozialer Entwicklung.*

»Bolschewistischer Terror!« rief sicherlich besagter, fortschrittlicher Bildungsphilister bestürzt, »ein großer origineller Künstler bekommt den Maulkorb, weil er seinen persönlichen Stil nicht aufgeben will!«

Ja, warum hat denn dieser schreckliche Terror zwanzig Jahre lang damit gewartet? (Trotz schärfster Konflikte, die es immer schon gab.) Warum wurde vielmehr Meyerhold die hohe Ehre erwiesen, daß ein *Staats*theater *seinen* Namen tragen durfte? (Trotz oft geäußerter, offizieller Mißbilligung.) Das Erste Künstlertheater trägt den Namen Gorkis und nicht den Stanislawskys. Was ist das, wenn nicht Hochachtung, die man vor der außerordentlichen Begabung und der bedeutenden Individualität dieses fanatischen Virtuosen hatte? Man versuche, sich einen kapitalistischen Theaterbesitzer vorzustellen, der jahrelang zusieht, wie sein angestellter Regisseur sich auf einen Stil versteift, der weder ihm, noch dem Publikum gefällt. Auch dem Publikum nicht. Und *das* hat zu guter Letzt das Schicksal des Meyerhold-Theaters besiegelt. Denn die Meinung des Publikums ist hierzulande die maßgebende Grenze der Freiheit der Kunst.[1] Und wie bekannt, ist jedes Theater jeden Abend gesteckt voll. Ausgenommen das Meyerhold-Theater seit einigen Jahren.

»Aber was ist denn in diesen ›einigen Jahren‹ geschehen?« höre ich fragen. »Das kann doch nicht mit rechten Dingen zugegangen sein: wenn Meyerhold – trotz allem und allem – bis vor einigen Jahren ein gefeierter Regisseur gewesen ist, warum

ist er es nun nicht mehr? Entweder beruhte seine frühere Anerkennung oder seine heutige Ablehnung auf einem Irrtum»«
Weder, noch – lautet die Antwort.
»Hat sich vielleicht Meyerhold selber geändert, hat er seine Begabung verloren?«
Nein. Er hat sich nicht geändert aber *um so mehr seine Bedeutung, weil sich die Umwelt wesentlich gewandelt hat.* Sein Talent ist nicht geringer geworden – um so mehr die Bedeutung dieses Talentes. *Es hat keine Funktion mehr in der neuen Wirklichkeit.* Der Erfolg Meyerholds war seinerzeit ebenso historisch folgerichtig, wie es heute seine Ablehnung durch das neue Sowjetpublikum ist.

In den ersten Jahren nach dem großen Oktober war die *kulturelle* Entwicklungsmöglichkeit für die Arbeiterschaft und arme Bauernschaft *politisch-organisatorisch gesichert;* das heißt, daß ihr zunächst nur der Weg frei gemacht worden war; ihn jedoch zu betreten und die ersten Schritte zu tun – dazu fand das schwer kämpfende Stadt- und Landproletariat kaum die Zeit. Die »revolutionäre Kultur«, die »revolutionäre Kunst« jener Anfangsjahre wurde hauptsächlich durch jene Schichten der bürgerlichen Intelligenz vertreten, die sich dem Kampf des Proletariats angeschlossen hatten; sie stellten auch das maß- und tonangebende Publikum der Theater. Sie haben Meyerhold groß gemacht.
Bekanntlich fiel ein nicht unbeträchtlicher Teil dieser Intellektuellen später ab. Aber auch der treue, der ehrlich revolutionäre Teil konnte seine ererbte bürgerliche Kultur nicht verleugnen. Diese befand sich jedoch gerade in einer schweren Krise. Das äußerte sich unter anderem darin, daß sie sich selber zum Ekel geworden war und von sich selber loskommen wollte. (Es war dies bekanntlich eine allgemeine Krisenerscheinung der europäischen Intelligenz in den Nachkriegsjahren.) Diese verirrte Verzweiflung äußerte sich in der Kunst darin, daß sie, abgeschreckt von der hoffnungslosen Wirklichkeit, sich in die Phantasiegebilde einer leeren Opposition flüchtete: unter anderem in den Expressionismus.
Die russische Intelligenz hat dieselbe Kulturkrise durchgemacht. Ihr revolutionärer Teil betonte besonders die radikale Opposition gegen alle herkömmlichen bürgerlichen Kunstformen. Sie

sah darin den Ausdruck eines revolutionären Willens. Sie wollte nach dem Oktober *von heut auf morgen eine auch formal vollkommen neue, revolutionäre Kunst schaffen*. Diese gute Absicht konnte jedoch damals noch keinen positiven Inhalt haben. Denn für die neue Kunst einer klassenlosen Gesellschaft waren kaum erst die ersten Vorbedingungen geschaffen. So hatte sie vor allem einen *negativen* Inhalt, nämlich den der Zerstörung alter Formen: um jeden Preis etwas anderes! Gewiß war dies das Bürgerlichste an jener revolutionären Kunst. Denn dadurch war das Neue an das Alte gebunden wie das Nein an das Ja, wie der Angreifer an den Angegriffenen. Aber es war doch eine historische Notwendigkeit, daß diese Kunst der bloßen Opposition gewissermaßen den Zwischenraum füllte zwischen der verfallenen kapitalistischen Kunst und der noch kaum keimenden sozialistischen.

Man darf auch nicht glauben, daß dabei nur Wertloses und falsches Zeug herauskam. Denn diese Wut gegen das Alte war zwar blind und hat viele Werte zerstört, aber sie hatte doch auch den heißen Elan des ehrlichen, revolutionären Hasses und den tiefen Willen zur Erneuerung. Diese revolutionäre Leidenschaft hat trotz aller Irrtümer doch auch Werte geschaffen. (Das zeigt sich wohl am deutlichsten bei dem größten russischen Lyriker jener Jahre, bei Majakowski; er gehörte ganz und gar dieser Expressionisten-Generation an und war auch mit Meyerhold verbunden.)

Diese revolutionär gegen sich selber gekehrte bürgerliche Kunst der Zwischengeneration vertrat Meyerhold auf dem Sowjet-Theater. Sie ist in der heutigen Sowjetwirklichkeit leer und gegenstandslos geworden; aber auch sie hat Werte geschaffen, die weiterleben in dem, was weiterlebt. Wir wollen nachprüfen, worin diese Werte bestehen.

Eine bezeichnende Eigenschaft dieser expressionistischen Oppositionskunst war ihre emotionelle Unbändigkeit. Es hing mit der Unbestimmtheit ihrer revolutionären Inhalte zusammen, daß das stürmische Pathos der Revolution mit einer äußeren, wilden Bewegtheit der Gebärden und in einem ekstatischen Stil dargestellt werden sollte.

So auch auf der Bühne Meyerholds. Er proklamierte diesen Stil durch seine Theorie von der »Biomechanik«. Sie war geistvoll und von suggestiver Wirkung durch ihre *scheinbar* radikale Folgerichtigkeit. Dies war ihr Sinn: der Mensch springe vor Freude nicht so hoch, wie er fühle, sondern bloß so hoch, wie er mit seinen schwachen Muskeln gerade vermöge; der Akrobat hingegen könne seinen Gefühlen wahreren, volleren gestischen Ausdruck verleihen, denn der Aktionsradius seiner Gebärden sei größer. Darum ließ Meyerhold seine Schauspieler gymnastisch trainieren und steigerte ihre Bewegungen auf der Bühne zu akrobatischen Pantomimen, um den »inneren Rhythmus« – so hieß es – »nicht einzuschränken«. Darin bestand eine wesentliche Seite des Meyerholdschen Expressionsismus; seine Schauspieler sollten sich nicht »natürlich« bewegen, sondern die Natur sollte sie bewegen wie eine höhere Kraft, ungehindert von den natürlichen Hemmungen des Alltags – das sei die tiefere Wahrheit, so lehrte es die »Biomechanik«. Das Gefühl bewegt und verschiebt die Gesichtszüge; aber doch nur so weit es die Anatomie, der Bau des Gesichts, zuläßt – dies aber hindere den Ausdruck in seiner *vollen Entfaltung,* deshalb sei nur die *Maske eine vollendete »Expression«.*

Diese scheinbar kompromißlose Folgerichtigkeit entbehrte nicht der Anziehungskraft, obwohl ihre formale, undialektische Logik sie sehr bald ad absurdum führte: zum leeren *Formalismus.* Denn die Mimik ist (wie wir kürzlich an dieser Stelle aus ähnlichem Anlaß nachwiesen nur so lange ausdrucksvoll, wie sie Ausdruck eines ganz bestimmten, konkreten Gesichtes ist; wenn sie das Gesicht »sprengt«, *hört sie auf, Ausdruck zu sein.* Auch die Gebärde hat nur Bedeutung, solange sie die Gebärde eines bestimmten Körpers ist; zerreißt sie die uns vertrauten Formen, *hört sie sogleich auf, Gebärde zu sein.* Wenn man sie abstrahiert vom Individuum, werden Mimik wie Gebärde zum *Ornament,* auf der Bühne zum bewegten Ornament. Sie verlieren die Spannkraft des Ausdrucks, weil sie unpersönlich werden.

Darin hat jener Expressionismus notwendigerweise auch bei Meyerhold geführt. Bis er aber dahin führte, bereicherte er ohne Zweifel unterwegs die Bühnenkunst mit einer rhythmischen Intensität, mit einer formalen Geschlossenheit, mit einem phantasievollen Reichtum des Gebärdenspiels, der bis dahin unbekannt gewesen ist. Kein Schauspieler und kein Regisseur der Sowjetunion konnte sich diesem Einfluß ganz entziehen. Gewiß war es ein falsches *Prinzip.* Mimik und Gebärde über die Grenzen des Natürlich-Körperlichen zu steigern, bis zur Maske, bis zur Groteske – jedenfalls aber führte diese Übertreibung dazu, bis zur äußersten *Grenze* vorzustoßen und die muffigen, verwaschenen und verschlafenen Manieren der bürgerlichen Kammerspielbühnen und der Hoftheaterdeklamationen zu sprengen. Meyerhold selbst ging leider an der abstrakten Dogmatik seines Prinzips zugrunde, andere aber lernten von ihm den Mut zur Steigerung und zur Vergrößerung. Sogar Stanislawsky, sein Antipode, ließ sich von seinem rebellischen Schüler beeinflussen, als er die *Toten Seelen* inszenierte, deren Gestalten ins Monumentale stilisiert, wie überlebensgroße, vorsintflutliche Ungetüme anmuten.

Noch ein Irrtum der Kunstrichtung, die Meyerhold vertrat, soll besprochen werden: es war die *Abneigung gegen die Betonung und Gestaltung der Persönlichkeit*. Auch dies ist eine Folgeerscheinung der überradikalen Opposition gegen die privatpsychologische Kleinkrämerei, gegen die Alkoven-Intimität der bürgerlichen Kammerspielkunst. Diese Opposition des Überdrusses trieb einen Teil der revolutionären Intelligenz zu der pseudomarxistischen, vulgärsozialistischen Idee: die Persönlichkeit sei nichts, die Masse, das Kollektiv sei alles. In der Kunst trat dieser *aus bloßer mechanischer Opposition geborene Irrtum* als die Tendenz auf, die Komposition des Gesamtbildes über die Charakteristik der Einzelgestalten vorherrschen zu lassen: die Konturen des Individuums sollten sich in die Verbindungslinien der Komposition auflösen wie die Figuren eines orientalisches Teppichs im gemeinsamen Ornament.

Die sowjetische Variante des Expressionismus, der »Prolet-Kult«[2], tat besonders »revolutionär« mit dieser Losung. Inzwischen hat es sich auch in der Praxis der Sowjetkunst *erwiesen, daß es einen organischen Widerspruch zwischen Persönlichkeit und Masse, zwischen Individuellem und Allgemeinem nur auf dem Boden der Klassengesellschaft geben kann*. Die große Bedeutung der Persönlichkeit in der sozialistischen Gesellschaft wird den sowjetischen Massen jeden Tag bewußter und spielt

---

2 Seit 1918 Versuch einer proletarischen Kultur unter Führung Bogdanows, der mittels einer aus dem Parteibereich ausgeklammerten Kulturarbeit sowie mit politischen und wirtschaftlichen Aktionen die Arbeiterklasse stärker für den Sozialismus zu mobilisieren versuchte. 1923 wurde der Prolet-Kult von Lenin verboten.

dementsprechend in der Kunst *eine immer größere Rolle*. Die Meyerholdsche Idee der Gestaltung des »überpersönlichen« »Kollektivs ist tot. Jedoch auch sie hat manches zum Leben erweckt, was weiterwirkt. So hat sie die Sinne der Sowjetkünstler für das »Gesicht der Klasse«, für Massenpsychologie, für die Gestaltung von Massenbewegungen geschärft; sie hat die große Kunst der Komposition, der rhythmischen Durchgestaltung der Gruppe und damit der szenischen Intensität angeregt. Das im Grunde falsche, pseudosozialistische Prinzip der »überpersönlichen« Kunst konnte zuweilen, im einzelnen, Werte hervorbringen; dafür ist der Eisenstein-Film *Panzerkreuzer Potemkin* ein Beweis. Denn Eisenstein kommt vom Prolet-Kult und war nicht umsonst Assistent von Meyerhold. Auch seine Kunstidee war: Kollektiv und Masse – keine Persönlichkeit. Gewiß ist über den künstlerischen und revolutionären Wert des *Panzerkreuzer Potemkin* nicht zu streiten, obwohl Eisenstein gelegentlich einer Anfrage, wer eigentlich die Helden dieses Filmes seien, nicht mit Unrecht antwortete: »Der Panzerkreuzer und die Treppe.«

Meyerhold wurde seines Postens enthoben. Aber niemand leugnet, daß er neben schädlichen Wirkungen auch eine große anregende Wirkung auf die gesamte Sowjetbühne hatte – die ihn nicht mehr braucht. Sein Erfolg ist historisch begründet in der kulturellen Situation jener Zeit. Seitdem hat sich aber in der Sowjetunion mancherlei geändert und wesentlicher als irgendwo anders. Viel Wasser ist durch den Wolga-Moskwa-Kanal und durch den Weißmeer-Kanal geflossen; aus vielen Arbeitern sind Ingenieure geworden, aus vielen Bauern wissenschaftlich geschulte Landwirte; viele Bibliotheken wurden in den Dörfern errichtet, und die Kolchose haben nicht nur Radioapparate, sondern auch Klaviere gekauft – das Publikum der Theater (und das Publikum der Kunst überhaupt) hat sich *vollkommen gewandelt*. Auch jetzt ist es »die Intelligenz«, die die Theater füllt. Doch eine Intelligenz ganz anderer Art: es ist die neue Sowjetintelligenz, die einen Typus der Bildung vorstellt, welcher in der Kulturgeschichte bislang noch nicht vorgekommen ist. Es sind keine berufsmäßigen Intellektuellen, sie leben kein abstraktes, abgesondertes, in sich eingekapseltes, »aus sich selber schöpfendes« geistiges Leben; es sind keine »Denker«, die als Spezialisten eines »geistigen Fachs« das wirkliche Leben *bloß sinnend betrachten.* Darum sind sie auch keine Juweliere des Wortes, Ziseleure der Formen. Sie sind in ihrer Hauptmasse Arbeiter und Bauern – aber geschulte und gebildete Arbeiter und Bauern. Sie sind Traktoristen, Kolchosbauern, Bergleute, Betriebsarbeiter, Melkerinnen, Flieger, Bürobeamte, Handelsangestellte – »bloß«, daß sie bei ihrem Siebenstundenarbeitstag und bei ihrem gesicherten Leben Zeit und Lust haben, die Abende in ihren Bibliotheken, Klubs, Theatern, Konzerten, Ausstellungen, in ihren Fortbildungsschulen zu verbringen: es ist eine Intelligenz mit tiefem Bildungsbedürfnis, die sich grundlegend auch darin von der bürgerlichen Intelligenz unterscheidet, daß sie *keine besondere Schicht darstellt: es ist das Volk selbst.*

Diese neue Intelligenz nun versteht die Meyerholdsche Bühnenkunst einfach nicht. Sie versteht Shakespeare und Goethe, Puschkin und Tolstoi. Sie versteht und liebt auch die Bühnenkunst Stanislawskys und des Wachtangow-Theaters, obwohl – wie schon gesagt – die blendende szenische Intensität Meyerholds auf diese Bühnen nicht ganz ohne Einfluß geblieben ist; aber die interessanten und immer originellen Einfälle Meyerholds selbst machen keinen Eindruck auf sie.

Der ewige Neuerer ist *veraltet:* ohne daß sein Elan lahmer geworden wäre, blieb er zurück, als der Boden dieses Landes sich unter seinen Füßen wandelte. Dieses neue Publikum baut und formt selber das Leben und die Wirklichkeit in so ungeheuren Ausmaßen um, daß es sich auch in der Kunst nur für die unmittelbare Gestaltung des Lebens, für die Formung der Realität interessiert und gar nicht für abstrakte Ornamente und Rhythmen. Diesem Hundertmillionenpublikum genügen seine achthundert großen und tausende kleiner Theater nicht. Die künstlerische Produktion genügt nicht, um diesen ungeheueren Kulturhunger zu stillen. Durfte – so muß man sich fragen – unter solchen Umständen ein großes hauptstädtisches Theater einem Stil überlassen werden, der zum Vergnügen einer experimentierfreudigen Spezialistensekte geworden ist?

Stanislawsky hingegen wurde gefeiert, wie wenige lebende Künstler gefeiert wurden. Auch das erregte im Westen mancherlei verständnisloses Kopfschütteln. Warum? Weil es in den kapitalistischen Ländern selten oder nie vorkommt, daß ein Künstler von der Regierung und vom Volk zugleich geliebt wird: daß er offizielle Auszeichnungen bekommt neben den Begrüßungsschreiben der Belegschaften großer Fabriken und aus Festversammlungen von Kolchosbauern (die die Stanislawsky-Truppe von Gastspielreisen her kennen).

Warum wird nun Stanislawsky, der Alte, so geehrt im jungen Lande der proletarischen Revolution und des sozialistischen Aufbaus? Ist denn Stanislawsky je revolutionär gewesen? Ist er Kommunist? War er nicht schon vor zwanzig Jahren ein reifer, ein fertiger, weltberühmter Künstler? Oder hat er sich vielleicht gar nach der Revolution entscheidend gewandelt, seinem alten »bürgerlichen Stil« abgeschworen und einen neuen, revolutionären entwickelt?

Nein. Nichts von alledem. Stanislawsky war nie Kommunist, er hat auch seine Grundprinzipien seit der Revolution nicht geändert. Stanislawsky wird geschätzt und geliebt, *weil* er geblieben ist, was er war: der größte Meister seines Handwerks, der die Wirklichkeit fanatisch suchende Künstler, der *größte Realist der Bühne;* er wird geschätzt und geliebt, weil er einen der reinsten Werte der bürgerlichen Kultur unverdorben herüberbrachte in die sozialistische Kultur – wo solches Erbe sehr geschätzt wird. Dennoch könnte es merkwürdig erscheinen, daß dieser in der bürgerlichen Kultur groß gewordene Greis *auch heute noch* eine lebendig wirkende Kraft im jungen Sowjetleben darstellen kann.

Die Lösung dieses »Rätsels« liegt darin, daß Stanislawsky schon in der bürgerlichen Zeit auf seinem ureigensten Gebiet revolutionär gewesen ist: *er war der konsequenteste Vertreter des psychologischen Realismus auf dem Theater.* Der unbeirrbare Realismus in der Kunst aber hatte und hat immer eine revolutionäre Funktion. Stanislawsky war ja nicht zufällig der Regisseur Tschechows und später Gorkis. (Er hat – ebenfalls kein Zufall – das *Nachtasyl* zum erstenmal auf die Bühne gebracht.) Die Opposition Stanislawskys gegen die Kunst seiner Zeit war die *Opposition des Realismus und darum nicht inhaltsleer wie die des Expressionismus.* Seine Opposition war weniger laut, weniger leidenschaftlich – *aber weil sie kein bloßes Nein war, verlor sie ihre Bedeutung nicht, als der Gegenstand der Verneinung endgültig verschwand.* Der aufrichtige bürgerliche Realist, dem es schon immer auf die Erhellung der gesellschaftlichen Hintergründe ankam, brauchte sich in der neuen, sozialistischen Realität nicht zu wandeln – er wurde im Arbeitsprozeß seines künstlerischen Schaffens von ihr, sozusagen »von selbst«, gewandelt: *vom bürgerlichen zum sozialistischen Realisten.*

Stanislawskys Kunst lebt und wirkt deshalb von Tag zu Tag tiefer. Und zwar ist sie nicht nur im allgemeinen lebendig, sondern sie hat heute eine besondere Aktualität. Es geht um die Menschendarstellung. Um die gewissenhaft genaue Zeichnung der Persönlichkeit. Um die Innerlichkeit, um die bis zur unterbewußten Intimität sich versenkende Psychologie im Studium des Tonfalls und der Geste. Dies alles aber ist von jeher die große Kunst Stanislawskys gewesen, und gerade *das* ist es, was in der heutigen Sowjetkunst herrschende Strömung – »Losung« – geworden ist.

Dahin führte die organische Entwicklung der sozialistischen Kunst. Dahin mußte sie führen.

Einige Bemerkungen zum Abschluß unserer Expressionismus-Diskussion

Unsere Expressionismus-Diskussion schließt in diesem Heft mit einer Reihe zum Teil scharf polemischer Beiträge ab; im nächsten Heft können wir das Ergebnis kurz zusammenfassen.[1] Aber schon heute dürfen wir sagen (und die überraschend zahlreichen, zum Teil recht erregten Zuschriften, die auffallende Menge und die Qualität vieler Diskussionsbeiträge, die fast überall, wie wir erfuhren, private und kollektive Auseinandersetzungen angeregt haben, beweisen es), daß wir im Verlauf der Debatte *zu zentralen, lebenswichtigen Problemen der deutschen antifaschistischen Literatur vorgestoßen sind.* Das ist eine erfreuliche Tatsache. Denn zentrale Probleme der Literatur sind heute (und waren es immer) mehr als bloß Probleme der »Literaturfachleute«. Das kommt auch, wie wir glauben, besonders deutlich in der Zuspitzung der unten folgenden Polemik, vor allem bei Ernst Bloch und Georg Lukács, zum Ausdruck.

Je mehr sich die Diskussion verschärfte und ihre Fragestellung zum Konkreten führte, desto klarer zeigte sich, daß es dabei keineswegs, wie es anfangs scheinen konnte, um einen »Fall Benn« ging, noch weniger, wie einige Zuschriften an die Redaktion meinten, um eine »fernab liegende« und »längst überwundene Pubertätserscheinung einiger Literaten« oder gar – auch solche Stimmen wurden laut – um eine rein äußerliche Sprach- und Formfrage: *unsere Diskussion ist ein typisch deutsches Abbild der großen Auseinandersetzung zwischen Formalismus und Realismus,* die in der Sowjetunion, mit Recht, Literaturtheoretiker und -historiker, Kritiker, Schriftsteller und, nicht zuletzt, breite Lesermassen monatelang intensiv beschäftigte und noch weiter beschäftigt.

Formalismus (von dem der Expressionismus nur eine Teilerscheinung darstellt) und Realismus sind aber, wie gleich die Anfänge unserer Diskussion zeigten, die künstlerisch-ideologi-

---

[1] Dies ist offenbar der Hinweis auf das noch ausstehende »Schlußwort« von Ziegler in Heft 7.

schen Widerspiegelungen bestimmter historischer Geschehnisse, deren Ergründung und Erfassung – wie es einige Autoren auch aussprechen – für den antifaschistischen Kampf in der *Volksfront* eine Kernfrage ist. Daß wir sie von der literarischen Seite her zu beantworten suchen, bedarf in einer Zeitschrift, die sich an Schriftsteller und literarisch interessierte Leser wendet, keiner Erklärung oder gar Rechtfertigung.

Wir danken allen Mitarbeitern und Lesern, die uns durch Diskussionsbeiträge und Zuschriften unterstützt haben und bitten alle die Autoren um Entschuldigung, deren Beiträge wir (wegen der Überfülle an Material und da sie nur bereits vorgebrachte Argumente wiederholten) nicht veröffentlichen konnten.

Die Redaktion[2]

2 Vgl. die Einleitung zu diesem Band.

Peter Fischer
Wie beurteilen wir den Expressionismus?

Die Diskussion über den Expressionismus in unseren Reihen, die dringend wurde durch Hitlers brutale Kampfansage gegen diese Kunst, stellt einen erfreulichen Klärungsprozeß dar, der zur Fundamentierung der Volksfrontideologie sehr viel beitragen kann. Die Notwendigkeit, ja Dringlichkeit einer solchen Aufgabe fühlt wohl jeder, aber die Lösung ist nicht ganz einfach, vor allem nicht so einfach, wie es letzthin Franz Leschnitzer in seinem Expressionismusartikel im *Wort* (Dezemberheft 1937) darstellte. Nach ihm hat nämlich schon Georg Lukács vor vier Jahren das letzte Wort darüber gesagt. Gerade gegen die Art Lukács', die Kulturleistungen des verfallenden Kapitalismus in Bausch und Bogen abzulehnen, wandte sich ein Artikel von Bloch und Eisler im ersten Januar-Heft der *Neuen Weltbühne* (Dialog über unser Erbe).[1] Aus dem Leschnitzer-Artikel entnimmt man zwar, daß er drei expressionistischen Dichtern ein positives Gedenken zollt, den Expressionismus als Ganzes aber ablehnt. Leider sagt er nicht warum, und interessanterweise geschieht die Ablehnung oft geradezu in expressionistischer Form – soweit man eben Ausdrücke wie den des Expressionismus auf andere Kunstgebiete übertragen kann.
Und hier beginnt eigentlich die Problematik.
Der Begriff Expressionismus ist in der *Malerei* entstanden und von ihr für die Dichtung übernommen worden. Aber schon bei der Musik macht dies Schwierigkeiten; und die meisten Musikforscher lehnten eine Begriffsübernahme ab.
Hinzu kommt, daß auch Hitlers Kampf vor allem gegen die bildende Kunst gerichtet ist.
Von unserer Seite ist nun die Diskussion fast nur von Literaturfachleuten geführt worden, und doch *liegt das Hauptgewicht der Frage auf dem Gebiete der Malerei.* Es ist notwendig, die Diskussion auf dieses Gebiet zurückzuführen, und mein Beitrag soll als der eines Kunsthistorikers in diesem Sinne verstanden werden.

1 Der genaue Titel: *Die Kunst zu erben.*

Warum diese Betonung? Zum Teil aus den schon genannten Gründen, aber auch aus folgenden Überlegungen.

Wenn wir nach einer Basis suchen, von der aus wir den Expressionismus beurteilen können, so müssen wir feststellen: es genügt heute nicht, daß jeder ehrliche Deutsche Hitlers Kampf gegen die moderne Kunst verurteilt, daß viele ein persönliches Verhältnis zur expressionistischen Kunst haben, daß viele diese Bilder lieben – all das genügt nicht zur Begründung unseres Standpunktes! Hier brauchen wir eine tiefere Begründung unserer Stellungnahme, tiefer aber heißt wissenschaftlich, heißt dialektisch-materialistisch. Unsere Frage: wie stehen wir zum Expressionismus? wird also gewandelt in die: welche historische Bedeutung hatte der Expressionismus, welche Rolle spielte er in der gesellschaftlichen Kultur, und welche Werte brachte er? Kurz: was an ihm ist kunstgeschichtlich wesentlich und wertvoll? Damit rückt unsere subjektive Frage ins Objektive. Erst in dieser Sphäre hat sie bindende Gültigkeit und bleibt nicht momentanes politisches Manöver.

Unser Urteil über den Expressionismus soll also wissenschaftlicher Natur sein. Können wir uns aber schon auf eine umfangreiche marxistische Expressionismusforschung stützen, Detailuntersuchungen wie zusammenfassende Arbeiten, so daß eine leidlich abgerundete und zuverlässige Bewertung möglich wäre?

Schon diese Frage beleuchtet die ganze Problematik. Wir haben weder eine marxistische Expressionismusforschung noch überhaupt eine marxistische Kunstgeschichte! Aber – wir haben in der bürgerlichen Forschung eine ausgiebige Literatur über den Expressionismus. Das haben wir, und das ist der Fundus, von dem wir ausgehen und aus dem wir schöpfen müssen. Zwar besitzt auch die bürgerliche Forschung kein abschließendes Standardwerk, fast alles sind noch Kampfschriften, die um die Anerkennung des Expressionismus kämpfen, oder bloße Interpretationen des expressionistischen Kunstwollens oder nur kompilatorische Arbeiten in den Handbüchern. Trotz dieses Gesamtcharakters der bürgerlichen Forschung gehen doch einige darüber hinaus, vor allem Hamann in seiner dreifachen Durcharbeitung der Entwicklung der Malerei. Hier ist Material geboten, auf dem man aufbauen kann.

Ich skizzierte zunächst die Schwierigkeiten, um zu zeigen, was es eigentlich heißt, diese Probleme anzupacken. Und hier ist Blochs Pessimismus berechtigt. Die Frage danach, wie wir zum Expressionismus stehen, zieht, ernsthaft aufgefaßt, die Frage nach einer dialektisch-materialistischen Kunstgeschichtsforschung nach sich. Nur aus ihr heraus sind solche Fragen zu lösen. Diese Schwierigkeiten sollen nicht entmutigen, nur muß man sehen, was man vor sich hat. Und hilft uns die Expressionismusfrage mit zu einer marxistischen Kunstforschung – um so besser.

Beginnen wir, nach dieser Einleitung, nun mit der Analyse des Expressionismus selbst.

Es gab eine bürgerliche Kunstart, das Tafelbild, und es gab eine bürgerliche Kunstaufgabe, die des Erfreuens und Erbauens in den privaten Mußestunden (siehe Hamann). Darum diente das Bild als Zimmerschmuck. Diese Aufgabe erfüllte die Kunst des Biedermeier noch vollkommen. Sie ist noch nicht bedrängt von der billigen Drucktechnik der späteren Zeit und fundamentiert auf der gesunden Bescheidenheit und Gediegenheit, dem Klassengefühl der aufkommenden Industriebourgeoisie. So sei diese Kunst als Prototyp gesunder bürgerlicher Kunstpflege hingestellt.

Und der Expressionismus? Er entsteht in der allgemeinen Krise des Kapitalismus, beginnt vor dem Kriege, erfährt aber seine Hauptauswirkung nach ihm. Er ist also eine Kunstrichtung, die alles andere als eine harmonische Kunstfunktion einer harmonischen Klasse darstellt. Das war noch die Kunst des Biedermeier. Was aber hatte sich inzwischen abgespielt?

Herrschte im Biedermeier die Kleinbourgeoisie vor, eine Schicht, die zahlenmäßig noch recht groß war und die ein gesundes und gediegenes Klassengefühl besaß, so werden in der Weiterentwicklung zum Monopolkapitalismus immer größere Massen proletarisiert – die damit vom Bildkauf und von der Kunstbetätigung ausscheiden – auf der anderen Seite werden die noch Besitzenden immer kulturloser, da bei den fortschreitenden Krisen sich nur noch skrupellose Ausbeuter halten können. So finden wir die tragische Situation, daß im späten Kapitalismus die Schichten, denen ökonomisch die Kunstpflege zukommt, ausfallen wegen Kulturlosigkeit. Man kann die Entwicklung so zusammenfassen:

»Der weitere Gebrauch des Tafelbildes stellt kein gesellschaftliches Bedürfnis mehr dar, sondern lediglich eine Verwendung entspechend dem auch sonst herrschenden Historismus. Das heißt, die Kreise, die sich in ihren Wohnungen Originalbilder aufhängen können, und die es im Biedermeier noch aus eigenem Geschmack taten, werden immer mehr – entsprechend der Entwicklung des Kapitalismus – von kulturlosen Spekulanten und Börsenjobbern ersetzt. Von ihnen wird das Originalbild aufgehangen, nicht aus eigener Geschmackskultur, sondern weil man es früher so tat, aus Historismus, und weil sie teuer sind, aus Tradition, Protzentum also. Jene anderen aber, die Bilder aus eigenem Geschmacksbedürfnis aufhängen, werden immer seltener, durch den Proletarisierungsprozeß werden sie als Käufer vom Markt verdrängt. Gesellschaftlich spielen sie nur noch die Rolle eines Hemmschuhs der Entwicklung, so daß die Kunstmaler langsam aussterben und nicht plötzlich.«[*]

Der Künstler kommt durch diese tragische Konstellation in eine gesellschaftliche Isoliertheit, die besonders schlimm wird durch die Überbetonung des Persönlichkeitswerts beim Künstler in der herrschenden bürgerlichen Ideologie und durch das Fehlen eines tragenden und zur Gestaltung drängenden Klassengefühls.

Wir können zusammenfassen:

1. Die gesellschaftliche Isoliertheit des Künstlers.
2. Das Fehlen eines starken Klassengefühls, das zur Gestaltung drängt.
3. Die gesellschaftliche Kunstaufgabe verliert ihre gesellschaftliche Begründung und ihren Sinn, sie führt nur noch ein fadenscheiniges Dasein aus Tradition.

Auf der anderen Seite ist der Künstler als Mensch ganz unmittelbar in die Krisen, Spannungen und Probleme des zugrundegehenden Kapitalismus eingespannt, die sich vor allem zeigen:

1. Im politischen Kampf des Proletariats gegen die Bourgeoisie. Zyklus von Kriegen und Revolutionen.
2. Spannung zwischen der bürgerlichen Ideologie mit ihrem Individualismus und der Maschinenproduktion, die zum Kollektiven und Versachlichenden drängt.
3. Dies führt in der Formenwelt zu dem Massenerscheinen der Maschinenprodukte im Alltag, zur Ausbildung der modernen

---

[*] Aus einer früheren Arbeit: *Kunstgeschichte als Klassengeschichte*.

Kulturlandschaft mit ihren Fabriken, Schächten, Straßen, Schienensträngen, Kanälen, Brücken und Telegrafenmasten. Und nicht zuletzt das Entstehen der modernen Städte, jener unglückseligen Schöpfungen von Mietskasernen, aus denen man planlos und nur dem Profite folgend, Städte baut, in einer Zeit, die vergessen hat, daß Städtebau auch Kunst ist.

Wenn in dieser Situation der Expressionismus erscheint, so folgt aus dem bisher Gesagten, daß er nicht aus dem Kundengeschmack entsteht. Zunächst fehlt überhaupt das Publikum, ein Liebhaberkreis bildet sich erst später. Und die bürgerliche Kunstaufgabe, die das Tafelbild als Zimmerschmuck verwendete, und die noch bis zum Impressionismus reichte, bedingt ebenfalls nicht den Expressionismus. Er ist kein gesellschaftlich geförderter Zimmerschmuck für die bürgerliche Wohnung! Dieser Stil steht der bürgerlichen Wohnung fremd gegenüber, meist noch mehr: er bekämpft sie in ihrer Behaglichkeit, bekämpft die Gute-Stuben-Tradition, in der so viel modrige Rückständigkeit des Bürgertums Zuflucht und Schutz gefunden hat. Man muß das Kämpferische am Expressionismus sehen, seinen Kampf gegen Engelreigen und Makarttum[2] in formaler Beziehung, der ideologisch das Bürgertum trifft.

Es würde natürlich zu weit führen, den Expressionismus hier aus den gesellschaftlichen Verhältnissen lückenlos abzuleiten. Es muß hier genügen, ihn in seinen wesentlichsten Zügen zu charakterisieren und seine Bedeutung für die Weiterentwicklung hervorzuheben.

Zu diesen vielen ideologischen und gesellschaftlichen Spannungen und Problemen, in die der Künstler hineingestellt ist, gehört vor allem auch, daß für die neuen Maschinenprodukte, Fabriken, Mietskasernen und Bahnhöfe kein entsprechender Stil existiert. Hier Abhilfe zu schaffen versuchte der Jugendstil rein ästhetisch, indem er neue Ornamente schuf. Das ist eine halbe Reform – sie vergaß die neue Struktur der Maschinenprodukte zu berücksichtigen. Gegenüber dem ästhetisch-reformistischen Charakter ist das Zerschlagen und Bekämpfen aller bisherigen Formentradition durch den Expressionismus geradezu eine Formenrevolution. Sie ist laut, lärmend und brutal,

---

2 Gemeint ist Hans Makart (1841-1884) österreichischer Maler; wurde durch seine Prunkgemälde bekannt, die in ihrer dekorativen Art Mode und Wohnstil der Gründerjahre beeinflußten.

noch nie ist mit so viel Unbekümmertheit und so gründlich die ästhetische Tradition des Bürgers zertrümmert, zerschlagen und lächerlich gemacht worden.

In formaler Beziehung ist der Expressionismus ganz unbürgerlich. Allerdings ist er nicht nur negativ-kritisierend, seine lauten und schrillen Formen bauen, da sie die gegenständliche Erkennbarkeit zerschlagen und im Dienste eines expressiven Ausdrucks stehen, auf den unmittelbaren Bildmitteln: Linie, Fläche und Farbe auf. Damit wird ein primitiv-expressives Schaffen erreicht, werden Ausdrucksformen gefunden, die zum unmittelbaren Aufnehmen dieser elementaren Malmittel führen. Wer dies sehen gelernt hatte, bekam die Augen geöffnet für die Kunst der Exoten, die ähnlich unmittelbar und ursprünglich gestalten, und noch mehr, auch die Kunst der Asiaten und der älteren eigenen Kunstperioden, die ebenfalls nicht naturalistisch sind. So wird jetzt erst ein Verständnis der Gotik möglich und noch später des Barock oder der romanischen Malerei und Plastik. Der Begriff der Weltkunst wird so mit neuem Inhalt gefüllt, nicht mehr kompilatorisch, sondern verstehend. Aber dies ist nur die *eine* Auswirkung, die unseren Kunstbegriff unerhört erweitert und die Kunstforschung vor neue, riesige Aufgaben stellt. Sie ist in ihrer kunstpädagogischen Wirkung auch die Voraussetzung, um jetzt endgültig aus den Historismen herauszukommen und um den ornamentlosen, sachlichen Stil schön zu finden, der sich inzwischen, vor allem in der Architektur, herausgebildet hat. Das muß man sehen! Und *hier* liegen die eigentlichen Verdienste des Expressionismus. Ohne ihn ist unser heutiges Verstehen und Schätzen der Weltkunst nicht möglich, ohne ihn ist unsere moderne Architektur und damit eine unserer besten Kulturleistungen, nicht denkbar.

Diese Tatsachen allein würden genügen, um den Expressionismus gesellschaftlich zu rechtfertigen. Aber sie stehen nicht einmal allein. Wenn auch das Pädagogische der wesentliche Sinn dieser Kunst ist, so haben die Besten in ihr doch auch noch die alte Bildaufgabe mitgelöst und sind als Zimmerschmuck für ein besonderes Publikum geblieben. Was für ein unerhörter malerischer Reiz liegt nicht bei Cézannes und van Gogh vor oder bei den Späteren; wieviel überzeugte Liebhaber hat nicht der weiche Lyrismus Franz Marcs gefunden oder die schwere

Farbigkeit Noldes oder der dumpfe Zwang der Barlachschen Figuren oder die fast akademische Schönheit Hofers: da ist so unendlich viel malerische Kultur und Schönheit bei vielen Expressionisten, daß selbst in der Weiterentwicklung der alten Bildkultur viel geleistet wurde.

Natürlich hat auch die Reaktion dran teil, vor allem im Inhaltlichen. Da treten Neuromantik auf, Neureligiosität, metaphysische und mystische Dinge, mit großem ideologischen Beiwerk behangen – überhaupt sind viele Bilder ideologisch überbelastet. (Man denke an Kandinsky!) Und dann der Individualismus. Aber all dies tritt nicht so wesentlich hervor, hat kein großes gesellschaftliches Sich-auswirken. Beide Erscheinungen, das Individualistische bis zum Geniehaften und die Neureligiosität sind überdies fast nur auf Deutschland beschränkt und selbst dort nicht ganz durchgängig. Der Konstruktivismus kennt diesen Individualismus nicht, ebensowenig der Kubismus, und in Frankreich und Italien suchen wir auch vergebens nach ihm. Und die expressionistische Spätblüte, die interessanterweise Deutschland nicht berührt – der Surrealismus – behält zwar im Themenkreis das Überwirkliche, Überwache; aber dies wird jetzt entmythisiert, ins Gebiet der Wissenschaft hinübergezogen, ist mehr wissenschaftliches Experiment als künstlerisches und höchst »sachlich« sezierend.
Und wenn auch die Neureligiosität und die wilden Geniegebärden nicht im Sinne eines unmittelbaren Fortschritts lagen, nicht den wissenschaftlichen Sozialismus vorbereiteten – was die Kollwitz auf ihre Art schon tat – nicht in der Gradlinigkeit der Entwicklung lagen, so muß man auch ebenso klar sehen, daß sie darum nicht reaktionär im politischen Sinne waren. Das Antirationale des Expressionismus liegt einmal nur innerhalb des großen Formenkampfes gegen den bürgerlichen Geschmack und stellt darin einen Ausdruck des Geniemilieus dar, welches gegen die »vernünftige Ruhe und Ordnung« des Bürgertums kämpft. Das muß man beachten, sonst versteht man nicht, wieso eine tiefere Reaktion, wie die des Nationalsozialismus, den Expressionismus auch in diesen Momenten ablehnt.
Überhaupt steckt in dem, was wir oben Verselbständigung der Malmittel nannten – Fläche, Farbe, Linie – die entscheidende

Tat des Expressionismus. Hier steht er nicht im Gegensatz zur Sachlichkeit, sondern als ein Vorbereiter, wie Hamann seinerzeit in der sehr guten Schrift *Kunst und Kultur der Gegenwart* nachgewiesen hat. Wir erwähnen diese Arbeit absichtlich aus der Fülle der Literatur über den Expressionismus. Keine ist wieder so aktuell wie diese. Sie ist die erste Verteidigungsschrift für den Expressionismus in der nachexpressionistischen Periode, als jeder versuchte, ihn als passé zu bezeichnen, als vorbei und abgetan. Hier weist Hamann nach, daß gerade die modernsten Kräfte der Sachlichkeit, wie sie in der Architektur sinnvoll geworden sind, in der expressionistischen Malerei ausgebildet wurden. Sie waren in ihr viel stärker als in der später Mode gewordenen »Neuen Sachlichkeit«. Die Entwicklungslinie geht von der expressionistischen Malerei zur Architektur, für sie hat sie Verständnis geschaffen, für sie liefert sie die neuen Kompositionsweisen, die Ornamente, den Blick für die Kuben und ihre Wertigkeit, die Linien und Flächen als Eigenwert. Und als Entscheidendes: die traditionsfreien, nur der Sachlogik und Sachfunktion folgenden Ausdrucksformen; das heißt aber, vor allem für die Architektur: Befreiung von Säulenstatik und Stuck-Ornamentik.

Die negativen und gefahrvollen Seiten im Expressionismus hängen eng mit seinem Überindividualismus und seiner formalen Ausdrucksweite beziehungsweise Freizügigkeit zusammen. (Hinter ihr steht die gesellschaftliche Isoliertheit und das Fehlen einer festen gesellschaftlichen Kunstaufgabe und eines verpflichtenden Formenkanons.) So setzt sich der Künstler in seinen Werken mit den Zeitproblemen auseinander; das bedingt für jeden Künstler eine individuelle Lösung, eine einmalige, die typisch ist für die Künstlerpersönlichkeit.

Man hat den Begriff Experiment mit dem Expressionismus in Verbindung gebracht (Eisler), auch von dieser Seite hat dies Berechtigung. Der fast genieartige Persönlichkeitsstempel muß da sein! Nachmalen, gar Schulbetrieb, wird sofort sinnlos. Man kann keine Expression, keinen Ausdruck, nachahmen. Das ist nun die Krise für tausende von nachschaffenden oder noch lernenden Künstlern; und hier liegt eine große Gefahr. Andererseits können sich unter der Ausdrucksweite auch Stümper und Schwindler einmischen, aber hier wird die Zeit sieben.

Die ideologische Überladenheit vieler Bilder hatten wir schon kritisch erwähnt. Aber man kritisiere nicht, daß die Künstler eine Sprache reden, die die Masse nicht versteht. Wenn die Gesellschaft den Künstlern keine Aufgaben gibt, ihnen nichts mehr abkauft und der so isolierte Künstler sich dann, allein auf sich angewiesen, künstlerisch mit den Zeitproblemen auseinandersetzt und dann eine Formensprache entsteht, die die Massen nicht mehr unmittelbar verstehen, dann liegt die Schuld – und damit die Möglichkeit und der Ansatzpunkt zu einer Verbesserung – nicht beim Künstler, sondern bei der Gesellschaft! Nicht der Künstler ist schuld an seiner gesellschaftlichen Isoliertheit, sondern die gesellschaftlichen Verhältnisse; werfen wir den Künstlern nicht ihre Abseitigkeit und Abstraktheit vor, auch sie ist Zeitausdruck und gesellschaftlich bedingt.

Verändern wir die Gesellschaft, dann wird sich auch die Kunstaufgabe und -pflege so verändern, daß der Künstler wieder ein Publikum bekommen, und daß er eine allen verständliche Sprache reden wird. Das gilt für die gesamte Kunst, was nicht heißt, daß einzelne Künstler eine Zwischenlösung finden und mit dem Stilerbe des Expressionismus eine inhaltlich schon für die neue Gesellschaft kämpfende Kunst schaffen.

Aber die Mehrzahl braucht – eine neue Gesellschaft!

Alfred Durus
Abstrakt, abstrakter, am abstraktesten

Einige Zitate als Einleitung

»Die kapitalistische Produktion ist gewissen geistigen Produktionszweigen, wie der Kunst und Poesie, feindlich.«

Karl Marx: Theorien über den Mehrwert 1861-63.

»Lange Zeit hindurch war meine Stimmung so unglücklich, mein ganzes Sein von Zweifeln so hin- und hergeworfen, daß ich Ihnen den Anblick eines so zerrissenen Daseins ersparen wollte. Wie ein Ahasver, ohne Ruh und Rast, schweifte ich umher, wenn auch nicht mit den Beinen, so doch mit dem Geiste. Tausendmal sagte ich mir: sei ein Mann, arbeite und konzentriere dich in der Arbeit. ,awohl, das ist leicht gesagt, doch schwer getan. Du brauchst nur zu wollen, sagte mir schon mancher, und du wirst Berge umstürzen. Wer wollte nicht? Der, der weiß, was er will, hat die halbe Arbeit getan. *Wollen und nicht wissen was:* da haben Sie das Geständnis, welches sich nun doch meiner geängstigten Seele abringt.«

Hans von Marees in einem Brief an Konrad Fiedler,
in den sechziger-siebziger Jahren des vorigen Jahrhunderts.

»Die heutige Isolierung der seltenen echten Künstler ist für den Moment durchaus unabwendbar.«

Franz Marc im *Blauen Reiter,* 1912.

»Wohin sind wir gekommen, . . . welche Hohnmoral haben wir in den Knochen, daß solche Verdammte [wie Marées] gezwungen werden, sich selbst lebendigen Leibes zu verzehren!«

Julius Meier-Gräfe: Entwicklungsgeschichte der modernen Kunst.

»Der ganze Kunstbetrieb unserer Zeit gleicht aufs Haar einem pompreichen Begräbnis.«

Derselbe: Delacroix der Literat.

». . . Die Teilung der Arbeit wird erst wirklich Teilung von dem Augenblick an, wo eine Teilung der materiellen und geistigen Arbeit eintritt. Von diesem Augenblick an *kann* sich das Bewußtsein wirklich einbilden, etwas anderes als das Bewußtsein der bestehenden Praxis zu sein, *wirklich* etwas vorzustellen, ohne etwas Wirkliches vorzustellen – von diesem Augenblicke an ist das Bewußtsein imstande, sich von der Welt zu emanzipieren und zur Bildung der »reinen« Theorie, Theologie, Philosophie, Moral etc. überzugehen.«

Karl Marx und *Friedrich Engels: Die deutsche Ideologie.*
1845-46.

»Setze den *Menschen* als *Menschen* und sein Verhältnis zur Welt als ein menschliches voraus, so kannst du Liebe nur gegen Liebe austauschen, Vertrauen gegen Vertrauen etc. Wenn du die Kunst genießen willst, muß du ein künstlerisch gebildeter Mensch sein ... Wenn du liebst, ohne Gegenliebe hervorzurufen, d. h. wenn dein Lieben als Lieben nicht die Gegenliebe produziert, wenn du durch eine *Lebensäußerung* als liebender Mensch dich nicht zum *geliebten Menschen machst,* so ist deine Liebe ohnmächtig, ein Unglück.«

*Karl Marx: Ökonomisch-philosophische Manuskripte
aus dem Jahre 1844.*

»Mit den paar Bildern, die mir bleiben, habe ich was zu leben, ich habe keine übertriebenen Ansprüche, ich habe weder ein Auto, noch ein Schloß, noch eine Villa, wie alle großen Maler von heute ... Arbeiten, für wen denn? ... Wo sind die Liebhaber von früher? Wohin geht denn jetzt ein Bild? ... Arbeiten um des Spaßes willen, Handelsware zu fabrizieren? Das ekelt mich alles an, glauben Sie mir!«

Äußerung von *Pablo Picasso*, veröffentlicht von
Adolphe Basler in *Fünfzehn Jahre Lügen*
(*Kunst und Künstler*, Januar 1928.)

Wollen und Wissen

»Wollen und nicht wissen, was« – gesteht Hans von Marées[1], dieser zu Großem berufene, doch auf halbem Wege stehengebliebene deutsche Maler in einem Brief an seinen Freund Konrad Fiedler. Dieser Außenseiter, Vereinsamte, Verfluchte – es hat seine eigene Bewandtnis, daß Marées durch Expressioni-

---

1 Hans von Marées (1837-1887), malte zunächst Selbstbildnisse, Porträts (Lenbach in München) und Landschaften mit Pferden. 1864 ging er mit Lenbach nach Italien, um für den Grafen Schack Gemälde zu kopieren.

sten zu ihrem Schutzheiligen auserkoren wurde – dieser tragischste Künstler aller Zeiten! Alternd hat er sich selbst als Aussätzigen empfunden. Sein Leben wurde der Kunst als Opfer dargebracht, ohne die Genugtuung, seine künstlerischen Träume seien in Erfüllung gegangen. Im Höhenflug seiner Gedanken und seiner künstlerischen Zielsetzungen überragte er die anderen deutschen Künstler seiner Zeit, selbst solche vom Range eines Menzel und Leibl. Als deutscher Maler des 19. Jahrhunderts mußte er aber scheitern, nicht wegen der Geringfügigkeit, sondern wegen der Größe seines Strebens, das in den Rahmen der deutschen Kleinkrämerei nicht hineinpaßte. Unter den gegebenen Bedingungen wollte er Menschenunmögliches, *»unzeitgemäß« Großes: in machtvollen Fresken eine Verherrlichung der Harmonie menschlichen Zusammenlebens* – in der Art eines Pollajuolo oder eines verspäteten (und gleichzeitig auf höherer Stufe: eines verfrühten) Botticelli.

Zum Wandbild gehören aber vor allem große Verhältnisse. Unter anderem eine Gesellschaft, die Kunst richtig zu schätzen und einzuschätzen versteht. Wie wären aber ein Aufblühen des Fresko und die deutsche Misere zu vereinbaren gewesen? Der deutschen Kläglichkeit war Marées im Wege: eine unliebsame Störung, ein Holzklotz, der auf den Scheiterhaufen geworfen werden mußte. Soziale Aufträge für seine Wandbilder blieben aus; das Schaffen von Fresken durch ihn ward auch sonst illusorisch, da das Fehlen großer Inhalte (als Widerspiegelung großer gesellschaftlicher Geschehnisse) den Künstler in die Einöde formalistischer Spekulationen trieb. Marées hatte in seinem Leben nur einmal Möglichkeit, Fresken auszuführen: in den siebziger Jahren, für die Zoologische Station in Neapel. Später mußte er damit vorlieb nehmen, »Phantasie-Fresken«, Skizzen für nicht realisierbare Wandbilder zu »schaffen« und in seinem Atelier aufzustapeln – Holztafeln, die weder Fisch noch Fleisch, weder richtige Tafelbilder, noch richtige Fresken waren.

Konnte die neuzeitliche *deutsche Geschichte* einen Künstler vom Range Marées' begeistern? Konnte sie zum Stoff seiner Malerei werden? Marées, ein freiwilliger Emigrant, floh aus Deutschland nach Italien – aus dem Regen sozusagen in die Traufe. Schließlich floh er aus der Wirklichkeit in imaginäre Räume und Zeiten und verlor sich da.

Auch der große französische Geschichtsmaler Delacroix war ein Flüchtling aus der kapitalistischen Alltagswirklichkeit. Auch er floh die »graue Wirklichkeit der Dinge«, wenn er sich »in die Höhen der Kunst flüchtete«. Die Flucht in die Höhen der Kunst ist aber unterschiedlich. Höhen können wirkliche Höhen, können aber auch Hügelchen sein.

Delacroix malte in seiner Flucht aus dem gleichgültigen bürgerlichen Alltag *Die Freiheit auf den Barrikaden* und erfüllte auch seine anderen geschichtlichen Bilder, sein *Gemetzel auf Chios* den *Tod des Sardanapals,* die *Enthauptung des Dogen Marino Falieri,* den *Tasso im Kerker* mit dem revolutionären Pathos und dem heroischen Geist der Freiheit. Ein großer revolutionärer Romantiker. Ein Ungehemmter in der Entfaltung und Ausübung seiner Kunst.

Delacroix hatte das Glück, als *Franzose* und eine Generation *vor* Marées geboren worden zu sein. Die Stoffe für seine Monumentalmalerei brauchte er nicht zu suchen und nicht zu erklügeln wie Marées. Die große französische Revolutionsgeschichte hatte den historisch empfänglichen Maler mit außerordentlichen Stoffen überhäuft. Doch woher hätte der Deutsche Marées ähnliche Stoffe holen sollen? Wo gab es *die deutsche* Geschichte, welche seinen Sinn für Geschichte hätte entwickeln können? Ist es etwa Zufall, daß es eine große deutsche Geschichtsmalerei bis auf den heutigen Tag nicht gegeben hat? Daß ein großer geschichtlicher Wurf in der deutschen bildenden Kunst bis jetzt nur der Kollwitz in ihrem graphischen Zyklus über den deutschen Bauernkrieg gelang? Ja, wenn Marées, väterlicherseits übrigens französischer Herkunft, in Frankreich das Licht der Welt erblickt hätte, wären ihm wahrscheinlich später manche Leiden und Schwierigkeiten erspart geblieben.

Die Fresken, welche Marées, 40jährig, in Neapel ausgeführt hatte, sind noch vollblütige realistische Gestaltungen. Sein Ruderer-Bild darüber hinaus eine Symphonie menschlicher Arbeit von ganz hohem Rang. Monumentalität und erlesene Schönheit dieser Fresken zeigen, was die Menschheit Marées hätte verdanken können, wenn der Künstler nicht den festen Boden der Wirklichkeit unter seinen Füßen verloren hätte. Während die Skizzen zu Wandbildern sich in seinem Atelier häuften, der Auftrag für ihre Ausführung aber vergeblich auf sich warten ließ, riß die Verbindung des Künstlers mit der Wirklichkeit ab, und es entstanden naive Wunschträume von Menschenglück in paradiesischer Nacktheit, Bilder wie *Das goldene Zeitalter*, *Hesperiden-Land* – Gemälde, die in der Musik ihrer Farben und dem Linienrhythmus prachtvoll gebauter Menschenkörper noch Reste eines ursprünglich großen Gestaltungsvermögens bewahrt haben; trotz formalistischer Schrullen, trotz ihrer inhaltsarmen Weite und ihrer einförmigen und eintönigen Monumentalität.

Ismen

Nichts wäre verfehlter als die Annahme, der Expressionismus und die anderen »Ismen« wären eine unterschiedslose Konkursmasse künstlerischen Bankrotts. Die »Ismen« waren widerspruchsvolle Bewegungen; in ihnen hatte sich ungehobenes Gold mit Unrat gemengt. Die »Ismen« hatten – neben Wichtern – ihre Helden, für die sich der Formalismus und die »für den Moment durchaus unabwendbare« Isolierung des Künstlers zur tiefmenschlichen Tragik steigerte; es gab aber auch in reichlicher Zahl Scharlatane, die aus der Tragik der anderen Kapital schlugen. Es wäre eine Besudelung der Lauterkeit und der gescheiterten (teils auch noch nicht voll entfalteten) Größe solcher Künstler wie Franz Marc, Kokoschka, Lionel Feininger, Boccioni, Picasso und Marc Chagall, wenn man sie mit den Kunstschreierlein und -schreiberlein Lothar Schreyer, William Wauer und Rudolf Bauer in einem Atem nennte (mit Kunst vortäuschenden Unkünstlern, die nicht nur und nicht einmal in erster Linie in puncto »Vulgärexpressionismus« gesündigt hatten). Kurt Schwitters in Ehren! Zwischen ihm und Lothar Schreyer ist noch immer ein Unterschied wie zwischen Himmel und Erde.
Den Formalismus von Franz Marc, Oskar Kokoschka und Picasso kann man durchaus auf einen Nenner mit dem Formalismus Marées' bringen: alle diese Einsamen, in ihrem menschlichen Dasein-Ver-Rückten, alle diese Formalisten wehren sich gegen die Verkehrung und Entwürdigung der Kunst durch den Kapitalismus (auch gegen die Verrückung der eigenen Kunst). Sie verachten den Formalismus, sind unglücklich in Anbetracht

der Unzulänglichkeiten ihrer Kunst und möchten ihre formalistische Belastung über Bord werfen, wenn sie nur wüßten,
wie. Ringer, vereinsamte Kämpfer, Geschlagene und Unterle-
gene auf einsamen Höhen!
Doch nicht unbedingt und endgültig Geschlagene, keine Zer-
stampften und Zertretenen! Majakowski überwand die überschwengliche Misere des Futurismus. Johannes R. Recher die
nicht minder überschwengliche des Expressionismus, und Picasso ist auf dem besten Wege dazu, der tierisch-ernsten Misere
des Kubismus und der weniger ernsten des Surrealismus den
Garaus zu machen. Der norwegische Künstler Edward Munch,
ein Vorläufer des Expressionismus, hat sich im letzten Jahrzehnt zu einem der stärksten Realisten der Gegenwart entwickelt. Je tiefgründiger der Künstler, desto schwieriger und
langwieriger kann sich der individuelle Entwicklungsprozeß
vom Formalismus zum Realismus gestalten. Zwischenetappen
müssen realistisch in Betracht gezogen werden. Eine übereifrige
»Beschleunigung« der Bewegung könnte nur schaden.

Das vulgäre Gleichheitszeichen

Nicht minder schädlich ist es aber, wenn verspätete kritiklose
Verteidiger des Expressionismus, in Verkennung der Tatsachen, versuchen, zwischen dem Expressionismus und dem sozialistischen Realismus ein Gleichheitszeichen zu setzen. Kurt
Kersten hat in seinem Artikel *Strömungen der expressionistischen Periode* richtig darauf hingewiesen, daß eine Kunstrichtung wie der Expressionismus im Lande des siegreichen Sozialismus eine reaktionäre Rolle spielen würde.
Der Expressionismus war aber *von Anfang an,* schon im Vor-
kriegsstadium seiner Entwicklung, eine Verkehrung der eigentlichen Aufgaben der Kunst. Damals waren in ihm allerdings
noch widerspruchsvoll fortschrittliche *und* reaktionäre Elemente enthalten. Fortschrittlich war der Kampf frühexpressioni-
stischer Künstler der dresdener *Brücke* (Schmidt-Rottluff,
Kirchner, Pechstein, Heckel, Otto Müller) und des münchener
Blauen Reiters (Franz Marc, Macke, Kandinsky, Klee) gegen
die kapitalistische Mechanisierung und Verdinglichung der
Kunst, gegen den formalistischen Akademismus und Natura-

lismus. Reaktionär war aber ihr Eintreten für Mystik und Neu-Religiosität im Namen einer angeblichen Erneuerung des künstlerischen Inhaltes. Reaktionär war ferner ihr Empiriokritizismus, ihre »Bombardierung« der Wissenschaft und des menschlichen Erkenntnisvermögens. All dies verwandelte ihren vermeintlichen Kampf gegen den Formalismus in einen formalistischen Scheinkampf.

Ein schwerer Fehler dennoch ist, wenn jemand – auf Grund äußerlicher Gemeinsamkeiten einer irrationalistischen Ideologie und auf Grund folgender Hypothese: der Faschist Gottfried Benn wäre *der* konsequente Expressionist – tolldreist behauptet: der Expressionismus münde in seiner Konsequenz in den Faschismus. Der Expressionismus war politisch und ideologisch eine äußerst widerspruchsvolle Bewegung und enthielt die Möglichkeit, *sowohl* nach links *als auch* nach rechts zu schwenken. Die expressionistische Kunst, wie jede Kunst, bestand im übrigen nicht nur aus einer Ideologie. Die künstlerische Praxis und die Theorie des Expressionismus befanden sich nicht selten in einem widerspruchsvollen Verhältnis. August Macke hat im Jahre 1912 im *Blauen Reiter*, wo eines der Evangelien des Expressionismus verkündet wurde, folgendes geschrieben:

»Die Freuden, die Leiden der Menschen, der Völker, stehen hinter den Inschriften, den Bildern, den Tempeln, den Domen und Masken, hinter den musikalischen Werken, den Schaustücken und Tänzen. *Wo sie nicht dahinterstehen, wo Formen leer, grundlos gemacht werden, da ist auch nicht Kunst.*« (Hervorhebung von mir. *A. D.*)

Dies gehörte mit zur blauberittenen antiformalistischen Theorie der frühexpressionistischen Malerei. Doch ausgefallene Absichten einer Gestaltung »des Geistes ohne Körper« und einer »Darstellung der reinen Ideen, die dem Weltbau zugrunde liegen«, haben die Kunstpraxis des *Blauen Reiters* schon damals künstlerisch ausgehöhlt und im extrem-formalistischen Sinne beeinflußt. Kandinsky hat seiner körper- und gegenstandslosen Kunst, mit der er eine geistliche Beschwörung des reinen Geistes unternahm, schon in der Vorkriegszeit den unfreiwilligen Todesstoß versetzt. Macke, dem realistischen Sehen und Weltempfinden mehr zugeneigt als Kandinsky, benutzte beim Malen, wie Pechstein und Schmidt-Rottluff, grellgrüne, dunkelblaue und chromgelbe Gläser, um sich auf diese Weise von den

Farben der Natur zu »emanzipieren«. Mit solchen »Experimenten« sollte die Malerei denaturalisiert werden.

Der große Wurf der kristallisierten Tierleiber im *Turm der blauen Pferde* von Franz Marc ist heute noch ehrfurchtgebietend. Seine noch nicht aufgelösten Tierbilder in ihrer Märchenstimmung werden durch Beobachtung und Naturnähe geadelt. Der Maler schämt sich hier noch nicht dessen, daß er *malen kann.* Doch im späteren Werk von Franz Marc, etwa in den *Tierschicksalen,* sehen wir nur noch verschwommene, entfernt tierähnliche Gebilde, die im Bildraum wie in einem phantastischen Aquarium wirr umherschwimmen, schwirren, schweben und »kreisen«. Mystische »Tierseelen« lassen sie sich nicht mehr voneinander unterscheiden: man weiß nicht recht, handelt es sich im einzelnen um Seeschlangen, Aale, Kühe, Känguruhs, Kamele oder Chamäleons.

Mystik

Wir sehen da, wie ein ursprünglich hochbegabter Maler als Opfer einer Krisenzeit, weltanschaulich und künstlerisch verunglückt. Die Leugnung der Existenz der materiellen Welt, der Kampf gegen Denken und Vernunft, die objektive Unrichtigkeit des Weltbildes führt ihn auf Irrwege. Ein mit dem Leben und der Natur entzweiter Maler versucht zwar die Gehaltlosigkeit seiner Kunst mit mystischen »Ideen« zu verschleiern; die Mystik drückt dieser Malerei aber erst recht den Stempel der Unfruchtbarkeit auf, den einer »toten Blüte am lebendigen Baum der menschlichen Erkenntnis«.

Die Expressionisten des *Blauen Reiters* und der *Brücke* übertragen die intuitivistische Philosophie von Bergson in die bildende Kunst und mengen sie mit neo-christianischen Ideen von »fleischlicher Sünde«, »Abtötung des Fleisches«, indem sie betonen: das *abstrakte* sei das »natürliche Sehen, das primär-intuitive Gesicht«.

Das *Abstrakte* wird gegen das Leben, der Geist gegen den Körper, die geheimnisvolle und irrationell schummrige »Intuition« gegen den Verstand und die Vernunft zu Felde geführt! Der Künstler wird aufgerufen, in seiner Kunst dem Leben als einem »Jammertal« entgegenzutreten. Welch eine Armseligkeit des Künstlers, welch eine Verarmung der Kunst! Man bedenke: ein Künstler, seiner Berufung nach Künder der Lebensfreude, sieht im Leben und in der Menschheit einen Feind seiner Kunst. So schreibt Emil Nolde:

»Die Menschen sind Feinde des Künstlers, seine nächsten die schlimmsten.«

Man überlege: welch ein abgrundtiefer Pessimismus der weltanschauliche Grundzug eines Malers sein muß, der die Malerei als einen bloßen »Rettungsversuch aus dem Schmerz der Gestaltlosigkeit« und die Wirklichkeit, das Dasein als »flammend Leid« betrachtet. Der beabsichtigte mystische Rettungsversuch aus diesem »Schmerz der Gestaltlosigkeit«, aus diesem »Leid«, bewirkt erst recht das völlige Versinken des Malers in einer Chaotik, in einer tief pessimistischen, schmerzdurchwühlten, malerischen Gestaltlosigkeit.

Abstraktion gegen Abstraktion

Die »Ismen«, mögen sie noch so verschieden sein, mögen sie sich gegenseitig noch so in den Haaren liegen, treffen sich in ihrer Abkehr vom Leben, in ihrer fortschreitenden Loslösung von der Wirklichkeit, im Prozeß eines immer Abstrakter-und-abstrakter-werdens, in einer antirealistischen, und antimaterialistischen Einstellung, in der Grundtendenz: den Menschen, die Gegenstände, Dinge und Körper der materiellen Welt aus der Kunst zu drängen.
Abstraktere verachteten weniger Abstrakte, weil in den Bildern der letzten Gegenständliches etwa, vielleicht, möglicherweise doch noch zu erkennen war. Und da es immer Noch-Abstraktere gab, rümpften die Abstraktesten die Nase über die Kunst der noch immer nicht genügend Abstrakten. Zuguterletzt trumpfte der Suprematist Malewitsch[2] auf, malte ein schwarzes Quadrat auf weißem Grund und behauptete: dies sei

2 Kasimir Malewitsch (1878-1935), beeinflußt vom Impressionismus, Fauves, Kubismus; wurde Mitbegründer der gegenstandslosen Malerei. Reduktion der Formen auf einfache geometrische Elemente. *Vom Kubismus und Futurismus zum Suprematismus* (1915), *Suprematismus, die gegenstandslose Welt* (Bauhausbuch 1927, neu 1962).

kein gewöhnliches pechschwarzes Quadrat mehr, sondern die
»Empfindung der Gegenstandslosigkeit«. Die Beantwortung
der Frage, ob diese gegenstandslose Empfindung eines geist-
losen Quadrates und eines geistesabwesenden Malers noch etwas mit *Kunst* zu tun habe, wurde dem freundlichen Betrachter überlassen. Malewitsch war freilich nicht der letzte Formalist und sein schwarzes Quadrat nicht das letzte formalistische
»Bild«. Abstrakter konnte die Malerei allerdings nicht mehr
werden. Die Lehre von Mach[3], Avenarius[4] und Bogdanoff ka-
rikierend, schlug sich Malewitsch an die Brust – die Brust war
menschlich, merkwürdigerweise noch nicht quadratisiert und,
leider Gottes, noch kein Komplex von bloßen Empfindungen –
Malewitsch ließ sich nicht abschrecken; er rief aus:

»Der Suprematist betrachtet nicht und betastet nicht – er empfindet . . .«

Nun – was empfindet er? Er empfindet . . . *Mystik und mysti-
fizierte Empfindung!* So hat Malewitsch unter anderem die
quadratisierte *Empfindung einer mystischen Welle aus dem
Weltall* (!) gemalt, ferner die *Empfindung eines mystischen
Willens!* Und *wie?* In beiden Fällen erschien auf der Mal-
fläche – zweifelsohne durch zufällige Lagerung und Streckung
der Quadrate – das *Kreuz.* Ein *christliches* oder ein *abstrakt-
mystisches* Kreuzfigürchen? Diese Frage fällt leider aus dem
Rahmen der suprematistisch angewandten Geometrie.
Ebenso wie die andere Frage, die zur Blütezeit des Konstruktivismus, vor etwa anderthalb Jahrzehnten, durch zwei recht
jugendliche Konstruktivisten aufgeworfen wurde: »Wer ist
größer, Kandinsky oder Malewitsch?« Malewitsch – erwiderte
der Klügere – denn in der Kunst von Kandinsky gebe es noch
gewisse Krümmungen, die mit Regenwürmern, Fröschen, Eidech-
sen und sonstigen Weichtieren verwechselt(!) werden könnten;
in der Kunst von Malewitsch hingegen sei eine derartige Täuschung völlig ausgeschlossen, da gebe es in der Regel Quadrate
und nur ausnahmsweise Kreise und Dreiecke:

3 Ernst Mach (1838-1916): *Die Mechanik in ihrer Entwicklung, historisch-
kritisch dargestellt* (1883).
4 Richard Avenarius (1843-1896) stützte seinen Empiriokritizismus wie
Ernst Mach auf einen idealistischen Standpunkt. *Kritik der reinen Erfahrung* (1908).

»Eindeutige Formen, die außer sich selbst nichts auf dieser Welt darstellen wollen.«

Als Adolf Behne, deutscher abstrakter Kunstkritiker und Theoretiker, dies hörte, sagte er: Ich lasse mich nicht aus dem Konzept bringen, ich bin der Abstrakteste, ich kann es noch schöner! Und er entdeckte in seinem Buch *Von Kunst zur Gestaltung, Einführung in die moderne Malerei*, im Jahre 1925 – Spaß beiseite! – den *»Befreiungskampf der Farbe gegen die Gegenstände«*. Passen wir mal auf:

»Die *eigentliche* Aufgabe des Bildes, den *reinen Willen der Farbe nach Gleichgewichtsordnung* zu erfüllen, wird durchkreuzt, erschwert, ja oft unmöglich gemacht durch den Zwang, gleichzeitig bestimmte Gegenstände wiederzugeben. Darf also das Bild gleichzeitig Abbild sein? Um wirklich vollkommen Bild zu sein, darf es nicht Abbild sein.«

Ist es nicht zu schön, um wahr zu sein: »Der reine Wille der Farben nach Gleichgewichtsordnung« werde durchkreuzt *durch die aktive Beziehung des Künstlers zum Leben, zur lebendigen Wirklichkeit!* So wird – exklexperplex! – nicht ohne Humor mit Hintergründen und tieferer Bedeutung, von deren Existenz ihr Urheber nicht unbedingt etwas zu wissen braucht, einer völligen Sterilisierung der Kunst, einer vom Leben ganz und gar losgelösten *Unkunst* das Wort geredet – einer ungeborenen und ungegorenen, im Keimzustand schon sterilisierten, einbalsamierten und mumifizierten »Kunst«. Diese künstliche Sterilisierung der Kunst schnappt über in nihilistische Ansichten ultralinker Kunstgegner und führt in der Konsequenz nicht nur zur Leugnung der sozialen Rolle der Kunst, sondern der *Existenzberechtigung der Kunst überhaupt.* Die Kunst wird so aus einem sozial höchst bedeutenden Ergebnis der menschlichen Arbeit zu einem sozial nutzlosen Parasitentum herabgewürdigt.

Hören wir nun die dickaufgetragene soziale Demagogie als Begleitmusik zu dieser Apologetik des Formalismus, welche der Kunst einen extremen Parasitismus zuschreiben möchte:

»Warum überhaupt noch Gegenstände, Dinge, Objekte unserer Umwelt malen...? Warum nicht den Entschluß fassen, dieses Gegenständliche, das doch offenbar eine Fessel ist, ganz abzuwerfen...?

Es lehrt uns die Geschichte des Bildes, daß die Freiheit kommen muß.«

Doch es wird noch bunter, unser Humorist überschlägt sich, indem er erklärt:

»Um einen Freiheitskampf handelt es sich tatsächlich, um einen Freiheitskampf, der die genaue Parallele ist zum politischen und ökonomischen Freiheitskampf der Menschheit.«

Und der Endeffekt? Dieser:
»Die Farben als arbeitende Schichten des Bildes wurden ausgebeutet im Interesse einer höheren Klasse – der Gegenstände.«
Hoch die Farben als ausgebeutete Klasse! Nieder mit den heimtückischen Gegenständen, diesen elenden Ausbeutern!

Wirklichkeitskrise

Wir dürfen uns nicht damit begnügen, den Expressionismus als Kunstrichtung *isoliert* zu betrachten, sondern müssen fähig sein, ihn in Bewegung, im allgemeinen Prozeß der Verwicklung der krisengeschüttelten Kunst des monopolistischen Kapitalismus zu sehen.
Der Expressionismus führte im Rahmen der Kunstentwicklung der Nachkriegszeit logisch, stufenweise zum Konstruktivismus, Suprematismus und Neo-Plastizismus. Und Behne, früher ein »führender Theoretiker« des Expressionismus, wurde später logisch zu einem Hauptschrittmacher des Konstruktivismus, Suprematismus und Neo-Plastizismus: ubi formalismus – ibi Behne!
Die immer schärfere Formen annehmende ökonomische und allgemein geistige Krise des monopolistischen Kapitalismus äußert sich in der Kunst als »Wirklichkeitskrise«, als zunehmende Entfernung der Künste von der erfahrbaren Wirklichkeit. Der Vorkriegsexpressionismus und Vorkriegskubismus hatten die Nabelschnur zur Wirklichkeit noch nicht ganz durchschnitten, hatten die »Wirklichkeitskrise« der Kunst erst vorbereitet. Im Nachkriegsexpressionismus und -Kubismus »vollendete« sich aber die *Entgegenständlichung* der Welt. Zertrümmerten frü-

her Kubisten die Dinge und malten die Welt in Scherben, Menschen als Leichen und Wohnhäuser als Särge, so malen sie später Menschen nicht einmal mehr als Leichname, sondern bilden nur noch »Verhältnisse« aus »Urformen«, »Sehkategorien«: aus Kreisen, Dreiecken, Vierecken und Vielecken. Konstruktivisten übertrumpfen hierin die Kubisten. Bis schließlich neoplastizistische Maler, unter Führung der Holländer Doesburg und Mondrian, selbst auf die »Mannigfaltigkeit« von Kubus, Konus und Zylinder, Kreis, Dreieck und Rechteck verzichten und sich auf die einzige Form des Quadrates beschränken. In Konsequenz dieser »Quadratur des Bildes« enthüllte der Formalismus klipp und klar die ihm zutiefst innewohnende *Kunstfeindlichkeit*.

Bildmaschine und Geisteskranke

Da kam der deutsche abstrakteste Kunsttheoretiker, wies auf die Quadrate von Dexel, Burchartz und Peter Röhl und dozierte:

»Cézanne baute sein Bild auf aus drei einfachen, regelmäßig wiederkehrenden Grundelementen – *die Heutigen aus dem einen Ziegel in Normalformat*. Die starken Tendenzen zur Normalisierung, zur Serienarbeit, zur Ausnutzung der Maschine im Interesse der Verbilligung des Produktes, spiegeln sich auch im modernen Bilde. Warum in aller Welt soll ausgerechnet das Bild nicht an dem Fortschritt der Kultur teilnehmen und von ihm Nutzen ziehen? Wir sehen, daß die Reduzierung der Farbflächen auf regelmäßige Rechtecke eine Art Normalisierung der Bildelemente bedeutet.«

Ausgerechnet Backsteine! Normalisierung des Bildes – Patent Doesburg-Mondrian-Behne! Ein circulus vitiosus. Der Prozeß *begann* mit dem Kampf der Maler der *Brücke* und des *Blauen Reiter gegen* die Mechanisierung der Welt durch den Monopolkapitalismus und *endete mit dem Einheitsquadrat und der Bildmaschine*. Cézanne würde sich im Grabe umdrehen, wenn er hörte, was aus seinem Ausspruch »Die Welt besteht aus Kugeln, Kegeln und Zylindern« geworden ist!
Zwischendurch wurde durch so und so viele Maler der Kosmos, das Exotische, Primitive, Dämonische, Urweltliche, Urzuständliche, das Über-, Unter- und Zwischenbewußte immer

wieder beschworen. Die »Bildnerei der Geisteskranken« als gesellschaftlicher Normalzustand wurde aktuell. Und es konnte einen das hilflose Stammeln, Wimmern und Plärren minderbegabter Exklexkubofuturokonstruktivisten an arme Kindlein erinnern, die nichts dafür können, daß ihre Mutter sie schwachsinnig zur Welt gebracht hat. In dieser Lage ließ sich schließlich jede Minderwertigkeit in »Kunst« übertragen. Galt doch Können als Sünde und Stümpern als Trumpf!

Emil Utitz gibt in seinem lesenswerten Buch: *Überwindung des Expressionismus** eine vorzügliche Charakteristik dieser Situation:

»Der Erwachsene trachtete, wieder zum Kinde zu werden und wurde nicht kindlich, sondern kindisch. Als Bestreben herrschte eine Streckung der Pubertät vor, um nicht in die verachtete Wirklichkeit zurückgeworfen zu werden. Und das Kinderland der Menschheit suchte man auf fernen Inseln, durchkreuzte ferne Ozeane, um irgendwo am äußersten Rande der Zivilisation das versunkene Paradies zu entdecken. Aber – paradox und doch natürlich – meistens wurde das Primitiv-Dämonische zu etwas Exotisch-Sensationellem, zu etwas Lärmendem und Grellem. Es zeigen sich äußerste Entwertungstendenzen der realen Wirklichkeit, indem man nicht Sohn der Gegenwart, vielmehr Urenkel dunkelnder Vergangenheit sein wollte, mystisch vereint mit ihrem Wesen.«

Schön und gut. Was war, das war.

Aber heute – ?

Ist denn der Expressionismus und mit ihm der ganze Komplex des Exklexkubofuturokonstruktivismus wirklich schon mausetot? Die Aussprache über Expressionismus in der Zeitschrift *Das Wort bewies das Gegenteil*. Tendenzen eines Neoexpessionismus sind in unseren Reihen zweifellos da. Der Kapitalismus in seinem Verfallsstadium erzeugt aus sich heraus täglich, stündlich, jede Minute den *Formalismus* in Leben und Kunst. Dies gehört ins Gebiet seiner Lebens- und Kunstfeindlichkeit.

Wir aber müssen uns wehren und dürfen nicht aus irgendwel-

* *Charakterologische Studien zur Kultur der Gegenwart*, 1927, Verlag Ferdinand Enke, Stuttgart.

chen Ressentiments und aus einer fatalistischen Einstellung die Lage als unabwendbar betrachten. Erst der Totengräber des Kapitalismus wird die Wurzeln des Formalismus in Leben und Kunst endgültig ausreißen!
Wir aber müssen das Begräbnis vorbereiten.

Heinrich Vogeler
Erfahrungen eines Malers

Zur Expressionismus-Diskussion

Gar kein Zweifel: die gesellschaftlichen Einflüsse bestimmen, im großen wie im kleinen, den Stil einer Epoche und des einzelnen Kunstschaffenden. Aber gesellschaftliche Einflüsse sind überaus kompliziert. Man kommt nicht mit Etiketten aus: USP-Ideologie, Formalismus, Mystik, Verfallserscheinung usw. Wie schon Franz Leschnitzer in seinem Diskussionsartikel deutet (leider nur andeutet) und wie es Gustav Wangenheim zu detaillieren versucht, kommt man nur weiter mit der *ganz konkreten Untersuchung im Einzelfall.* Erst die Fülle der untersuchten Einzelfälle ergibt brauchbares historisches Material. Die Deklarationen, Aufrufe und Prinzipienerklärungen der verschiedenen künstlerischen Gruppierungen sind auch nur eine – recht skeptisch zu wertende – Hilfe. Nicht jeder lebt (und noch weniger schafft) ganz und gar nach der richtigen oder falschen Theorie, die er abstrakt aus einer Ideologie ableitete. Sonst müßten, nach Bernhard Ziegler, alle revolutionären Künstler Realisten und alle faschistischen Expressionisten sein. Und das wäre, im Interesse des Klassenkampfes, eine feine Sache.
Ich will, um konkret zu bleiben, im folgenden den Weg eines Malers nachzuzeichnen versuchen, wobei es vielleicht von Nutzen ist, die einzelnen gesellschaftlichen Einflüsse auch in ihrer privatesten Sphäre aufzudecken.
Es war einmal ein Maler, der sich schon in seinen Jugendjahren von dem akademischen Leben und der Stadt aufs Land zurückzog. Er kaufte sich einen kleinen Bauernhof, ging hinter dem Pflug, arbeitete mit dem Spaten und verwandelte ein ödes Stück Heideland in einen traumhaften Fruchtgarten. Seine künstlerische Tätigkeit wurzelte ganz in dieser eigenen Schöpfung: ein kleinbürgerlicher Romantiker, der das Gefühl hatte, daß ihn dieser kleine Besitz unabhängig und frei mache. Die Erlebnisse seiner Jugend waren: der Garten, der Frühling, die Liebe zu einer Frau. Alle seine Empfindungen kleidete er, da es

schöne und ruhige Empfindungen waren, in die schönen und ruhigen *Formen vergangener Zeiten*. (Die Kunst der Minnesänger war ihm nah.) Seine große Verbundenheit mit der Natur verlieh seinen Bildern einen gefälligen Reiz. Bald war er der Liebling des Bürgertums. Seine Kunst hatte ja nichts zu tun mit den unruhevollen Häßlichkeiten der Gegenwart. Deshalb ging es ihm materiell recht gut. Zufrieden war er aber keineswegs. Eine immer größere Unruhe erfaßte unseren Romantiker. Aber nicht das Leben selbst scheuchte ihn auf, sondern die künstlerische Widerspiegelung des Lebens in der Literatur: er las, zuerst widerstrebend, gequält, dann erschüttert und zuletzt voller Gier – Maxim Gorki. Erst ihm *glaubte* er, daß es außer seiner guten Traumwelt noch eine andere Welt gab, in der gute Menschen unter Unmenschlichem *schuldlos* litten.

Dem Maler, der damals stark im Kunstgewerbe beschäftigt war, bot sich Gelegenheit, Werkstätten für diese Arbeit im großen aufzubauen. Als Idealist wollte er damit aber erst beginnen, wenn er allen Arbeitern seines Unternehmens die besten Wohnstätten und Lebensbedingungen bieten konnte. Deshalb reiste er zunächst nach England und studierte die propagandistische Arbeitersiedlung Port Sunlight bei Liverpool. Daneben untersuchte er jetzt aber auch schon die entsetzlichen Wohnhöhlen in Glasgow und Manchester. Das Resultat: auf seinen Hof zurückgekehrt, entwarf er auf dem Papier seine künftige Arbeitersiedlung mit den besten sozialen Einrichtungen und begab sich mit diesen Plänen zu seinen Geldgebern in die Hansastadt. Die lachten ihn natürlich aus. Hinzu kam, daß in dieser Zeit alle seine Illusionen vom Ewigkeitswert der Liebe und Ehe zerstört wurden. Konnte der Künstler, dem nun alle bisherigen, vorwiegend gefühlsmäßigen Grundlagen seines Schaffens entzogen waren, so weiter arbeiten wie bisher? Natürlich nicht. Aber er versuchte es, der bekannte »Frühlingssänger junger Liebe«. Doch er erschrak sehr als er das künstlerische Ergebnis seiner nunmehr leer gewordenen Träume erkannte: er steckte tief im *kunstgewerblichen Formalismus, im Jugendstil*.

Er riß sich zusammen. So entstand, unter heftigen inneren Kämpfen, die Radierung *Neugeburt:* Lichtstrahlen teilen die kleine Welt der Kupferplatte auf und beleuchten ausdrucksmäßig Wesentliches – eine Hand kommt aus den Wolken, mit erweckender Gebärde berührt sie eine junge Mutter, in deren Schoß ein eben geborenes Kind liegt; unter schweren Wolken, die wegziehen, schleppt sich ein Mann in die Ferne, fast erdrückt unter der Last eines Kreuzes: *erlebte Vorgänge auf der Grundlage völlig abstrakter Formen.* Zum erstenmal finden sich *expressionistische* Ausdrucksmittel in der Kunst dieses Malers: *es war der leidenschaftliche Versuch, sich von allem Vergangenen der bürgerlichen Kunst zu lösen, ein Versuch, das Alte zu zerschlagen.* Ein Versuch von der *Form* her, denn der *Inhalt* war ja immer noch das individualistisch Private, abstrakt vom Gesellschaftlichen Losgelöste. Eine Revolte ohne Perspektive, ohne Ziel. Doch dieser Versuch hatte ein Gutes: er brachte unsern Maler mit aller Macht in die Wirklichkeit zurück, denn seine Radierung war, wie er glaubte, eine Bilanz – ein Schlußstrich unter Vergangenes. Er begann nun ein intensives Zusammenleben mit seinen Kindern. Wieder ganz »privat«. Alle Bilder, die nun entstanden, trugen *realen* Charakter: das Spiel in dem märchenhaft schönen Garten, mit den Vögeln des Waldes, den Blumen und den Tieren des Hauses waren die Inhalte dieser Malerei, in der man, trotz der Motive, ein Streben nach Monumentalem erkennen konnte.

Da traf den Mann, der das Private so gern vom Gesellschaftlichen gelöst gewußt hätte, der letzte schwere Schlag: die Kinder wandten sich der Mutter zu, die sich von ihm getrennt hatte. Damit *versiegte die letzte Quelle* seiner romantischen, individualistischen Isolierung. Ohne daß damit aber der Anschluß an das Gesellschaftliche schon gegeben gewesen wäre! So einfach geht es leider im Leben nicht zu.

Der Krieg brach aus. Freiwillig, aber ohne eine Spur von Begeisterung, zog der Romantiker ins Feld, alles auf eine Karte setzend: Tod oder Leben! Der Krieg dauerte lange. Da hatte nichts mehr Bestand: die letzten Begriffe von bürgerlicher Ehre, Moral und Religion wurden – unser Maler erlebte es voller Erschütterung – für ihn und hunderttausende andere unwiderbringlich vernichtet. Ringsum Chaos. Kein Lichtblick. Er glaubte, nie wieder künstlerisch schaffen zu können.

1917. Flugblätter und Dekrete der siegreichen revolutionären Arbeiter im russischen Soldatenrock liegen vor unserm Maler. Er, der deutsche Unteroffizier, reibt sich die Augen: so etwas kann man sagen? So etwas kann man zur Tat werden lassen?

Nationalisierung des Grund und Bodens, Nationalisierung der Produktionsmittel! Sein, ehe er begonnen war, schon gescheiterter Versuch, kunstgewerbliche Werkstätten aufzubauen, fällt ihm ein, der spöttisch lachende Geldmann: »Tja, wenn Ihre Sache Profit brächte...« Und unser Unteroffizier sagt sich: »Das sind ja alles ganz einfache Dinge, hier lösen sich mit einem Schlag tausend Fragen, das ist der Ausweg aus dem Chaos!« Der Maler in ihm ergänzt: »Das sind die Grundbedingungen für einen schöpferischen Prozeß von unübersehbarem Ausmaß!« Aber der leitende Offizier der Operationsabteilung reißt ihn jäh aus allen Träumen: »Unteroffizier, Sie haben ein Plakat für die neue Kriegsanleihe zu malen!« Folgende Skizze entsteht: eine Bäuerin in Holzschuhen steht gestützt auf einen Spaten und schaut erwartungsvoll geradeaus in die Ferne: daneben in steiler Bauernhandschrift nur die Worte: »Die Heimat ruft!« Der Major, den Doppelsinn wohl spürend, brummt: »Sie scheinen mir ein sehr unsicherer Kantonist zu sein«, bewilligt dennoch vierzehn Tage Heimaturlaub zur Ausführung der Arbeit. In Brest-Litowsk ist eben über den Frieden verhandelt worden. Der Maler, in Urlaub, sitzt in seiner kleinen Bibliothek. Alles in ihm drängt zur Aktion. Er schreibt:

Das Märchen vom lieben Gott

Brief des Unteroffiziers*** an den Kaiser, im Januar 1918, als Protest gegen den *Frieden von Brest-Litowsk*

Schon lange, als das Jahr 1917 dem Ende zuging, sah man in Deutschland die seltsamsten Erscheinungen am Himmel und unter den Menschen. Das Merkwürdigste aber war, daß am Spätnachmittag des 24. Dezember auf dem Potsdamer Platz in Berlin von vielen Menschen der liebe Gott gesehen worden ist. Ein alter, trauriger Mann verteilte Flugblätter. Oben stand: »Friede auf Erden und den Menschen ein Wohlgefallen«, und darunter in lapidarer Schrift die zehn Gebote. Der Mann wurde von Schutzleuten aufgegriffen, vom Oberkommando der Marken wegen Landesverrat standrechtlich erschossen. Einige Aufnehmer des Flugblattes, die die Worte des alten Mannes verteidigten, kamen ins Irrenhaus. Gott war tot...

Und weiter schrieb der Maler und schrieb und entlastete sein Gemüt von dem ganzen Dreck und Elend, von dem verlo-

genen Schein der letzten grausigen Jahre. Eine nie gefühlte
Freiheit kam über ihn, jene schwingende Lebenserhöhung, in
der der Tod nur die vollendete Erfüllung sein kann. Nach drei
Tagen wurde der Unteroffizier, der seinen Protest gegen den
brest-litowsker Gewaltfrieden an den Kaiser und, in doppelter
Ausfertigung, über seinen Stabs-Chef an die Oberste Heersleitung gesandt hatte, verhaftet und in eine Anstalt für Geisteskranke gebracht.

Dort war er ein gefaßter, ruhiger Gast und begann bald künstlerisch zu arbeiten, um sich auch in malerisch gestalteter Form
aussprechen zu können. Es entstand der Entwurf zu einer Radierung *Der Zusammenbruch*. Das Blatt ist nicht frei von Mystik: aufsteigende Leuchtkugeln, die das Kriegselend beleuchten, verwandeln sich in die sieben Schalen vom Zorn Gottes aus
der Offenbarung des Johannes. Das Blatt trug wieder mit seinen harten, überspitzten, abstrakten Formen alle Merkmale
des *Expressionismus*. Der leitende Professor der Anstalt verbot dem Künstler die Arbeit mit dem Hinweis: »Sie sind bei
uns, um sich zu zerstreuen!«

»Wenn wir irren, müssen wir uns ... konzentrieren!« war die
Antwort des vernünftigen Irren.

Nach zwei Monaten wurde unser staatlich geprüfter Geisteskranker heimgeschickt und unter Polizeiaufsicht gestellt. Dort
studierte er, beginnend mit den französischen Utopisten, den
Sozialismus. Er nahm, die Theorie durch die Praxis ergänzend,
die Verbindung mit revolutionären Arbeitern der nahen Hansastadt auf – sie lasen den »Kaiserbrief«, druckten ihn als
Flugblatt und verbreiteten ihn in vielen tausend Exemplaren.
Das spornte den Maler zu weiterer Aktivität an. Sein kleiner
Bauernhof wurde an Sonntagen zum Sammelpunkt der russischen und belgischen Kriegsgefangenen, die wochentags bei den
Großbauern arbeiteten; Kleinbauern und Taglöhner kamen
hinzu und vor allem revolutionäre Arbeiter aus der Stadt.
Wurde das Schaffen des Malers jetzt *realistisch*? Nein, er kam
vorderhand nicht vom Expressionismus los. Die Strahlenmotive kehrten immer wieder: sie teilten – heute weiß er: abstrakt,
formal, schematisch – die in Dämmer versackende Welt in
Licht- und Untergangserscheinungen auf. Ein Ölgemälde, *Frauen im Kriege*: weibliche Gestalten (blau und violett) flüchten
mit verzweifelten, exaltierten Bewegungen durch den in Zin-

nober und Gelb brennenden, hohen Kreuzwald eines galizischen Friedhofs. Dann das verzweifelte Ringen eines Menschen um eine entschwebende Figur: in der Ferne reitet die Romantik fort. Alles ist kantig, eigenwillig, abstrakt. Eine Radierung *Werden* zeigt plötzlich weiche Linienführung, sie ist überreich an Formen: ein Weib, das wie aus Pflanzen wächst, überrauscht von wallenden Gewässern, umgeben von eilenden Tieren – Fischen, Wölfen, Pferden. Nichts ist starr, alles in Bewegung, alles verliert sich in phantastische, abstrakte Formen.

November 1918. »Parole Heimat!« rufen die Matrosen. In der Hansastadt wird die Räteregierung aufgerichtet. Während einer mächtigen Demonstration der Werftarbeiter in der Kreisstadt wird der Maler in den dortigen Arbeiter- und Soldatenrat gewählt. Bei jeder neuen politischen Aktion ist er gezwungen, Stücke seines immer noch vorhandenen bürgerlichen Gepäcks abzuwerfen (man schleppt davon viel mehr mit sich, als man gemeinhin annimmt). Immer klarer wurde ihm die Klassenscheidung. Nicht nur abstrakt, theoretisch, sondern praktisch – spürbar, greifbar, ganz real. Wo blieben nun die Vorbedingungen für expressionistische Phantasien? Es galt, auf Plakaten die Situation in der realsten Form darzustellen: einfach und groß, jedem Arbeiter, jedem Bauer verständlich. Zu malerischen Experimenten war keine Zeit. Unseres Malers Expressionismus ist – scheintot.

1919. Die Gegenrevolution marschiert. Der Maler muß fliehen, sich zeitweilig verbergen. Er wird in Westfalen vorübergehend verhaftet, kann aber dann auf seinen Bauernhof zurückkehren. Aus allen Teilen Deutschlands kamen inzwischen politische Flüchtlinge auf den Hof. Einige Arbeiter und Arbeiterinnen blieben. Mit ihnen gründete der Maler eine Arbeitskommune. Das alte, vielfach umgebaute kleine Bauernhaus bot für scharf verfolgte, verantwortliche revolutionäre Führer schwer auffindbare Schlupfwinkel und doppelte Böden, wo man zu rechter Zeit verschwinden konnte. Dreimalige plötzliche Überfälle der Reichswehr waren daher trotz stundenlangen Suchens und Verhörs (durch die mitgebrachte Kriminalpolizei) erfolglos. Nur der Maler wurde verhaftet und eingesperrt. Nach seiner Rückkehr war er mit seiner Arbeitskommune noch weniger zufrieden als je. Mit der Verschärfung des Klassenkampfs in der Umwelt trat der utopische Charakter seiner »sozialistischen Insel« deutlicher hervor. Einige Mitarbeiter, obwohl damals Mitglieder der jungen Kommunistischen Partei, entpuppen sich als waschechte Syndikalisten. Sie waren gegen die Diktatur des Proletariats, also gegen die Sowjetunion. Sie waren der Ansicht: dort müsse man die Gewehre zerbrechen, nach der Revolution habe mit einem Schlage die herrschafts- und klassenlose Gesellschaft zu beginnen. Doch in dem Maler war die bolschewistische Propaganda – das große Fronterlebnis – lebendig: er intensivierte die Verbindung mit den revolutionären Werftarbeitern, die eine Art Patenschaft über die Siedlung übernahmen. An allen freien Tagen erschienen sie in großen Gruppen, brachten oft ihre Familien mit. Diese Zusammenkünfte wurden für alle Teilnehmer zu fruchtbarer ideologischer Schulung; im Mittelpunkt der Diskussionen stand der Sowjetstaat der Arbeiter und Bauern und seine Probleme. Können wir uns nach all dem vorstellen, daß der Künstler weiterhin romantischen Ideen nachgegangen hätte? Nein. Und er tat es auch nicht. Wurde er nicht täglich durch die enge Verbindung mit revolutionären Werktätigen zur Selbstkritik getrieben? Er wurde es. Mußte der neu erwachsene Inhalt seines Lebens nicht mit Macht die Einengung durch rein intellektuelle, formalistische Konstruktionen sprengen? Er mußte es. Aber das ging nicht so einfach ab, nicht ohne Umwege, nicht ohne Widersprüche.

Alles trieb unsern Maler jetzt wieder zu seiner Kunst. Es galt, das revolutionäre Leben, den Kampf, die Not, die internationale Solidarität – ihrer weltgeschichtlichen Größe und Bedeutung entsprechend – in *ganz realen Formen* darzustellen, die jeder Bauer, jeder Arbeiter versteht. Die als Halle ausgebaute Viehdiele bot große Wandflächen für die Malerei. *Der hartnäckige Kampf zwischen realistischer und expressionistischer Darstellung blieb noch an vielen Stellen unverkennbar.* Was wurde dargestellt? Das schöpferische Leben befreiter Kinder, der schwere Kampf der Eltern, die Öffnung der Gefängnisse und Befreiung der Gefangenen, die Tätigkeit der kapitalistischen Justiz, die Erschießung der revolutionären Matrosen in der Französischen Straße in Berlin, die internationale Solidarität und das Weitertragen der Revolution in alle Länder. Den Grad der revolutionierenden Wirkung, die von dieser Kunst *trotz* expressionistischer Züge ausging, mag man daran ermessen, daß die damalige Regierung (Ebert) die Bilder durch Vorhang und Schloß großenteils den Blicken der Zuschauer entziehen ließ, und daß die Faschisten sie später zerstörten.

Untragbar wurden inzwischen die inneren Verhältnisse der utopischen Kommune. Endlich rückten die anarchistischen Elemente mit ihren Familien ab; als aber der kleine Bauernhof jetzt von zwei oder drei Getreuen weiter versorgt wurde, erschienen sie noch einmal mit einer Gruppe handfester Burschen und einem Gespann: sie beraubten den Hof seiner Produktionsmittel, die der Arbeitskommune zum größten Teil von Ruhrarbeitern geschenkt worden waren. Doch der frühere Romantiker konnte jetzt schon befreit lächeln; ihm waren alle sentimentalen Weltbeglückergefühle ausgetrieben worden, das Leben hatte ihn eines besseren belehrt. Er versammelte noch einmal seine Freunde von der Weserwerft und übergab ihnen den ganzen Besitz als Geschenk für die Kinder der politischen Gefangenen. Das war 1923. Er selbst fuhr in das Land seiner Sehnsucht, in die Sowjetunion, um weiter zu lernen. Er lebte mit Studenten einer moskauer Universität zusammen, wanderte im Hohen Norden, in Zentral-Asien und am Kaspischen Meer. Die gewaltigen Eindrücke des großen Werdens, die Umwandlung aller menschlichen Verhältnisse von Grund auf trieben ihn natürlich zur künstlerischen Gestaltung. Zu einer Gestaltung, die bei aller Einfachheit und Größe (denn es galt, dem deutschen Arbeiter und Bauer verständlich zu bleiben) auch die Schwierigkeiten und Widersprüche erhellen sollte.

Also zur *sozialistisch-realistischen Gestaltung*? Ja, dahin *trieb* es den Maler. Anders konnte es ja nicht sein. Aber –

Aber: er wollte auf jedem seiner Bilder die *Totalität des Geschehens* sinnfällig machen und glaubte das zu tun, indem er möglichst viele Teile eines Komplexes *addierend* zusammenfaßte: so blieb er in der zusammenfassenden Komposition an ... *expressionistischen Formen* hängen! (Nicht jede Jugendkrankheit heilt schnell.) Symbole wie Sowjetstern, Hammer und Sichel wurden zu wesentlichen Kompositionselementen; die einzelnen, summierten Teile des Gesamtkomplexes waren jedoch ganz reale Darstellungen der neuen Wirklichkeit. Dieser Widerspruch (abstrakte Symbole – sinnliche Realität) mußte noch überwunden, zur künstlerischen (und damit weltanschaulich-politischen) Einheit geführt werden. Denn der Kampf gegen jegliche Art von Formalismus ist ein wesentlicher Bestandteil aller schöpferischen Kräfte im sozialistischen Aufbau.

Vielen starken expressionistischen Künstlern war es leider nicht vergönnt, den lichtvollen Ausweg aus der Enge und aus dem Verfall der bürgerlichen Kunst zu erleben, weil sie nicht das Glück hatten, auf ihrem Wege zu der Klasse zu stoßen, der die Zukunft gehört. Manch einer fiel auch schon im Weltkrieg als sinnloses Opfer, wie Franz Marc, der gewiß unter andern gesellschaftlichen Einflüssen zu ganz Großem berufen gewesen wäre ...

Wie steht nun unser Maler, dessen Werdegang wir hier zu umreißen versuchten, *heute* zum Expressionismus? Wie muß er, seinen Erfahrungen gemäß, zu ihm stehen?

Für ihn bedeutet der Expressionismus die letzte Stufe der bürgerlichen Kunst, den Weg zur völligen Negierung der Realität, zum Nihilismus, zum Abstrakten. (Kunst aber ist sinnlich!) Er war der Totentanz der bürgerlichen Kunst. (Auch ein Totentanz kann ästhetisch reizvoll sein.) Durch willkürliche, rebellische – wenn auch *subjektiv* revolutionär gemeinte! – Formveränderung und Formsprengung glaubten die Expressionisten, oder doch die Mehrzahl der Expressionisten, *objektiv* revolutionär zu sein. Darin liegt ihr oft tragischer Irrtum. Denn die übernommene inhaltliche Verarmung der bürgerlichen Kunst blieb, ja, sie verarmte noch mehr, weil positives Erbgut wahllos mit zerschlagen wurde. Das »Wesen der Dinge« glaubte der Expressionismus zu geben, doch er gab: die *Verwesung*.

Hier liegt aber auch sein *historischer* Wert: er öffnet die Augen. Man erkennt die ganze Hoffnungslosigkeit der bürgerlichen Kunst in ihrer letzten Etappe; an ihrem Ende steht die *rein formalistische Disziplinierung der Abstraktion*.

Ein paar Beispiele.

In *Emil Noldes* Kunst offenbart sich das Knochenlose, das Unorganische der Erscheinungen. Seine Menschen sind wie aus Papier geschnitten und wollen mit ihren aufgestrichenen bunten Farben bäuerliche Kraft vortäuschen. Unter dieser Oberfläche lebt jedoch nichts mehr. *Rudolf Bauer* versucht mit seinem *Presto I* Musik zu geben. Aber erschüttert wenden wir uns ab, denn die Formen und Farben zerren in uns Erinnerungen hoch an die »Helden des Weltkriegs«: aufgerissene Leiber mit heraushängenden Eingeweiden! *Paul Klee* gelingt es, das greisenhaft Kindische der untergehenden bürgerlichen Gesellschaft zum Ausdruck zu bringen. *Kokoschka* gibt typische Verwesungserscheinungen. Seine zeichnerischen Ausdrucksmittel knittern, zittern und splittern, als sei der Organismus des Dargestellten todkrank und in Auflösung begriffen. *Kurt Schwitters* persifliert die inhalts- und zukunftsleere Revolte der expressionistischen Bewegung dadurch, daß er aus dem Müllhaufen der zusammengebrochenen Wirklichkeiten alte Räder, Draht und Schrauben klaubt, um sich mit diesen »Realitäten« ein eigenes »Weltbild« zusammenzunageln. Dann kam die letzte Opposition jener »permanenten« Revoluzzer, die alle Realitäten verneinten und im vollkommenen Formalismus landeten.

Eine Anzahl expressionistischer Maler erkannte jedoch die ganze Ausweglosigkeit der letzten Etappe der bürgerlichen Kunst. Einige ließen ihre Farben trocknen, lernten von der revolutionären Arbeiterschaft und nahmen teil an der kulturellen und politischen Aufklärung der fortschrittlichen Intelligenz. Andere stellten ihre Kunst in den Dienst der Masse und bereiteten den Boden vor, auf dem eine neue Kunst wachsen wird, die tief verwurzelt ist mit den schöpferischen Kräften des revolutionären Proletariats. Vom Expressionismus haben wir, nach meinen Erfahrungen, keinerlei kulturelles Erbe zu übernehmen.

Werner Ilberg
Die beiden Seiten des Expressionismus

Walden sei Dank, daß es ihn noch gibt, ich wußte es gar nicht. Und siehe, er lebt in altneuer Frische, um einige wesentliche Erkenntnisse reicher als zur Zeit des expressionistischen Suchens. Seine ironische, erfrischende und klare Darlegung zeigt neben anderem eines: daß er Achtung hat vor den Träumen seiner Jugend, und daß er heute weiß, was er und mit ihm viele seiner Weggenossen damals nicht wußten – dies nämlich: welche Funktion dem Expressionismus aufgegeben war.

»Der Künstler hat ... nichts mit der Metaphysik zu tun. Sie ist ... immer nur nicht verstandene oder nicht erkannte Physik.«

Dies aber ist genau die Situation des Expressionismus gewesen. Er wollte etwas; was, war ihm nicht klar. Es mußte etwas Neues kommen; was, war nicht vorauszusehen. Es mangelte an Erkenntnissen, insbesondere so weit es sich um sozialpolitische handelte. Gerade darum der wuchtige Drang, das »Wesen der Dinge« zu erkennen, es darzustellen. Mit den herkömmlichen Mitteln war da nicht auszukommen. Der Expressionismus »mußte zerstören, um zu schaffen«. Das eine war das Ziel: die Dinge erkennen, du zu ihnen sagen, die kalte Welt des aus allen Bindungen, aller Sicherheit gerissenen Menschen möglichst kraß darstellen und eine neue, wärmende, aus der Phantasie heraufholen. Mittel waren: das Sezieren, das Zerstören, die Auflösung alles Bestehenden. Das künstlerische Experiment trat an die Stelle fehlender gesellschaftlicher Erkenntnisse.
Der Expressionismus war der durchaus geglückte Ausdruck seiner Zeit, die nach ihrer Auflösung schrie. Wir waren ja dicht genug dran, ihr den Todesstoß zu geben. Da es aber dazu nicht kam, da die Ärzte am Krankenbett des fetten Patienten ihm immer neue Heiltränke einflößten, so daß er sich noch einmal aufzurichten vermochte, wenn auch nur in Scheinkraft – darum konnte der Expressionismus nicht über die Destruktion hinaus zu neuer Synthese kommen. Er blieb in der Zersetzung

stecken. (Dieses negative Urteil bezieht sich selbstverständlich nur auf den Sinn und Inhalt der ganzen Richtung; es schließt nicht aus, daß dem Expressionismus, insbesondere auf dem Gebiet der Malerei, großartige Kunstwerke gelungen sind.)

Um eben dieser Zersetzung willen hassen ihn die Faschisten. Sie wissen genau, daß er einreißen half, um für eine gemäßere Welt Platz zu schaffen. Um eben dieser Nur-Zersetzung willen aber lehnt ihn Ziegler ab. Für sich betrachtet sind jene Satzungetüme, die er zitiert, jeden Sinns bar. Aber eines spricht doch klar aus jedem Wort: der Überdruß am Alten, die Vereinsamung in einer sinnlos gewordenen Welt, die Sucht nach menschlicher Erneuerung. Gerade dies ist der *Sinn der scheinbaren Sinnlosigkeit*. Aus mangelnder sozialer Einsicht begann man zu stammeln (wie etwa August Stramm).

Der Expressionismus ist der *Punkt, an dem der Weg sich gabelt*. Die besten seiner Vertreter verließen die Klasse, die sie geboren hatte und schlossen sich der zukunftsträchtigen an. Die anderen wählten den Weg zurück. Es stand in keinem Stern geschrieben, daß Herr Benn dem Herrn Hitler in die Arme fallen mußte; andere Lebensumstände im Verein mit einem anderen Lauf der Geschichte in der Nachkriegszeit im Westen hätten ihn möglicherweise, zeitweilig, bei uns landen lassen. Es ist nicht nur die Anbiederung Benns, nicht nur die Charakterlosigkeit dieses Individuums – in seinem und anderer Weg zum Faschismus offenbart sich das Gesetz, daß Teile des Kleinbürgertums – als bestimmte gesellschaftliche Produkte – gern dem Stärkeren oder für stärker Gehaltenen nachlaufen. Das Strebertum spielt dabei nur eine sekundäre Rolle; Strebertum weiß sich unter *allen* gegebenen Umständen Geltung zu verschaffen.

Nicht »ideologische Wirrheit« war also das *wesentlichste* Charakteristikum des Expressionismus (wie Klaus Mann meint) sondern das dumpfe Bewußtsein, daß es so nicht weiterging, daß etwas Neues kommen, daß das Alte aufgelöst werden mußte, weil es auflösungsbedürftig war. Darin lag die revolutionäre Seite des Expressionismus. Seine Künstler machten den begreiflichen Irrtum, dieses Negative für etwas Absolutes zu halten, für das Neue schlechthin. Daraus ist ihnen keinerlei Vorwurf zu machen. Das entsprach ihrer Situation, denn das Chaos, aus dem das Neue geboren werden soll, ist ja in der

Tat gegenüber dem festgefügten Überlebten ein Neues. Es ist nur in der Ordnung, daß den Angehörigen jener Generation »etwas davon in den Knochen steckengeblieben ist« (Ziegler). Dies war der Weg, auf dem es möglich gewesen wäre, weiterzukommen. Die besten Voraussetzungen dafür wären, so meine ich, in der Sowjetunion gegeben gewesen. Warum es nicht geschah, vermag ich trotz aller Diskussionen darüber nicht zu erkennen. Es wäre von unterrichteter Seite zu untersuchen, ob die zeitweilige, heute wohl überwundene Stagnation im Schaffen der Sowjetkünstler (oder das, was uns im Westen, die wir die Sowjetliteratur nur aus vielleicht unzulänglichen Übersetzungen und in sicherlich recht willkürlicher Auswahl kennenlernen, als Stagnation erscheinen mag) nicht gerade auch daraus zu erklären ist, daß die richtige Fortsetzung von dieser Weggabelung aus nicht gefunden wurde, und warum dem so ist.* Warum es in Westeuropa nicht geschah, dafür wurde, so scheint mir, in Heft 2 des *Wort* (Bloch, zitiert im Waldenschen Artikel und Klaus Berger) die zutreffende Analyse gegeben. Es besteht keinerlei Grund für uns, uns heute als Splitterrichter einer historisch notwendigen Epoche aufzuspielen, obwohl sie auch eine reaktionäre Seite hatte.

Diese doppelte Rolle des Expressionismus zeigt sich äußerlich darin, daß sich die *verschiedensten,* sozial entgegengesetzten Kreise in ihm bestätigt fanden. Wer akzeptierte ihn? Auf der Seite des Fortschritts revolutionäre Werktätige, relativ geschult, mit klarem Klassenbewußtsein. Jugendbewegte, die vom Weg nicht die geringste Ahnung hatten, fanden sich bestätigt, weil der Expressionismus das Alte auflöste. Wir haben alle Ursache, zu dieser seiner Seite *ja* zu sagen. So wenig nach einer Revolution der Staatsapparat unzerbrochen übernommen werden kann, so wenig kann die Welt der Kunst übernommen werden, ohne daß es zuvor Scherben gegeben hätte. Nur daß das Demolieren auf kulturellem Gebiete im Falle Expressionismus als Wetterzeichen *vor* der fälligen Revolution kam. Die obersten Schichten des kulturell gerade noch interessierten

---

* Wir glauben, daß der Artikel von Béla Balázs *Meyerhold und Stanislawski* im vorigen Heft die Fragen Werner Ilbergs schon zum Teil, wenn auch mehr auf dem Gebiete des Theaters als der Literatur, beantwortet hat. Im Artikel *Es geht um den Realismus* von Georg Lukács wird ebenfalls auf diese Frage eingegangen. (Die Redaktion)

Bürgertums sowie der Staat des Nachkrieges hatten *andere* Gründe für ihr vorübergehendes Jasagen. Die Beispiele der Ablehnung, die Walden anführt, sind interessanterweise alle aus der Vorkriegs- und Kriegszeit; in der Weimarer Republik gab es einige Jahre, in denen der Expressionismus fast so etwas wie ein Hätschelkind der gebietenden Kreise war. Das Bürgertum, das nicht gewillt war, ökonomische Zugeständnisse zu machen, machte sie auf dem ungefährlicheren und billigeren Gebiet der Produktion und Konsumtion von Kunst: es gab den Hungernden Kulturbonbons an Stelle ausreichender Lebensmittel. Dem gleichen Zweck dienten damals Volkshochschulen, weltliche Schulen, akademische Pädagogien, etc. (wenn damit die Bedeutung dieser Institutionen auch selbstverständlich nicht erschöpft ist). Der Expressionismus gab dem Bürgertum die Möglichkeit, sich fortschrittlich zu gebärden und sich gar revolutionär zu nennen. Schließlich lag das Suchen nach Neuem durchaus in der Linie der Entwicklungstheorie der Sozialdemokratie: dem Versprechen des friedlichen Hineinwachsens in den Sozialismus.

Nichts aber wäre verkehrter, als aus dieser, vom Künstler aus gesehen, *ungewollten* Reaktion zu folgern: »Die ganze Richtung paßt mir nicht!« Die meisten expressionistischen Künstler waren subjektiv revolutionär; und was wichtiger ist: die Auflösung des Bestehenden, Akademischen, die Zersetzung des Hergebrachten war es tatsächlich, *wenigstens eine Zeitlang,* auch objektiv.

In der Verkennung dieser Tatsache scheint mir die Übernahme und – mehr oder weniger – Anerkennung uns feindlicher Werturteile zu liegen: weil die Faschisten Zersetzung, Destruktion, Einreißen mit Bolschewismus gleichsetzen, darum wehren wir uns offenbar dagegen, mit dieser Bewegung auch nur von weitem identifiziert zu werden.

Unsere Erkenntnisse reichen heute noch nicht aus, um über die kommende Entwicklung der Kunst etwas aussagen zu können, wir können nur im Nachhinein die Bedeutung einer kulturellen Bewegung feststellen. Darum sind auch wir auf das *Experiment* angewiesen. Darum sollen wir ja sagen zu den experimentierenden Pionieren jener Epoche, wie es Walden tut.

In unserer Zeit, in der die Klassenverhältnisse sich in nie erlebtem Tempo ändern, kann es leicht geschehen, daß eine ursprünglich fortschrittliche Bewegung, wenn sie stehenbleibt, der Reaktion dienen muß. Das ist die Situation des Expressionismus etwa von 1923 an, der Zeit des Erstarkens der Reaktion, des Abschlusses der Periode der Revolutionen in Mitteleuropa. Von da an wurde der Expressionismus zu einem der vielen Surrogatmittel, die auch über den wahren Charakter der Weimarer Republik hinwegtäuschen sollten. Er wurde zum fortschrittlichen Dekorum. *Unter Hitler aber tritt sein ursprünglicher Charakter wieder in den Vordergrund:* die Zersetzung des Überlieferten, Erstarrten, Konservativen wird für den Faschismus untragbar. Die Reaktion des Reaktionärs Hitler zeigt uns, daß er den Aufruf zu etwas Neuem, Besserem aus den Werken der Expressionisten heraushöhlt.

Im Gegensatz zu uns hatten die Expressionisten einen starken Erneuerungswillen auf künstlerischem Gebiet, aber nur geringe Kenntnisse auf politischem. Es ist zu verzeichnen, daß es bisher niemand von uns vermocht hat, seine Zeit wirklich auszudrükken. Gewiß, die wahre deutsche Literatur befindet sich in der Emigration, aber noch ist es nicht einem von uns geglückt, das erlösende Wort zu finden, auf das gewartet wird. In unseren *Anschauungen* sind wir die Erben von Marx und Lenin, aber wessen Erben sind wir in *künstlerischer* Hinsicht? Es fehlt der Stil, der uns, unsere Zeit, unser Wollen so ausdrückte, daß wir von einem eigenen Stil reden könnten. Es fehlt der zwingende, der mitreißende Ausdruck für unser Wollen. Ihn aber haben die Expressionisten damals gehabt. Sie konnten nicht über ihren eigenen Schatten springen, aber sie haben wenigstens Licht und Schatten geworfen. Eine vielversprechende Kunstbewegung hat nicht alles gehalten, was erwartet werden durfte. Sie wurde abgebrochen, oder sie verschlampte im Dreck des Hitlerismus.

Es wäre nun zu untersuchen, welche ihrer Formelemente noch brauchbar sind. Es muß das Echte vom Manierierten gesondert werden. Aber das müßte die Aufgabe einer weiteren Diskussion sein.

Rudolf Leonhard
Eine Epoche

Das Kind mit dem Bade auszuschütten, ist eine verständliche Reaktion, aber es ist eben doch nur eine Re-Aktion, eine Aktion des Schrecks und der Furcht, und eine falsche Aktion. Selbst wenn man mit dem Kinde Gottfried Benn gleich das ganze Bad Expressionismus ausschüttet, selbst wenn man es mit einer so meisterhaften Analyse Gottfried Benns tut, wie die Zieglers es ist, selbst wenn man es in so humaner und anständiger Haltung tut wie Klaus Mann, selbst wenn man es in so offenherziger, so klarer, so aufrichtiger, so erschütternder Erschüttertheit tut, wie Bernhard Ziegler es getan hat.
Der Fall Benn ist gar nicht der *Fall* Expressionismus. Er ist die Entwicklung *eines* Expressionisten, sein groteskes, bejammernswertes, klägliches – oder wie man es sonst nennen will – Schicksal.
Ziegler selbst spricht vom »Salto ins Lager Hitlers« – eben, es ist ein *Salto* vom Expressionismus zur Hitlerbarbarei, nicht eine logische, strenge, notwendige *Entwicklung*. Daß einige Expressionisten – wieviele sind es denn überhaupt? oder vielmehr: wie wenige sind es! – zu Hitler gegangen sind, beweist so wenig gegen den Expressionismus, wie es gegen die sozialistischen Parteien beweist, daß Überläufer aus ihnen Faschisten geworden sind; oder so wenig es gegen Hegel beweist, daß nicht nur Marx, sondern auch Stahl mit den preußischen Konservativen von ihm herkommt, oder gegen Georges Sorel,[1] der sich zu Lenin bekannt hat, daß sich auch Mussolini auf ihn beruft. Wenn der Geist, dessen Kind der Expressionismus war, wirklich in den Faschismus führte, führen müßte, dann hätte er nicht viele ins Lager des radikalen Sozialismus geführt, so viele, nicht nur unsern lieben und so wichtigen Freund Bernhard Ziegler; oder sagen wir, um vorsichtig zu sein: dann hätte

---

1 Georges Sorel (1847-1922), französischer Politiker, setzte sich für revolutionären Syndikalismus ein, der für das Proletariat richtungsweisend sein sollte; politische Ideen müssen gruppenüberzeugend sein, um die Arbeiterschaft aktivieren zu können.

er nicht so viele und so wichtige nicht verhindert, zum Sozialismus und zu dessen radikalen Konsequenzen zu kommen.

Der Fall Benn beweist nichts, denn er ist der Fall *Nihilismus*. Ganz falsch war es und ist es, Benn als einen Renegaten anzusprechen; Renegat ist er nicht, weil er nie zu uns gehört hat. Er hat es immer ausdrücklich und nachdrücklich abgelehnt, sich zu uns zu bekennen; vielleicht gehörte er in unser Lebensklima, er hatte wohl Freundschaften, aber er legte immer Wert darauf, sich zu distanzieren und ein interessanter Sonderfall zu bleiben; jede Aktivität in unsern Reihen oder auch nur an unserer Seite, auch jede »nur literarische«, auch jede im gewiß unklaren und verworrenen Sinne des Expressionismus, hat er verweigert. Als er sich einmal herabließ, neben Wolffenstein und andern vorzulesen, mußte der Abend die Marke »Die feindlichen Brüder« tragen. Es bleibt fraglich, ob Benn »der konsequenteste Expressionist« war; um diese Feststellung zu erlauben, hätte der Expressionismus doktrinär fester sein müssen; aber Nihilist war er ganz und gar, in jeder Zeile, in jedem Gespräch, in seiner ganzen Lebenshaltung. Und es ist ihm, in höchster Konsequenz des Nihilismus, geschehen, was dem Nihilisten geschehen muß: in ihm hat sich der Nihilismus gegen sich selbst gewendet; sein Weg war der Gang ins Nichts, genauer, da ein »Nichts« nicht sein kann und nicht ist, in die blutigste, barbarischste und dümmste Verneinung aller wirklichen, aller traditionellen und neuen Werte. Noch einfacher ausgedrückt: Benn hat, da der Nihilismus schließlich auch sich selbst verneinen muß, praktisch sich selbst nicht aushalten kann, seine finster gepflegte und stolz und glänzend gehütete Einsamkeit sattbekommen, er hat, in einer intellektuellen Torschlußpanik, die für ihn letzte Gelegenheit zum Schein einer Gemeinschaft, zu einer auch nur äußerlichen, wenigstens äußerlichen Vergesellschaftung seines mit so viel Stolz unrettbaren und verwesenden Ichs zu erwischen gesucht, er, der immer Beteiligung und Aktivität mit mokanter Großartigkeit für banausisch banal erklärt hatte, lief mit und wurde aktiv – als es und wo es falsch war.

Das kann man, statt als Konsequenz des Expressionismus, in gewisser Weise sogar als Verrat – nein, nicht als Verrat, weil ja das Bekenntnis gefehlt hatte – als Bruch des Expressionismus ansehen. Denn der Expressionismus war ja *auch* – er war

noch *andres* – eine *Restituierung der Werte,* eine unnihilisti-
sche, ganz positive Restaurierung der Werte, wenigstens der
vitalen Werte, nach und gegenüber der völligen Auflösung
aller Erscheinungen, also auch aller wertbaren und zu werten-
den Erscheinungen, in die wogende Flut von Reizen, von
Punkten und Farbflecken, in deren akzentloser, unkontrollier-
barer individueller Wiedergabe der Impressionismus sich tot-
gelaufen hatte.

Denn dieser Gegensatz zum unerträglich, unmöglich gewordenen Impressionismus ist der eine Grund des Expressionismus.
Der Expressionismus war ein heute längst abgeschlossenes, aber,
da er war, historisch notwendiges historisches Phänomen; ihn
ableugnen, heißt die Geschichte leugnen, heißt unsre historischen Anschauungen, die Kenntnisse unsrer historischen Bedingungen, unsre Anschauung der historischen Bedingungen verleugnen. Und es ist doch kein Satz richtiger als der Hegelsche
Satz: »Alles, was ist, ist vernünftig«; da dieser Satz ja nicht
nur dieses oder jenes Bestehende rechtfertigt, sondern alles Bestehende, das Seiende und seinen werdenden Gegensatz, die
Bewegung, die Entwicklung, da er schließlich besagt: was nicht
mehr vernünftig ist, kann nicht mehr bestehen, muß verfallen,
wird aufhören zu bestehen, wird von dem Neuen, nunmehr
Vernünftigen verdrängt werden. Der Expressionismus war; also
war er *einmal,* war er *damals vernünftig*[2]. Die historische Notwendigkeit des Expressionismus, die einfach schon durch seine
historische Existenz bewiesen ist, zu verkennen, heißt den Fehler der auf den Tod erschrockenen bürgerlichen Kunstkritiker
wiederholen, die – bis sie sich, wie alles, den Expressionismus
assimilierten, und ihn dabei verfälschten – zu glauben schienen
oder zu glauben vorgaben, es sei plötzlich zwischen Dublin
und Nishni-Nowgorod, mit der »Achse« über Paris, Barcelo-
na, München und Berlin, eine Verschwörung aller jungen Leute
aus- und aufgebrochen, die keinen anderen Inhalt hätte als
den, sie und ihren bürgerlichen Anhang zu epatieren, zu ver-
blüffen, zu bluffen und zu ärgern. Und unsre heutige Literatur
nicht an diese letzte – und nur noch in Anführungszeichen
»bürgerliche« – Literatur anknüpfen wollen, sondern einen be-
liebigen Punkt in der verfallenden Entwicklung des neunzehn-

2 Vgl. dazu Lukács' Entgegnung in seinem Expressionismus-Beitrag.

ten Jahrhunderts als Anknüpfungspunkt vorschlagen, wie es vor Bernhard Ziegler schon Bogdanoff getan hat, ist der Verzicht auf eins der wichtigsten Ergebnisse gerade unserer Geschichtsbetrachtung: *daß nämlich im vergreisenden Alten schon der Keim des Neuen, im Zerfall schon die Keime der neuen Gestaltung gegeben sind.*

Der Expressionismus war, vielleicht, auch Zersetzung – nicht des bürgerlichen Erbes, aber der bürgerlichen Erbbewahrung, Erbverwaltung, der weiteren Produktion auf nicht mehr gesicherter Grundlage; er war *mehr:* er war Keim, Vorzeichen des Neuen, Vortrieb zu dem, was wir heute wollen, zum Kommenden und Sicheren. Vielleicht war der Weg durch den Expressionismus wirklich »ein Ritt über den Bodensee«; dann *mußten* wir eben über den Bodensee reiten, um aus dem Sumpfe des Vorkriegs und aus der Flammenhöhle des Krieges herauszukommen.

Dies ist nämlich die zweite historische Gegebenheit der expressionistischen Epoche: er ist die Reaktion – gewiß wieder nur die Re-Aktion, wie er auch nur die Re-Aktion gegen den Impressionismus war, aber doch auch die Antithese zur Entartung der im Krieg versinkenden bürgerlichen Welt – der intellektuellen, schon entbürgerlichten, aber noch nicht zu einem neuen Klassenbewußtsein vorgedrungenen Jugend. Er fand zu dieser Funktion in der vor dem Krieg und während des Krieges angebahnten künstlerischen Entwicklung die Ausdrucksmittel vor, und er verwandte sie nun zu einer manchmal utopisch begründeten, aber sehr aufrichtigen und immer wirksamen schöpferischen Kritik der Erscheinungswelt, nun auch der sozialen, in Hinsicht der neu zu schaffenden Welt. Hier, nur hier, in dieser noch vielfach an Irrtümern reichen, aber fruchtbaren Beziehung des Expressionismus zu der im unpolitisch gebliebnen Untertanendeutschland so notwendigen, wenn auch engen und bald vertrocknenden Bewegung des Aktivismus, liegt die Gemeinsamkeit mit Blüher und andern, die Ziegler zu unrecht dem Expressionismus in die Schuhe schiebt; liegt aber auch die Gemeinsamkeit mit der Freideutschen Jugendbewegung – aus der ja auch viele zum Faschismus und viele zum Kommunismus gekommen sind. In dem »Rang-Richtung-Streit« wurde der Flügel, der den Vorrang des Ranges über die Richtung behauptete, von Blüher geführt, der Gegenflügel, der sie

leugnete – weil Rang »sich von selbst verstehe« und die Frage
unkonkret und falsch gestellt sei – von Rudolf Leonhard, den
Herwarth Walden wahrscheinlich nie als Expressionisten anerkannt hat, den aber andere Kritiker und das vorhitlersche
Meyersche Konversationslexikon dazu stempelten. Es gab, wie
es Aktivisten verschiedenster, auch expressionistischer Herkunft
gab, Expressionisten verschiedenster, auch fraglicher, Pro-
venienz; und Hans Blüher, der sich dann als Hanswurst von
Rang entpuppte, war gewiß keiner.

Es hatte in Deutschland nicht *eine* romantische Schule gegeben,
sondern *zwei*. Die erste, die Jenenser, bestand aus festen und
starken Denkern, auch Sozialdenkern, von denen freilich manche abglitten; vor denen stand die entsetzlich schwere Aufgabe,
dem Bürgertum, das vor seinem Siege erschrak, den Platz an-
zuweisen; und wir sind einmal von Jean Cassou[3] darauf aufmerksam gemacht worden, daß Marx nicht nur das Erbe der
deutschen idealistischen Philosophie, sondern auch das Erbe
dieser Schlegel und Görres angetreten habe. Die zweite, die
Heidelberger, versagend vor der ungelösten Aufgabe, versank
im Mondschein und Gespenstertaumel vor den Ruinen der Bur-
gen, die ihre Väter anderswo gestürmt hatten; und auch sie
noch hatte historische und philologische Verdienste (und manchem, ja vielem von dem, was sie an deutschem Volksgut in
Des Knaben Wunderhorn und sonst rettete, manchem, was sie
an indischem und sonstigem Gute gewann, stand die Lyrik
des Expressionismus gar nicht fern). So gab es auch zwei Expressionisten, *mindestens* zwei. Der eine hatte nach der Form-
auflösung, Gegenstandszerstörung, Erscheinungszersetzung des
Impressionismus die Kunst wieder festgemacht, gewiß erst in
der Primitivität des harten Form- und Sachdranges, in der pri-
mitivsten Form, der mathematischen. (Bernhard Ziegler vergißt ganz den Expressionismus der bildenden Künste, und wie
selbstverständlich dessen Ergebnisse für jede Ecke auch der in-
dustriellen Gebrauchskunst geworden sind, bis zum politischen
Plakat!) Der andre besorgte, nach der Objektraserei des Krieges, die Restituierung der Objekte an den Menschen, ja die
Restituierung des Menschen; wenn es auch, in der Not des
überschwänglichen Gefühlsdranges, manchmal nur die des Sub-

3 Jean Cassou (geb. 1897): französischer Schriftsteller. Schrieb kunstkritische
Studien und Romane. Direktor des Museums für moderne Kunst, Paris.

jektes, aber doch die des Subjektes im Sinne Fichtes, also im unindividualistischen, im gültigen, allgemeinen Sinne war. Hierin und hiermit war der Expressionismus ein *Humanismus;* er war es überhaupt. Und er war, wie der Katholizismus es ist, wie der Marxismus es ist, eine rein menschliche, humane, antinaturalistische Lehre. Und hier ist die Basis für das Weitere, für den Pendelschwung nach der andern Seite: der nachexpressionistische Realismus konnte nicht der lamentierende, weiche, vor dem Gesetz der Auswahl schwache Naturalismus sein, er konnte, über die oft mißverständliche und nicht immer aufrichtige »neue Sachlichkeit« hin, sachgerechter, härter, schneidender, er konnte revolutionär, er konnte der klare, sozial bestimmte Realismus werden.

Was heute zur Verurteilung des Expressionismus führen, ihn aber eben doch nicht ungeschehen machen und ihm seinen historischen Sinn nicht rauben kann, sind die Flüche, die auf allen deutschen Schulen lasten: die deutsche Tendenz, vor der mangelhaften Erde zu fliehen, der fehlende Mut zum Rationalismus, deren Fehler darin wurzelt, daß aus guten – das heißt aus schlechten – historischen Gründen das Deutschland der Religionsspaltung und andrer Übel keinen Voltaire, sondern nur, neben der verschütteten Wirkung Lessings, einen Nicolai hatte, die feige Angst vor der Banalität, das heißt vor der unmißverständlichen Behandlung unsrer eignen Angelegenheiten, das Vorurteil der Tiefe, die nur Tragik, Wolkigkeit, Halbdunkel und Trübe für »ewige« Werte hält, die aber immer und in jeder Form und Formlosigkeit, und Sommer, Sonne, Nahrung, Gemeinsamkeit und Revolution für flach; kurz, es sind die Ausläufer der deutschen Unterdrücktheit, es ist die *Fortdauer der deutschen Misere.* Was der Expressionismus geleistet hat, ist die Festsetzung des Menschen und die Härtung der Dinge zur *Ermöglichung des neuen Realismus.* Und geleistet hat er, wie jeder Humanismus, die Erstreckung, die Erweiterung des Menschlichen; wie der eine die Antike, die, welche er brauchte, wie der der großen Romantik Asien, den Norden und, für Deutschland, Spanien und Altengland in unser Lebensgut einbezogen hat, so haben uns die Expressionisten, die expressionistischen Humanisten um Ägypten und um die Kunst der Naturvölker – ja, um die Totempfähle von den Fidschiinseln! – und um die Kenntnis der kindlichen Produktivität an Habe und an Möglichkeiten reicher gemacht, mindestens das; es gibt keinen Grund dafür, daß es nun keiner gewesen sein will.

Was ist uns »in den Knochen steckengeblieben«? Dies alles, und unsere Knochen, also unsre eigne Geschichte. Die überaus kluge deutsche Sprache nennt Kunstrichtungen »Schulen«; man muß, wenn man alt genug ist und genug gelernt hat, das Examen machen, aber erst muß man in die Schule gegangen sein. Der junge Dichter, der heute – anders als in einer kurzen Periode seiner ebenfalls nach einem »biogenetischen Grundgesetz« verlaufenden geistigen Entwicklung – expressionistisch dichten würde, wäre ein kompletter Narr; der, der es 1919 nicht getan hat, hat diese Zeit damals nicht ganz, hat nicht ganz in dieser Zeit gelebt.

Nun kann ich, da Bernhard Ziegler sich und uns katechisiert, gewissenhaft und zuversichtlich seine Fragen beantworten.

Die erste, die nach der Antike: *nein,* wir sehn sie nicht so, als »edle Einfalt und stille Größe«; weil diese ganz undialektische Anschauung Winkelmanns falsch ist; wie Nietzsches korrigierende Anschauung[4], undialektisch genommen, falsch ist, wie beide es sind ohne die Berichtigungen Fustel de Coulanges[5] und ohne die Sicherungen der Erkenntnismethode von Karl Marx. Die zweite, die nach dem Formalismus: *ja,* wir sehn ihn als den Hauptfeind – als einen der Hauptfeinde jeder wahrhaft großen Kunst an, da wir darüber klar sind, daß es Form ohne Inhalt in der Realität so wenig gibt und in der Kunst so wenig geben kann wie Inhalt ohne Form (und wie Flüssigkeit ohne Behälter) da nur beide zusammen die reale und die künstlerische »Erscheinung« machen, vielmehr die untrennbare Einheit beider sie macht, und daß der Inhalt die Form nicht nur bestimmt, sondern erzeugt, daß er es ist, der die Form formt.

Die dritte, die nach Volksnähe und Volkstümlichkeit: *ja* unbedingt *ja* – wenn sie echt sind und nicht eine romantische Maske oder eine faschistische Fratze, wenn sie wirklich und in jedem Sinne »naturwüchsig« sind, und wenn das »Volk« die Realität der lebendigen Massen ist und nicht das Spiel eines Rokoko, die Illusion der Romantiker oder die Fälschung der Faschisten.

---

4 Gemeint ist *Die Geburt der Tragödie oder Griechentum und Pessimismus,* entstanden während des deutsch-französischen Krieges 1870/71.
5 Fustel de Coulange (1830-1889): französischer Geschichtsschreiber. *Histoire des institutions politiques de l'ancienne France* (1875-1890).

Es ist nicht die Schuld eines peinlich zu tragenden expressionistischen Erbrests in meinen Antworten und Bernhard Zieglers
Fragen, wenn ich nicht mit weniger Vorbehalten – kürzer,
scheinbar mit mehr Enthusiasmus, in Wahrheit mit weniger
Präzision – antworten kann. Es gibt wohl keine Frage in der
Bibel und in der Welt, auf die man nur mit Ja oder Nein
antworten kann.

Ernst Bloch
Diskussionen über Expressionismus

Merkwürdig, daß sie wieder beginnen. Vor kurzem schien dies undenkbar, der *Blaue Reiter* war tot. Jetzt melden sich nicht nur Stimmen, die sich seiner mit Achtung erinnern. Fast wichtiger ist, daß sich andere über eine vergangene Bewegung so akut ärgern, als wäre sie eine heutige und stünde ihnen im Weg. Sie ist gewiß keine heutige, aber hat sie noch nicht ausgelebt?
Ziegler stellte das so dar, als spuke sie nur in einzelnen älteren Herzen fort. Ehemals waren diese jugendbewegt, nun bekennen sie sich zum klassischen Erbe, leiden aber noch an gewissen Resten. Man sieht einen besonders prägnant erscheinenden Expressionisten – Benn – im Faschismus enden und schließt daraus: »Dieses Ende ist gesetzmäßig.« Die übrigen Expressionisten waren nur nicht konsequent genug, es zu finden.

»heute läßt sich klar erkennen, wes Geistes Kind der Expressionismus war, und wohin dieser Geist, ganz befolgt, führt: in den Faschismus«.

Danach wäre also das neuerwachte Interesse nicht nur ein privates, sondern ein kulturpolitisches, antifaschistisches: die »Menschheitsdämmerung« von ehemals war eine Prämisse Hitlers. Hier passierte nur Ziegler das Mißgeschick, daß Hitler einige Wochen bevor Zieglers Ahnenforschung veröffentlicht wurde, in seiner münchner Rede und Ausstellung die Prämisse gar nicht wiedererkannte. Im Gegenteil, wie bekannt: rascher und sinnfälliger wurde eine falsche Herleitung, ein eilig negatives Werturteil selten ad absurdum geführt.
Wurde es auch grundsätzlich, das heißt auf eine uns angemessene Weise ad absurdum geführt? Die Übereinstimmung, in der sich Ziegler, zu seinem Schreck, mit Hitler fand, ist gewiß tödlich, aber der Betrüger in München hätte ja einen Grund dafür haben können (man sieht freilich nicht, welchen) die Spuren des Faschismus zu verwischen. Um die grundsätzliche Frage daher zu erklären, ist es angezeigt, den chronologischen Unfall des Ziegler-Artikels, aber auch den Artikel selbst nicht einzeln

zu pointieren, sondern jene »Vorarbeit« des Ganzen aufzusuchen, auf die Leschnitzer in seinem lyrischen Diskussionsbeitrag bereits hingewiesen hat: wir meinen den vier Jahre alten Aufsatz von Lukács: ›*Größe und Verfall*‹ *des Expressionismus (Internationale Literatur,* 1934, Heft 1); darin ist das Konzept für die neueste Grabrede auf den Expressionismus. Wir beziehen uns in folgendem wesentlich auf diesen Aufsatz; denn er liegt den Beiträgen Zieglers, auch Leschnitzers gedanklich zugrunde. Lukács ist zwar in den Schlußformulierungen bedeutend vorsichtiger, er betont, daß die *bewußten* Tendenzen des Expressionismus keine faschistischen waren, daß er schließlich »nur als *untergeordnetes Moment* in die faschistische ›Synthese‹ einverleibt werden« konnte (S. 173). Aber das Fazit bemerkt auch, daß

»die Faschisten – mit einem gewissen Recht – im Expressionismus ein für sie brauchbares Erbe erblicken«.

Goebbels findet hier für das Seine »gesunde Ansätze«, denn

»der Expressionismus als schriftstellerische Ausdrucksform des entwickelten Imperialismus (!) beruht auf einer irrationalistisch-mythologischen Grundlage; seine schöpferische Methode geht in die Richtung des pathetisch-leeren, deklamatorischen Manifestes, der Proklamierung eines Scheinaktivismus... Die Expressionisten *wollten* zweifellos alles eher als einen Rückschritt. Da sie sich aber weltanschaulich nicht vom Boden des imperialistischen Parasitismus loslösen konnten, da sie den ideologischen Verfall der imperialistischen Bourgeoisie kritiklos und widerstandslos mitmachten, ja zeitweilig seine Pioniere waren, muß ihre schöpferische Methode nicht entstellt werden, wenn sie in den Dienst der faschistischen Demagogie, der Einheit von Verfall und Rückschritt gepreßt wird.«

Man erkennt: die Auffassung, daß Expressionismus und Faschismus Kinder des gleichen Geistes seien, hat hier ihren grundsätzlichen Ausgangspunkt. Die Antithese: Expressionismus und – sage man – klassisches Erbe ist bei Lukács genau so starr wie bei Ziegler, aber sie besteht weniger aus Werturteilen, sie ist begrifflich fundiert.
Freilich nicht ebenso sachlich, dem Stoff nach; hier liegt manches im Argen. Wer Lukács' Aufsatz zur Hand nimmt (was sehr ratsam, das Original lehrt immer am besten), der merkt zunächst, daß in keiner Zeile ein expressionistischer Maler vor-

kommt. Marc, Klee, Kokoschka, Nolde, Kandinsky, Groß, Dix, Chagall sind nicht vorhanden (um von musikalischen Parallelen, vom damaligen Schönberg zu schweigen). Das überrascht desto mehr, als nicht nur die Zusammenhänge zwischen Malerei und Literatur damals die engsten waren, sondern die expressionistischen Bilder viel bezeichnender für die Bewegung sind als die Literatur. Zudem hätten sie eine wünschenswerte Erschwerung des vernichtenden Urteils abgegeben; denn einige dieser Bilder bleiben dauern bedeutsam und groß. Aber auch die literarischen Gebilde sind weder in einer quantitativ noch qualitativ zureichenden Weise beachtet; der Kritiker begnügt sich mit einer sehr geringen, wenig charakteristischen »Auswahl«. Gänzlich fehlten Trakl, Heym, Else Lasker-Schüler; der frühe Werfel wird nur hinsichtlich des pazifistischen Tenors weniger Verszeilen zur Kenntnis genommen, ebenso Ehrenstein und Hasenclever. Während von den frühen, oft bedeutenden Gedichten Johannes R. Bechers nur versichert wird. daß es dem Autor gelungen sei, die expressionistische Methode »allmählich wegzuwerfen«, werden Auchdichter wie Ludwig Rubiner durchaus zitiert, jedoch wiederum nur zu dem Zweck, um an ihnen zu erhärten, was – abstrakter Pazifizismus sei. Hier tritt bezeichnenderweise auch ein Zitat aus René Schickele an, obwohl Schickele niemals ein Expressionist war, sondern eben nur ein abstrakter Pazifist (wie damals viele brave Dichter und Männer, Hermann Hesse und hundert andere). Was aber ist nun das Material, an dem Lukács seine Expressionismus-Auffassung kenntlich macht? Es sind Vorworte oder Nachworte zu Anthologien, »Einleitungen« von Pinthus, Zeitschrift-Artikel von Leonhardt, Rubiner, Hiller und dergleichen mehr. Es ist derart nicht die Sache selbst, mit ihrem konkreten Eindruck an Ort und Stelle, mit ihrer nachzuerfahrenden Wirklichkeit, sondern das Material ist selber schon ein indirektes, ist Literatur über den Expressionismus, die nochmals literarisiert, theoretisiert und kritisiert wird. Gewiß zum Zweck, »die gesellschaftliche Basis und die aus ihr entspringenden weltanschaulichen Voraussetzungen dieser Bewegung« klarzustellen, aber mit der methodischen Begrenztheit, daß ein Begriff von Begriffen, ein Essay über Essays und Minderes gegeben wird. Von daher auch die fast ausschließliche Kritik bloßer expressionistischer Tendenzen und Programme (meist solcher, die erst die Literatoren der Bewegung formuliert, wo nicht hineingetragen haben). Sehr viele richtige und feine Konstatierungen finden sich in diesem Zusammenhang; Lukács charakterisiert den Abstraktpazifizismus, den Bohème-Begriff der »Bürgerlichkeit«, den »Fluchtcharakter«, die »Fluchtideologie«, dann wieder die bloß subjektive Revolte im Expressionismus, auch die abstrakte Mystifizierung des »Wesens« der expressionistisch dargestellten Dinge. Aber bereits die subjektive Revolte dieser Bewegung ist kaum genügend erfaßt, wenn Lukács – an Hand der »Vorworte« – lediglich die »fanfarenhafte Überheblichkeit«, die »blecherne Monumentalität« ankreidet. Wenn er inhaltlich lediglich »kleinbürgerliche Ratlosigkeit und Verlorenheit im Getriebe des Kapitalismus« vorfindet, »das ohnmächtige Aufbegehren des Kleinbürgers gegen sein Zermürbt- und Zertretenwerden durch den Kapitalismus« (S. 168). Wäre selbst nichts sonst zum Vorschein gekommen, hätten die Expressionisten während des Weltkriegs wirklich nichts anderes zu melden gehabt als Frieden, Ende der Tyrannei, so wäre das noch kein Grund, ihren Kampf, wie Lukács tut, als bloßen Scheinkampf zu bezeichnen, ja ihm zu attestieren, daß er eine bloße

»pseudokritische, abstrakt-verzerrende, mythisierende Wesensart der *imperialistischen* (von mir hervorgehoben. E. B.) Scheinoppositionen« darstellte (S. 159.)

Es ist wahr, Werfel und andere seiner Art haben ihren Abstraktpazifizismus nach Kriegsende zu einer Kindertrompete verwandelt; die Parole »Gewaltlosigkeit« wurde dadurch, der Revolution gegenüber, zu einer objektiv gegenrevolutionären. Aber das hebt den Umstand nicht auf, daß diese Parole während des Krieges selbst und vor seiner möglichen Umwandlung in den Bürgerkrieg eine durchaus revolutionäre, auch objektiv-revolutionäre war, daß sie von den Durchhaltepolitikern auch so verstanden worden ist. Übrigens haben viele Expressionisten auch der »bewaffneten Güte« ein Wort gesungen: der Peitsche Christi, die die Wechsler aus dem Tempel trieb; so völlig begriffslos war diese Menschenliebe nicht. Gar die Mitteilung, daß der Expressionismus den »gemeinsamen weltanschaulichen Boden des deutschen Imperialismus« nicht verlassen habe, daß er infolgedessen dem Imperialismus durch bloße »apologetische

Kritik« auch noch genützt habe, ist nicht nur einseitig und schief, sondern überdimensioniert schief und ein Schulbeispiel für den abgelaufenen, gerade von Lukács bekämpften Soziologismus und Schematismus. Doch wie gesagt, das alles gehört gar nicht recht zum eigentlich *gestaltenden* Expressionismus, wie er uns als Phänomen doch einzig interessiert. Es gehört wesentlich zum *Ziel-Jahrbuch* und ähnlicher mit Recht verschollener Diatribe; dort ist alles klar. Aber in den nach wie vor rätselhaften Subjektausbrüchen, in den archaisch-utopischen Hypostasen der damaligen Kunst ist, wie nicht erst versichert zu werden braucht, bedeutend mehr als die »USP-Ideologie« anzutreffen, auf die Lukács den Expressionismus reduzieren möchte. Die Subjektausbrüche ins Gegenstandslose sind zweifellos noch bedenklicher, als sie rätselhaft sind; ihr Material aber ist durch bloße »kleinbürgerliche Ratlosigkeit und Verlorenheit« kaum genügend umschrieben. Es ist ein anderes Material, zum Teil aus archaischen Bildern, zum Teil aber auch aus revolutionärer Phantasie, aus kritischer und häufig konkreter. Wer Ohren gehabt hätte zu hören, hätte in diesen Ausbrüchen ein revolutionär Produktives wahrnehmen können. auch wenn es ungeregelt und ohne Obhut war. Auch wenn es noch soviel »klassisches Erbe«, das heißt zur damaligen Zeit: klassischen Schlendrian »zersetzt« hat. Dauernder Neuklassizismus oder der Glaube, daß alles, was nach Homeros und Goethe hervorgebracht wurde, unrespektabel sei, ist allerdings keine Warte, um die Kunst der vorletzten Avantgarde zu beurteilen und in ihr nach dem Rechten zu sehen.

Was überhaupt wird, bei solcher Haltung, an neueren künstlerischen Versuchen nicht abgekanzelt? Sie werden ohne weiteres der kapitalistischen Fäulnis zugeordnet und das nicht nur, wie selbstverständlich, zu einem bestimmten Teil, sondern hundertprozentig, in Bausch und Bogen. Avantgarde innerhalb der spätkapitalistischen Gesellschaft gibt es dann nicht, antizipierende Bewegungen im Überbau sollten nicht wahr sein. So will es eine Schwarz-Weiß-Zeichnung, die den wirklichen Umständen schwerlich gerecht wird, den propagandistischen erst recht nicht. Sie rechnet fast alle Oppositionen gegen die herrschende Klasse, die nicht von vornherein kommunistisch sind, der herrschenden Klasse zu. Sie rechnet sie auch dann zu, wenn die Opposition, wie Lukács im Fall Expressionismus ausdrücklich eingesteht, subjektiv gutwillig war und den Tendenzen des späteren Faschismus entgegengesetzt fühlte, malte, schrieb. Im Zeitalter der Volksfront scheint eine Fortsetzung dieser Schwarz-Weiß-Technik weniger als je angebracht; sie ist mechanisch, nicht dialektisch. Der gesamten Abkanzlung und schlechthin negativistischen Kritik liegt die Theorie zugrunde, daß seit der Beendigung des Weges Hegel-Feuerbach-Marx von der Bourgeoisie überhaupt nichts mehr zu lernen sei, außer Technik und gegebenenfalls Naturwissenschaft; alles andere ist bestenfalls »soziologisch« interessant. Daher werden selbst so eigentümliche und bisher unerhörte Erscheinungen wie der Expressionismus von vornherein als pseudo-revolutionär gerichtet. Daher werden den Nazis die Expressionisten als Vorläufer zugebilligt, ja zugetrieben, Streichers Ahnentafel sieht sich völlig unwahrscheinlich, höchst verwirrend aufgebessert. Ziegler macht eine Klimax aus Namen, die durch Abgründe voneinander getrennt sind, er freilich trennt sie nur durch Kommata und setzt hintereinander, als Brüder des gleichen »nagenden« Geistes:

»Bachofen, Rhode, Burckhardt, Nietzsche, Chamberlain, Bäumler, Rosenberg« (*Das Wort*, 1937, Heft 9, S. 47).

Lukács bezweifelt aus den angegebenen Gründen jetzt selbst an Cézanne die malerische Substanz, und von den großen Impressionisten insgesamt (also nicht nur von den Expressionisten) spricht Lukács wie vom Untergang des Abendlandes. Er läßt in seinem Aufsatz nichts von ihnen übrig als

»die Inhaltsleere ... die in der Häufung wesenloser nur subjektiv bedeutsamer Oberflächenzüge künstlerisch zum Vorschein kommt« (S. 171).

Riesig steigt dagegen der Klassizismus auf, bei Ziegler sogar die Winkelmann-Antike, die edle Einfalt, stille Größe, die Kultur des unzerfallenen Bürgertums, die Welt vor hundert und noch mehr Jahren; sie allein ist das Erbe. Es braucht nicht erinnert zu werden, daß die Zeit des Klassizismus nicht nur die Zeit des aufsteigenden deutschen Bürgertums war, sondern auch der Heiligen Allianz; daß der Säulenklassizismus der »strenge« Herrenhaus-Stil dieser Reaktion Rechnung tragen; daß selbst die Winkelmann-Antike keineswegs ohne feudale Gelassenheit ist. Es ist wahr: die laudatores temporis acti halten bei Homeros und Goethe nicht ausschließlich an. Lukács verehrt Balzac aufs höchste, macht Heine als nationalen Dichter kenntlich und ist gegebenenfalls von Klassik so fern, daß er Mörike, der allen Freunden früherer Dichtung als einer der echtesten deutschen Lyriker gilt, im Heine-Aufsatz einen »niedlichen Zwerg« genannt hat. Überall sonst aber ist hier Klassik das Gesunde, Romantik das Kranke, Expressionismus das Allerkrankste, und dieses nicht nur wegen des *unzerfallenen, objektiven Realismus,* der der Klassik eignet. Es ist hier nicht der Ort, auf diesen Punkt einzugehen; gerade wegen seiner Wichtigkeit erforderte er die gründlichste Behandlung, doch müßten dazu alle Probleme der dialektisch-materialistischen Abbildlehre zur Sprache kommen.[1] Hier nur soviel: Lukács setzt überall eine geschlossen zusammenhängende Wirklichkeit voraus, dazu eine, in der zwar der subjektive Faktor des Idealismus keinen Platz hat, dafür aber die ununterbrochene »Totalität«, die in idealistischen Systemen, und so auch in denen der klassischen deutschen Philosophie, am besten gediehen ist. Ob das Realität ist, steht zur Frage; wenn sie es ist, dann sind allerdings die expressionistischen Zerbrechungs- und Interpolationsversuche, ebenso die neueren Intermittierungs- und Montageversuche, leeres Spiel. Aber vielleicht ist Lukács' Realität, die des unendlich vermittelten Totalitätszusammenhangs, gar nicht so – objektiv; vielleicht enthält Lukács' Realitätsbegriff selber noch klassisch-systemhafte Züge; vielleicht ist die echte Wirklichkeit auch Unterbrechung. Weil Lukács einen objektivistisch-geschlossenen Realitätsbegriff hat, darum wendet er sich, bei Gelegenheit des Expressionismus, gegen jeden künstlerischen Versuch, ein Weltbild zu zerfällen (auch wenn das Weltbild das des Kapitalismus ist). Darum sieht er in einer Kunst, die Zersetzungen des Oberflächenzusammenhangs auswertet und Neues in den Hohlräumen zu entdecken versucht, selbst nur subjektivistische Zersetzung; darum setzt er das Experiment des Zerfällens mit dem Zustand des Verfalls gleich.

1 Vgl. die erhellenden Ausführungen von W. Mittenzwei *Wie sind brauchbare Abbildungen zu bekommen,* in: *Die Brecht-Lukács-Debatte, Sinn und Form* 1 (1967), S. 254 ff. – Lenins Abbildlehre ist in seiner Auseinandersetzung mit Ernst Mach und Avenarius enthalten, aber nicht explizit als »Lehre« oder »Programm« formuliert, vgl. Lenin *Materialismus und Empiriokritizismus* (1909).

An dieser Stelle läßt, zuguterletzt, sogar der Scharfsinn nach. Zweifellos haben die Expressionisten den spätbürgerlichen Verfall benutzt und sogar weitergetrieben. Lukács nimmt ihnen übel, daß

»sie den ideologischen Verfall der imperialistischen Bourgoisie kritiklos und widerstandslos mitmachten, ja zeitweilig seine Pioniere waren«.

Aber erstens stimmt das sehr wenig, was den flachen Sinn des »Mitmachens« angeht; Lukács selbst erkennt den Expressionismus an als einen

»ideologisch nicht unwesentlichen Bestandteil der deutschen Antikriegsbewegung (S. 154).

Sodann aber, was das »Mitmachen« im produktiven Sinn angeht, das eigentliche Weitertreiben des *kulturellen* Verfalls: gibt es zwischen Aufgang und Niedergang keine dialektischen Beziehungen? Gehört selbst das Verworrene, Unreife und Unverständliche ohne weiteres, in allen Fällen, zur bürgerlichen Dekadenz? Kann es nicht auch – entgegen dieser simplistischen, sicher nicht revolutionären Meinung – zum Übergang aus der alten in die neue Welt gehören? Mindestens zum Ringen um diesen Übergang; wobei lediglich immanent-konkrete Kritik, aber keine aus allwissenden Vor-Urteilen weiterhelfen kann. Die Expressionisten waren »Pioniere« des Zerfalls: wäre es besser, wenn sie Ärzte am Krankenbett des Kapitalismus hätten sein wollen? Wenn sie den Oberflächenzusammenhang wieder geflickt hätten (etwa im Sinn der neuen Sachlichkeit oder des Neuklassizismus) statt ihn immer weiter aufzureißen? Ziegler wirft den Expressionisten sogar »Zersetzung der Zersetzung« vor, also ein doppeltes Minus, ohne in seinem Haß zu bedenken, daß daraus gemeinhin ein Plus wird: für den Untergang des Klassizismus hat er überhaupt keinen Sinn. Erst recht keinen für die seltsamen Inhalte, die gerade im Einsturz der Oberflächenwelt sichtbar wurden, und für das Problem der Montage. Ihm ist das alles »kläglich geleimtes Gerümpel«, und eines, das er den Faschisten nachträgt, obwohl sie es gar nicht haben wollen und ganz seiner Meinung sind. Der Expressionismus hatte gerade in dem Bedeutung, worin ihn Ziegler verurteilt: er hat den Schlendrian und Akademismus zersetzt, zu dem die »Kunstwerte« verkommen waren. Er hat statt der ewigen »Formalanalyse« am objet d'art auf den Menschen und seinen Inhalt verwiesen, der zum möglichst echten Ausdruck drängt. Daß sich Schwindler gerade dieser ungesicherten und leicht imitierbaren Direktheit bemächtigt haben, daß die allzu subjektivistischen Durchbruchs- und Ahnungsinhalte nicht immer, ja sogar selten, kanonisch waren, unterliegt keinem Zweifel. Aber eine gerechte und sachliche Wertung muß sich an die wirklichen Expressionisten halten und nicht, der leichteren Kritik zuliebe, an Zerrbilder oder gar nur an die Zerrbilder der eigenen Erinnerung. Der Expressionismus war als Erscheinung bisher unerhört, aber er fühlte sich durchaus nicht traditionslos; im Gegenteil, er suchte, wie der *Blaue Reiter* beweist, durchaus seine Zeugen in der Vergangenheit, er glaubte Korrespondenzen bei Grünewald, in der Primitive, sogar im Barock zu treffen, er betonte eher zu viel Korrespondenzen als zu wenig. Er sah literarische Vorgänger im Sturm und Drang, hochverehrte Vorbilder in den Visionsgebilden des jungen und des greisen Goethe, in *Wanderers Sturmlied,* der *Harzreise im Winter,* in *Pandora* und dem späten *Faust.* Der Expressionismus hatte auch gar keinen volksfremden Hochmut, wieder im Gegenteil: der *Blaue Reiter* bildete murnauer Glasbilder ab, er öffnete zuerst den Blick auf diese rührende und unheimliche Bauernkunst, auf Kinder- und Gefangenenzeichnungen, auf die erschütternden Dokumente der Geisteskranken, auf die Kunst der Primitive. Er pointierte die nordische Ornamentik, das heißt das wild verschlungene Schnitzwerk, wie es sich auf Bauernstühlen und Bauerntruhen bis ins achtzehnte Jahrhundert erhalten hat, als ersten »organisch-psychischen Stil«. Er pointierte dies Wesen als geheime Gotik und setzte es dem menschenleeren, dem kristallinischen Herren-Stil Ägyptens und gar des Klassizismus entgegen. Daß der kunstwissenschaftliche Fachausdruck »nordische Ornamentik«, ja selbst die Feierlichkeit, womit dies Wesen expressionistisch begrüßt worden ist, nichts mit Rosenbergs Nordschwindel gemein hat und nicht seine »Anfänge« darstellt, braucht kaum versichert zu werden. Um so weniger, als die nordische Schnitzkunst voll von orientalischen Einflüssen ist; der Teppich, das »Liniengeschöpf« der Ornamentik überhaupt, war dem Expressionismus ein anderer Zuschuß. Und noch eines, das Wichtigste: der Expressionismus

war bei aller Lust an »Barbarenkunst« aufs Humane gezielt, er umkreise fast ausschließlich Menschliches und die Ausdrucksform seines Inkognito. Davon zeugen, vom Pazifismus ganz abgesehen, selbst noch die expressionistischen Karikaturen und Industrialisierungen; das Wort »Mensch« wurde damals genau so häufig gebraucht wie heute von den Nazis sein Gegenteil: die schöne Bestie. Es wurde auch mißbraucht: da gab es auf Schritt und Tritt »entschlossene Menschlichkeit«, die Anthologien hießen *Menschheitsdämmerung* oder *Kameraden der Menschheit* – lauter verblasene Kategorien, aber zuverlässig keine vorfaschistischen. Der echtrevolutionäre, materialistisch klare Humanismus hat allen Grund, diese verblasenen Kategorien abzulehnen; niemand verlangt auch, daß er den Expressionismus als Muster oder seinerseits als »Vorläufer« nimmt. Aber es besteht auch kein Anlaß, ein neuklassizistisches Interesse durch verjährten Kampf mit entwertetem Expressionismus interessant zu machen. Was kein Vorläufer ist, kann deshalb – in seinem Ausdruckswillen und seiner Zwischenzeiten-Existenz – jungen Künstlern näherstehen als der Klassizismus. Denn Klassizismus ist wohl Kultur, aber abgezogen, abstrakt-gebildet gewordene; er ist Kultur, gesehen durch kein Temperament.
Immerhin regt die frühere Glut, auch als solche, noch auf. Ist also der Expressionismus noch nicht verjährt, hat er noch nicht ausgelebt? Mit dieser Frage wäre man, fast unfreiwillig, an den Anfang unserer Betrachtungen zurückgekehrt. Die ärgerlichen Stimmen reichen gewiß noch nicht zur Bejahung aus, auch Zieglers drei andere Probleme am Schluß seines Artikels verbreiten hierüber kein Licht. Ziegler fragt, zum Zweck einer anti-expressionistischen Selbstprüfung:

»Die Antike: ›Edle Einfalt und stille Größe‹ – sehen wir sie so?«

Zweitens:

»Der Formalismus: Hauptfeind einer Literatur, die wirklich zu großen Höhen strebt – sind wir damit einverstanden?«

Drittens:

»Volksnähe und Volkstümlichkeit: die Grundkriterien jeder wahrhaft großen Kunst – bejahen wir das unbedingt?«

Es ist klar, daß auch derjenige, der diese Fragen verneint, erst recht der andere, der sie als unrichtig gestellt ansieht, deshalb noch keine »Reste des Expressionismus« in sich bergen muß. Hitler – diese Erinnerung läßt sich bei so summarisch gestellten Fragen leider nicht vermeiden – Hitler hat ja die erste und dritte Frage bereits vorbehaltlos bejaht und ist trotzdem nicht unser Mann. Aber lassen wir die »edle Einfalt und stille Größe«, eine rein historisch-kontemplative Frage und eine kontemplative Haltung vor Historischem. Bleiben wir bei den Fragen »Formalismus« und »Volksnähe«, so unscharf diese Probleme im vorliegenden Zusammenhang auch gestellt sein mögen. Zuverlässig aber ist Formalismus der geringste Fehler der expressionistischen Kunst gewesen (die man nicht mit der kubistischen verwechseln darf). Sie litt eher an zu wenig Formung, an einer roh oder wild oder durcheinander hinausgeschleuderten Ausdrucksfülle; das Ungestalte war ihr Stigma. Dafür freilich auch die Volksnähe, die Folklore, ganz im Gegensatz also zu der Meinung Zieglers, der Winkelmanns Antike und den Akademismus, der aus ihr gezogen wurde, als eine Art Naturrecht in der Kunst vorstellt. Volkstümlich im schlechten Sinn ist freilich auch der Kitsch; der Bauer des neunzehnten Jahrhunderts vertauschte seinen gemalten Schrank gegen ein Fabrik-Vertiko, die uralt-bunten Glasbilder gegen einen Öldruck, und hielt sich für arriviert. Aber diese übelsten Früchte der Kapitalisierung wird man kaum als volkshaft ansprechen wollen; sie sind erweisbar auf anderem Boden gewachsen und verschwinden mit ihm. Nicht so sicher ist der Neuklassizismus ein Gegenmittel gegen den Kitsch und ein Element wirklicher Volksnähe; dafür ist er selber viel zu sehr das »Höhere«, das unecht Aufgesetzte. Wogegen die Expressionisten allerdings, wie schon bemerkt, auf Volkskunst durchaus zurückgingen, Folklore liebten und ehrten, ja malerisch zuerst entdeckt haben. Besonders Maler aus Völkern von junger Selbständigkeit, tschechische, lettische, jugoslawische Maler fanden um 1918 im Expressionismus eine Ausdrucksweise, die ihrer heimischen Folklore unendlich viel näher lag als die meisten Kunststile bisher (vom Akademismus zu schweigen). Und wenn expressionistische Kunst in vielen Fällen (nicht in allen, man denke an Grosz oder Dix oder Becher) dem Betrachter unverständlich bleibt, so kann das bedeuten, daß Angestrebtes nicht erreicht wurde, es kann aber auch bedeuten, daß der Betrachter weder die Auffassungsgabe unverbildeten Volks noch die Aufgeschlossenheit entgegenbringt, die für das Verständnis jeder neuen Kunst unentbehrlich ist. Ist der Wille des Künstlers für Ziegler maßgeblich, so war der Expressionismus geradezu ein Durchbruch zur Volksnähe. Ist die erreichte Leistung maßgeblich, so darf Verständnis nicht für jedes einzelne Stadium des Prozesses verlangt werden: Picasso malte als erster »geleimtes Gerümpel«, zum Entsetzen sogar des gebildeten Volks; Heartfield ist so volksnah, daß mancher Gebildete nichts von Montage wissen will. Und wenn der Expressionismus heute noch zu Erregungen Anlaß gibt, jedenfalls nicht undiskutabel geworden ist, dann scheint auch die »USP-Ideologie«, die heute zuverlässig ohne Unterbau ist, nicht die einzige im Expressionismus gewesen zu sein. Seine Probleme bleiben so lange denkwürdig, bis sie durch bessere Lösungen, als es die expressionistischen waren, aufgehoben sind. Eine Abstraktion jedoch, die die letzten achtzig Jahre unserer Kulturgeschichte überschlagen möchte, sofern sie keine rein proletarische ist, gibt diese besseren Lösungen kaum. Das Erbe des Expressionismus ist noch nicht zu Ende, denn es wurde noch gar nicht damit angefangen.

Georg Lukács
Es geht um den Realismus

> Zu ihrer Zeit hat die revolutionäre Bourgeoisie einen
> heftigen Kampf für die Sache ihrer Klasse geführt,
> mit allen Mitteln, auch mit dem der schönen Litera-
> tur. Was hat die Reste der Ritterschaft zum allgemei-
> nen Gelächter gemacht? Cervantes' »Don Quijote«.
> Der »Don Quijote« war die stärkste Waffe in den
> Händen der Bourgeoisie in ihrem Kampfe gegen den
> Feudalismus, gegen die Aristokratie. Das revolutio-
> näre Proletariat braucht wenigstens einen einzigen
> kleinen Cervantes *(Heiterkeit)* der ihm eine eben-
> solche Waffe geben könnte. *(Heiterkeit, Beifall).*
>
> *G. Dimitroff,* Rede an dem antifaschistischen
> Abend im moskauer Haus der Schriftsteller.[1]

Die Expressionismus-Debatte des *Wort* bietet für den verspäteten Teilnehmer eine gewisse Schwierigkeit; viele haben den
Expressionismus leidenschaftlich verteidigt. In dem Augenblick
aber, als man konkret sagen sollte, *wer* nun der vorbildliche
expressionistische Schriftsteller sein sollte, ja wer überhaupt
verdient, Expressionist genannt zu werden, gehen die Meinungen so schroff auseinander, daß es keinen einzigen nicht um-
strittenen Namen gibt. Man hat sogar – gerade beim Lesen der
leidenschaftlichsten Verteidigungsreden – zuweilen das Gefühl: gab es überhaupt Expressionisten?
Da wir hier nicht über die Bewertung einzelner Schriftsteller,
sondern um Prinzipien in der Entwicklung der Literatur streiten werden, ist die Entscheidung dieser Frage für uns nicht
allzu wichtig. Für die Literaturgeschichte gibt es zweifellos
einen Expressionismus als Richtung, mit seinen Dichtern und
Kritikern. Ich werde mich in den folgenden Bemerkungen auf
die prinzipiellen Probleme beschränken.

---

1 Georgi Dimitroff (1882-1949). Von 1933-1942 Generalsekretär der Kom-
intern in Moskau; Führer der bulgarischen KP, 1946-1949 Ministerpräsi-
dent.

Zuerst eine kleine Vorfrage: handelt es sich hier um den Gegensatz von moderner Literatur und Klassik (oder gar Klassizismus) wie dies einzelne Schriftsteller besonders dann hervorheben, wenn sie meine kritische Tätigkeit zum Gegenstand ihrer Angriffe machen? Ich glaube, diese Fragestellung ist von Grund aus unrichtig. Dahinter steckt eine Identifikation der Kunst der Gegenwart mit der Entwicklungslinie bestimmter literarischer Richtungen, einer Linie, die von dem sich auflösenden Naturalismus und Impressionismus über den Expressionismus zum Surrealismus führt. Besonders ausgeprägt und apodiktisch wird diese Theorie in dem von Peter Fischer angezogenen Artikel Ernst Blochs und Hanns Eislers in der *Neuen Weltbühne* formuliert. Wenn diese Autoren über moderne Kunst sprechen, so erscheinen als Repräsentanten der modernen Kunst *ausschließlich* Vertreter der oben genannten Entwicklungslinie.

Wir wollen vorerst kein Werturteil fällen. Wir fragen bloß: stimmt diese Theorie als Grundlage zur Geschichte der Literatur unserer Zeit?

Jedenfalls gibt es auch eine andere Auffassung. Die Entwicklung der Literatur ist – besonders im Kapitalismus, besonders zur Zeit seiner Krise) eine außerordentlich komplizierte Erscheinung. Grob und vereinfacht ausgesprochen, kann man aber doch innerhalb der Literatur unserer Zeit drei große Kreise unterscheiden, die sich selbstverständlich innerhalb der Entwicklung einzelner Schriftsteller oft überschneiden:

erstens die teils offen antirealistische, teils pseudorealistische Literatur der Verteidigung und Apologetik des bestehenden Sytems; über sie werden wir hier nicht sprechen;

zweitens die Literatur der sogenannten Avantgarde (über wirkliche Avantgarde später) vom Naturalismus bis zum Surrealismus. Was ist ihre Grundtendenz? Hier können wir, vorwegnehmend, nur so viel sagen: die Haupttendenz ist eine immer stärkere *Entfernung vom Realismus,* eine immer energischere *Liquidierung* des Realismus;

drittens die Literatur der bedeutenden Realisten dieser Periode. Diese Schriftsteller sind in den meisten Fällen literarisch auf sich gestellt, sie schwimmen gegen den Strom der Literaturentwicklung und zwar gegen den Strom *beider* oben genannten Gruppen der Literatur. Zur vorläufigen Bezeichnung dieses zeitgenössischen Realismus genügt es, wenn ich die Namen Gorki, Thomas und Heinrich Mann, Romain Rolland etc. nenne.

In den Diskussionsartikeln, die leidenschaftlich die Rechte der modernen Kunst gegen die Anmaßung der angeblichen Klassizisten verteidigen, werden diese Gipfelgestalten unserer heutigen Literatur nicht einmal *erwähnt*. Sie existieren für die »avantgardistische« Geschichtschreibung und Beurteilung der heutigen Literatur nicht. Im interessanten, gedanke- und materialreichen Buch Ernst Blochs, *Erbschaft dieser Zeit*, wird, wenn mich mein Gedächtnis nicht täuscht, der Name Thomas Mann bloß einmal genannt; der Verfasser spricht über seine (und Wassermanns) »soignierte Bürgerlichkeit«. Womit für Ernst Bloch dieses Problem erledigt ist.

Durch solche Auffassungen wird die ganze Debatte auf den Kopf gestellt. Es ist höchste Zeit, sie wieder auf die Füße zu stellen und das Beste der heutigen Literatur gegen seine verständnislosen Verächter zu verteidigen. Der Streit geht also nicht um Klassik contra Moderne, sondern um die Frage: welcher Schriftsteller, welche literarischen Richtungen repräsentieren den *Fortschritt* in der heutigen Literatur? Es geht um den *Realismus*.

2

Es wird mir insbesondere von Ernst Bloch vorgeworfen, daß ich mich in meinem alten Aufsatz über den Expressionismus* allzuviel mit den Theoretikern dieser Richtung beschäftige. Er wird mir vielleicht verzeihen, wenn ich diesen »Fehler« auch diesmal wiederhole und *seine* kritischen Bemerkungen über die moderne Literatur zum Gegenstand einer Untersuchung mache. Denn ich glaube nicht, daß die theoretischen Formulierungen von künstlerischen Tendenzen unwichtig sind – auch wenn sie theoretisch Unrichtiges aussagen. Gerade in solchen Fällen sprechen sie sonst sorgsam verdeckte »Geheimnisse« der Rich-

---

* *Internationale Literatur*, Heft 1, Jahrgang 1934.

tung aus. Und da Bloch ein Theoretiker ganz anderen Kalibers ist als die Picard, Pinthus etc. ihrer Zeit gewesen sind, ist es verständlich, daß ich seine Theorien etwas eingehender behandle.

Bloch richtet seinen Angriff gegen meine Auffassung der »Totalität«. (Ich lasse die Frage beiseite, wie weit er meine Auffassung richtig interpretiert. Es handelt sich nicht um die Frage, ob ich recht habe oder Bloch mich richtig interpretiert, sondern um die Sache selbst.) Er sieht das feindliche Prinzip in dem *»unzerfallenen objektiven Realismus,* der der Klassik eignet«. Ich setze, nach Bloch,

»überall eine geschlossen zusammenhängende Wirklichkeit voraus...
Ob das Realität ist, steht zur Frage; wenn sie es ist, dann sind allerdings die expressionistischen Zerbrechungs- und Interpolationsversuche, ebenso die neueren Intermittierungs- und Montageversuche leeres Spiel.«

Bloch sieht nun in dieser zusammenhängenden Wirklichkeit nur ein Überbleibsel der Systeme des klassischen Idealismus in meinem Denken und stellt seine eigene Auffassung folgendermaßen dar:

»vielleicht ist eine echte Wirklichkeit auch Unterbrechung. Weil Lukács einen objektivistisch-geschlossenen Realitätsbegriff hat, darum wendet er sich bei Gelegenheit des Expressionismus gegen jeden künstlerischen Versuch, ein Weltbild zu zerfällen (auch wenn das Weltbild das des Kapitalismus ist). Darum sieht er in einer Kunst, die Zersetzungen des Oberflächenzusammenhanges auswertet und Neues in den Hohlräumen zu entdecken versucht, selbst nur subjektivistische Zersetzung; darum setzt er das Experiment des Zerfällens mit dem Zustand des Verfalls gleich.«

Hier liegt eine geschlossene, bis aufs Weltanschauliche zurückgehende theoretische Begründung der modernen Kunstentwicklung vor. Bloch hat vollständig recht: bei einer grundlegenden theoretischen Aussprache über diese Fragen

»müßten alle Probleme der dialektisch-materialistischen Abbildlehre zur Sprache kommen«.

Dazu ist verständlicherweise hier der Ort nicht, obwohl ich persönlich eine solche Diskussion außerordentlich begrüßen würde. Für unser jetzt zu behandelndes Problem geht es um eine viel einfachere Frage. Nämlich um die, ob der »geschlossene Zusammenhang«, die »Totalität« des kapitalistischen Systems, der bürgerlichen Gesellschaft in ihrer prozessierenden Einheit von Ökonomie und Ideologie objektiv, unabhängig vom Bewußtsein, in der Wirklichkeit ein Ganzes bildet.

Unter Marxisten – und Bloch hat sich in seinem letzten Buch energisch zum Marxismus bekannt – dürfte darüber kein Streit sein. Marx sagt:

»Die Produktionsverhältnisse jeder Gesellschaft bilden ein Ganzes.«

Wir müssen hier das Wort *jeder* unterstreichen, denn Bloch bestreitet gerade in bezug auf den Kapitalismus unserer Zeit diese »Totalität«. Der Gegensatz zwischen uns scheint also zwar unmittelbar, formell, kein philosophischer zu sein, sondern ein Gegensatz in der ökonomisch-gesellschaftlichen Auffassung des Kapitalismus selbst; jedoch, da die Philosophie eine gedankliche Widerspiegelung der Wirklichkeit ist, folgen daraus auch philosophisch wichtige Gegensätze.

Selbstverständlich ist der zitierte Satz von Marx historisch zu verstehen, das heißt: die Totalität der Ökonomie ist selbst etwas historisch Wandelbares. Aber diese Wandlungen bestehen wesentlich in der Ausbreitung und Verstärkung des objektiven Zusammenhanges zwischen allen einzelnen ökonomischen Erscheinungen, also darin, daß die »Totalität« immer übergreifender und inhalterfüllter wird. Besteht doch nach Marx die entscheidende historisch progressive Rolle des Kapitalismus gerade darin, den *Weltmarkt* auszubilden, wodurch die ganze Weltwirtschaft zu einem *objektiv zusammenhängenden Ganzen* wird. Die primitiven Wirtschaften produzieren eine sehr geschlossen aussehende Oberfläche; man denke etwa an ein urkommunistisches Dorf oder auch an eine frühmittelalterliche Stade. Diese »Geschlossenheit« beruht aber gerade darauf, daß ein solches Wirtschaftsgebiet mit sehr wenigen Fäden an seine Umgebung, an die Gesamtentwicklung der menschlichen Gesellschaft geknüpft ist. Im Kapitalismus dagegen verselbständigen sich die Momente, die Teile der Ökonomie in einer bis dahin noch nicht vorhandenen Weise (man denke nur an die Verselbständigung des Handels, des Geldes im Kapitalismus, die sich sogar bis zur Möglichkeit von Geldkrisen, die aus der Geldzirkulation entspringen, steigert, etc.). Die Oberfläche des

Kapitalismus sieht infolge der objektiven Struktur dieses Wirtschaftssystems »zerrissen« aus, sie besteht aus sich objektiv notwendig verselbständigenden Momenten. Dies muß sich selbstverständlicherweise im Bewußtsein der Menschen, die in dieser Gesellschaft leben, also auch im Bewußtsein der Dichter und Denker widerspiegeln.

Die Verselbständigung der Teilmomente ist mithin eine objektive Tatsache der kapitalistischen Ökonomie. Jedoch bildet sie *nur einen Teil*, ein Moment des Gesamtprozesses. Und die Einheit, die Totalität, der objektive Zusammenhang aller Teile, trotz der objektiv vorhandenen und notwendigen Verselbständigung, äußert sich am prägnantesten gerade in der Krise. Marx analysiert den dialektischen Zusammenhang dieser notwendigen Verselbständigung der Momente:

»Da sie nun doch zusammengehören, so kann die Verselbständigung der zusammengehörigen Momente nur gewaltsam erscheinen, als zerstörender Prozeß. Er ist gerade die *Krise*, worin ihre Einheit sich betätigt, die Einheit des Unterschiedenen. Die Selbständigkeit, die die zueinander gehörigen und sich ergänzenden Momente gegeneinander annehmen, wird gewaltsam vernichtet. Die Krise manifestiert also die Einheit der gegeneinander verselbständigten Momente.«

Das sind die grundlegenden objektiven Momente der »Totalität« des gesellschaftlichen Zusammenhanges im Kapitalismus. Und jeder Marxist weiß, daß die grundlegenden ökonomischen Kategorien des Kapitalismus sich in den Köpfen der Menschen *unmittelbar stets verkehrt widerspiegeln*. Das heißt in unserem Fall so viel, daß die in der Unmittelbarkeit des kapitalistischen Lebens befangenen Menschen zur Zeit des sogenannten normalen Funktionierens des Kapitalismus (Etappe der verselbständigten Momente) eine Einheit erleben und denken, zur Zeit der Krise (Herstellung der Einheit der verselbständigten Momente) jedoch die Zerissenheit als Erlebnis ansehen. Infolge der allgemeinen Krise des kapitalistischen Systems verfestigt sich dieses letztere Erlebnis für längere Zeiten in sehr breiten Kreisen jener, die sich zu den Phänomenen des Kapitalismus unmittelbar erlebend verhalten.

Was hat das alles mit Literatur zu tun?

Nach einer expressionistischen oder surrealistischen Theorie, die die Beziehung der Literatur zur objektiven Wirklichkeit leugnet, gar nichts; für eine marxistische Theorie der Literatur sehr viel. Wenn die Literatur tatsächlich eine besondere Form der Widerspiegelung der objektiven Wirklichkeit ist, so kommt es für sie sehr darauf an, diese Wirklichkeit so zu erfassen, wie sie tatsächlich *beschaffen ist,* und sich nicht darauf zu beschränken, das wiederzugeben, was und wie es unmittelbar *erscheint.* Strebt der Schriftsteller nach einer solchen Erfassung und Darstellung der Wirklichkeit, wie sie tatsächlich beschaffen ist, das heißt, ist er wirklich ein *Realist,* so spielt das Problem der objektiven Totalität der Wirklichkeit eine entscheidende Rolle – ganz einerlei, wie diese vom Schriftsteller gedanklich formuliert wird. Lenin hat die praktische Bedeutung der Totalitätskategorie wiederholt energisch in den Vordergrund gestellt:

»Um einen Gegenstand wirklich zu kennen, muß man alle seine Seiten, alle Zusammenhänge und ›Vermittlungen‹ erfassen und erforschen. Wir werden das niemals vollständig erreichen, aber die *Forderung der Allseitigkeit* wird uns vor Fehlern und Erstarrung bewahren.« (Von mir hervorgehoben. *G. L.*)

Die literarische Praxis jedes wirklichen Realisten zeigt die Wichtigkeit des objektiven gesellschaftlichen Gesamtzusammenhangs und die zu seiner Bewältigung notwendige »Forderung der Allseitigkeit«. Die Tiefe der Gestaltung, die Breite und die Dauer der Wirksamkeit eines realistischen Schriftstellers hängt weitgehend davon ab, wie weit er – *gestalterisch* – darüber im klaren ist, was ein von ihm dargestelltes Phänomen *wirklich vorstellt.* Diese Auffassung von der Beziehung des bedeutenden Schriftstellers zur Wirklichkeit schließt keineswegs – wie Bloch meint – die Erkenntnis aus, daß die Oberfläche der gesellschaftlichen Wirklichkeit »Zersetzungen« zeigt und sich entsprechend im Bewußtsein der Menschen widerspiegelt. Wie wenig ich dieses Moment der Wirklichkeitsauffassung außer acht gelassen habe, zeigt das Motto meines alten Aufsatzes über den Expressionismus. Das als Motto gesetzte Zitat aus Lenin beginnt wie folgt:

»...Das Unwesentliche, Scheinbare, an der Oberfläche Befindliche verschwindet öfter, hält nicht so ›dicht‹, sitzt nicht so ›fest‹ wie das ›Wesen‹.«

Es kommt aber nicht nur auf die Anerkennung der Existenz dieses Moments des Gesamtzusammenhanges an, sondern auch – und heute vor allem – darauf, dieses Moment *als Moment* des Gesamtzusammenhanges zu erkennen und es nicht gedanklich und gefühlsmäßig zur alleinigen Wirklichkeit aufzubauschen. Es kommt also auf die Erkenntnis der richtigen dialektischen Einheit von Erscheinung und Wesen an; das heißt: auf eine künstlerisch gestaltete, nacherlebbare Darstellung der »Oberfläche«, die gestaltend, ohne von außen hinzugetragenen Kommentar, den Zusammenhang von Wesen und Erscheinung in dem dargestellten Lebensausschnitt aufzeigt. Wir unterstreichen den *gestalteten* Charakter des Zusammenhanges zwischen Wesen und Erscheinung, denn wir halten die bei politisch linksstehenden Surrealisten sehr beliebte »Einmontierung« von Thesen in Wirklichkeitsfetzen, die mit ihnen innerlich nichts zu tun haben, im Gegensatz zu Bloch, *nicht* für eine künstlerische Lösung dieses Problems.

Man vergleiche einmal die »soignierte Bürgerlichkeit« Thomas Manns mit dem Surrealismus von Joyce. Im *Bewußtsein* der Helden *beider* sind jene Zerrissenheit, Diskontinuität, jene Unterbrechungen und »Hohlräume« gestaltet, die Bloch sehr richtig als charakteristisch für den Bewußtheitszustand vieler Menschen in der imperialistischen Periode findet. Blochs Fehler liegt bloß darin, daß er diesen Bewußtheitszustand unmittelbar und vorbehaltlos mit der Wirklichkeit selbst, das in diesem Bewußtsein vorhandene Bild in seiner ganzen Verzerrtheit mit der Sache selbst indentifiziert, statt durch Vergleich des Bildes mit der Wirklichkeit das Wesen, die Ursachen, die Vermittlungen etc. des verzerrten Bildes konkret aufzudecken.

Auf diese Weise macht Bloch theoretisch dasselbe, was die Expressionisten und Surrealisten künstlerisch machen. Sehen wir nun die Darstellungsweise von Joyce an. Damit dessen Bild in den Augen des Lesers nicht durch mein ablehnendes Verhalten in eine falsche Beleuchtung gerate, führe ich das an, was Bloch selbst über ihn sagt:

»ein Mund ohne Ich ist hier mitten im fließenden Trieb, ja, darunter, trinkt ihn, lallt ihn, packt ihn aus. Völlig folgt die Sprache diesem Zerfall nach, sie ist nicht fertig und schon gebildet, gar genormt, sondern offen und verwirrt. Was sonst in Zeiten der Ermüdung, in Pausen des Gesprächs oder bei träumerischen, auch fahrigen Menschen spricht, sich verspricht, wortspielt: hier ist es außer Rand und Band. Die Worte sind arbeitslos geworden, aus ihrem Sinnverhältnis entlassen, bald geht die Sprache wie ein zerschnittener Wurm, bald schießt sie zusammen wie bewegtes Trickbild, bald hängt sie wie Schnürboden in die Handlung herein.«

Dies ist die Beschreibung, nun die endgültige Bewertung:

»Eine taube Nuß und der unerhörteste Ausverkauf zugleich; eine Beliebigkeit aus lauter zerknüllten Zetteln, Affengeschwätz, Aalknäueln, Fragmenten aus Nichts, und der Versuch zugleich, Scholastik im Chaos zu gründen; ... Hoch-, Breit-, Tief-, Querstapelei aus verlorener Heimat; ohne Wege, mit lauter Wegen, ohne Ziele, mit lauter Zielen. Montage vermag jetzt viel, leicht beieinander wohnten früher nur die Gedanken, jetzt auch die Sachen, wenigstens im Überschwemmungsgebiet, im phantastischen Urwald der Leere.«

Wir mußten dieses lange Zitat anführen, weil die surrealistische Montage in Blochs historischer Einschätzung des Expressionismus eine sehr wichtige, ja entscheidende Rolle spielt. An einer früheren Stelle seines Buches unterscheidet auch er, wie alle Verteidiger des Expressionismus, zwischen dessen oberflächlichen und echten Vertretern. Und die Tendenzen des echten Expressionismus leben nach Bloch weiter. Er sagt:

»Aber auch heute noch ist kein großes Talent ohne *expressionistische Herkunft*, mindestens ohne deren höchstgesprenkelte, höchstgewittrige Nachwirkung. Den letzten ›Expressionismus‹ stellten die sogenannten Surrealisten; eine kleine Gruppe nur, aber wieder ist Avantgarde bei ihnen und: Surrealismus ist erst recht – Montage ... sie ist die Beschreibung des Durcheinanders der Erlebniswirklichkeit mit eingestürzten Sphären und Zäsuren.« (Von mir hervorgehoben. *G. L.*)

Hier sieht der Leser sehr deutlich, was der Verteidiger des Expressionismus Bloch als die Linie der Literaturentwicklung unserer Zeit ansieht, wie bewußt er alle bedeutenden Realisten der Periode aus der Literatur geradezu ausschließt.
Thomas Mann verzeihe mir, daß ich ihn in diesem Zusammenhang als Gegenbeispiel heranziehe. Man stelle sich Tonio Krö-

ger oder Christian Buddenbrook oder die Hauptgestalten des *Zauberberg* vor. Man stelle sich weiter vor, sie wären, wie Bloch fordert, rein aus ihrem Bewußtsein und nicht mit einer von ihnen unabhängigen Wirklichkeit kontrastiert gestaltet. Es ist klar, daß sie in ihrem Bewußtsein, so wie es unmittelbar ist, so wie der Prozeß ihrer Assoziationen sich vollzieht, in einer Weise vor uns stehen würden, die an »Zerrissenheit der Oberfläche« derjenigen von Joyce nichts nachgeben würde; man würde in ihr ebensoviele »Hohlräume« finden wie bei Joyce. Man sage nicht, daß diese Werke *vor* jener Krise entstanden sind – die objektive Krise etwa in Christian Buddenbrook führt zu einer tieferen Zerrissenheit der Seele als bei den Helden von Joyce. Und der *Zauberberg* ist mit dem Expressionismus gleichzeitig. Wenn also Thomas Mann bei den unmittelbar genommenen fotografierten und dann zusammenmontierten Gedanken und Erlebnisfetzen dieser Menschen stehengeblieben wäre, so hätte er leicht ein ebenso »künstlerisch fortschrittliches« Gemälde geschaffen wie es der von Bloch bewunderte Joyce tut.

Warum bleibt Thomas Mann bei so modernen Themen künstlerisch doch »altmodisch«, »herkömmlich«, gibt sich nicht »avantgardistisch«? Eben weil er ein *wirklicher Realist* ist, was in diesem Fall zuallererst so viel bedeutet, daß er – als gestaltender Künstler – genau weiß, *wer* Christian Buddenbrook, *wer* Tonio Kröger, *wer* Hans Castorp, Settembrini oder Naphta ist. Er braucht es nicht im Sinne einer abstrakt-wissenschaftlichen sozialen Analyse zu wissen: hier mag er sich irren, so wie vor ihm auch Balzac, Dickens oder L. Tolstoi geirrt haben – er weiß es aber im Sinne des schaffenden Realisten; er weiß, wie Denken und Empfinden aus dem gesellschaftlichen Sein herauswachsen, wie Erlebnisse und Empfindungen Teile eines Gesamtkomplexes der Wirklichkeit sind. Dabei zeigt er als Realist, *wohin* dieser Teil im Gesamtkomplex des Lebens gehört, *woher* er aus dem gesellschaftlichen Leben kommt, *wohin* er geht, usw.

Wenn also Thomas Mann etwa Tonio Kröger nicht nur als einen »verirrten Bürger« bezeichnet, sondern gestaltend zeigt, wie und warum er ein »verirrter Bürger« ist, trotz seines unmittelbaren Gegensatzes zum Bürgertum, trotz seiner Heimatlosigkeit im bürgerlichen Leben, trotz seiner Ausgeschlossenheit aus dem Leben der Bürger, ja *gerade darum* – so hat er sich nicht nur gestalterisch, sondern auch im Verständnis für die Entwicklung der Gesellschaft turmhoch über jene »Ultraradikalen« erhoben, die sich einbilden, daß ihre antibürgerlichen Stimmungen, ihre – oft bloß ästhetische – Ablehnung des kleinbürgerlichen Muffs, ihre Verachtung der Plüschmöbel oder der Pseudorenaissance in der Architektur sie bereits – objektiv – zu unversöhnlichen Feinden der bürgerlichen Gesellschaft gemacht habe.

4

Die einander rasch ablösenden modernen literarischen Richtungen der imperialistischen Periode vom Naturalismus bis zum Surrealismus gleichen einander darin, daß sie die Wirklichkeit *so* nehmen, wie sie dem Schriftsteller und seinen Gestalten *unmittelbar* erscheint. Diese unmittelbare Erscheinungsform wechselt im Laufe der gesellschaftlichen Entwicklung. Und zwar sowohl objektiv wie subjektiv, je nachdem wie die von uns bereits geschilderten objektiven Erscheinungsformen der kapitalistischen Wirklichkeit wechseln und je nachdem, wie Klassenumschichtung und Klassenkampf verschiedene Widerspiegelungsformen dieser Oberfläche hervorbringen. Dieser Wechsel bedingt vor allem das rasche Sich-Ablösen und das erbitterte Sich-Bekämpfen der verschiedenen Richtungen.

Aber sie bleiben alle, gedanklich wie gefühlsmäßig, bei dieser ihrer *Unmittelbarkeit*[2] stehen, graben nicht nach dem Wesen, das heißt nach dem wirklichen Zusammenhang ihrer Erlebnisse mit dem wirklichen Leben der Gesellschaft, nach den verborgeneren Ursachen, die diese Erlebnisse objektiv hervorbringen, nach jenen *Vermittlungen,* die diese Erlebnisse mit der objektiven Wirklichkeit der Gesellschaft verbinden. Sie schaffen im Gegenteil – mehr oder weniger bewußt – gerade aus dieser Unmittelbarkeit heraus spontan ihren künstlerischen Stil.

Der Gegensatz aller modernen Richtungen zu den in dieser Zeit sehr spärlich vorhandenen Traditionen der alten Literatur und Literaturtheorie kulminiert zugleich in einem leidenschaftlichen Protest gegen die Anmaßung einer Kritik, die ihnen an-

2 Vgl. auch zum Problem der Unmittelbarkeit den Briefwechsel Anna Seghers/Lukács.

geblich verbietet, so zu schreiben, »wie ihnen der Schnabel gewachsen ist«. Die Vertreter dieser verschiedenen Richtungen übersehen dabei, daß die wirkliche Freiheit, die Freiheit von den reaktionären Vorurteilen der imperialistischen Periode (und zwar nicht nur auf künstlerischem Gebiet) auf dem Boden der Spontaneität, des Befangenbleibens in der Unmittelbarkeit, unmöglich erreicht werden kann. Denn die spontane Entwicklung des imperialistischen Kapitalismus produziert und reproduziert ununterbrochen gerade diese reaktionären Vorurteile auf einer sich stets erhöhenden Stufenleiter (gar nicht zu sprechen davon, daß die imperialistische Bourgeoisie diesen Reproduktionsprozeß bewußt fördert). Und es gehört eine harte Arbeit, ein Verlassen und Überwinden der Unmittelbarkeit, ein Wägen und Messen aller subjektiven Erlebnisse an der gesellschaftlichen Wirklichkeit – sowohl des Inhalts wie der Form dieser Erlebnisse – ein tieferes Erforschen der Wirklichkeit dazu, um die reaktionären Beeinflussungen der imperialistischen Umwelt in den eigenen Erlebnissen zu entdecken und kritisch über sie hinauszugehen.

Diese harte Arbeit haben die bedeutenden Realisten unserer Zeit künstlerisch, weltanschaulich und politisch ununterbrochen getan und tun sie heute noch. Man vergegenwärtige sich nur die Entwicklung Romain Rollands, Thomas und Heinrich Manns. So verschieden diese Entwicklungen in jeder Hinsicht voneinander sind – dieser Zug ist ihnen allen gemeinsam.

Wenn wir das Stehenbleiben auf dem Niveau der Unmittelbarkeit bei den verschiedenen modernen Richtungen feststellen, so wollen wir damit die künstlerische Arbeit, die die ernsten Schriftsteller vom Naturalismus bis zum Surrealismus geleistet haben, nicht leugnen. Sie haben ja aus ihren Erlebnissen einen Stil, eine konsequent durchgeführte, oft artistisch reizvolle und interessante Ausdrucksweise geschaffen. Aber diese ganze Arbeit erhebt sich, wenn man ihre Beziehung zur gesellschaftlichen Wirklichkeit ins Auge faßt, weder weltanschaulich noch künstlerisch über das Niveau der Unmittelbarkeit.

Und darum ist der künstlerische Ausdruck, der hier entsteht, abstrakt, *eingleisig.* (Es ist dabei vollständig gleichgültig, ob eine die betreffende Richtung begleitende ästhetische Theorie für oder gegen die »Abstraktion« in der Kunst ist. Seit dem Expressionismus wird übrigens die Abstraktion immer stärker auch theoretisch betont.) Es gibt vielleicht Leser, die jetzt meinen, daß in unseren Darlegungen ein Widerspruch vorliege: es scheint, als ob Unmittelbarkeit und Abstraktion einander vollständig *ausschließen*. Es ist aber eine der größten gedanklichen Errungenschaften der dialektischen Methode – schon bei Hegel – daß sie die innere Zusammengehörigkeit von Unmittelbarkeit und Abstraktion aufgedeckt und nachgewiesen hat, daß *auf dem Boden der Unmittelbarkeit nur ein abstraktes Denken zustande kommen kann.*

Marx hat auch hier die Hegelsche Philosophie auf die Füße gestellt und in der Analyse der ökonomischen Zusammenhänge wiederholt konkret nachgewiesen, *wie* diese Zusammengehörigkeit von Unmittelbarkeit und Abstraktion in der Widerspiegelung ökonomischer Tatsachen zum Ausdruck kommt. Wir müssen uns hier auf die ganz kurze, hinweisartige Beleuchtung eines solchen Beispiels beschränken. Marx zeigt, daß die Zusammenhänge der Geldzirkulation und ihres Agenten, des Geldhandelskapitals, die äußerste Abstraktion des kapitalistischen Gesamtprozesses, das Auslöschen aller Vermittlungen darstellen. Nimmt man sie so wie sie erscheinen, in scheinbarer Unabhängigkeit vom Gesamtprozeß, so erhalten sie die Gestalt einer rein gedankenlosen, vollständig fetisisierten Abstraktion: »Geld heckendes Geld«. Aber gerade darum fühlen sich die Vulgär-Ökonomen, die an der Unmittelbarkeit der Erscheinungsoberfläche des Kapitalismus stehenbleiben, gerade in der Welt dieser fetisisierten Abstraktion in ihrer Unmittelbarkeit bestätigt, sie fühlen sich hier so wohl wie der Fisch im Wasser und protestieren leidenschaftlich gegen die »Anmaßung« der marxistischen Kritik, die von den Ökonomen eine Berücksichtigung des gesellschaftlichen Gesamtprozesses der Reproduktion fordert. Ihr

»Tiefsinn besteht hier wie immer nur darin, die Staubwolken der Oberfläche zu sehn, und dies Staubige anmaßlich als etwas Geheimnisvolles und Bedeutendes auszusprechen«,

wie Marx über Adam Müller sagt. Aus solchen Erwägungen heraus habe ich in meinem alten Aufsatz den Expressionismus als ein »Wegabstrahieren von der Wirklichkeit« charakterisiert.

Selbstverständlich: ohne Abstraktion keine Kunst– wie könnte sonst das Typische entstehen? Aber das Abstrahieren hat – wie jede Bewegung – eine *Richtung,* und auf *diese* kommt es hier an. Jeder bedeutende Realist bearbeitet – auch mit den Mitteln der Abstraktion – seinen Erlebnisstoff, um zu den Gesetzmäßigkeiten der objektiven Wirklichkeit, um zu den tiefer liegenden, verborgenen, vermittelten, unmittelbar nicht wahrnehmbaren Zusammenhängen der gesellschaftlichen Wirklichkeit zu gelangen. Da diese Zusammenhänge nicht unmittelbar an der Oberfläche liegen, da diese Gesetzmäßigkeiten sich sehr verschlungen, sehr ungleichmäßig, bloß tendenzartig durchsetzen, entsteht für den bedeutenden Realisten eine ungeheure, eine doppelte künstlerische wie weltanschauliche Arbeit: nämlich erstens das gedankliche Aufdecken und künstlerisch-gestalterische Zeigen dieser Zusammenhänge; zweitens aber, und unzertrennbar davon, das künstlerische Zudecken der abstrahiert erarbeiteten Zusammenhänge – das Aufheben des Abstrahierens. Es entsteht durch diese *doppelte* Arbeit eine neue, gestaltet vermittelte Unmittelbarkeit, eine gestaltete Oberfläche des Lebens, die, obwohl sie in jedem Moment das Wesen klar *durchscheinen* läßt (was in der Unmittelbarkeit des Lebens selbst nicht der Fall ist) doch als Unmittelbarkeit, als Oberfläche des Lebens erscheint. Und zwar als die ganze Oberfläche des Lebens in allen ihren wesentlichen Bestimmungen – nicht nur ein subjektiv wahrgenommenes und abstrahierend übersteigertes und isoliertes Moment aus dem Komplex dieses Gesamtzusammenhangs.

Das ist *die künstlerische Dialektik von Wesen und Erscheinung.* Je vielfältiger, reicher, verschlungener, »schlauer« (Lenin) sie ist, je stärker sie den lebendigen Widerspruch des Lebens, die lebendige Einheit des Widerspruchs von Reichtum und Einheit der gesellschaftlichen Bestimmungen faßt, desto größer und tiefer wird der Realismus.

Was bedeutet im Gegensatz dazu das »Wegabstrahieren von der Wirklichkeit«? Die undurchsichtige, zerrissen widergespiegelte, chaotisch erscheinende, unverstandene, nur unmittelbar erlebte Oberfläche wird bei mehr oder weniger bewußter Ausschaltung und Ignorierung der objektiven Vermittlungen ohne gedankliche Erhebung über dieses Niveau *als solche fixiert.*

In der Wirklichkeit gibt es nirgends einen Stillstand. Die gedankliche und künstlerische Arbeit muß sich entweder zu der

Wirklichkeit *hin* oder von ihr *weg* bewegen. Diese letzte Bewegung entstand bereits – scheinbar paradoxerweise – im Naturalismus. Milieutheorie, zur Mythologie fetischisierte Vererbung, eine Ausdrucksform, die die Äußerlichkeiten des unmittelbaren Lebens abstrakt fixierte, und anderes verhinderten bereits hier einen künstlerischen Durchbruch zur lebendigen Dialektik von Erscheinung und Wesen; oder genauer ausgedrückt: das Fehlen eines solchen Durchbruchs bei den naturalistischen Schriftstellern hat diese Ausdrucksweise hervorgebracht. Beides steht in lebendiger Wechselwirkung.

Darum mußten die fotografisch und phonographisch so treu abgebildeten Lebensoberflächen des Naturalismus doch tot bleiben, ohne innere Bewegung – zustandhaft. Darum glichen die äußerlich so verschiedenen naturalistischen Dramen und Romane einander bis zur Verwechselbarkeit. (In diesem Zusammenhang müßte man eine der größten Kunsttragödien unserer Zeit behandeln: die Gründe, warum Gerhart Hauptmann nach seinen blendenden Anfängen doch kein großer Realist wurde. Dazu ist hier kein Raum. Wir beschränken uns auf den Hinweis, daß für den Dichter der *Weber* und des *Biberpelz* der Naturalismus eine Hemmung und keine Förderung war; daß die Überwindung des Naturalismus sich bei ihm ohne Hinausgehen über seine weltanschaulichen Grundlagen vollzog).

Die künstlerischen Schranken der naturalistischen Ausdrucksweise wurden rasch erkannt. Aber sie wurden nie von Grund aus kritisiert. Der einen abstrakten Unmittelbarkeit wurde immer wieder eine andersgeartete, scheinbar entgegengesetzte, aber ebenso abstrakte Unmittelbarkeit gegenübergestellt. Es ist für die Kunsttheorie und Kunstpraxis dieser ganzen Entwicklungslinie charakteristisch, daß die Vergangenheit sich dem Wesen nach stets auf die unmittelbar vorangegangene Richtung *beschränkt:* für den Impressionismus auf den Naturalismus usf. Damit bleiben Theorie wie Praxis in diesem ganz äußerlichen, ganz abstrakten Gegensatz *befangen.* Diese Betrachtungsweise reicht noch in unsere Debatte hinein. Rudolf Leonhard leitet die historische Notwendigkeit des Expressionismus ebenfalls auf diese Weise ab:

»Denn dieser Gegensatz zum unerträglich, unmöglich gewordenen Impressionismus ist der eine Grund des Expressionismus«, sagt er und führt diese Anschauung klar durch, ohne aber auf die anderen Gründe näher einzugehen. *Scheinbar* steht der Expressionismus in einem ganz schroffen, ganz ausschließenden Gegensatz zu den früher aufgetretenen literarischen Richtungen. Er betont ja als Zentralpunkt seiner Gestaltungsweise gerade das Herausheben des Wesens; das nennt Leonhard den »unnihilistischen« Zug im Expressionismus.

Aber dieses Wesen ist nicht das objektive Wesen der Wirklichkeit, des Gesamtprozesses. Dieses Wesen ist gerade das rein Subjektive. Ich will mich hier nicht auf die verpönten alten Theoretiker des Expressionismus berufen. Wenn Ernst Bloch den eigentlichen und uneigentlichen Expressionismus voneinander unterscheidet, betont er gerade das subjektive Moment:

»der Expressionismus im *Original* war vielmehr Bildsprengung, war aufgerissene Oberfläche auch vom Original her, nämlich vom Subjekt, das gewalttätig aufriß und verschränkte.«

Gerade diese Bestimmung des Wesens macht es notwendig, daß es bewußt, stilisierend, abstrahierend vom Zusammenhang, von den Vermittlungen abgetrennt, isoliert für sich genommen wurde. Der konsequente Expressionismus leugnet jede Beziehung zur Wirklichkeit, sagt allen Inhalten der Wirklichkeit einen subjektivistischen Krieg an. Ich will mich hier in die Diskussion, ob und wie weit Gottfried Benn als typischer Expressionist aufgefaßt werden darf, nicht einmischen; ich finde aber, daß jenes Lebensgefühl, das Bloch in seinen Darlegungen über Expressionismus und Surrealismus so pittoresk und faszinierend beschreibt, in Benns Buch *Kunst und Macht* am schroffsten, am aufrichtigsten und plastischsten zum Ausdruck gekommen ist:

»...es gab in Europa zwischen 1910 und 1925 überhaupt kaum einen anderen als den antinaturalistischen Stil. Es gab ja auch keine Wirklichkeit, höchstens noch ihre Fratzen. Wirklichkeit, das war ein kapitalistischer Begriff ... Der Geist hatte keine Wirklichkeit.«

Auch Wangenheim in seiner reichlich eklektischen Verteidigung des Expressionismus kommt – freilich nur deskriptiv und nicht zu Ende gedacht – zu ähnlichen Feststellungen:

»Nicht allzuviel konnte glücken, weil keine Wirklichkeit ihm (dem Expressionismus *G. L.*) entsprach ... Den Boden einer neuen Welt wollte manch ein Expressionist erreichen, indem er, jeden Boden unter den Füßen verlierend, in die Luft sprang und sich an Wolken hängte.«

Klar und entschieden finden wir dagegen Tatbestand und Konsequenzen bei Heinrich Vogeler formuliert. Aus der richtigen Erkenntnis der expressionistischen Abstraktion kommt er zu der richtigen Folgerung:

»Er (nämlich der Expressionismus G. L.) war der Totentanz der bürgerlichen Kunst ... Das ›Wesen der Dinge‹ glaubte der Expressionismus zu geben, doch er gab die Verwesung.«

Als notwendige Folge einer wirklichkeitsfremden oder gar feindlichen Einstellung entsteht in steigendem Maße in der »avantgardistischen« Kunst eine immer größere Inhaltsarmut, die sich im Laufe der Entwicklung zu einer prinzipiellen Inhaltslosigkeit, zu einer prinzipiellen Inhaltsfeindlichkeit steigert. Wieder hat Gottfried Benn diesen Zusammenhang am klarsten ausgesprochen:

»... auch der Begriff des Inhalts selbst ist fragwürdig geworden. Inhalte – was soll das noch, das ist ja alles ausgelaugt, ausgelaufen, Staffage – Bequemlichkeiten des Herzens, Versteifungen des Gefühls, kleine Herde lügenverfallener Substanzen –, Lebenslügen, Gestaltloses ...«

Diese Beschreibung kommt – wie der Leser selbst beurteilen kann – der Blochschen Beschreibung der Welt des Expressionismus und des Surrealismus außerordentlich nahe. Freilich ziehen Benn und Bloch aus diesen Feststellungen ganz entgegengesetzte Konsequenzen. Bloch sieht an einzelnen Stellen seines Buches ziemlich klar die Problematik der heutigen Kunst, die sich aus der von ihm beschriebenen Einstellung zur Welt ergibt:

»So kommen wichtige Dichter in den Stoffen nicht mehr unmittelbar unter, sondern sie zerbrechen. Die herrschende Welt verbreitet ihnen keinen darstellbaren Schein mehr, der auszufabeln wäre, sondern nur Leere, mischbaren Bruch darin.«

Bloch untersucht darauf den Weg in der revolutionären Periode der Bourgeoisie bis zu Goethe und fährt nun folgendermaßen fort:

»auf Goethe aber folgte, statt des weiteren Erziehungsromans, der französische der Desillusion; und heute gar in der *perfekten Nicht-Welt*, (Von mir hervorgehoben, *G. L.*) Gegen-Welt oder auch Trümmer-Welt des großbürgerlichen Hohlraums ist ›Versöhnung‹ konkreten Dichtern weder eine Gefahr noch möglich. Kein anderes Verhalten hier als ein dialektisches (?! *G. L.*): entweder als Material für dialektische Montage oder als ihr Experiment. Selbst die Welt des Odysseus wurde beim musischen Joyce zur Wandelgalerie des alles zersprengenden, allzersprungenen Heute im kleinsten Kreis- und Querlauf. Ein Querlauf, weil den Menschen etwas fehlt, nämlich die Hauptsache . . .«

Wir wollen hier mit Bloch nicht um Kleinigkeiten streiten. Also weder um den rein individuellen Gebrauch des Wortes Dialektik, noch um die falsche Konstruktion, die den Desillusionsroman unmittelbar an Goethe anschließen läßt. (Meine frühere *Theorie des Romans* ist an diesem historischen Irrtum Blochs mitschuldig.) Es kommt hier auf Wichtigeres an. Nämlich darauf, daß Bloch – freilich mit verkehrten Vorzeichen der Bewertung – den Gedanken ausspricht, daß Fabel und Komposition der Literaturwerke von der Beziehung des Menschen zur objektiven Wirklichkeit abhängig ist. So weit ist alles richtig. Indem aber Bloch das historische Recht des Expressionismus und Surrealismus nachweisen will, untersucht er nicht mehr die objektiven Beziehungen zwischen Gesellschaft und handelnden Menschen unserer Zeit, die, wie der *Jean Christophe*[3] zeigt, sogar einen Erziehungsroman zulassen, sondern er konstruiert sich aus dem isoliert genommenen Bewußtseinszustand einer bestimmten Intellektuellenschicht den objektiven Zustand der heutigen Welt zurecht, die ihm dann ganz konsequent – und leider der Bennschen Konzeption sehr verwandt – als »Nicht-Welt« erscheint. Für Dichter, die so zur Wirklichkeit stehen, ist selbstverständlich keine Handlung, kein Aufbau, kein Inhalt, keine Komposition im »herkömmlichen Sinne« möglich. Für Menschen, die die Welt so erleben, sind tatsächlich Expressionismus und Surrealismus die einzig möglichen Ausdrucksweisen ihres Weltgefühls. Diese philosophische Rechtfertigung des Expressionismus und des Surrealismus

3 Zehnbändiges Romanwerk von Romain Rolland (1904-1912), in dem in der Geschichte eines deutschen Musikers die deutsch-französische Problematik Thema ist. Romain, leidenschaftlicher Pazifist, spielte auch in der Volksfrontbewegung eine wichtige Rolle.

krankt »nur« daran, daß Bloch, statt an die Wirklichkeit zu appellieren, einfach und unkritisch die expressionistische und surrealistische Attitüde zur Wirklichkeit in eine farbenreiche Begriffssprache umsetzt.

Trotz dieses scharfen Gegensatzes in allen Bewertungen halte ich die Feststellung bestimmter Tatsachen bei Bloch für *richtig und wertvoll.* Er ist nämlich im Aufzeigen der notwendigen Entwicklungslinie, die über den Expressionismus zum Surrealismus führt, der konsequenteste von allen »Avantgardisten«. Er hat auch in dieser Hinsicht das Verdienst, die *Montage* als notwendige künstlerische Ausdrucksform dieser Entwicklungsetappe erkannt zu haben. (Sein Verdienst wird noch dadurch gesteigert, daß er die Montage nicht nur in der gegenwärtigen Kunst des »Avantgardismus«, sondern auch in der bürgerlichen Philosophie unserer Zeit mit großem Scharfsinn nachweist.)

Aber gerade dadurch tritt die *antirealistische Eingleisigkeit dieser ganzen Entwicklung* bei ihm klarer hervor als bei anderen Theoretikern dieser Richtung. Diese Eingleisigkeit ist – und darüber spricht Bloch nicht – bereits im Naturalismus vorhanden. Die künstlerische »Verfeinerung«, die der Impressionimus gegenüber dem Naturalismus bringt, »reinigt« die Kunst noch mehr von den komplizierten Vermittlungen, von den verschlungenen Wegen der objektiven Wirklichkeit, der objektiven Dialektik von Sein und Bewußtsein in den gestalteten Menschen und Fabeln. Der Symbolismus ist bereits klar und bewußt eingleisig. Denn die Heterogeneität zwischen der sinnlichen Hülle des Symbols und dem Symbolgehalt geht bereits auf dem schmalen, einspurigen Weg der subjektiven Assoziation ihrer symbolhaften Verbindung.

Die Montage bedeutet den Gipfelpunkt dieser Entwicklung, und darum begrüßen wir die Entschiedenheit, mit welcher Bloch sie künstlerisch und philosophisch in den Mittelpunkt des »avantgardistischen« Dichtens und Denkens stellt. Wo die Montage in ihrer Originalform, als Fotomontage, frappant und mitunter agitatorisch stark[4] wirken kann, stammt ihre Wirkung *gerade daher,* daß sie ganz heterogene, sachlich miteinander nichts zu tun habende, isolierte und herausgerissene

---

4 Lukács bewertet hier *in Kenntnis* eines Beitrags von Alfred Durus eine Form der Montage positiv: A. D.: *John Heartfield und die satirische Photomontage.* – In: *Internationale Literatur* 5 (1934), S. 181-186.

Stücke der Wirklichkeit überraschend zusammenstellt. Die gute Fotomontage hat die Wirkung eines guten Witzes. In dem Moment aber, wo diese – beim einzelnen Witz berechtigte und wirksame – eingleisige Verbindung mit der Prätension der Gestaltung der Wirklichkeit (auch wenn diese als das Unwirkliche gefaßt wird) des Zusammenhanges (auch wenn er als Zusammenhanglosigkeit formuliert wird) der Totalität (auch wenn sie als Chaos erlebt wurde) auftritt, *muß* der Enderfolg eine tiefe Monotonie sein. Die Einzelheiten mögen in den buntesten Farben erglänzen, das Ganze ergibt ein trostloses Grau in Grau, so wie die Pfütze schmutziges Wasser bleibt, auch wenn ihre Bestandteile die verschiedenartigsten Farben aufweisen.

Diese Monotonie ist die notwendige Folge des Aufgebens der objektiven Wirklichkeitswiderspiegelung, des künstlerischen Ringens um die Gestaltung der reich verschlungenen Vielheit und Einheit der Vermittlungen und ihrer Aufhebung in den Gestalten. Denn dieses Weltgefühl läßt keine Komposition, kein Crescendo und Decrescendo, keinen Aufbau von innen, aus der wirklichen Natur des gestalteten Lebensstoffes zu.

Wenn nun diese künstlerischen Tendenzen dekadente genannt werden, so entsteht sehr oft ein Schrei der Entrüstung über die »schulmeisterliche Anmaßung von eklektischen Akademikern«. Es sei mir deshalb gestattet, mich auf einen Fachmann in Angelegenheiten der Dekadenz zu berufen, den meine Opponenten auch in anderen Fragen als hohe Autorität schätzen, auf Friedrich Nietzsche. »Womit kennzeichnet sich jede *literarische* decadence?« fragt er. Und antwortet:[5]

»Damit, daß das Leben nicht mehr im Ganzen wohnt. Das Wort wird souverain und springt aus dem Satz hinaus, der Satz greift über und verdunkelt den Sinn der Seite, die Seite gewinnt Leben auf Unkosten des Ganzen – das Ganze ist kein Ganzes mehr. Aber das ist das Gleichnis für jeden Stil der decadence: jedesmal Anarchie der Atome, Disgregation des Willens ... Das Leben, die *gleiche* Lebendigkeit, die Vibration und Exuberanz des Lebens in die kleinsten Gebilde zurückgedrängt, der Rest *arm* an Leben. Überall Lähmung, Mühsal, Erstarrung *oder* Feindschaft und Chaos: beides immer mehr in die

5 Das Nietzsche-Zitat aus *Der Fall Wagner,* Turiner Brief Mai 1888. Die ganze Stelle lautet (wo Lukács hinter »Disgregation des Willens ...« etwas wegläßt): »›Freiheit des Individuums‹, moralisch geredet – zu einer politischen Theorie erweitert ›*gleiche* Rechte für alle‹.«

Augen springend, in je höheren Formen der Organisation man auf-
steigt. Das Ganze lebt überhaupt nicht mehr; es ist zusammengesetzt,
berechnet, künstlich, ein Artefact.«

Diese Charakteristik Nietzsches ist eine ebenso gute Beschreibung der künstlerischen Tendenzen dieser Richtungen wie die
von Bloch oder Benn. Und Herwarth Walden, der jede kritische Auslegung des Expressionismus als Vulgarisation ablehnt,
der in jedem angeführten Beispiel aus Theorie und Praxis des
Expressionismus einen nichts beweisenden »Vulgärexpressionismus« sieht, müssen wir höflich bitten, zu folgender Anwendung dieser Nietzscheschen Theorie der Dekadenz als Theorie
der allgemein gemachten sprachlichen Formgebung Stellung
zu nehmen:

»Warum soll nur der Satz zu begreifen sein und nicht auch das
Wort? ... Und weil die Dichter gerne herrschen wollen, machen sie
gleich einen Satz über das Wort hinweg. Aber das Wort herrscht. Das
Wort zerreißt den Satz, und die Dichtung ist Stückwerk. Nur Wörter
binden. Sätze sind stets aufgelesen.«

Diese »vulgärexpressionistische« Sprachtheorie stammt nämlich
von Herwarth Walden.
Natürlich sind diese Prinzipien niemals, selbst bei Joyce nicht,
hundertprozentig konsequent durchgeführt. Denn ein hundert-
prozentiges Chaos existiert nur im Kopfe der Irren, ebenso wie
schon Schopenhauer richtig gesagt hat, daß man einen hundertprozentigen Solipsismus nur im Irrenhaus finden kann. Da aber
das Chaos die weltanschauliche Grundlage der avantgardistischen Kunst bildet, müssen alle zusammenhaltenden Prinzipien
aus einem stofffremden Material stammen. Daher die montier-
ten Kommentare, daher der Simultanismus etc. Alles dies kann
nur Surrogat sein, alles dies bedeutet nur die Steigerung der
Eingleisigkeit dieser Kunst.

5

Daß alle diese Richtungen entstanden sind, ist aus der Ökonomie, aus der gesellschaftlichen Struktur, aus den Klassenkämp-
fen der imperialistischen Periode verständlich. Darum hat Rudolf Leonhard vollständig recht, wenn er im Expressionismus

ein *notwendiges historisches Phänomen* erblickt. Er hat aber nur zur Hälfte recht, wenn er in Anwendung des berühmten Hegelschen Satzes so fortfährt:

»Der Expressionismus war; also war er einmal, war er damals vernünftig.«

So einfach ist die »Vernunft der Geschichte« selbst bei Hegel nicht, obwohl dessen Idealismus in den Vernunftbegriff zuweilen eine Apologie des Seienden hinein trägt; und so einfach ist die »Vernünftigkeit« (die historische Notwendigkeit) für den Marxismus erst recht nicht. Die Anerkennung der historischen Notwendigkeit im Marxismus ist *weder* eine Rechtfertigung der Bestehenden (auch nicht zur Zeit seines Bestehens) *noch* der Ausdruck einer fatalistischen Notwendigkeit in der Geschichte. Wir können dies am besten wieder an einem ökonomischen Beispiel veranschaulichen. Ohne Frage war die ursprüngliche Akkumulation, die Trennung der kleinen Produzenten von ihren Produktionsmitteln, die Schaffung des Proletariats etc. mit allen unmenschlichen Greueln eine historische Notwendigkeit. Trotzdem wird es keinem Marxisten einfallen, die englische Bourgeoisie dieser Zeit als – Hegelsche Trägerin der Vernunft zu verherrlichen. Und noch weniger wird es einem Marxisten einfallen, hierin die fatalistische Notwendigkeit einer Entwicklung über den Kapitalismus zum Sozialismus zu erblicken; Marx hat wiederholt dagegen protestiert, daß man sogar für das Rußland seiner Zeit den Weg über die ursprüngliche Akkumulation zum Kapitalismus *fatalistisch* als den einzig möglichen betrachtet; und heute, unter den Bedingungen des verwirklichten Sozialismus in der Sowjetunion, ist die Vorstellung, daß die primitiven Länder über ursprüngliche Akkumulation zum Kapitalismus und erst über diesen zum Sozialismus kommen können, geradezu ein Programm der Konterrevolution. Wenn wir also mit Leonhard die historische Notwendigkeit der Entstehung des Expressionismus bejahen, so beinhaltet dies keineswegs die Anerkennung seiner künstlerischen Richtigkeit, die Anerkennung, daß er ein *notwendiger Baustein* für die Kunst der Zukunft sei.

Darum können wir uns nicht mit Leonhard einverstanden erklären, wenn er im Expressionismus »die Festsetzung des Menschen und die Härtung der Dinge zur *Ermöglichung des neuen*

Realismus« erblickt. Hier hat Bloch gegenüber Leonhard vollständig recht, wenn er im Surrealismus, in der Herrschaft der
Montage die notwendige und konsequente Fortsetzung des Expressionismus sieht. Und unser lieber Wangenheim, der in der
Expressionismusdebatte eine Möglichkeit sucht, die formalistischen Tendenzen seiner früheren Produktion, die seinen urwüchsigen Realismus so oft gehemmt, ja unterdrückt haben, sub
titulo einer breiten und undogmatischen Auffassung des Realismus zu retten und aufzubewahren, muß notwendigerweise zu
ganz eklektischen Konsequenzen gelangen. Er will im Expressionismus ein unverlierbares wertvolles Erbe für den sozialistischen Realismus retten. Zu begründen versucht er diese Rettung aber folgendermaßen:

»Grundsätzlich: das Theater des Expressionismus, auch wenn es stark
wirkte, reflektierte die Welt in Splittern. Das Theater des sozialistischen Realismus, in aller Vielfalt seiner Formen, spiegelt Einheitlichkeit.«

Und *darum* soll der Expressionismus ein wesentlicher Baustein des sozialistischen Realismus sein? Dafür gibt es auch bei
Wangenheim kein einziges ästhetisches oder logisches Argument, nur ein biographisches: den Versuch, mit seiner früheren formalistischen Manier nicht radikal zu brechen.
Aus der historischen Bewertung des Expressionismus, die in
meinem alten Aufsatz bereits klar ausgesprochen wurde, formuliert nun Bloch folgende Anklage gegen mich:

»Avantgarde innerhalb der spätkapitalistischen Gesellschaft gibt es
dann nicht, antizipierende Bewegungen im Überbau sollten nicht
wahr sein.«

Diese Anschuldigung stammt daher, daß Bloch den Weg der
heutigen Kunst *ausschließlich* in jenem sieht, der zum Surrealismus und zur Montage führt. Wird die Avantgarderolle dieser Richtungen bestritten, so wird nach Bloch die Möglichkeit
einer *jeden* ideologischen Vorwegnahme der gesellschaftlichen
Entwicklungstendenzen zwangsläufig in Frage gestellt.
Das stimmt aber nicht. Der Marxismus hat stets diese vorweg-
nehmende Funktion der Ideologie anerkannt. Wenn wir auf
dem Gebiet der Literatur bleiben wollen, so sei daran erinnert,
was Paul Lafargue über die Bewertung Balzacs durch Marx
sagt:

»Balzac war nicht nur der Historiker der Gesellschaft seiner Zeit, sondern auch der Schöpfer *prophetischer Gestalten,* die unter Louis Philippe sich noch im embryonalen Zustande befanden und erst nach seinem Tode, unter Napoleon III., sich vollständig entwickelten« (Hervorhebung von mir. *G. L.*)

Gilt aber diese Marxsche Auffassung auch für unsere Gegenwart? Selbstverständlich gilt sie. Nur finden wir solche »prophetischen Gestalten« *ausschließlich* bei den bedeutenden *Realisten.* In den Romanen, Novellen und Dramen Maxim Gorkis gibt es solche Gestalten in Fülle. Wer die letzten Ereignisse in der Sowjetunion aufmerksam und mit ungetrübtem Blick verfolgte, wird sehen, daß Gorki in seinem *Karamora,* seinem *Klim Samgin, Dostigajew* etc.[6] eine Reihe von Typen, die uns ihr wirkliches Wesen *erst jetzt* vollständig enthüllt haben, »prophetisch« im Sinne von Marx vorweggenommen hat. Wir können ähnliche Beispiele auch in der deutschen Literatur finden. Man denke an die früheren Romane Heinrich Manns, etwa an die *Untertan,* an den *Professor Unrat* und an noch andere mehr – wer wollte leugnen, daß hier eine Reihe von widerwärtigen und kleinlich-bestialischen Zügen der deutschen Bourgeoisie und des demagogisch irregeführten Kleinbürgertums, die sich erst unter dem Faschismus vollständig *entfaltet* haben, »prophetisch« vorwegnehmend gestaltet wurden? Und man sehe sich von diesem Standpunkt die Gestalt seines Henri IV. an. Sie ist eine wirklich lebenswahre, historisch echte Figur; gleichzeitig ist sie aber eine Vorwegnahme jener humanistischen Züge, die bei den Kämpfern der antifaschistischen Front erst im Laufe der Entwicklung, erst im Prozeß der Besiegung des Faschismus entfaltet hervortreten werden.
Nehmen wir ein Gegenbeispiel, ebenfalls aus unserer Zeit. Der ideologische Kampf gegen den Krieg war ein Hauptthema der besten Expressionisten. Was ist aber aus dieser Dichtung als Vorwegnahme des um uns wütenden, die ganze gesittete Welt bedrohenden neuen imperialistischen Krieges vorhanden? Ich

---

6 *Karamora* (= Die Stechmücke) Erzählung von 1923/25 über Gedanken eines schizophrenen Revolutionärs, der seine Kameraden hintergeht und Agent der Geheimpolizei wird. *Klim Samgins Leben* (4 Bände 1927/28/30 u. postum), Romanepos, das 40 Jahre des russ. Lebens schildert; sollte fortgesetzt werden. Gehört zu Gorkis Mißerfolgen. *Dostigajew und andere* (1932), nachrevolutionäres, realistisches Stück.

glaube niemand wird bestreiten, daß diese Dichtungen heute vollständig veraltet und auf die Gegenwart absolut unanwendbar sind. (Dagegen hat der Realist Arnold Zweig in seinem *Sergeant Grischa,* in seiner *Erziehung vor Verdun* den Zusammenhang von Krieg und Hinterland, die soziale und individuelle Fortsetzung und Steigerung der »normalen« kapitalistischen Bestialität im Krige so gestaltet, daß er dadurch eine ganze Reihe der *wesentlichen* Momente des neuen Krieges vorwegnahm.)

In alledem liegt nichts Geheimnisvolles oder Paradoxes – es ist gerade das Wesen jedes echten und bedeutenden Realismus. Da ein solcher Realismus von *Don Quijote* über den *Oblomow* bis zu den Realisten unserer Tage auf das Schaffen von Typen ausgeht, muß er in den Menschen, in den Beziehungen der Menschen zueinander, in den Situationen, in denen die Menschen handeln, solche *dauernden* Züge suchen, die als *objektive Entwicklungstendenzen* der Gesellschaft, ja der ganzen Menschheitsentwicklung, durch lange Perioden hindurch wirksam sind.

Solche Schriftsteller bilden eine wirkliche ideologische Avantgarde, denn sie gestalten die lebendigen, aber unmittelbar noch verborgenen Tendenzen der objektiven Wirklichkeit so tief und so wahr, daß ihre Gestaltung von der späteren Wirklichkeitsentwicklung bestätigt wird. Und zwar nicht bloß im Sinne der simpeln Übereinstimmung einer gelungenen Fotografie mit dem Original, sondern gerade als Ausdruck einer vielfältigen und reichen Erfassung der Wirklichkeit, als Widerspiegelung ihrer unter der Oberfläche verborgenen Tendenzen, die erst in einer späteren Entwicklungsstufe voll entfaltet und für alle wahrnehmbar in Erscheinung treten. Im großen Realismus wird also eine nicht unmittelbar evidente, aber objektiv desto wichtigere dauerhafte Tendenz der Wirklichkeit gestaltet. Nämlich der Mensch in seinen sehr vielfältigen Beziehungen zur Wirklichkeit, und zwar gerade das *Dauernde* in dieser reichen Vielfältigkeit. Und es wird darüber hinaus eine solche Tendenz der Entwicklung erkannt und gestaltet, die zur Zeit ihrer Gestaltung erst im Keim existierte und noch nicht alle ihre objektiven und subjektiven Bestimmungen gesellschaftlich und menschlich entfalten konnte. *Solche Tendenzen zu erfassen und zu gestalten ist die große historische Sendung*

der wirklichen Avantgarde in der Literatur. Ob ein Schriftsteller wirklich zur Avantgarde gehört, das kann nur die Entwicklung selbst bezeugen, indem sie erweist, daß er *wichtige*
Eigenschaften, Entwicklungsrichtungen, soziale Funktionen
von Menschentypen *richtig* erkannt und dauernd wirksam gestaltet hat. Es bedarf nach den bisherigen Ausführungen hoffentlich keiner erneuten Argumentation, daß eine solche wirkliche Avantgarde der Literatur *nur die bedeutenden Realisten*
bilden können.
Es kommt also nicht auf das noch so aufrichtige subjektive Erlebnis an, sich als Avantgardist zu fühlen und bestrebt zu sein,
an der Spitze der Kunstentwicklung zu marschieren, auch nicht
auf die erstmalige Erfindung noch so blendender technischer
Neuerungen – sondern es kommt auf den *sozialen und menschlichen Inhalt* des Avantgardismus an, auf die Breite, Tiefe und
Wahrheit dessen, was »prophetisch« vorweggenommen wird.
Kurz: nicht das Leugnen der Möglichkeit einer antizipierenden
Bewegung im Überbau ist hier der Streitpunkt, sondern der:
wer hat die Entwicklung antizipiert? *Worin* hat er sie antizipiert? *Was* hat er antizipiert?
Wir haben oben an einigen Beispielen, die leicht vermehrt werden könnten, gezeigt, was die bedeutenden Realisten unserer
Zeit künstlerisch, Typen schaffend, antizipiert haben. Wenn
wir nun die Gegenfrage stellen: *was* hat der Expressionismus
antizipiert? so können wir – auch von Bloch – nur die Antwort
erhalten: den Surrealismus – also eine andere *literarische* Richtung, deren *prinzipielle* Unfähigkeit, gesellschaftliche Entwicklungen in der Menschengestaltung zu antizipieren, aus der
Charakteristik, die ihre größten Verehrer gegeben haben, klar
hervorgegangen ist. Mit dem Schaffen »prophetischer Gestalten«, mit einer wirklichen Vorwegnahme späterer Entwicklungen hat der »Avantgardismus« nichts zu tun, hat er nie etwas
zu tun gehabt.
Wenn also auf diese Weise das *Kriterium* des Avantgardismus
in der Literatur geklärt ist, so sind auch die konkreten Fragen
unschwer zu beantworten. Wer ist nun Avantgardist in unserer
Literatur? »Prophetische« Gestalter vom Typus Gorkis oder
der verstorbene Hermann Bahr, der vom Naturalismus bis
zum Surrealismus vor jeder neuen Mode als Tambourmajor
einherstolzierte, um jede Richtung, ein Jahr bevor sie aus der

Mode kam, zu »überwinden«? Herr Bahr ist selbstverständlich eine Karikatur, und es liegt mir ganz fern, die überzeugten Verteidiger des Expressionismus mit ihm gleichzustellen. Er ist aber die Karikatur von etwas Wirklichem: nämlich vom formalistischen, inhaltslosen, vom großen Strom der gesellschaftlichen Gesamtentwicklung abgerissenen Avantgardismus.

Es ist eine alte Wahrheit des Marxismus, daß man jede menschliche Tätigkeit danach zu beurteilen hat, was sie *objektiv* im Gesamtzusammenhang repräsentiert, und *nicht* danach, was das handelnde *Subjekt* selbst über seine eigene Tätigkeit *meint*. Es ist also einerseits nicht notwendig, in jeder Hinsicht bewußt »Avantgardist« sein zu wollen (man denke nur an den Royalisten Balzac), andererseits kann selbst der glühendste Wille, die glühendste Überzeugung, die Kunst zu revolutionieren, etwas »radikal Neues« geschaffen zu haben, wenn es beim bloßen Willen, bei der bloßen Überzeugung bleibt, keinen Schriftsteller zum Antizipator zukünftiger Entwicklungstendenzen machen.

6

Man kann diese alte Wahrheit auch sehr populär ausdrücken: der Weg zur Hölle ist mit guten Vorsätzen gepflastert. Jeder von uns kommt zuweilen, wenn er seine eigene Entwicklung ernst nimmt und sie deshalb rücksichtslos und objektiv kritisiert, zur Erkenntnis dieser alten Wahrheit. Ich will in ihrer Anwendung bei mir selbst anfangen. Winter 1914-15: subjektiv ein leidenschaftlicher Protest gegen den Krieg, gegen seine Sinnlosigkeit und Unmenschlichkeit, gegen seine Vernichtung von Kultur und Gesittung. Eine verzweifelt pessimistische Gesamtstimmung. Beurteilung der kapitalistischen Gegenwart, als Fichtes »Epoche der vollendeten Sündhaftigkeit«. Das subjektive Wollen ist also ein vorwärtsstrebender Protest. Das objektive Produkt: *Die Theorie des Romans*[7] ein in jeder Hinsicht reaktionäres Werk voll von idealistischer Mystik, falsch in allen seinen Einschätzungen der historischen Entwicklung. 1922: aufgeregte, von Revolutionsungeduld erfüllte Stimmung. Noch

7 Erschien 1920 bei Paul Cassirer in Berlin; vgl. auch das Vorwort, das L. zur ersten Neuauflage nach 42 Jahren, 1962, geschrieben hat.

höre ich die Kugeln des roten Krieges gegen die Imperialisten um mich pfeifen, noch zittert die Erregung der Illegalität in Ungarn in mir; mit keiner Faser meines Wesens will ich zugeben, daß die erste große revolutionäre Welle vorüber ist, daß der entschlossene revolutionäre Wille der kommunistischen Avantgarde nicht imstande ist, den Kapitalismus zu stürzen. Also subjektive Grundlage: revolutionäre Ungeduld. Objektives Produkt: *Geschichte und Klassenbewußtsein*[8] reaktionär wegen seines Idealismus, wegen seiner mangelhaften Auffassung der Widerspiegelungstheorie, wegen seines Leugnens der Dialektik in der Natur usw. Selbstverständlich bin ich nicht der einzige in dieser Periode, dem dies passiert ist. Es ist im Gegenteil ein sehr massenhaftes Geschehen. Und jene Auffassung in meinem alten Expressionismusaufsatz, der so viele Diskussionsteilnehmer in Opposition gebracht hat, nämlich die enge Verknüpfung des Expressionismus mit der USP-Ideologie, beruht in ihrem Wesen gerade auf der obengenannten alten Wahrheit.

In unserer Debatte über Expressionismus werden Revolution (Expressionismus) und Noske einander – gut expressionistisch – gegenübergestellt. Hätte aber in der Wirklichkeit Noske ohne die USP, ohne ihre schwankende, zaudernde, die Machtergreifung der Räte verhindernde, die Organisation und Bewaffnung der Reaktion und anderes duldende Tätigkeit siegen können? Die USP war eben der parteimäßige, organisierte *Ausdruck* dafür, daß selbst die gefühlsmäßig radikalen Massen der deutschen Arbeiter ideologisch noch nicht für die Revolution gerüstet waren. Die langsame Loslösung[9] des Spartakusbundes von der USP, seine ungenügende prinzipielle Kritik an ihr, drücken eine wichtige Seite jener Schwäche und Zurückgebliebenheit des subjektiven Faktors der deutschen Revolution aus, die Lenin von Anfang an am Spartakusbund so scharf kritisiert hat.

Natürlich ist diese ganze Lage nicht einfach; auch in meinem alten Aufsatz habe ich sehr scharf zwischen Führern und Massen in der USP *unterschieden*. Die Massen waren instinktiv

8 Erschien 1923 im Malik Verlag Berlin; vgl. auch das Vorwort von 1967.
9 1917 gründet sich der Spartakusbund unter Karl Liebknecht und Rosa Luxemburg als äußerster linker Flügel der SPD; ab 1919 ging daraus die kommunistische Partei hervor.

revolutionär. Sie waren auch objektiv revolutionär, indem sie in den Kriegsbetrieben streikten, indem sie die Front zersetzten, indem ihr revolutionärer Enthusiasmus zum Januarstreik führte: aber bei alledem waren sie unklar und schwankend, sie ließen sich von der Demagogie ihrer Führer fangen. Die Führer waren zum Teil (Kautsky, Bernstein,[10] Hilferding[11] etc.) bewußt gegenrevolutionär, wirkten objektiv, in Arbeitsteilung mit der alten SPD-Führung, zur (von ihr selbst zugegebenen) Rettung der bourgeoisen Herrschaft. Die subjektiv ehrlich revolutionär gesinnten Führer aber waren in der Krisenzeit unfähig, dieser Sabotage der Revolution einen wirksamen Widerstand entgegenzustellen; sie gerieten trotz ihrer subjektiven Ehrlichkeit, trotz ihres Widerstrebens ins Schlepptau der rechten Führer, bis endlich ihr Widerstand zu einem Bruch, zur Zerreißung der USP und damit zu ihrem Untergang heranreifte. Wirklich revolutionär sind in der USP jene Tendenzen gewesen, die nach Halle zur Auflösung der USP, zur Aufhebung der USP-Ideologie gedrängt haben.

Und die Expressionisten? Sie sind Ideologen. Sie stehen *zwischen* Führern und Massen. Subjektiv zumeist mit ehrlichen, wenn auch zumeist sehr unreifen, sehr unklaren und verworrenen Überzeugungen. Zugleich aber tief erfüllt nicht nur von jenen Schwankungen, denen auch die unreifen revolutionären Massen unterworfen waren, sondern auch von allen möglichen reaktionären Vorurteilen der Epoche, die sie für die verschiedenartigsten antirevolutionären Parolen (abstrakter Pazifismus, Ideologie der Gewaltlosigkeit, abstrakte Kritik des Bürgertums, anarchistische Schrullen etc.) mehr als zugänglich gemacht haben. Und als Ideologen *fixieren* sie nun diesen bestimmten ideologischen Übergangszustand gedanklich wie künstlerisch. Und zwar vom revolutionären Standpunkt gesehen einen in mancher Hinsicht viel rückständigeren ideologischen Übergangszustand als es jener war, in dem sich die schwankenden USP-Massen befanden. Aber die revolutionäre Bedeutung eines solchen ideologischen Übergangszustandes be-

10 Eduard Bernstein (1858-1932) sozialistischer Schriftsteller und Politiker; Führer des Revisionismus in der deutschen Sozialdemokratie.
11 Rudolf Hilferding (1877-1941) Arzt, Redakteur, SPD-Politiker, 1923 und 1928/29 Reichsfinanzminister; emigrierte 1933. *Das Finanzkapital* (1910).

steht gerade darin, daß er sich im *Fließen* befindet, daß er vorwärtsdrängt, daß er sich *nicht* fixiert. Die expressionistische gedankliche wie künstlerische Fixierung dieser Übergangsideologie verhinderte für die Expressionisten selbst und für jene, die unter ihrem ideologischen Einfluß standen, das Weiterschreiten in revolutionärer Richtung. Diese schädliche Wirkung, die jede Systematisierung von schwankenden Übergangsideologien hat, erhält eine besonders reaktionäre Note im Expressionismus. Erstens durch die hochtrabende Prätension des Führertums, des Verkündens in der Form von ewigen Wahrheiten, was ein Wesenszeichen des Expressionismus in den Revolutionsjahren gewesen ist. Zweitens infolge der spezifisch antirealistischen Tendenz im Expressionismus, wodurch eine Kontrolle und Überwindung der falschen Tendenzen durch eine künstlerisch tief erfaßte Wirklichkeit verhindert wurde. Indem der Expressionismus, wie wir gesehen haben, am Standpunkt der Unmittelbarkeit festhält, diesem künstlerisch und weltanschaulich eine Scheintiefe, eine Scheinvollendung verleihen will, steigert er alle Gefahren, die mit der Fixierung einer solchen Übergangsideologie notwendig zusammenhängen.

Soweit also der Expressionismus wirklich einen ideologischen Einfluß gehabt hat, hat er den revolutionären Klärungsprozeß der von ihm Beeinflußten mehr gehindert als gefördert. Auch diese seine Wirkung läuft in gleicher Linie mit der USP-Ideologie: nicht zufällig zerbrechen beide an derselben Wirklichkeit. Es ist eine expressionistische *Vereinfachung* der Wirklichkeitszusammenhänge, wenn gesagt wird, daß Noskes Sieg den Expressionismus zerschlug. Der Expressionismus ging einerseits zugrunde mit dem Ende der ersten Welle der Revolution, an deren Ergebnislosigkeit die USP-Ideologie sehr stark mitschuldig ist; andererseits geht er an der *Klärung des revolutionären Bewußtseins der Massen* zugrunde, die über die revolutionären Phrasen der unreifen Anfangszeit immer energischer hinauszugehen beginnen.

Man vergesse nicht, daß nicht nur die Niederlage der ersten revolutionären Welle in Deutschland den Expressionismus entthront hat, sondern auch die wirkliche Konsolidierung des Sieges der proletarischen Revolution in der Sowjetunion. Je fester die Herrschaft des Proletariats wurde, je umfassender und tiefer der Sozialismus die Ökonomie der Sowjetunion durchdrang, je breiter und tiefer die Massen der Werktätigen von der Kulturrevolution erfaßt wurden, desto stärker und hoffnungsloser wurde die »avantgardistische« Kunst in der Sowjetunion vom immer bewußter werdenden Realismus zurückgedrängt.* Die Niederlage des Expressionismus ist also letzten Endes das Produkt der Reife der revolutionären Massen. Gerade der Entwicklungsweg solcher Dichter wie Majakowski, oder bei uns Becher, zeigt, daß hier der wahre Grund zum Sterben für den Expressionismus zu suchen und zu finden ist.

7

Ist unsere Diskussion eine rein *literarische*? Ich glaube, nein. Ich glaube, der Kampf zwischen literarischen Richtungen und ihrer theoretischen Begründung würde nicht so breite Wellen schlagen, kein so großes Interesse hervorrufen, wenn die letzten Folgen dieser Diskussion nicht für eine politische Frage, die uns alle angeht, die uns alle in gleichem Maß bewegt, als wichtig empfunden würde: für die Volksfront.
Bernhard Ziegler warf in einer *sehr* zugespitzten Form die Frage der *Volkstümlichkeit* in die Diskussion. Man spürt überall die Erregung, die diese Fragestellung verursacht, und dieses starke Interesse ist unbedingt etwas Positives. Bloch will nun am Expressionismus auch die Volkstümlichkeit retten. Er sagt:

»Der Expressionismus hatte auch gar keinen volksfremden Hochmut, wieder im Gegenteil: der *Blaue Reiter* bildet murnauer Glasbilder ab, er öffnete zuerst den Blick auf diese rührende und unheimliche Bauernkunst, auf Kinder- und Gefangenenzeichnungen, auf die erschütternden Dokumente der Geisteskranken, auf die Kunst der Primitive.«

Durch eine solche Auffassung von Volkstümlichkeit wird aber alles verwirrt. Volkstümlichkeit ist keine ideologisch wahllose, artistische, feinschmeckerische Rezeption von »primitiven« Erzeugnissen. Wirkliche Volkstümlichkeit hat mit alledem nichts

* Wir verweisen als Beispiel für diesen Vorgang auf den Aufsatz *Meyerhold und Stanislawski* von Béla Balázs in unserem vorigen Heft. (Die Redaktion)

zu tun. Sonst wäre ja jeder Protz, der Glasmalerei oder Negerplastik sammelt, jeder Snob, der im Wahnsinn eine Befreiung
des Menschen von den Fesseln des mechanischen Verstandes
feiert, auch ein Vorkämpfer der Volkstümlichkeit.

Es ist freilich heute nicht leicht, zu einer richtigen Vorstellung
vom Volkstümlichen zu gelangen. Denn die an und für sich
ökonomisch progressive Zersetzung der alten Lebensformen
des Volkslebens durch den Kapitalismus schafft im Volke selbst
eine Unsicherheit der Weltanschauung, der Kulturbestrebun-
gen, des Geschmacks, des moralischen Urteils – schafft Möglichkeiten der demagogischen Vergiftung. Und ein einfaches und
wahlloses Heranziehen alter Erzeugnisse der Volksproduktion
ist *keineswegs,* unter allen Umständen, in allen Zusammenhängen fortschrittlich und ein Appell an die lebendigen, trotz aller
Hemmungen vorwärtstreibenden Instinkte des Volkes. Aus
denselben Gründen bedeutet auch die weite Verbreitung
eines Literaturerzeugnisses oder einer literarischen Richtung an
und für sich noch *kein* Kriterium für Volkstümlichkeit. Sowohl rückständig Traditionelles (wie etwa die »Heimatkunst«)
wie schlecht Modernes (Kriminalroman usw.) haben eine Mas-
senverbreitung erlangt, *ohne* in irgendeiner Hinsicht wirklich
volkstümlich zu sein.

Bei allen diesen Vorbehalten ist es aber doch nicht ganz unwe-
sentlich, *was* aus der *wirklichen Literatur* unserer Zeit, und
wie weit es in die Massen gedrungen ist. Welcher Schriftsteller
aus der ganzen »Avantgarde« der letzten Jahrzehnte kann
aber in dieser Hinsicht mit Gorki, mit Anatole France, Romain Rolland oder Thomas Mann verglichen werden? Die Mil-
lionenauflagen eines künstlerisch so hochstehenden und kom-
promißlosen Buches wie die *Buddenbrooks* muß uns allen zu
denken geben. Das Aufrollen des ganzen Problemkomplexes
der Volkstümlichkeit ist hier ein »zu weites Feld« wie der alte
Briest bei Fontane zu sagen pflegt. Wir werden uns auf zwei
Momente beschränken, ohne die Prätension zu erheben, auch
diese irgendwie erschöpfend zu behandeln.

Also erstens die Beziehung zum Erbe. In jeder lebendigen Beziehung zum Volksleben bedeutet das Erbe den bewegten Prozeß des Fortschritts, ein wirkliches Mitnehmen, Aufheben,
Aufbewahren, Höherentwickeln der lebendigen, schöpferischen
Kräfte in den Traditionen des Volkslebens, den Traditionen

der Leiden und Freuden des Volkes, den Traditionen der Revolutionen. Eine lebendige Beziehung zum Erbe zu besitzen, bedeutet, ein *Sohn seines Volkes* sein, getragen sein vom Strom der Entwicklung seines Volkes. So ist Maxim Gorki ein Sohn des russischen, Romain Rolland des französischen, Thomas Mann des deutschen Volkes. Inhalt und Ton ihrer Schriften – bei aller individuellen Originalität, bei allem Abstand von einem künstlichen, artistischen, sammlerischen, geschmäcklerischen Primitivismus – stammen aus dem Leben, aus der Geschichte ihres Volkes, sind ein organisches Produkt der Entwicklung ihres Volkes. Darum ist bei aller künstlerischen Höhe in ihren Schriften ein Ton angeschlagen, der in den breitesten Massen des Volkes nachklingen kann und auch nachklingt.

In schroffem Gegensatz dazu steht der »Avantgardismus« zum Erbe; er steht zur Geschichte seines Volkes wie zu einem großen Ramschverkauf. Blättert man in den Schriften von Bloch, so wird von Erbe und Erben nur in solchen Ausdrücken gesprochen: »Brauchbare Erbstücke«, »plündern« usw. Bloch ist ein viel zu bewußter Denker und Stilist, als daß diese Worte zufällige Entgleisungen seiner Feder sein könnten; sie drücken vielmehr ein allgemeines Verhalten zum Erbe aus. Das Erbe ist für ihn eine tote Masse, in welcher man beliebig herumwühlen, aus welcher man beliebige, momentan brauchbare Stücke herausreißen, und welche man nach momentanem Bedürfnis beliebig zusammenmontieren kann.

Diese Gesinnung hat Hanns Eisler in einem mit Bloch zusammen geschriebenen Artikel[12] sehr prägnant ausgedrückt. Er war – mit Recht – begeistert über die *Don Carlos*-Demonstration in Berlin. Statt aber darüber nachzudenken, was Schiller wirklich war, was seine wirkliche Größe, wo seine Schranken gewesen sind, was er für das deutsche Volk bedeutet hat und heute noch bedeutet, welchem Schutt der reaktionären Vorurteile, zusammengetragen durch die Ideologen der Reaktion, man wegschaffen muß, um die volkstümlich-fortschrittliche Wirkung Schillers zu einer Waffe der Volksfront, der Befreiung des deutschen Volkes zu machen – statt dessen stellt er in bezug auf das Erbe für die Schriftsteller der Emigration folgendes Aktionsprogramm auf:

12 Vgl. das Gespräch *Die Kunst zu erben.*

»Worin besteht aber unsere Aufgabe außerhalb Deutschlands? Es ist klar, daß wir *einzig* helfen müssen, klassisches *Material*, das für solchen Kampf geeignet ist, *auszusondern* und zu *präparieren*.« (Hervorhebungen von mir. G. L.)

Eisler schlägt also vor, die Klassiker zu einem antifaschistischen »Büchmann« zu zerpflücken und dann die »geeigneten Stücke« zusammenzumontieren. Fremder, hochmütiger, ablehnender kann man sich zu der glorreichen literarischen Vergangenheit des deutschen Volkes nicht verhalten.

Das Leben des Volkes ist aber objektiv etwas Kontinuierliches. Eine Lehre wie die der »Avantgardisten«, die in den Revolutionen nur Risse, nur Katastrophen sieht, die alles Vergangene vernichten, jede Kontinuität mit der großen und glorreichen Vergangenheit zerreißen will, ist die Lehre Cuviers[13] und *nicht* die von Marx und Lenin. Sie ist ein anarchistisches Pendant zur Evolutionslehre des Reformismus. Dieser sieht *nur* eine Kontinuität, jene sehen *nur* Risse, Abgründe und Katastrophen. Die Geschichte ist aber die *lebendige dialektische Einheit von Kontinuität und Diskontinuität, von Evolution und Revolution.*

Es kommt also hier, wie überall, auf den *richtig erkannten Inhalt* an. Lenin sagt über die marxistische Auffassung des Erbes:

»Der Marxismus erlangte seine weltgeschichtliche Bedeutung als Ideologie des revolutionären Proletariats dadurch, daß er die wertvollsten Errungenschaften des bürgerlichen Zeitalters durchaus nicht ablehnte, sondern, im Gegenteil, sich alles Wertvolle der mehr als zweitausendjährigen Entwicklung des menschlichen Denkens und der menschlichen Kultur aneignete und verarbeitete.«

Es kommt also alles darauf an, klar zu erkennen, *wo* dieses wirklich Wertvolle zu suchen ist.

Ist die Frage richtig, das heißt in engem Zusammenhang mit dem Volksleben und seinen fortschrittlichen Tendenzen gestellt, so leitet sie organisch zu unserm zweiten Problemkomplex hinüber, zur Frage des Realismus. Die modernen Auffassungen

---

13 Georges Cuvier (1769-1832). Seine Katastrophenlehre, wonach jedes Erdzeitalter durch Katastrophen untergegangen ist und jedes neue Leben durch Einwanderung und Neuschöpfung entsteht, lehnt den Entwicklungsgedanken ab.

der Volkskunst haben, stark beeinflußt von den »avantgardistischen« Kunsttheorien den urwüchsigen Realismus in der künstlerischen Betätigung des Volkes sehr in den Hintergrund des Interesses gedrängt. Auch in dieser Frage ist es uns hier nicht möglich, das Problem in seiner ganzen Breite aufzurollen; wir müssen uns darauf beschränken, auf einen wichtigen Punkt hinzuweisen.

Wir sprechen hier über Literatur zu Schriftstellern. Und wir müssen daran erinnern, daß infolge des tragischen Ablaufs der deutschen Geschichte die volkstümlich-realistische Richtung in *unserer* Literatur lange nicht so mächtig gewesen ist wie in England, Frankreich oder Rußland. Gerade das muß uns aber anspornen, unsere intensivste Aufmerksamkeit auf die vorhandene volkstümlich-realistische Literatur der deutschen Vergangenheit zu richten, ihre lebenfördernden produktiven Traditionen aufrechtzuerhalten. Und wenn wir uns in diese Richtung orientieren, so sehen wir, daß *trotz* aller »deutschen Misere« diese volkstümlich-realistische Literatur so gewaltige Meisterwerke hervorgebracht hat, wie etwa den *Simplizissimus* von Grimmelshausen. Es mag den Eisler überlassen werden,[14] den Montagewert der zerschlagenen Stücke dieses Meisterwerkes abzuschätzen – für das lebendige deutsche Schrifttum wird es als ein lebendiges und aktuelles Ganzes in seiner Größe (und mit seinen Grenzen) weiterleben.

Denn nur dann, wenn man die Meisterwerke des Realismus aus der Vergangenheit und Gegenwart als *Ganze* betrachtet, aus ihnen lernt, für ihre Verbreitung sorgt, ihr richtiges Verständnis fördert, kommt der aktuelle, kulturelle und politische Wert

14 Der Plural »Es mag de*n* Eisler überlassen werden [. . .]« hat Brecht zu folgender *Kleinen Berichtigung* herausgefordert:
In der Expressionismusdebatte des »Worts« ist in der Hitze des Gefechts etwas passiert, was einer kleinen Berichtigung bedarf.
Mit meinem Freund Eisler, der wenigen als blasser Ästhet vorkommen wird, hat Lukács gleichsam den Ofen geputzt, weil er bei der Testamentvollstreckung angesichts des Erbes nicht die vorgeschriebene pietätvolle Rührung gezeigt haben soll. Er kramte sozusagen darin herum und weigerte sich, *alles* in Besitz zu nehmen. Nun, vielleicht ist er als Exilierter nicht in der Lage, soviel mit sich herumzuschleppen.
Aber über das Formelle der Angelegenheit gestatte man mir einige Zeilen. Es wurde da von »den Eislers« gesprochen, die irgend etwas sollten oder nicht sollten. Meiner Meinung nach sollten die Lukács' es unbedingt unterlassen, solch eine Mehrzahl anzuwenden, solange es unter unsern Musikern

der großen realistischen Gestaltung zum Ausdruck: seine uner-
schöpfliche *Vielseitigkeit* im Gegensatz zur – im besten Falle
witzigen – *Eingleisigkeit* des »Avantgardismus«. Zu Cervantes
und Shakespeare, zu Balzac und Tolstoi, zu Grimmelshausen
und Gottfried Keller, zu Gorki, zu Thomas und Heinrich
Mann hat der Leser aus den breiten Massen des Volkes von den
verschiedensten Seiten seiner eigenen Lebenserfahrung her Zugang. Die breite und dauernde Wirkung des großen Realismus
beruht ja gerade darauf, daß die Möglichkeit dieses Zugangs –
man könnte sagen – durch unendlich viele Türen gegeben ist.
Der Reichtum der Gestaltung, die tiefe und richtige Auffassung
dauernder, typischer Erscheinungsweisen des menschlichen Lebens bringt die große progressive Wirkung dieser Meisterwerke
hervor: ihre Leser klären im Prozeß des Aneignens ihre eigenen Erlebnisse und Lebenserfahrungen, erweitern ihren menschlichen und sozialen Horizont und werden durch einen lebendigen Humanismus dazu vorbereitet, die politischen Losungen
der Volksfront in sich aufzunehmen und deren politischen
Humanismus zu begreifen; durch das vom realistischen Kunstwerk vermittelte Verständnis der großen progressiven und
demokratischen Entwicklungsepochen der Menschheit wird für
die revolutionäre Demokratie neuen Typs, den die Volksfront
vertritt, in der Seele der breiten Massen ein fruchtbarer Boden
bereitet. Je tiefer die antifaschistische Kampfliteratur in diesem Boden verwurzelt ist, desto tieferbegründete Typen der
Vorbildlichkeit und des Hassenswerten wird sie schaffen – desto *stärker wird ihre Resonanz im Volke* sein.
Zu Joyce oder zu anderen Vertretern der »avantgardistischen«

tatsächlich nur einen Eisler gibt. Die Millionen von Arbeitern weißer, gelber
und schwarzer Rasse, die die Massenlieder Eislers geerbt haben, werden da
sicher meiner Meinung sein. Aber auch allerhand Fachleute für Musik, die
Eislers Arbeiten, in denen er, wie man mir sagt, das Erbe der deutschen
Musik in großartiger Weise weiterbildet, würde man verwirren, wenn die
deutsche Emigration im Gegensatz zu den sieben griechischen Städten, die
sich darum stritten, einen Homer hervorgebracht zu haben, sich zu der
Prahlerei hinreißen ließe, sieben Eislers zu haben.
(In: B. B.: *Gesammelte Werke 19. Schriften zur Literatur und Kunst 2*,
Frankfurt 1967, S. 337-338.)
Lukács hat später, in der verbesserten Buchausgabe, umformuliert: »Es
mag Eisler und Bloch überlassen werden [. . .]« (Aufbau Verlag Berlin
1948). In der Luchterhand-Ausgabe, Bd. 4 *Probleme des Realismus I* von
1971 heißt es: »Es mag dem Eisler überlassen werden [. . .]«.

Literatur führt nur eine ganz enge Pforte: man muß einen bestimmten »Kniff heraushaben«, um überhaupt zu verstehen, was dort gespielt wird. Und während bei dem großen Realismus der leichtere Zugang auch eine reiche menschliche Ausbeute ergibt, können die breiten Massen des Volkes aus der »avantgardistischen« Literatur nichts lernen. Gerade weil in dieser Literatur die Wirklichkeit, das Leben fehlt, zwingt sie (politisch gesprochen: sektiererisch) ihren Lesern eine enge und subjektivistische Auffassung vom Leben auf, während der Realismus durch seine gestaltete Fülle Antwort auf die vom Leser selbst gestellten Fragen gibt – Antworten des Lebens auf Fragen, die das Leben selbst gestellt hat! Das schwer erkämpfbare Verständnis für die Kunst der »Avantgarde« gibt dagegen so subjektivistische, verzerrte und entstellte Stimmungsnachklänge der Wirklichkeit, die der Mann aus dem Volke unmöglich in die Sprache seiner eigenen Lebenserfahrungen rückübersetzen kann.

Die lebendige Beziehung zum Volksleben, die fortschrittliche Weiterentwicklung der eigenen Lebenserfahrungen der Massen – das ist ja gerade die große soziale Sendung der Literatur. Es ist kein Zufall, daß der junge Thomas Mann, als er die Problematik und Lebensabgerissenheit der westeuropäischen Literatur in seinen Werken herb kritisierte und durch eine tiefe gestalterische Kritik auf die richtige Stelle im Literaturzusammenhang gestellt hat, die russische Literatur des neunzehnten Jahrhunderts eine »heilige« nannte. Gemeint war hier gerade diese lebenerweckende, volkstümliche Fortschrittlichkeit.

Volksfront bedeutet: Kampf um wirkliche Volkstümlichkeit, vielseitige Verbundenheit mit dem ganzen, historisch gewordenen, historisch *eigenartig* gewordenen Leben des eigenen Volkes, bedeutet Richtlinien und Losungen zu finden, die aus *diesem* Volksleben die fortschrittlichen Tendenzen zu neuem, politisch wirksamem Leben erwecken. Dieses lebendige Verständnis für die historische Eigenart des Volkslebens schließt natürlich eine *Kritik* an der eigenen Geschichte nicht aus – im Gegenteil: eine solche Kritik ist die *notwendige Folge* einer wirklichen Kenntnis der eigenen Geschichte, eines wirklichen Verständnisses des eigenen Volkslebens! Denn die fortschrittlich demokratischen Tendenzen konnten sich bei keinem Volk vollendet und reibungslos durchsetzen, insbesondere nicht in der Geschichte des deutschen Volkes. Die Kritik muß aber von dem richtigen und tiefen Verständnis der wirklichen Geschichte ausgehen. Und da die stärksten Hemmungen des Fortschritts und der Demokratie (sowohl auf politischem, wie auf kulturellem Gebiet) gerade die *imperialistische Periode* mit sich brachte, ist eine scharfe Kritik der politischen, kulturellen und künstlerischen *Verfallserscheinungen dieser Periode* ein notwendiger Bestandteil des Durchbruchs zur wirklichen Volkstümlichkeit. Zu den wesentlichen Verfallserscheinungen auf dem Gebiet der Kunst gehört der – bewußte oder unbewußte – *Kampf gegen den Realismus* und die dadurch entstandene *Verarmung und Isolierung von Literatur und Kunst.*

Wir haben in unseren Betrachtungen gesehen, daß dieser Verfallsprozeß keineswegs ein fatalistisch hinzunehmender ist, daß sich überall lebendige Kräfte geregt haben und auch heute regen, Kräfte, die diesen Verfall nicht nur politisch und theoretisch, sondern auch mit dem Mittel der *künstlerischen Gestaltung* bekämpfen. Unsere Aufgabe ist es, uns auf diese positiven Kräfte des wirklichen, tiefen und bedeutenden *Realismus* zu orientieren.

Die Emigration, die Kämpfe der Volksfront in Deutschland und in anderen Ländern haben diese fruchtbaren Tendenzen notwendig *verstärkt.* Es könnte genügen, wenn wir uns hier auf Heinrich und Thomas Mann berufen, die, von verschiedenen Ausgangspunkten kommend, weltanschaulich und literarisch gerade in diesen Jahren noch höher gewachsen sind als früher. Es handelt sich aber hier um eine *breite Entwicklungstendenz* in der antifaschistischen Literatur. Man braucht nur die *Söhne* Feuchtwangers mit seinem *Jüdischen Krieg* zu vergleichen, um zu sehen, wie energisch er bemüht ist, bestimmte Tendenzen eines vom Volk abgeschlossenen historischen Subjektivismus zu überwinden und sich die Probleme des wirklichen Volkslebens anzueignen und zu gestalten. Vor nicht allzulanger Zeit hielt Alfred Doeblin im pariser SDS einen Vortrag, dessen Bekenntnis zur politisch-historischen Aktualität der Literatur und zur Vorbildlichkeit des Realismus Gorkischen Typs von nicht zu unterschätzender Bedeutung für die Entwicklung unserer Literatur ist. Und Brecht hat in der dritten Nummer des *Wort* einen kleinen Einakter *(Der Spitzel)* veröffentlicht, in welchem er den Kampf gegen die Unmenschlichkeit des Faschismus bereits in einer bei ihm neuen, vieltönigen und abgestuften realistischen Weise führt; er gibt dort ein lebendiges, durch *Menschenschicksale* vermitteltes Bild vom Schrecken des faschistischen Terrors in Deutschland, zeigt, wie dieser alle menschlichen Grundlagen des Zusammenlebens, das Vertrauen zwischen Mann, Frau und Kind auflöst, wie die faschistische Unmenschlichkeit auch das, was sie zu schützen vorgibt, die Familie, in ihren elementaren Grundlagen zersetzt und zerstört. Und neben den eben Genannten ist es noch eine ganze Anzahl – gerade der bedeutendsten und talentiertesten – Schriftsteller, die diesen Weg beschritten haben oder zu beschreiten beginnen.

Doch soll mit dieser Feststellung nicht behauptet werden, daß der Kampf gegen die antirealistischen Traditionen der imperialistischen Periode bereits *abgeschlossen* ist. *Unsere Diskussion beweist im Gegenteil,* daß diese Traditionen noch sehr starke Wurzeln bei wichtigen, politisch fortschrittlich gesinnten, treuen Anhängern der Volksfornt haben. Eben deshalb war eine solche kameradschaftlich-rücksichtslose Diskussion von *großer Bedeutung.* Denn nicht nur die Massen, sondern auch die Ideologen (die Schriftsteller und Kritiker) lernen durch eigene Erfahrungen im Klassenkampf. Es wäre ein großer Fehler, jene lebendige und wachsende Tendenz zum Realismus nicht zu sehen, die gerade infolge der Erfahrungen des Kampfes in der Volksfront, auch jene Schriftsteller ergreift, die *vor* der Emigration zu diesen Fragen noch ganz anders standen.

Den innigen, vielseitigen, vielseitig vermittelten *Zusammenhang zwischen Volksfront, Volkstümlichkeit der Literatur und wirklichem Realismus* nachzuweisen, war die Aufgabe dieser Betrachtungen.

Bernhard Ziegler
»Schlußwort«

Es war, muß ich gestehen, nicht meine Absicht, eine Diskussion zu entfesseln, als ich meinen Aufsatz über Gottfried Benn in einen Aufsatz über den Expressionismus auswachsen ließ. Jetzt, wo ich der Aufforderung Folge leiste, der ungewollt hervorgerufenen Diskussion einen Abschluß zu geben, kann ich sagen, daß ich manches anders gemacht und manche – gelinde gesagt – Überspitzungen vermieden haben würde, hätte ich geahnt, daß meine Äußerungen zum Ausgangspunkt einer so lebhaften prinzipiellen Auseinandersetzung werden sollten.

Und doch haben eben diese »Überspitzungen« – mit deren Inhalt ich mich später auseinandersetzen werde – ihr Gutes gehabt: ohne sie würde ein Aufsatz über Gottfried Benn kaum ein so starkes Echo gefunden und uns Gelegenheit gegeben haben, eine Art »Inventur« der Meinungen wenigstens eines Teils der antifaschistischen deutschen Emigration über die jüngste Vergangenheit unserer Kunst und Kulturentwicklung aufzunehmen.

Der Aufsatz über Benn, der im Sommer 1938[1] geschrieben war und im Septemberheft unserer Zeitschrift erschien, war der Versuch, anhand des Werkes eines Dichters einige typische Momente der Geisteslage darzustellen, in der nicht nur die Dichtung Benns, sondern die expressionistische Kunst entstanden war. Zu Beginn wurden zwei Thesen formuliert: die eine setzte ein Gleichheitszeichen zwischen dem Geist, aus dem der Expressionismus entsprang und dem Geist, der zur Ideologie des Faschismus wurde; die andere behauptete, daß uns noch viel vom Expressionismus in den Knochen stecke.

Die erste These ist durch die Diskussion widerlegt worden; die zweite jedoch ist durch die Art, in der diese Widerlegung erfolgte, bestätigt worden.

---

[1] Versehen des Autors oder Setzfehler: Die Diskussion begann bekanntlich 1937

Ein unhaltbares Argument

Bevor ich mich mit den wichtigsten Gedanken beschäftigte, die in unserer Diskussion zum Ausdruck gekommen sind, möchte ich einige Vorbemerkungen machen.

Die erste betrifft ein Argument, welches im Laufe der Diskussion und um sie herum verschiedentlich aufgetaucht ist. Ernst Bloch hat ihm die schärfste Formulierung gegeben:

»Hier passierte nun Ziegler das Mißgeschick, daß Hitler einige Wochen, bevor Zieglers Ahnenforschung veröffentlicht wurde, in seiner münchener Rede und Ausstellung die Prämisse gar nicht wieder erkannte. Im Gegenteil, wie bekannt: rascher und sinnfälliger wurde eine falsche Herleitung und ein eilig negatives Werturteil selten ad absurdum geführt.«

Bloch spricht dann weiter von der »tödlichen« Wirkung, die die Entdeckung der Übereinstimmung seines Werturteils über den Expressionismus mit der Einschätzung Hitlers für Ziegler haben müsse.

Nun, Bernhard Ziegler lebt, es geht ihm sogar gut; er fühlt sich von dieser Übereinstimmung nichts weniger als tödlich getroffen. Ja, er ist nicht einmal davon überzeugt, daß sein Werturteil über den Expressionismus allein durch Hitlers münchener Rede ad absurdum geführt sei.

Warum auch?

Ich könnte Bloch und allen, die in dem Zusammenfallen von Hitlers Definition des Expressionismus als »entartete Kunst« mit unserer Einschätzung der gleichen Kunst als »Dekadenz« schon einen Beweis gegen unsere Meinung sehen, einfach erwidern: wenn zwei dasselbe sagen, so ist es nicht dasselbe.

Ich könnte mich auch darauf berufen, daß Bloch selbst solche Übereinstimmungen nicht tragisch nimmt und in keiner Weise für beweiskräftig hält. Andernfalls würde er nicht mit so leichter Geste die Übereinstimmung abtun, in der sich seine alte These von der »Rettung« der Kunst durch eine »Wideraufnahme der fast völlig vergessenen nordischen Linien«, von der Bedeutung der »nordischen Seele«, die »der Weg und die Heimat der primitiven expressiven Seele zugleich« ist, mit »Rosenbergs Nordschwindel« befindet. Wer im *Geist der Utopie* das Kapitel *Hintergründe des Kunstwollens* (Seite 23-24 der zweiten Auflage von 1923) nachliest, wird feststellen können, daß Bloch sich die Sache etwas sehr leicht macht, wenn er in seinem Beitrag zu unserer Diskussion in bezug auf seine Theorie von damals nur von »kunstwissenschaftlichen Fachausdrücken« und »expressionistischer Feierlichkeit« spricht.

Besser, ich erinnere daran, wie es in der Politik der Antifaschisten längst gang und gäbe ist, sich nicht dadurch von richtigen Urteilen abbringen zu lassen, daß die faschistische Propaganda im Zickzack ihrer Demagogie einmal etwas sagt, was auch wir sagen. Oder sollten wir unser Urteil über den Röhm und seine Schweinebande deshalb nachträglich ändern, weil Hitler diese Gesellschaft am 30. Juni auch als Schweinebande bezeichnet hat? Und sollten wir aufhören, in Blomberg und den abgetakelten Reichswehrgenerälen Volksfeinde zu sehen, weil Hitler sie verjagt hat? Ich denke, das überlassen wir – der Leser weiß schon wem.

Daß auf der münchener Ausstellung 1937 der Expressionismus als »entartete Kunst« vorgeführt worden ist, besagt an und für sich noch nichts darüber, ob ein ähnlich lautendes Urteil, von uns ausgesprochen, richtig oder falsch ist. Die Übereinstimmung liegt ja nur in der Ablehnung. Daß Hitler mit dem Begriff »Entartung« ganz etwas anderes meint als wir mit »Dekadenz, Verfall«, braucht nicht erst gesagt zu werden. Die bloße Übereinstimmung in der Ablehnung des Expressionismus hat keinerlei Beweiskraft. Nicht hier liegt das Kriterium der Wahrheit. Die Wahrheit ist konkret, sagt Lenin, Hegel aufnehmend. Ob unser Urteil historisch konkret begründet ist, darauf kommt es an – mögen die Faschisten zu dem Urteil sagen, was sie wollen. Damit ist, denke ich, ein Argument, das in der Diskussion eine gewisse Rolle gespielt hat, ein für allemal abgetan – für diesen Fall und für alle späteren möglichen Fälle.

Polemik oder Diskussion?

Die zweite Vorbemerkung betrifft den Charakter unserer Auseinandersetzung. Kann man wirklich von einer Diskussion sprechen? Von einem Ideenkampf, in dem Schritt für Schritt durch Meinung, Gegenmeinung, erweiterte Meinung, neue Gegenmeinung und so fort die Erkenntnis des Gegenstandes vertieft wird? Schwerlich. Wir haben seit langem verlernt, zu diskutieren; jede Auseinandersetzung wird uns unter der Hand zur Polemik. Wir springen einander ins Gesicht, jeder mit seiner Meinung, anstatt nach der schönen alten Formel des Zwiegesprächs: »Ja – aber ...« in den Gedankengang des Diskussionspartners einzugehen, ihn von innen heraus vorwärtszutreiben, die eigene Meinung an ihm zu bereichern und dem »Gegner« damit neuen Stoff zur Erwiderung zu liefern und so die gemeinsame Erkenntnis weiterzuführen.

Die Erscheinungs- und Verbreitungsbedingungen einer Monatsschrift erschweren wohl auch praktisch eine solche Durchführung der Diskussion. Es dauert eine gewisse Zeit, bis der geschriebene Artikel erscheint, bis die Nummer zum Leser kommt, bis dieser seine Antwort aufsetzt und bis sie dann wieder gedruckt wird. Wir sollten aber gerade hieraus für die Zukunft eine Lehre ziehen und bei einer neuen Diskussion uns nicht davor scheuen, die Auseinandersetzung in die Länge zu ziehen, damit die Teilnehmer wirklich fortlaufend zu den Gedanken der vorhergehenden Beiträge Stellung nehmen können. Nur so kann das erreicht werden, was wir doch wollen: die Herausarbeitung eines gemeinsamen Standpunktes nach allseitiger Beleuchtung des Problems.

Die Diskussion über den Expressionismus zeigt nur wenige Merkmale einer solchen kollektiven Selbstverständigung. Erst in den letzten Beiträgen (Heft 6) nehmen die Autoren aufeinander Bezug und sicher wird bei manchem Leser gerade erst bei diesen letzten Beiträgen der Wunsch entstanden sein, nun auch noch sein Wort zu sagen. Und da ist die Aussprache schon zu Ende!

Sie ist zu Ende, ja, äußerlich. *Diese* Aussprache über den Expressionismus und die Probleme der Kunst und Kulturentwicklung unserer jüngsten Vergangenheit ist abgeschlossen. Aber wohl jeder Leser fühlt, daß das nur ein Auftakt war, daß die Auseinandersetzung, an Hand anderer Teilfragen weitergehen wird und weitergehen muß.

Ich halte es daher auch weniger für meine Aufgabe, einen Abschluß zu geben (zumal nachdem Georg Lukács zu den prinzipiellen theoretischen Problemen in so erschöpfender Weise Stellung genommen hat) als ein vorläufiges Fazit zu ziehen.

Von einer Diskussion in dem oben angedeuteten Sinne kann auch deshalb nicht recht die Rede sein, weil die ganze Aussprache (mein Eingangsartikel mit eingerechnet) offensichtlich im Zeichen von Ressentiments stand.

Getroffen durch die Behauptung, der Geist des Expressionismus, ganz befolgt, führe in den Faschismus, hat die Mehrzahl der Diskussionsteilnehmer – alle diejenigen, die am Expressionismus schöpferisch beteiligt waren – sich in Verteidigungsstellung begeben. Die Behauptung widersprach ihrer persönlichen Erfahrung. Sie sahen in ihrer eigenen Entwicklung vom Expressionismus zum Antifaschismus zunächst das Kontinuierliche: jeder einzelne war sich bewußt, als schöpferisches Ich ein und derselbe geblieben zu sein. Diese Position der Selbsterhaltung ist verständlich, aber sie ist dem objektiven Gang der Untersuchung nicht förderlich gewesen. Ressentiment trübt den Blick.

Von Ressentiment schien der »erschrockene«, bekenntnishafte Ton zu sprechen, den ich für meinen Benn-Artikel gewählt hatte.

Ressentiments sind es, was Wangenheim dazu geführt hat, den Expressionismus eigentlich ganz aufzulösen, so daß man sich nach der Lektüre seines Beitrages unwillkürlich fragt: hat es eigentlich je einen Expressionismus gegeben? Oder hat es ihn vielleicht immer gegeben? War er nicht am Ende nur ein durch besondere Umstände (neuartiges Publikum, Notwendigkeit der Tarnung usw.) bedingtes Nebenprodukt von Kunstbemühungen, die im Grunde realistisch waren? Und ist der sozialistische Realismus nicht vielleicht erst dann richtig, wenn er sich den Expressionismus einverleibt, indem er erst dadurch der Gefahr entgeht, »glatt, klar, edel, einfältig« zu werden (oder zu bleiben)?

Noch sonderbarere Früchte hat das Bestreben, eine Kontinuität der persönlichen Entwicklung zu konstruieren, bei Herwarth Walden gezeigt. Mit Staunen erfährt man, daß der Expressionismus gar nicht das war, als was man ihn sich immer vorgestellt hat (das wird als unechter, als »Vulgärexpressionismus« zu den Akten gelegt) sondern:

»Die Ausdrucksmittel zu finden, die den sozialistischen Realismus des Lebens zur sinnlich gestalteten Komposition bringen.«

Vor Tische las mans anders! Im *Sturm* sowohl als auch in den *Einblicken in die Kunst*[2]! Und dann sagt Walden, er habe mit dieser Definition »nichts hineinkommentiert«!

Noch bedenklicher wird die Wirkung einer mit Ressentiments geladenen Grundhaltung aber da, wo die Erhaltung der Kontinuität der eigenen Entwicklung ausgeweitet wird zu einer Kontinuität der Kunst und Stilentwicklung. Aber hier enthüllt sich dann auch um so deutlicher, wie verfehlt diese Bemühungen sind. Denn der Expressionismus wird dabei immer zur Brücke, zum Wegbereiter gerade für die Kunstrichtung gemacht, die der betreffende Autor jetzt für die eigentlich zeitgemäße hält, ohne dieses Werturteil näher zu begründen.

Herwarth Walden stellt den Expressionismus, wie gesagt, als eine Art von verschämtem sozialistischen Realismus dar. Aber was versteht er unter »sozialistischem Realismus«? Er hängt diesem Stilbegriff zur Vorsicht gleich die Wörtchen »... des Lebens« an. »Sozialistischer Realismus des Lebens« – das ist an sich schon ein ganzes Programm! Was Walden praktisch meint, ist nichts anderes als der wohlbekannte »Funktionalismus«:

»... Schaffung künstlerischer Formen, die den Inhalt der Zeit real sichtbar und hörbar zum Ausdruck bringen ... den Ausdruck der Zeit nicht nur in Kunstwerken sichtbar und hörbar zu machen, sondern im Leben selbst. Den Dingen, den Gegenständen die Form zu geben, die ihrem heutigen Inhalt entspricht.«

Peter Fischer bejaht den Expressionismus deshalb, weil er dazu beigetragen habe,

»den ornamentlosen, sachlichen Stil schön zu finden, der sich inzwischen, vor allem in der Architektur, herausgebildet hat ... Ohne ihn ist unsere moderne Architektur und damit eine unserer besten Kulturleistungen nicht denkbar.«

Aber das ist es ja eben, daß der »Funktionalismus« und die »moderne Architektur« ebenso zur Diskussion stehen, wie der Expressionismus! Daß es also nichts für den Expressionismus besagt, wenn er wirklich den einen oder die andere hervorge-

2 *Einblick in die Kunst. Expressionismus. Futurismus. Kubismus* (1917).

bracht oder möglich gemacht haben sollte (was, nebenbei gesagt, nicht nur zweifelhaft, sondern bestimmt falsch ist).
Auch Rudolf Leonhard bejaht den Expressionismus, insofern er mehr war als Zersetzung, nämlich (nach Leonhard):

»Keim, Vorzeichen des Neuen, Vortrieb zu dem, was wir heute wollen, zum Kommenden und Sicheren.«

Dieses Kommende und Sichere ist für Leonhard der »neue Realismus«. Diesen habe der Expressionismus ermöglicht durch »Festsetzung des Menschlichen, Härtung der Dinge«. Ja, Leonhard geht weiter und erhebt den Expressionismus zu einer *notwendigen* Vorstufe des neuen Realismus.
Ich freue mich sehr, Leonhard heute auf dem Standpunkt des Realismus zu sehen. Aber muß er, da er diesen Standpunkt erreicht hat, deshalb unbedingt die geschichtlichen Tatsachen verwirren? Die ehemaligen Expressionisten, die heute Realisten sind (oder sich bemühen, es zu sein) haben mit dem Expressionismus brechen müssen. Der Realismus ist in Deutschland seinen Weg unabhängig vom Expressionismus gegangen. Das hat Lukács überzeugend nachgewiesen. Die größten Realisten der modernen deutschen Literatur sind das, was sie sind, ohne durch die Schule des Expressionismus gegangen zu sein. Dagegen hat bisher kein deutscher Schriftsteller, der diese Schule absolviert hat, die Realisten an künstlerischer Ausdruckskraft erreicht – wo sie doch den unentwegten Realisten überlegen sein müßten, wenn Leonhard recht hätte mit dem Satz:

»Der, der es 1919 nicht getan (nämlich nicht expressionistisch gedichtet) hat, hat diese Zeit damals nicht ganz, hat nicht ganz in dieser Zeit gelebt.«

Peter Fischer hat recht, wenn er sagt:

»Es genügt heute nicht, daß jeder ehrliche Deutsche Hitlers Kampf gegen die moderne Kunst verurteilt, daß viele ein persönliches Verhältnis zur expressionistischen Kunst haben, daß viele diese Bilder lieben – all das genügt nicht zur Begründung unseres Standpunktes!«

Wir können dem Expressionismus weder gerecht werden, wenn wir ihn wie eine verlassene Jugendgeliebte behandeln (wie es Bernhard Ziegler getan hat) noch wenn wir ihm als einer »ewigen Geliebten« die Treue zu wahren bemüht sind (wie das die Mehrzahl seiner Verteidiger in unserer Diskussion getan hat). Sentiments und erst recht Ressentiments sind der Wahrheitsfindung nicht förderlich.

Aus ihnen stammt auch die außerordentliche Subjektivität der Betrachtungsweise, die unsere ganze Aussprache kennzeichnet und eine weitere Ursache für ihre begrenzte Bedeutung darstellt.

Was nennen wir eigentlich Expressionismus, wo fängt er an, wo hört er auf, was gehört dazu, was nicht? So viel Autoren, so viel Meinungen! Herwarth Walden, der schon als Großmeister des *Sturm* seinen eigenen Expressionismus hatte, hat jetzt einen »echten« Expressionismus erfunden, dessen Blütezeit er in die Vorkriegszeit verlegt. Dadurch, daß er keinen einzigen Namen und kein einziges Kunstwerk nennt, die diesen »echten« Expressionismus repräsentieren, macht er uns die Kontrolle seiner Definition unmöglich. Rechnet er zum Beispiel Kandinsky dazu? Und wenn ja – dann für die ganze Zeit seines Schaffens oder nur so lange, (nämlich bis zum Kriege) wie Kandinsky seine Bilder durch den *Sturm* ausstellen ließ?

Kurt Kersten sieht viele verschiedene Richtungen im Expressionismus, die miteinander im Kampfe lagen. Er setzt wie Walden (aber sicher ohne dasselbe zu meinen wie dieser) den Akzent auf die »erste Periode«, die er in die letzten Vorkriegsjahre verlegt.

Rudolf Leonhard zerfällt den Expressionismus in zwei Schulen: die (zerstörerische) Vorkriegs- und die (humanistisch-aufbauende) Nachkriegs-Richtung. Nach Peter Fischer hat der Expressionismus seine Hauptauswirkung nach dem Kriege gehabt.

Vorwiegend an den Nachkriegsexpressionismus denken, ohne es auszusprechen, verschiedene andere Diskussionsteilnehmer.

Noch subjektiver wird das Urteil, wenn es sich um einzelne Künstler handelt. Stellt man die Namen aller Dichter und Maler zusammen, denen in den verschiedenen Diskussionsbeiträgen die Zugehörigkeit zum Expressionismus abgesprochen wird, so erhält man fast den ganzen Expressionismus! In dieser allgemeinen Unsicherheit kommt wohl nur die Tatsache zum Ausdruck, daß jeder Autor mit einem nicht aus den vorliegenden Kunsttatsachen abgeleiteten, sondern vorgefaßten (mit Ressentiment beladenen) Begriff an den Stoff herange-

gangen ist und dadurch gezwungen war, das Wirklichkeits-
material dem vorgefaßten Begriff unterzuordnen.

Die stoffliche Basis der Diskussion

Schließlich litt die Diskussion darunter, daß das zur Beweis-
führung herangezogene Material stofflich sehr beschränkt war.
Kurt Kersten hat mit Recht auf die Schwierigkeiten hinsichtlich der Beschaffung des dokumentarischen Materials unter den
Bedingungen des Emigrantenlebens hingewiesen. Wir waren
alle auf mehr oder weniger zufällige Dokumente und im übrigen auf unser Gedächtnis angewiesen. Das Gedächtnis ist aber
in solchen Fällen eine zweifelhafte Quelle: die Vorgänge, um
die es geht, liegen weit zurück. Wir haben die Tatsachen, um
die es sich handelt, seinerzeit aktiv oder passiv in einer ganz
anderen, andersparteiischen Weise erlebt. Aus der Erinnerung
heraufgeholt, kommen sie in einer Auswahl und mit Wertun-
gen behaftet ans Tageslicht, die den Stempel unserer damaligen
Bewußtseinslage tragen. Es ist sehr schwer, sie von den daraus
entspringenden Entstellungen zu befreien.
Ernst Bloch, Peter Fischer, R. Leonhard und andere betonen
mit Recht, daß der Expressionismus seine eigentliche Ausbildung in der bildenden Kunst gefunden hat. Und gerade die
bildende Kunst ist in der Diskussion zu kurz gekommen.
Hätte ich die Absicht gehabt, eine Expressionismus-Diskussion
einzuleiten, ich hätte sicher mehr, ja vor allem von bildender
Kunst gesprochen. Denn auf diesem Gebiet steht mir ein vielfältiges Erlebnismaterial zur Verfügung. Meine Anfänge in der
Kunst lagen in der Malerei. Der Expressionismus war nicht
eine Durchgangsstufe, sondern der Ausgangspunkt meiner
ästhetischen Erziehung. Als junger Expressionist pilgerte ich
nach der Kölner Sonderbund-Ausstellung. Im Kreise von
August Macke, P. A. Seehaus, Engert, Simsa, zu denen sich oft
Franz Marc gesellte, wälzte ich alle Theorien des Expressionismus jener Zeit. Als Expressionist erschreckte ich mit meiner ersten Ausstellung das biedere Publikum der Bonner *Literarischen Gesellschaft*, und als Expressionist rief ich 1914 in München das Kopfschütteln der Schüler und des Leiters der Klasse
Wirnhier hervor, in der ich damals meine Ausbildung fort-
setzte.

Aber gerade aus jener Periode stammt auch meine kritische Negation des Expressionismus. Ich besinne mich, als wäre es gestern gewesen, auf den Tag, wo mir in der Klasse der Kunstschule vor einer eigenen Arbeit plötzlich aufging, wie willkürlich, wie nichts als subjektiv dieser »Stil« war – genau das Gegenteil von jener aus der Gesellschaft kommenden, zeitbedingten Verpflichtung zu einem bestimmten Stil, von der wir, Mittelalter und Gotik idealisierend, träumten. Mehr noch: hinter der äußersten, zu nichts mehr notwendig verpflichtenden Subjektivität tauchte als »stilbildender« Faktor etwas gräßlich Objektives auf: am Tage vorher hatte ich nämlich gute Ratschläge des Kunsthändlers Steinicke erhalten, der eine Ausstellung meiner Arbeiten machen wollte – Ratschläge etwa so: »Entwickeln Sie lieber jene Seite Ihres Stils; dann bekommen Sie etwas Originelles; das läßt sich auch besser verkaufen.«

So sah die rauhe Wirklichkeit aus. In der Theorie hatte es anders gelautet:

»Das menschliche Innere und das Innere der Welt rücken zusammen.«

Dieser später geschriebene Satz Ernst Blochs drückt etwas aus, woran wir damals ernsthaft glaubten. Das vom ganz entfesselten und entspannten Subjekt her dargestellte Objekt sollte

»... wiedergeboren werden ... zu einer anderen als zu seiner bloßen Dingmaterialität ... zu seinem Wesen, als dem inneren Prinzip seiner, unser aller Möglichkeit.« (Bloch)

Die äußerste Subjektivität sollte den Zugang zu dem, Subjekt und Objekt gemeinsamen, mystischen Grund des Lebens vermitteln. (Der Surrealismus hat später, in einer mehr politisierten Zeit, eine ähnliche Behauptung aufgestellt, um seine Methode der »automatischen Niederschrift«, der hemmungslosen, direkten Aussprache des Unterbewußten mit der Bejahung der proletarischen Revolution in Einklang zu bringen, die er damals deklarierte: in der automatischen Niederschrift sollte angeblich mit dem Unterbewußten der überindividuelle Zeitinhalt zum Ausdruck kommen, der in der Periode der proletarischen Revolution nichts anderes sein könne als ein Stück von ihr.)

Das stellte sich nun alles als Schwindel heraus. Der gemeinsame geheimnisvolle Urgrund des Lebens trat in einer sehr banalen Objektivität in Erscheinung: als kapitalistischer Markt, vertreten durch den Kunsthändler, der diesen pikanten Subjektivismus brauchte, um – Bilder zu verkaufen!

Dieses Erlebnis (das eine nicht nur persönliche Erfahrung enthält) widerlegt Ilbergs Behauptung, die Expressionisten hätten einen »zwingenden, mitreißenden Ausdruck für ihr Wollen« gefunden. Ilberg urteilt hier als außenstehender Beobachter. »Wir Expressionisten« hatten durchaus nicht dieses Gefühl. Wir *suchten* diesen Ausdruck, leidenschaftlich, aber wir fanden ihn nicht! Wir konnten ihn nicht finden, denn das Wollen selber war unklar, besser: verfehlt; es stand nicht in Einklang mit den wirklich fortschrittlichen Kräften der Epoche.

Damals und in dieser Form brach ich innerlich mit dem Expressionismus – der Ausbruch des Krieges überhob mich der Aufgabe, diese Trennung gedanklich zu vertiefen. Eine Unterlassung, die später zu kuriosen Rückfällen geführt hat.

Darüber hätte ich, wie gesagt, ausführlich schreiben sollen und geschrieben, wenn ich gewußt hätte, daß ich eine Aussprache über den Expressionismus eröffne. Der aufmerksame Leser wird in meiner Darstellung der Entwicklung Benns die deutlichen Spuren dieses Erlebnisses entdecken.

Wie wertvoll solche direkten Darstellungen der Begegnung mit dem Expressionismus und der Trennung von ihm sind, zeigt der Beitrag Heinrich Vogelers. Orthodoxe Anhänger und Theoretiker der Richtung werden Vogeler wahrscheinlich das Recht absprechen, sich dem Expressionismus zuzurechnen. Wirklich war er für Vogeler nur ein Durchgangsstadium und er ist – das zeigt eine genauere Betrachtung seiner Bilder aus jener Periode – in seiner Kunst etwas Formal-Äußerliches geblieben. Aber die Schilderung der Umstände, die Vogeler auf diesen Weg und wieder von ihm fortgeführt haben, ist für das Verständnis des Expressionismus als Zeiterscheinung doch äußerst lehrreich.

Systematisch hat sich in unserer Diskussion mit dem malerischen Expressionismus sonst nur Durus beschäftigt. Sein Gesamturteil ist, obwohl er meine Kritik als schweren Fehler bezeichnet und ihre Konsequenz toll-dreist nennt, noch negativer als das meine, und seine Untersuchung wird wohl nicht nur mir als etwas gar zu summarisch erscheinen. Den besonderen

Problemen des malerischen Expressionismus wird sie jedenfalls, glaube ich, nicht gerecht. Das Zu-wenig an unmittelbarer, »liebevoller« Beziehung zur expressionistischen Malerei, das Durus' Kritik kennzeichnet, erschwert ihm die richtige Beurteilung ebenso, wie das Zu-viel, aus dem das Ressentiment seiner Verteidiger entsprang.

Im ganzen ist der malerische Expressionismus bei uns jedenfalls zu kurz gekommen. Die stoffliche Basis der Diskussion war zu schmal.

Ein Wort der Selbstkritik

Diese einleitenden Betrachtungen über die Grenzen und Mängel der Aussprache sind etwas lang ausgefallen. Aber ich glaube, daß das nichts schadet: hier waren bestimmte Lehren für spätere Diskussionen über andere Themen (ja, vielleicht auch noch einmal über das gleiche Thema) zu ziehen.

Beim Übergang zum Inhalt der Diskussion ist zunächst ein Wort der Selbstkritik am Platze.

Ich will zu Ehren der Redaktion unserer Zeitschrift gleich sagen, daß sie jenen Satz, der zum Stein des Anstoßes geworden ist, sofort beanstandet hat. Er lautete ursprünglich sogar noch anders:

»... wohin der Expressionismus, konsequent durchgeführt, führt: in den Faschismus.«

Es waren nicht nur stilistische Bedenken, die die Redaktion vorbrachte (»... -führt, führt«), sondern inhaltliche. Wir einigten uns dann (ich hatte die Berechtigung der Einwände schnell zugeben müssen) auf ein Kompromiß: Ich schiebe die Schuld vom Expressionismus auf den »Geist, der ihn geboren hat«, lasse den Satz aber stehen: »Das gibt am Ende noch eine Diskussion!« Also nicht so sehr aus Überzeugung von der Richtigkeit der Behauptung, als mit diesem Nebenzweck vor Augen. Ein kleiner Betrug – aber ein frommer Betrug. Ich hoffe sehr, daß der Leser mir Absolution erteilt!

Um so mehr, als ich nicht anstehe, zu sagen: So geht es natürlich nicht! *Der berüchtigte Satz ist falsch.* Dem aufmerksamen

Leser hätte schon die Brüchigkeit seiner Konstruktion auffallen müssen: kann man einen Geist »anwenden«, noch dazu, wenn man sein Kind ist?

Alle meine Opponenten, die diesen Satz angegriffen haben, sind damit im Recht. Am meisten, scheint mir, diejenigen, die die Ambivalenz oder besser Multivalenz des Expressionismus aufgezeigt haben, die Vielheit der Entwicklungsmöglichkeiten, die in ihm steckten. Sie ist wirklich sein hervorragendes Kennzeichen. Nur wird sie, glaube ich, nicht dadurch bewiesen, daß die einzelnen expressionistischen Künstler verschiedene Wege gegangen sind – teils zum Antifaschismus, teils zum Faschismus, teils in ein hollywooder juste milieu oder ins Schweigen. Die Vieldeutigkeit lag im Expressionismus selber. Besonders treffend (und zugleich am schärfsten) ist die Entgegnung Kurt Kerstens. Ja, den Expressionismus notwendig in den Faschismus auslaufen lassen, heißt, letzten Endes, den Faschismus fatalistisch als unvermeidliche Fortsetzung der Weimarer Republik hinstellen! Dieser Vorwurf sitzt!

Fehlerhaft war aber noch etwas anderes: die Verwandlung des Falles Benn in den Fall Expressionismus. Wichtig ist hier wiederum nicht (wie R. Leonhard meint), daß Benn innerhalb der Bewegung mit fast allen anderen Expressionisten nichts zu tun haben wollte. Kurt Kersten weist richtig darauf hin, daß das eine allgemeine Erscheinung war. Der Fehler liegt an anderer Stelle: ein einzelner Künstler kann nicht »das Wesen« eines ganzen Stils, einer ganzen Schule verkörpern. Phidias ist nicht »die Antike«, Raphael nicht »die Renaissance«, Manet nicht »der Impressionismus«, Benn nicht »der Expressionismus«. Das Wesen ist ja gerade die *Gesamtheit* aller Erscheinungen, der zwischen ihnen bestehenden Beziehungen, das Gesetz ihrer Entwicklung.

Auf diese zwei Grundfehler meines Aufsatzes gehen auch größtenteils jene Mängel der Diskussion zurück, von denen oben die Rede war. Ein weniger subjektiv gehaltener, weniger kraß formulierender, themaisch weniger einseitiger Artikel hätte eine breitere, ruhigere, weniger mit Ressentiments belastete Aussprache ausgelöst (wenn, allerdings, er überhaupt eine ausgelöst hätte!).

Diese Widerlegung zweier wesentlicher Gedanken meines Aufsatzes ändert aber nichts daran, daß ich nach wie vor den Expressionismus als eine Sackgasse (Wangenheim) betrachte und mit Vogeler sage:

»Vom Expressionismus haben wir keinerlei kulturelles Erbe zu übernehmen.«

Und zwar muß ich das gerade *nach* unserer Diskussion sagen!

Von der Kontinuität in der Kunstentwicklung

Ich sprach schon davon, daß allen Verteidigern des Expressionismus das Bestreben gemeinsam ist, auf die eine oder andere Art eine Kontinuität der Entwicklung herzustellen. Aber nur in *einem* Falle ist dieses Bestreben tiefer begründet und wenigstens subjektiv berechtigt, ungetrübt von Ressentiments. Nur *eine* Betrachtungsweise ist wirklich konsequent in der Bejahung des Expressionismus und in seiner Bezeichnung als Erbgut für unsere antifaschistische Literatur: der Standpunkt, den Ernst Bloch in dieser Frage seit Jahren vertreten hat und jetzt wieder vertritt. Blochs Schlußsatz:

»Das Erbe des Expressionismus ist noch nicht zu Ende, denn es wurde noch gar nicht damit angefangen« –

ist das (vorläufig) letzte Glied einer ganzen Kette von Gedanken, an deren Anfang Bloch die expressionistische Situation beschreibt als

»... plötzliche Begegnung aller Wege in jenem verwachsenen, unscheinbaren Seitenpfad, der zur Hauptstraße der Menschheitsentwicklung geriet.« *(Geist der Utopie)*

Ernst Bloch hat in seiner Beziehung zum Expressionismus keine künstlich konstruierte, sondern eine echte Kontinuität zu vertreten. Wir haben es bei ihm mit einer ganzen, in sich geschlossenen, philosophisch begründeten Kulturtheorie zu tun. Mit ihr hat Georg Lukács sich hier ausführlich auseinandergesetzt. Ich teile diese Ansichten Lukács' und habe ihnen nichts hinzuzufügen.
Alle anderen Bemühungen, eine Kontinuität der Kunstentwicklung des ausgehenden 19. und des beginnenden 20. Jahrhunderts herzustellen und so dem Expressionismus eine posi-

tive, progressive Funktion zuzuschreiben, sind eklektischer Natur.

Wie steht es überhaupt mit der Kontinuität auf dem Gebiete der Kunstentwicklung? Marx schreibt in der *Deutschen Ideologie*:[3]

»Die Moral, Religion, Metaphysik und sonstige Ideologien und ihnen entsprechende Bewußtseinsformen behalten hier nicht länger den Schein der Selbständigkeit. Sie haben keine Entwicklung, sondern die ihre materielle Produktion und ihren materiellen Verkehr entwickelnden Menschen ändern mit dieser ihrer Wirklichkeit auch ihr Denken und die Produkte ihres Denkens.«

Diese Leugnung einer eigenen, immanenten, kontinuierlichen Geschichte der Ideologien ist eine der Grundlagen der marxistischen Kunstbetrachtung. Diese steht damit im Gegensatz zu fast allen Schulen der bürgerlichen Kunstgeschichte, die die Stilwandlungen allein in der Sphäre der Kunst betrachten, die Stile auseinander ableiten und durcheinander erklären.

Spuren einer solchen ideologischen Betrachtungsweise der Kunstentwicklung finden wir bei den meisten Verteidigern des Expressionismus in unserer Diskussion.

Es wäre äußerst wichtig, zu untersuchen, in welchen Beziehungen der Expressionismus zu den vor ihm liegenden und nach ihm kommenden Stilarten steht und welche Wandlungen er selbst durchgemacht hat. Das Studium der Übergänge würde (zumal am Beispiel von Künstlern, die solche Übergänge selbst mitgemacht haben) viele wichtige Aufschlüsse geben.

Aber nicht aus diesen Beziehungen allein, nicht aus rein künstlerischen Reaktionen ist das Wesen aller dieser Stilarten und ihrer Wandlungen zu begreifen. Die Kontinuität des vielfachen und schnellen Wechsels, seine eigentliche Gesetzmäßigkeit ist nur zu verstehen, wenn man die gesamte gesellschaftliche Entwicklung der betreffenden Periode, von den Produktionsverhältnissen bis zu den verschiedenen anderen Ideologien betrachtet, und die Erscheinungen des Kunstlebens ständig auf ihre Beziehungen zu anderen Faktoren der gesellschaftlichen Entwicklung hin untersucht.

Diesen Versuch hat Georg Lukács in seinem Aufsatz von 1934

3 1845 entstanden, 1926 gedruckt.

unternommen (ich muß nebenbei zu meiner Schande und zur Enttäuschung Ernst Blochs gestehen, daß ich diesen Aufsatz noch nicht gelesen hatte, als ich meinen Benn-Artikel schrieb. Ernst Bloch überschätzt da unsere praktische Zusammenarbeit und Arbeitsteilung und unterschätzt unsere grundsätzliche theoretische Übereinstimmung). Lukács hat diesen Versuch in seinem Beitrag zu unserer Diskussion ergänzt.

Bei einer solchen Betrachtungsweise rücken nun die scheinbar so feindlichen und angeblich im Gegensatz zueinander entstandenen Stilarten vom Impressionismus bis zur Neuen Sachlichkeit nahe zusammen. Sie stellen sich dar als eine fortlaufende, in äußerlichen Widersprüchen vor sich gehende künstlerische Widerspiegelung einer sich auch auf vielen anderen Gebieten äußernden Entwicklungsperiode der spätbürgerlichen Gesellschaft, über deren Rahmen sie nicht hinausgehen.

Hier, in diesem gemeinsamen Merkmal einer Widerspiegelung von Vorgängen innerhalb der bürgerlichen Gesellschaft, die in dieser Etappe sehr heftige Erschütterungen erlebte, ihrem Klasseninhalt nach aber gleich blieb, liegt die Kontinuität des Expressionismus mit seinen Vorgängern und Nachfolgern. Seine Theorie und Praxis, seine eigenen inneren Widersprüche, die Wandlung, die er selbst durchmacht, sein Entstehen und sein Vergehen sind nur im Zusammenhang mit den gleichzeitigen Vorgängen in den anderen Sphären des gesellschaftlichen Lebens zu erkennen. Daß dem einzelnen Expressionisten nicht alle Großväter und Väter seiner Gedanken und Gefühle bekannt waren, daß er seinerzeit die Zusammengehörigkeit seiner ästhetischen Anschauungen mit politischen, philosophischen und anderen Strömungen der Zeit nicht erkannt hat und auch heute noch nicht recht erkennen will (Wangenheim spricht davon im Zusammenhang mit der Darstellung von Lukács) besagt nichts. Eine gesellschaftliche Ideologie setzt sich nicht auf die Weise durch, daß jeder Mensch der Epoche alle Bücher liest, alle Bilder betrachtet, alle Versammlungsreden anhört, in denen Philosophen, Künstler und Politiker diese Ideologie in eine Form gebracht haben. Der Vorgang ist einfacher und komplizierter zugleich und derselbe gesellschaftliche Inhalt kommt dabei in den verschiedenen Sphären der Ideologie und innerhalb ihrer wieder in den verschiedenen Individuen in sehr verschiedener, voneinander abweichender Weise zum Ausdruck. Das Gemeinsame und die allgemeine Gesetzlichkeit bei diesen Prozessen herauszufinden, ist Aufgabe der Wissenschaft. Diese Arbeit ist hinsichtlich des Expressionismus und der gesamten modernen Kunstentwicklung bisher kaum in Angriff genommen. Aber angesichts solcher Untersuchungen, wie sie die Arbeiten Lukács' darstellen, verlieren jedenfalls solche Versuche, kontinuierliche Beziehungen des Expressionismus zu anderen Kunsterscheinungen aufzuzeigen, wie sie in verschiedenen Beiträgen der Diskussion vorliegen, jede Beweiskraft zugunsten des Expressionismus.

Vom Wert der Zerstörung

In einem Punkte herrscht, scheint es, völlige Übereinstimmung: darin, daß eine der Hauptleistungen des Expressionismus auf dem Gebiete der Auflösung, der Zerstörung zu suchen ist. Nur darüber gehen die Meinungen auseinander, ob es *die* Hauptleistung war und gegen wen oder was sich seine auflösenden, zerstörenden Tendenzen richteten.
Rudolf Leonhard hat gewiß praktisch nicht recht, wenn er den Expressionismus als Re-aktion auf den Impressionismus bezeichnet. Die Gegenüberstellung Impressionismus-Expressionismus ist das, als was sie in der von Wangenheim berichteten Anekdote erscheint: ein Kalauer. Allein die Gestalt Cézannes, unseres Meisters in der Vorkriegszeit, verhinderte die Entstehung einer feindlichen Einstellung gegenüber dem Impressionismus.
Ilbergs Definition des auch von ihm anerkannten Zerstörungswillens als »Ausdruck einer Zeit, die nach Auflösung schrie«, ist wohl zu allgemein, um fruchtbar zu sein. Kurt Kersten ist konkreter. Er schreibt dem Expressionismus der ersten, der Vorkriegsperiode, Bekämpfung oder wenigstens Negierung der allgemeinen politischen Reaktion der wilhelminischen Aera zu. Die angebliche humanistische Tendenz des Expressionismus (von der noch später zu reden sein wird) soll nach Kersten, wie jede Humanitas, lebhafte Reaktion gegen den bürokratischen Klassen- und Kastenstaat usw. gewesen sein. Aber Kersten scheint sich mit dieser Behauptung nicht recht sicher zu fühlen. Er, der die reaktionären Tendenzen des Expressionis-

mus mit so vielen Zitaten zu belegen weiß, bleibt uns jede Spur eines Beweises für die Behauptung schuldig, der Vorkriegs-Expressionismus sei schon politisch antireaktionär gefärbt gewesen.

Es dürfte auch vergeblich sein, in jener ersten Periode vor dem Kriege Zeugnisse für einen auf politische oder gesellschaftliche Ziele gerichteten Zerstörungswillen des Expressionismus suchen zu wollen. Hier liegt die Gegnerschaft gerade einmal auf ästhetischem Gebiet. Jeder, der diese Periode des Expressionismus aktiv mitgemacht hat, wird sich erinnern, daß Ausgangspunkt aller Diskussionen und Bemühungen ästhetische Probleme waren.

Am nächsten an die wirkliche Sachlage kommt Ernst Blochs Darstellung von der Richtung der zerstörenden Tendenz des Expressionismus, wenn er sagt:

»Er, (der Expressionismus) hat den Schlendrian und Akademismus zersetzt, zu dem die Kunstwerte geworden waren.«

In den Schlußkapiteln des Buches *Erbschaft dieser Zeit* ist die ästhetische Umwelt, gegen die sich die Empörung richtete, und im *Geist der Utopie* die Ideen- und Gefühlswelt, für deren Ausdruck man neue Waffen zu schmieden suchte, außerordentlich plastisch und mit der ganzen Frische eines unmittelbaren Erlebnisses geschildert.

Aber wiederum: die Glut des Hasses, der jene Kämpfer und Sucher beseelte, der Elan ihres Zerstörungsdranges besagt noch wenig über den gesellschaftlichen Inhalt und die politische Richtung dieser Bemühungen. Georg Lukács hat in seinen zwei Aufsätzen überzeugend nachgewiesen, daß die »Antibürgerlichkeit« von damals mit Antikapitalismus und proletarischem Sozialismus nichts zu tun hatte. Der Zerstörungswille war auf die Oberfläche gerichtet; er vertiefte das Zerstörungwerk, das die Zeit selbst vollzog. In dieser Vertiefung, in der Bloßlegung der Abgründe und der Aufdeckung der Hohlräume sah der Expressionismus (und sieht Bloch heute noch) eine fortschrittliche Leistung. Werner Ilberg meint sogar, daß ein Neo-Expressionismus als »Zersetzung des Überlieferten, Erstarrten, Konservativen« heute in Hitler-Deutschland eine positive revolutionäre Rolle spielen könnte.

Hier liegt ein Irrtum zugrunde, der nicht ungefährlich ist. Zer-

störung an und für sich hat noch nichts mit Revolution im eigentlichen Sinne zu tun. Im Laufe ihrer Herrschaft zerstört eine Klasse vieles von dem, was sie selbst früher aufgebaut und angebetet hat. Die Zerstörung der gesellschaftlichen Oberfläche, die der Expressionismus bloßlegte und vertiefte, war nicht das Werk einer neuen Klasse. Auch jene rebellische Fraktion der Intelligenz gab nicht den Anstoß zu dieser Zerstörung. Er ging vielmehr von einer Fraktion der Bourgeoisie selbst aus. Auch auf dem Gebiete der Ästhetik waren die Expressionisten nicht die ersten, die den Kampf gegen Schlendrian und Akademismus aufnahmen. Auf ihre Weise hatten das schon die Künstler des Naturalismus und des Impressionismus, ja selbst des Symbolismus und des Jugendstils getan. Auf ihre Weise! Der Expressionismus brachte nur eine neue Note in diesen Kampf, gab der Zerstörungsarbeit eine neue Tönung. Etwas Neues war zum Beispiel die äußerste Konsequenz, mit der er die Zerlegung der erstarrten Regeln der Kunstproduktion in ihre Elemente verfolgte. Ich besinne mich, wie begeistert wir waren, als wir (auf dem Wege über Cézanne) plötzlich auf neue Art entdeckten, daß alles, was man auf den Kunstschulen und in den Lehrbüchern der Ästhetik als unumstößliche Regeln ausgab, nicht stimmte; daß man unter Heranziehung der Kunst anderer Kulturkreise, ja selbst durch genauere Betrachtung unserer alten europäischen Meister sämtliche Probleme (Komposition, Zeichnung, Perspektive, Farbe usw.) gesondert studieren und dabei zu ganz anderen Resultaten kommen konnte, ja mußte, als die Akademien. Aber dieses Studium, dem wir uns fieberhaft widmeten, blieb in der Analyse stecken. Auf einmal standen wir da, mit Leonardo-Cézanneschen Dreiecken, chinesischen Ausdruck-Siegeln und August Mackes bunten Glasscheiben zur Umwertung der Valeurs in der Hand und – kamen nicht vom Fleck. Es blieb bei dem, was P. Fischer »Verselbständigung der Malmittel« nennt. Ja das war wirklich eine »sehr entscheidende Tat« des Expressionismus. Aber sie führte mit nichts, aber auch gar nichts über die Problematik hinaus. Es fehlte die Substanz, um die sich die zerlegten und selbständig gewordenen Malmittel wieder hätten kristallisieren können. Es langte nur zu . . . »Komposition No. 16.«
Diese neue, spezifische Note, die der Expressionismus in den allgemeinen Zerstörungsprozeß trug, war ohne Vorzeichen!

Inhaltleere Zerstörung ist keine wirklich revolutionäre Waffe. Ilbergs Gedanke, ein Neoexpressionismus hätte im heutigen Deutschland eine positive Aufgabe zu lösen, erscheint mir deshalb durchaus verfehlt. Auch Wangenheim läßt ähnliche Gedanken durchblicken. Er erinnert an die »Zwanzigjährigen«, die es immer wieder gäbe, er verbindet also Expressionismus mit Jugend schlechthin. Wenn es wirklich so wäre, daß in der Kunst der Aufstand der Jugend gegen die Alten stets als formalistische Rebellion zum Ausdruck käme, wäre es leicht, Kunstgeschichte zu schreiben. Aber es ist nicht so. Die Geschichte der Stilwandlungen zeigt genügend Beispiele, daß die rebellische Jugend oft ganz im Gegenteil realistisch auftritt. War der Kampf des jungen Giotto und seiner Schule gegen den byzantinischen Formalismus kein Aufstand der Jugend? Und Chardins[4] Auftreten gegen die Rokokodekadenz, Courbets Durchbruch durch die Front der Hofmaler des zweiten Kaiserreichs? Und die Vorkämpfer des literarischen Naturalismus in Deutschland – traten sie nicht als *Jugend* auf, begeisterten sie nicht eine Zeitlang die *Jugend*? Wofür »die Jugend« in einer bestimmten Epoche der Kunstentwicklung eintritt, das hängt nicht von den Jahren ab.

Anders gesagt: *Man kann auch realistisch experimentieren! Es gibt auch eine realistische Avantgarde!* Nirgend zeigt sich die expressionistische Befangenheit vieler Diskussionsteilnehmer (das, was ich genannt hatte: es steckt jedem von uns aus jener Zeit noch etwas in den Knochen) so deutlich, wie in der hartnäckigen Gleichsetzung des Begriffs »Avantgarde« mit dem besonderen Inhalt, den der Expressionismus ihm gegeben hat!

Expressionismus und Erbproblem

Ernst Bloch geht in der positiven Bewertung der Zerstörungsarbeit des Expressionismus einen Schritt weiter als Ilberg. In dem *Weltbühnen*-Aufsatz[5] vom 5. 11. 37, den H. Walden zitiert und auf den sich auch Ilberg beruft, behauptet er, erst (oder schon) der Expressionismus habe das Erbproblem zu

---

4 Jean Baptist Siménon Chardin (1699-1779) malte vor allem Alltagsszenen in schlichten Räumen sowie Stilleben.
5 *Der Expressionismus, jetzt erblickt.*

einem »frischen Problem «gemacht. Erst: denn das ganze 19. Jahrhundert habe unter dem Fluch des »Weh dir, daß du ein Enkel bist« gestanden, und erst der Expressionismus habe die Jugend seiner Zeit von diesem Fluch erlöst. Schon: offenbar lange, bevor die Marxisten das Erbproblem entdeckt hätten.
Beides stimmt nicht.

Der Imperialismus hat mit Kolonialpolitik, Weltverkehr, Reproduktionstechnik und manchem anderen ein riesiges neues Material an Kunsttatsachen aller Völker und Zeiten angehäuft. Aus ihm hatten bereits Impressionismus und Symbolismus geschöpft. Der Expressionismus, zu dessen Zeiten das Material mit großer Geschwindigkeit zunahm, setzte diese Ausbeutungsarbeit fort, traf aber wiederum eine *besondere* Auswahl. Rein materiell war bereits lange vor dem Expressionismus Gelegenheit gegeben, das Erbproblem durchaus neu aufzuwerfen. Der Naturalismus und der Imperialismus haben es auch getan, allerdings eben auf ihre Weise; aber auch ihr Horizont war damals schon sehr weit.

Durchaus neu aufgeworfen wurde das Erbproblem bereits um die Jahrhundertwende von marxistischer Seite. In allgemeiner Form durch Lenin (u. a. in seinen kleinen Schriften über Marx, in seinem Aufsatz über den Nationalstolz der Großrussen, in seinen Arbeiten über Tolstoi) in besonderer Form durch Mehring und Plechanow[6], der sogar bereits in großem Umfang die prähistorische und primitive Kunst heranzog. Allerdings war die Problemstellung eine völlig *andere* als die, die später der Expressionismus gegeben hat. Es bleibt Ernst Bloch natürlich überlassen, nur die expressionistische Fragestellung als »originell« und »erquickend« zu betrachten. Aber er muß uns das Recht zugestehen, in dieser seiner Einschätzung der Leistung des Expressionismus in bezug auf das Erbe eine Überschätzung, ja ein Fehlurteil zu sehen.

Der Expressionismus hat das Erbproblem nicht nur nicht zu einem wirklich »frischen, durchaus kühnen« Problem gemacht, wie Bloch sagt, er hat es heillos verwirrt.

Wiederholen wir noch einmal: materiell hat den Schatz der Weltkunst nicht der Expressionismus entdeckt und bereichert, sondern der Imperialismus, seine Kolonialbeamten, Missionare,

6 Georgij Plechanow (1857-1918), einer der Mitgründer und Führer der russischen Sozialdemokratie.

die Kunsthändler und ihre Kunsthistoriker. Aus diesem angehäuften neuen Reichtum haben die Expressionisten eine Auswahl getroffen. Sie ließen sich dabei von historischen Gesichts-
punkten nicht beirren, sie abstrahierten von Raum und Zeit.
Die Auswahl beruhte auf Intuition. Was von diesen Schätzen
»echte, wahre« Kunst war, was zur »Hauptstraße der Menschheitsentwicklung« (wie sie die Expressionisten verstanden) gehörte, mußte »erfühlt« werden. Es gab dabei als Kriterium
einen neuen Begriff der Kunst. Ernst Bloch hat ihn im *Geist
der Utopie* vielfach formuliert als: integrale Expression, nor-
disch-gotische Kunst, die das vollkommene Leben, der freie
Geist der Ausdrucksbewegung an sich ist; als (für die Zukunft)
metaphysisch-eidetische Kunst usw. Was die so verstandene,
»wahre Kunst« vorwegnahm, vorbereitete, andeutete, wurde
aus dem riesigen Material der Weltkunst, zu dem noch die
Bildnereien der Kinder, Gefangenen(?) und Irren(!) hinzuka-
men, herausgeklaubt und in die Ahnenhalle gestellt. Wer einen
Blick in die Ahnengalerie tun will, blättere den *Blauen Reiter*
durch – die Karikatur findet er in den monumentalen Heften
der »Böttcherstraße«, wo das gleiche Auswahlprinzip der echten Kunst, zum Gemeingut reicher Snobs geworden, von einem
tüchtigen Geschäftsmann zur – Reklame für Kaffee Hag verwendet worden ist.

War der Expressionismus in seinem Zerstörungsdrang weder
eigentlich initiativ noch originell, sondern bestenfalls Ausfüh-
rer und Vertiefer von Zerstörungstendenzen, die aus einer anderen Richtung kamen, ging er also damit nicht über den Rahmen der bürgerlichen Gesellschaft hinaus, so blieb er mit seiner
Formulierung des Erbproblems vollends in ihr stecken. Er hat
die ungeheuer angewachsene Erbmasse in einer Weise »geordnet«, daß der schöpferische Künstler nichts mehr mit ihr anfangen konnte. Wenn die moderne Kunst in ihrer expressionistischen Periode sich ganz besonders unfähig gezeigt hat, gegenüber der Überfülle auf uns eindringender Kunstwerke aller
Völker, Zeiten und Stilarten einen starken überzeugenden eigenen Ausdruck zu finden; wenn sie aus dieser Erbmasse gerade das machte, was Bloch dem 19. Jahrhundert vorwirft:
einen Formenschatz, aus dem man sich etwas abguckte oder zu
Montagezwecken herausnahm – so ist daran eben das expressionistische Auswahl- und Ordnungsprinzip schuld: der will-

kürlich erweiterte Kunstbegriff, dessen Herkunft Lukács deutlich gezeigt hat.

Expressionismus und Humanismus

Hier ist der Ort, ganz entschieden einem Mißbrauch der Begriffe »Mensch« und »Humanismus« entgegenzutreten.
Georg Lukács hat schon von der politischen Funktion des expressionistischen Menschen gesprochen, der uns in der Dichtung jener Zeit wirklich auf Schritt und Tritt begegnet, bald mit, bald ohne »Oh«! Von was für einem Menschen da die Rede war, darauf gibt neben der Dichtung und den Selbstzeugnissen der Epoche wiederum eine ausgezeichnete Antwort Ernst Blochs *Geist der Utopie*. Wie sein Weltbühnenartikel über die münchener Ausstellung, so ist auch dieses Buch zu einem guten Teil dem Nachweis des »humanistischen Kerns« im Expressionismus gewidmet.
Aber Bloch tadelt Lukács dafür, daß dieser sich, statt auf »die Sache selbst« auf indirektes Material, auf »Literatur über den Expressionismus« bezieht. Ich will daher den Leser nicht mit Zitaten aus Blochs literarischer Erläuterung des Expressionismus aufhalten, in denen »der Mensch in seiner allertiefsten Inwendigkeit, als Christus«, der zum »alchymischen Maß aller Dinge wird«, hervortritt. Nehmen wir die Sache selbst, nehmen wir den Menschen, wie er uns aus den Bildwerken des Expressionismus ansieht.
Erwähnen wir nur nebenbei, daß es bei vielen expressionistischen Künstlern konkrete Menschen, Menschen überhaupt nicht gibt, und zwar gerade bei sehr repräsentativen, wie etwa Kandinsky und Franz Marc. Bei Marc gehörte das zum Programm, war letzte Konsequenz der »Befreiung der Kunst aus ihrer Maskierung«:

»Wir werden nicht mehr den Wald und die Pferde malen, wie sie uns gefallen oder scheinen, sondern wie sie wirklich sind ... Ich kann ein Bild malen wollen: ›Das Reh fühlt‹.«

Und er hat solche Bilder gemalt, nur solche Bilder. Das war die letzte Konsequenz der Verneinung des Konkret-Menschlichen in der Kunst: Aufgabe (wenigstens scheinbar) auch noch des menschlichen Ichs des Künstlers.

Halten wir uns an die Bilder, auf denen Menschen vorkommen. Diese Wesen, bewußt deformiert bis zu den Punkt-punkt-komma-strich-Männeken Klees und den zerlegten Porträts Picassos sollen Dokumente des Humanismus, der Bejahung des Menschen, Waffen im Kampfe gegen Menschenhaß und Unmenschlichkeit sein? Grob gesprochen: ich möchte einmal sehen, was Ernst Bloch und Rudolf Leonhard (die beide so besonders das humanistische Element des Expressionismus betonen) für Augen machen würden, wenn sich ihre Geliebte vor ihren Blicken in ein solches Noldesches oder Purmannsches Scheusal, in ein Kleesches Phantom oder ein Burljuksches Gespenst verwandelte oder sich nach Picassoscher Art in ihre Bestandteile auflöste? Das sei ein Banausenargument? So urteile auch Herr Piefke? So einfach sei die Kunst mit dem Leben doch nicht verbunden?

Ja, *hier scheiden* sich eben die Geister!

Wenn ich das Wesen des Menschen in seinem geistigen und abstrakten Sein suche und das abstrakte, geometrisierte, siegelhafte Ornament für die höchste Expression seines eigentlichen Wesens halte – dann ist diese Kunst »humanistisch«.

Aber der Humanismus, von dem die Rede ist, wenn wir von Antifaschismus und vom Kampf gegen die Hitlerbarbarei sprechen, ist doch wohl etwas anderes.

Bloch selbst hat die Gleichsetzung von Expressionismus und Humanismus in dem für unsere Diskussion geschriebenen Beitrag gegenüber dem Weltbühnen-Aufsatz und erst recht gegenüber dem *Geist der Utopie* schon stark eingeschränkt und bringt selbst den Satz »der Expressionismus kreise ums Menschliche« nur ganz verklausuliert vor. Rudolf Leonhard dagegen setzt noch unbekümmert das Gleichheitszeichen: Expressionismus war überhaupt Humanismus.

Er fügt der Deutung Expressionismus als Humanismus noch eine weitere Note hinzu: er spricht von einer »Streckung und Erweiterung des Menschlichen« durch Einbeziehung von Ägypten, der Kunst der Naturvölker, der Kenntnis der kindlichen Produktivität in unserem Menschenbegriff (Bloch setzt das Gleiche, erweitert durch Bauernkunst, Gefangenenzeichnungen und die »erschütternden Dokumente der Geisteskranken« sonderbarerweise unter der Rubrik »Volksnähe« auf das Pluskonto des Expressionismus.)

Auch hier liegt ein Irrtum vor. Die Wissenschaft des 19. Jahrhunderts hat durch eingehendes Spezialstudium viele Seiten des Werdeganges der menschlichen Psyche aufgehellt, der individuellen wie der gattungsmäßigen. Aber sie war die Wissenschaft einer Gesellschaft, die der Perspektive in die Zukunft entbehrte und infolgedessen auch die Perspektive in die Vergangenheit verloren hatte. Sie ersetzte die Geschichte durch Psychologie. Sie leugnete den Fortschritt und verlor den Maßstab dafür was gesund – was krank, was primitiv – was reif ist. Sie war nicht mehr imstande, ihre mitunter äußerst wertvollen Teilerkenntnisse in ein Gesamtbild der aufsteigenden Entwicklung der Menschheit einzuordnen und wurde dadurch zur Pseudowissenschaft. Dieses Erbe hat der Expressionismus angetreten. Ihm gebührt die zweifelhafte Ehre, den Kunstbegriff so erweitert zu haben, daß diese Produkte der verschiedensten Sphären des Gesellschaftslebens und der menschlichen Äußerung (allerdings in einer bestimmten Auswahl) in ihm Aufnahme fanden. Das war keine fortschrittliche Tat. Die Kulturtheoretiker, die in der Vertiefung unserer klinischen Kenntnisse von der Schizophrenie unseres Verständnisses für die totemistische und magische Bewußtseinsstufe der Menschheitsentwicklung und für die Kinderpsychologie eine Bereicherung unseres Bildes vom Menschen nicht im wissenschaftlich-analytischen, sondern im aktiven schöpferischen Sinne erblicken – diese Theoretiker sind auf den Lehrstühlen in Deutschland sitzengeblieben. Sie bauen dort mit an dem »dritten Humanismus«, der zu dem Reich gleicher Numerierung gehört. Mit unserem, dem sozialistischen Humanismus hat diese »Erweiterung des Menschenbildes« *nichts* zu tun.
Der Beweis, daß im Expressionismus über seine zerstörende Grundhaltung hinaus wesentliche und fortschrittliche Ansätze zu einem positiven Neuen enthalten gewesen seien, das dem Sozialismus zuzuordnen wäre, scheint mir mißlungen. Daß der einzelne Expressionist in seinem »dunklen Drange« etwas anderes meinte und wollte, als er geschaffen hat – diese Möglichkeit hat bisher noch niemand bestritten. Es geht nicht um den subjektiven Willen des Einzelnen, sondern darum, was der Ex-

pressionismus objektiv als geschichtliche Erscheinung war. Wir kennen aus der Geschichte der Literatur viele Fälle, wo subjektiv reaktionär eingestellte Künstler ein objektiv revolutionäres Werk geschaffen haben. Der umgekehrte Fall: ein objektiv reaktionäres Schaffen bei subjektiv revolutionären Absichten ist deshalb an sich nichts Unwahrscheinliches. Und mit einer solchen Erscheinung haben wir es im Expressionismus meist zu tun.

Er steht vor uns als ein Teil und Ausdruck seiner »nach ihrer Auflösung schreienden Zeit«, deren Verfallsförmigkeit er teilte, ohne dem Zerfall entscheidende starke, über die Zeit hinausweisende Kräfte entgegensetzen zu können.

Durch diese Schwäche hat er das getan, was Klaus Berger so energisch zu bestreiten versucht. Er hat dazu beigetragen, »den Ungeist der Nazis siegen zu lassen«, indem er eine bedeutende Fraktion der deutschen Intelligenz entwaffnete oder waffenlos ließ.

Er hielt die Tore offen für alle Einflüsse von außen, aus den anderen Sphären des gesellschaftlichen und politischen Lebens. Insofern war er richtungslos, multivalent, vieldeutig.

Die Künstler, die aktiv und passiv an ihm teilgenommen haben, sind, als der Expressionismus (nicht an seinen eigenen Widersprüchen, sondern durch Veränderung der gesellschaftlichen Situation) zugrunde ging, ja nach den Anstößen, die sie von außen (nicht aus dem Bereich der expressionistischen Kunst) erhielten, in dieses oder jenes Lager gegangen.

Aber eben wegen dieser Vieldeutigkeit und inneren Unbestimmtheit, als Teil und Ausdruck eines Verfallsprozesses, als Kunst, in der die positiven Kräfte innerhalb des gesellschaftlichen Zerfallsprozesses keine entscheidend zur Geltung kommende Widerspiegelung erfuhren, hat er uns kein wesentliches echtes Erbgut hinterlassen.

Ich müßte zum Schluß eigentlich noch ausführlich auf die direkten oder indirekten Antworten eingehen, die ich auf meine drei »Katechismus«-Fragen (Antike, Formalismus, Volkstümlichkeit) bekommen habe.

Es wäre vor allem zu sagen, daß und warum ich nicht im entferntesten daran denke, unser heutiges Verhältnis zur Antike auf die Winkelmannsche Basis zurückzuführen. Ich wollte nur

auf den Gedanken hinlenken, daß es eine andere Weiterentwicklung und Vertiefung des zeitbedingten und in seiner Art
naiven Bildes der Antike gibt, das sich die Winkelmann –
Goethe erkämpft hatten.

Es wäre vieles zu sagen über den Realismus als dem Standpunkt, von dem aus erst eine wirkiche Ablehnung und Überwindung des Formalismus möglich ist – und nicht nur des Formalismus, auch des Naturalismus, an den fast alle Zweifler an
der Richtigkeit des Aufrufs zum Realismus fälschlich bei diesem
Wort denken.

Der Begriff der Volkstümlichkeit schließlich bedürfte besonderer Erläuterung. Wenige von den Begriffen, mit denen wir
bereits operieren, sind so ungeklärt, wie dieser. Es handelt sich
ja nicht nur um die allgemeine Entfernung der »modernen«
Kunst vom Volksleben. Es geht darum, daß unserer deutschen
Kunst insbesondere die lebendige Verbindung mit den großen
Problemen unseres Volkes und seiner Geschichte verloren gegangen ist. Der Expressionismus und die anderen antirealistischen Kunstrichtungen haben ja den Begriff »Volk«, wenn sie
ihn überhaupt kannten, ebenso ins Allgemeine, Zeitlose, Abstrakte aufgelöst, wie den Begriff Mensch.

Aber mir scheint, daß die drei in diesen Fragen angedeuteten
Themen es verdienen, daß wir uns nicht nur en passant, sondern einmal ganz gründlich mit ihnen auseinandersetzen.

Ernst Bloch, Hanns Eisler
Die Kunst zu erben

K:[1] An den Debatten über das Erbe wird sichtbar, wie die sozialistische Bewegung sich bemüht, kulturelle Fragen verantwortungsbewußter und lebendiger als bisher zu behandeln. Zweifellos kommt dadurch der Bewegung ein Kraftzuschuß aus der Vergangenheit zugute: die großen Künstler und Denker werden als Zeugen unserer Sache aufgerufen. Aber die Freude am Erbvorgang wird einem nicht immer ungetrübt belassen. Neben dem Gewinn einer großen Vergangenheit besteht die Gefahr, daß sich der Blick auf die heutige Kunst verengt, daß neue Kunstrichtungen in abstrakter Weise unterbewertet werden. So erinnere ich mich, bei Lukács gelesen zu haben: die jeweils letzte Maschine sei zwar immer die beste, das jeweils letzte Kunstwerk jedoch drücke nur immer hoffnungsloser die Fäulnis der untergehenden kapitalistischen Gesellschaft aus. Da die Großtaten der bürgerlichen Kultur nach dieser Auffassung mit Goethes Tod abgeschlossen sind, so frage ich, wo kommen dann die modernen Künstler unter? Was soll ihnen die Zumutung eines solchen Numerus clausus?

P:[2] Vom Standpunkt des produzierenden Künstlers muß auch ich diese Schematik beklagen. Es ist heute notwendiger als je, über solche alles und auch wieder nichts besagende Formulierungen hinaus zu gelangen und uns zu fragen: *wie*, das heißt mit welchen Methoden wird das Erbe angetreten, damit es uns allen helfe und ein lebendiges sei? In der Sowjetunion gab es einen gut geführten Kampf gegen jene vulgär-soziologischen Kunstbetrachtung, die mit dem Nachweis der adligen oder kleinbürgerlichen Herkunft eines Dichters zugleich dessen Produktion zu erklären und herabzusetzen glaubte. So wurde beispielsweise das Werk Puschkins als Ideologie der Gutsbesitzerklasse denunziert, eine Methode, welche das Proletariat um wichtige Bestandstücke seines Erbes hätte betrügen können. Aber in Westeuropa hat man vielfach aus diesem Kampf gegen

---

1 K = Bloch als Kunstfreund
2 P = Hanns Eisler als Kunstproduzent.

den Sozialismus einen nicht weniger schematischen Eklektizismus gemacht, eine unkritische Wahllosigkeit, die überall Klassiker sieht. So konnte ich bei einer antifascistischen Studentenversammlung ein *Freiheitslied* von Körner feststellen, obwohl Körner weder ein Klassiker ist, noch vor allem sein Freiheitsbegriff im Mindesten mit dem uns bewegenden übereinstimmt. Und man darf nicht vergessen, daß gerade die fascistische Kunstbürokratie diese Art der Klassikerpflege übernommen hat. Sie nennen das nur nicht Erbe – sondern »Tradition«.

Im Inneren des heutigen Deutschlands freilich ist es für Antifascisten von größter Wichtigkeit, die zugelassene Klassik in einem revolutionären Sinn zu interpretieren. Ein Beifall an der bekannten Don Carlos-Stelle bietet die Möglichkeit, *legal* gegen die Unterdrückung der Gedankenfreiheit zu demonstrieren. Worin besteht aber unsere Aufgabe außerhalb Deutschlands? Es ist klar, daß wir einzig helfen müssen, klassisches Material, das für solchen Kampf geeignet ist, auszusondern und zu präparieren. Das verpflichtet aber weiterhin, das historische Erbe, dem Mißbrauch der Nazis gegenüber, durchaus kritisch zu verarbeiten. Und dabei eben spielt das Wie der Erbmethode, die lebendige Beziehung des heute lebenden und progressiven Menschen zur Vergangenheit eine schlechthin entscheidende Rolle. Es wird nicht immer leicht sein festzustellen, wo die Grenzen zwischen einer produktiven Übernahme liegen, die Staub vom Leben zu sondern versteht, und einer summarisch verflachenden, die nicht eingreift, sondern den alten Überdruß an der Schullektüre lediglich reproduziert. Aber wir werden jetzt schon uns durchaus nicht genieren, das spießbürgerliche Gedicht *Die Glocke,* das bereits Schillers Freunden eine Verlegenheit war, als solches zu bezeichnen. Wobei wir zugleich die geschichtlichen Bedingungen bloßlegen werden, denen der Dichter der *Räuber* und dann wieder des *Tells* hier erlegen ist. Haben doch auch Marx und Engels stets den ideologischen Schein entzaubert und ihn von der fortwirkenden Wahrheit unterschieden; auf unser gutes Recht, diese erprobten Methoden anzuwenden, dürfen wir auch der Klassik gegenüber nicht verzichten.

Wenn wir nun unseren lebenden Künstlern gegenüber die Frage des Erbes in produktionsmäßigem Sinne stellen, dann sehen wir: der von Ihnen zitierte Schematismus führt zu einer künstlerischen, auch politischen Katastrophe. Die Jugend kam zu uns, weil wir die kulturell Frischeren waren. Was die Künstler brauchen, ist nicht die Mitteilung, daß alles, was in heutiger Zeit produziert wird, notwendigerweise faul sein muß und faul sein wird, sondern sie brauchen Verständnis und Kenntnis ihrer spezifischen Produktionsprobleme. Auch wird das an Hanslick erinnernde Ausspielen der Klassik gegen die Gegenwart den Künstlern schwerlich immer Hilfe bringen. Viel notwendiger wäre es zu zeigen, unter welch konkreten Schwierigkeiten der Produzierende von den Klassikern für die eigene Produktionsweise zu lernen hat. Um aus meinem Fach ein Beispiel zu nehmen: an Beethoven muß Punkt für Punkt die Eigentümlichkeit durcherfahren werden, womit hier Erfindung und Logik der Ausarbeitung ineinandergreifen. Der wahre Kenner der Vergangenheit darf einem jungen Komponisten auch nicht verschweigen: das musikalische Material ist nirgendwo in der Geschichte statisch, sondern es steht überall in einem nicht abreißenden historischen Prozeß. Klänge und Formen, wie sie Beethoven brachte, waren vor zweihundert Jahren gesellschaftlich nicht erreichbar. Andererseits aber sind gewisse Kunstmittel Beethovens, wie zum Beispiel der verminderte Septimakkord, die neapolitanische Sext, durch Abnützung gesellschaftlich dermaßen verbraucht, daß sie heute nur noch in der leichten Unterhaltungsmusik auftauchen. Was bei einem Beethoven Ausdruck des höchsten Schmerzes war, erscheint bei Lehár als – ebensolcher. Auch die Entwicklung des musikalischen Materials ist bedingt durch die Entwicklung der materiellen Produktivkräfte. Das Hammerklavier ermöglichte eine andere Art von Musik als das Cembalo, die Wagnersche Instrumentation ist ohne das Ventilhorn undenkbar. In unserer Zeit sind durch den Tonfilm, die Schallplatte, die Radiosendung, schließlich durch die Veränderung der sozialen Darbietungsform neue Produktionsprobleme entstanden, die sich mit dem Hinweis auf die Größe Beethovens und die Fäulnis im Monopolkapitalismus allein nicht lösen lassen. Auch der so beliebte »schöne Klang«, die Harmonie des 19. Jahrhunderts, ist kein statisches Phänomen, sondern ein historisches und ein in keiner Weise klassizistisch konservierbares. Daher ist dem Theoretiker, der sich zuweilen gar als Schulmeister aufspielt, in seinen Ratschlägen an die modernen Künstler – Vorsicht anzuraten. Der

Formalismus wird nicht durch Akademismus überwunden, sondern einzig von den neuen Stoffen her, die nach einer ihnen gemäßen, inhaltlich bestimmten Form drängen. Nicht anders haben es auch die großen Alten gehalten. Diese Frische, Kühnheit und Echtheit, dieses konkrete Verhalten zum Jetzt haben wir von ihnen zu lernen. Nur dann können wir auch ihre Formen verstehen und weiter entwickeln. Nur auf diese Weise gelingt ein produktiver Antritt des kulturellen Erbes.

K: Mich als Kunstfreund bewegen weniger die inneren Sorgen der Produktion als die Materie gleichsam, welche die von Ihnen charakterisierten Theoretiker des Erbes zulassen. Diese Theoretiker lassen in der Gegenwart jedenfalls zu wenig zu, und in der Vergangenheit wählen sie, preisen sie das Klassische fast auf klassizistische Weise. Welche Unkenntnis der modernen Kunst spricht aus ihren Auslassungen; welche Voreingenommenheit, welche abstrakte Blindheit! Alles, was in unserer Zeit geschieht, ist hier Fäulnis schlechthin, summarisch, a priori, ohne Unterschied. Aber steht nicht gerade auch der moderne Künstler als progressiver, in einem tapferen Gegensatz zu den eigentlichen Schund- und Fäulnisprodukten der kapitalistischen Ramschkultur? Man nehme an Schönberg auch einmal zur Kenntnis, daß er nicht nur ein Fäulnisprodukt ist, sondern daß er durch vierzig Jahre Kampf für einen neuen Stil zu einer beispielgebenden geschichtlichen Persönlichkeit geworden ist. Lukács setzt, wie ich zuerst schon bemerkt habe, das Ende des Aufstiegs der bürgerlichen Klasse im 19. Jahrhundert ohne Weiteres mit dem Beginn ihres künstlerischen Niedergangs gleich. Sind aber französische Dichter wie Flaubert, Zola, Verlaine, obwohl sie nicht mehr von der aufsteigenden Klasse getragen werden, wirklich minderer Qualität als die unbekannten Dichter der französischen Revolution? Oder ist das Faktum gering zu achten, daß die großen französischen Impressionisten, Meister, die ihresgleichen an Bedeutung nur in der Renaissance finden – buchstäblich auf den Gräbern der Kommune gemalt haben? Gibt es nicht zu denken, daß auf dem korrumpierten Misthaufen des zweiten Kaiserreichs eine so liebenswerte Sumpfblüte wie Offenbach gewachsen ist und wachsen konnte? Oder ist nicht Wagner, trotz der Niedergangsepoche, worin er lebte, und trotz dem Reflex dieses Niedergangs in seiner Kunst, die größte und musikalische Erscheinung nach

Beethoven? Selbstverständlich fallen die großen Zeiten einer Kultur weithin mit dem Aufstieg oder der Blütezeit zusammen, die diese Kultur trägt. Der Dreiklang Haydn, Mozart, Beethoven hat sich nicht mehr wiederholt. Ein ganz Anderes aber ist es, diese Erkenntnis in abstracto zu totalisieren; denn dann wird die Wirklichkeit nach einer puren »Idee« des historischen Materialismus herauskonstruiert, und es entsteht, vor lauter Schematik, bedenklicher, ja platter Idealismus. Es überrascht nicht, wenn die Wirklichkeit um solche Aprioritäten sich wenig kümmert und tödliche Ausnahmen bietet. Ich brauche hier nicht auf moderne Künstler vom Range Picassos, Strawinskis, Schönbergs, Eislers, Bartoks, Dos Passos', Brechts hinzuweisen. Auch wird nur eine platt-idealistische Perspektive die Großtaten der neuen Physik übersehen, wird Riesen wie Planck, Einstein, Rutherford, Bahnbrecher vom Rang Schrödingers, Heisenbergs, Bohrs verkleinern. Zwar wird die moderne Physik sehr gern mit der modernen Technik zusammengestellt, und dieser konzedieren die Theoretiker des totalen Niedergangs ja selbst eine Ausnahme; zum Unterschied von der hundertprozentigen Verworfenheit aller künstlerischen und anderen Ideologie. Aber auch die Trennung zwischen Technik und Ideologie ist schematisch und rein mechanisch; sie übersieht die Zusammenhänge zwischen den Fortschritten der Technik und den Veränderungen der Lebensformen, der Ideologien; sie übersieht ebenso die Rückwirkung dieser veränderten Lebensformen und Ideologien auf die Fortschritte der Technik.

Dazu kommt, daß wir nicht nur in einer Fäulniszeit leben, sondern in einer dialektisch übergehenden, in einer Zeit und Gesellschaft, die von der künftigen schwanger ist. Infolgedessen enthalten die Leistungen der Picasso und Einstein auch ein Antizipierendes; sie sind von der Welt beschienen, die noch nicht da ist. Das gilt selbst für ein so anrüchiges Gebiet wie die Psychoanalyse. Trotz dem scharf kritisierbaren Ausgangspunkt und Standard ihrer Theorie-Praxis bleibt doch die geschichtliche Leistung Freuds, der vom Sexualleben Jahrhunderte alte Lügen und den Muff einer verfaulten Moral abgeräumt hat. Dieses Verdienst gilt, obwohl Freuds Methode eine einerseits überspitzte, andererseits idealistisch beschränkte ist. Ein Teil seiner Ergebnisse ist dennoch aus der Sexualpädagogik einer neuen Gesellschaft nicht mehr wegzudenken. Wie sehr erst sind

Kenntnis und unschematisches Studium den Gebilden der künstlerischen Avantgarde gegenüber angemessen. Ein Kunstfreund, der vor allem auch die Zeit, worin er lebt, musikalisch hören, in Malerei und Dichtung ausgedrückt sehen will, ein solcher hält es fast für absurd, daß man, um der trefflichen Technik ein ebenso zukunftshaltiges kulturelles Korrelat zu schaffen, hinter unserer Zeit zurückgehen müsse und Modelle aus der Klassik zu benützen habe. Es ist das eine neue Art von Don Quixotterie, und durchaus keine ritterliche. Der Konsument jedenfalls, der nach solchen Lehren sich richten wollte, würde – erschreckt von der Fäulnis der Gegenwart, gelangweilt von der edlen Einfalt, stillen Größe der Oberlehrer-Klassik – nicht etwa zum lebendigen, zum echten Homer oder Goethe geführt werden, sondern sich lediglich der Entspannungskunst hingeben, dem Kriminalroman und Hollywood. Es bliebe ihm, zwischen »revolutionäre« Verachtung der Gegenwart und ebenso »revolutionären« Akademismus gestellt, wenig andere Zuflucht übrig. Deshalb plädiert auch der Kunstfreund dafür, daß die Gegenwart in allen ihren Übergangsgebilden kritisch zu achten und zu beachten sei. Ohne lebendige, dialektisch wache Zeitgenossenschaft erstarrt auch die kulturelle Vergangenheit; sie wird zu einem Stapelgut von Bildungsware, aus dem abstrakte Rezepte gezogen werden. Entscheidend bleibt die Wechselbeziehung: kritische Beachtung der Gegenwart, dadurch produktiv ermöglichter Erbantritt der Vergangenheit.

Ein Briefwechsel zwischen Anna Seghers und Georg Lukács

28. Juni 1938

Lieber Georg Lukács!

Der Tisch, an dem wir unsern letzten Diskussionsabend hatten[1] – ich glaube, es war in einem Lokal in der Friedrichstraße –, ist inzwischen ein sehr großer Tisch geworden. Du sitzt sehr weit von mir weg. Trotzdem möchte ich in diesem Brief ungefähr dasselbe machen wie an einem solchen Diskussionsabend. Ich möchte keinen Beitrag ausarbeiten, ich möchte nur ein paar Fragen stellen, wo mir Deine eigenen Argumente unklar blieben. In den letzten Jahren hast Du über verschiedene Themen gearbeitet, die für Schriftsteller eine außerordentliche Wichtigkeit haben, wahrscheinlich sogar über die wichtigsten Themen. Du hast meine und unsere Gedanken auf Momente gelenkt, wo sie vielleicht von allein nicht hingekommen sind. Über manche Fragen hast Du uns Klarheit verschafft. Wo man einen Widerspruch hat, ist dieser Widerspruch kräftig und unmittelbar und dadurch auch nützlich und klärend für unsre Arbeit.

Auch bei Deiner letzten Arbeit über Methode, über Realismus, ist viel geklärt worden. Ich habe nun hier Deine Ausführungen, auch die letzten und abschließenden, mit der ganzen Teilnahme gelesen, die dieses Thema bei einem Schriftsteller finden muß. Obwohl auch durch diese Arbeit wieder viel geklärt wurde, obwohl ich in wichtigen Punkten keinen *wesentlichen* Widerspruch habe (verschiedene Einwände werden wohl im Laufe des Briefs noch herauskommen), bin ich doch nicht restlos befriedigt gewesen, als ich das Heft zumachte, das Heft, in dem die Diskussion über Realismus abschloß. Ich habe mich nun die ganze Woche gefragt, woran dieses Unbefriedigtsein liegen mag, denn wie gesagt: meine Einwände allein können nicht die Ursache für eine gewisse Leere sein, die diese lange und dichte

---

1 Siehe die biographischen Angaben zu A. Seghers und G. Lukács.

Diskussion nun doch in mir hinterläßt. Ich glaube also, nicht *was* gesagt wurde, ist daran schuld, sondern *was nicht* gesagt wurde, vielleicht auch von Dir noch nicht gesagt wurde.

Ich möchte eine Episode aus der deutschen Literaturgeschichte anführen, in der vielleicht manches zum Ausdruck kommt, was eure Diskussion übrigläßt. Bekanntlich hat Goethe besonders in einer bestimmten Zeit seines Lebens sich außerordentlich abfällig über gewisse Erscheinungen der jungen Schriftstellergeneration geäußert. Seine schroffste Gegenüberstellung »klassisch gleich gesund, romantisch gleich krank« kennst Du wohl und auch seine kleine Arbeit über »Forcierte Talente« usw. Er hat Kleist und viele andre mit Kälte aufgenommen. Dagegen hat er einen gewissen Zacharias Werner[2], den heute kein Mensch mehr kennt, außerordentlich warm behandelt und nach Kräften gefördert, – einen mittelmäßigen Spießer, der in methodischen Fragen mit ihm auf einem Boden stand. Nun kommt es ja häufig vor, daß geniale Menschen, die eine große Konzeption haben, nur aus dieser Konzeption heraus denken können und eher die mittelmäßigen, angeglichenen verstehen, als die andersartigen. Nur handelt es sich eben hier auf der einen Seite um Goethe, auf der andern Seite um Kleist, das heißt um eine bestimmte Schriftstellergeneration. Und was für eine: es starb Kleist 1811 durch Selbstmord, es starb Lenz 1792 im Wahnsinn, Hölderlin starb 1843, seit 1804 in Wahnsinn, es starb Bürger 1794 geisteskrank, es starb die Günderode durch Selbstmord usw. Auf der andern Seite: Goethe wurde alt, uralt, er vollendete sein Werk, ebendieses Werk, das von seinem Volk angestaunt wurde und wird, unheimlich für dieses Volk und fast unerklärlich durch seine Tiefe und Breite, durch seine Kompaktheit und durch seine Totalität, eben ein Werk, das den Menschen zeigt in allen seinen Menschen-Möglichkeiten. Subjektiv aber war dieses Werk erkauft durch eine starke Anlehnung seines Schöpfers an die bestehende Gesellschaft, eine Auflehnung hätte vermutlich dieses Werk gefährdet. Eine große Abneigung hatte Goethe gegen jede Art Auflösung – die Disharmonie der Schriftstellergeneration, deren Krankheit ihm folgerichtig dünkte (siehe Gorki *Über die gesellschaftliche Be-*

---

2 Zacharias Werner (1768-1823), Dramatiker der Romantik (unter Einfluß Calderons und Schillers). *Die Söhne des Tals* (1803); *Der vierundzwanzigste Februar* (1810). Stand abseits der romantischen Gruppierungen.

deutung des Wahnsinns, siehe die Auflösung des Todes bei
Goethes Freund Schiller usw.). Ich vergaß noch, daß 1830
August Goethe starb: sein Vater hatte ihm nicht die Erlaubnis
gegeben, in die Freiheitskriege zu gehen. Er wollte – »seine
irdische Existenz irdisch fortgeführt sehen«. Hierher gehört
vielleicht auch der Brief eines Pfarramtskandidaten, der zur
Zeit Goethes durch Sachsen-Weimar wandert und feststellt, er
hätte in keinem Landstrich deutscher Sprache soviel Schmutz
und Unwissenheit und Aberglauben angetroffen, was erstaunlich sei für ein kleines Land, in dessen Hauptstadt die berühm-
testen und erleuchtetsten Köpfe des Volkes versammelt seien.
Ich verweile bei diesen Dingen nicht, um etwa von hier aus an
die Frage »Erbe« zu gehen, sondern in einem andern Zusammenhang, den ich später geben will.

Zunächst zurück zu Kleist, resp. Zacharias Werner. Für Goethe
trat also das spezifisch Künstlerische bei Kleist – und bei vielen
andern –, wenn es zu keiner wirklichen Synthese zu führen
schien, in den Hintergrund. In diesem Fall zugunsten eines
Mannes, der wenigstens durch das Methodische zu etwas geführt wurde. Man könnte natürlich ein Dutzend andrer Beispiele bringen. Nun wird man fragen, was eigentlich dieses spezifisch Künstlerische bedeuten soll. Ich meine damit jetzt nicht
solche Fragen nach Talent, Begabung, Genie, was das sei usw.,
ich meine den spezifisch künstlerischen Prozeß, wie ihn vielleicht am schönsten Tolstoi schildert, wie er aber wahrscheinlich von allen, die diesen Prozeß überhaupt richtig beobachtet
haben, geschildert wird. In seinem Tagebuch gibt Tolstoi an,
daß dieser Schaffensprozeß gleichsam zweistufig ist. Auf der
ersten Stufe nimmt der Künstler die Realität scheinbar unbewußt und unmittelbar auf, er nimmt sie ganz neu auf, als ob
noch niemand vor ihm dasselbe gesehen hätte, das längst Bewußte wird wieder unbewußt; auf der zweiten Stufe aber
handelt es sich darum, dieses Unbewußte wieder bewußt zu
machen usw.

Alle diese Ausführungen, die Du auch kennst, decken sich im
großen und ganzen ja mit Deinen eignen, und es ist selbstverständlich, daß sie sich decken. Nun gelten die Hauptteile der
Realismusdiskussion vor allem, da es eine Diskussion über Methode ist, jener zweiten Stufe des künstlerischen Schaffens,
nämlich: was mit dieser unbewußten Aufnahme der Realität

zu geschehen habe, damit aus ihr ein wirkliches, gesellschaftliches, zukunftsweisendes Kunstwerk werde. Es fragt sich nun, ob die Beschäftigung mit der Methode in einem solchen Maß abgelöst geschehen darf von der ersten Stufe des künstlerischen Prozesses. Damit Du mich ja nicht mißverstehst: ich weiß, wie Du es weißt, daß die Methode etwas ebenso »spezifisch Künstlerisches« ist wie jener erste Vorgang. Doch wenn es unendlich wichtig ist, über diese erste Stufe der primären Reaktion auf die Wirklichkeit hinauszukommen, so ist es nicht minder wichtig, nie zu vergessen, daß eben jene primäre Reaktion die Vorbedingung ist, die Voraussetzung des künstlerischen Schaffens, ohne die man ebensowenig zu einer Synthese kommt wie ohne Methode. Vielleicht ist Dir das allzu selbstverständlich erschienen, als daß Du noch besonders darauf hättest hinweisen wollen. Es gibt aber leider nichts Selbstverständliches. In den letzten fünf Jahren sind öfters Genossen zu mir gekommen, begabte und wenig begabte und unbegabte, im Vollbesitz der Methode des Realismus, Gestalter, nicht Beschreiber, so glaubten sie wenigstens. Was mit dem »Zauberlehrling« passierte, war noch eine Idylle, gemessen an dem, was diese Freunde anrichteten. Sie hatten es fertiggebracht, die Welt ganz zu *entzaubern*. Bei ihnen war jene primäre Reaktion (von der Tolstoi sagt, daß die ganze Wirklichkeit noch einmal völlig frisch und unbewußt auf den Menschen einwirken muß, damit er sie dann desto bewußter gestalten kann) vollständig verschüttet, oder sie war überhaupt nicht vorhanden. Sie schilderten eine unerlebte Welt, die auch für den Leser unnachlebbar wurde. Grandiose Augenblicke aus dem Leben der Arbeiterklasse, die sie sogar selbst miterlebt hatten, mühten sie sich daher in irgendeine Scheinfabel zu zwängen, – eine echte zu erfinden waren sie auf diesem Punkt ihrer Reife nicht imstande, und sie glaubten, so für sich den Zwiespalt »Gestalten oder Beschreiben« gelöst zu haben. Begabte Menschen waren darunter, man mußte sie nur zuerst auf ihr Grunderlebnis zurückbringen. Je bewußter nämlich der Mensch lebt, je klarer seine Einsicht ist in die gesellschaftlichen Zusammenhänge, desto schwerer kommt ihm im allgemeinen das, was Tolstoi nennt: »wieder unbewußt machen«. Allerdings, wenn es kommt, ist es dann um so fruchtbarer. Nun wirst Du sagen, daß Du an Mißverständnissen oder gar an mißglückten Romanen wirklich unschuldig bist. Ich erwähne das auch nur, weil jetzt sehr häufig die *Methode* herangezogen wird, wo der Fehler an einem viel früheren Punkt des künstlerischen Prozesses anfängt.

Jetzt wieder zurück zu Kleist. Man kann natürlich seine Generation nicht mit unsrer vergleichen. Wenn sie etwas Gemeinsames haben, dann ist es vielleicht ein gewisses Steckenbleiben »auf der ersten Stufe«. Die Realität ihrer Zeit und ihrer Gesellschaft hat auf sie nicht den allmählichen nachhaltigen Eindruck ausgeübt, sondern eine Art von Schockwirkung. Warum ein Künstler diesen ersten unmittelbaren Eindruck nicht überwindet, entweder nicht überwinden kann und sich damit abquält oder ihn sogar nicht überwinden will und fixiert, das kann sehr viele Gründe haben, subjektive Gründe, die aber trotzdem natürlich immer aus seiner gesellschaftlichen Lage kommen. Gestern wie heute kann das Zögern eines Künstlers, auf die Realität zuzusteuern, ganz verschiedene Ursachen haben. Pures Unvermögen (zum Beispiel solches, das sich aufplustert in einem Ismus) oder unter anderem auch die sogenannte »Furcht vor der Abweichung«. Diese wirkt sehr entrealisierend. Der Künstler vergißt dann, daß für ihn wie für jeden Handelnden Kühnheit und Verantwortung unerläßlich sind. Aber bevor man noch auf die Methode kommt, bevor noch die Rede ist von der Überwindung der Unmittelbarkeit, muß man sich mit dem ersten Vorgang beschäftigen, dem unmittelbaren. Und damit ich auch hier nicht mißverstanden werde: selbstverständlich meine ich nicht, daß hier ein »Zufliegen« betont werden soll, eine Art magischer Inspiration, sondern daß es darauf ankommt, *was* in der Wirklichkeit auf *wen* Eindruck macht.

Jene doppelte Aufgabe, die Du selbst schilderst, muß also schwerer werden, je stärker die Unmittelbarkeit ist (denn desto schwerer ist ihre Überwindung, allerdings desto größer auch die Leistung), je wilder, je mächtiger die Realität auf die Künstler einwirkt. Diese Realität der Krisenzeit, der Kriege usw. muß also erstens ertragen, es muß ihr ins Auge gesehen und zweitens muß sie gestaltet werden. Unzählige sogenannte Künstler sehen ihr überhaupt nicht oder nur scheinbar ins Auge. Solche Krisenzeiten sind in der Kunstgeschichte von jeher gekennzeichnet durch jähe Stilbrüche, durch Experimente, durch sonderbare Mischformen, nachher kann dann der Historiker sehen, welcher Weg der gangbare geworden ist. Damit meine ich nicht, daß Fehlschläge und Leerläufe unbedingt sein müssen. Ich zweifle nur, ob manche Versuche überhaupt Leerläufe waren. Als sie Antike zusammenbrach, in den Jahrhunderten, in denen sich die christliche Kultur des Abendlands eben erst entwickelte, gab es unsagbar viele Versuche, der Realität habhaft zu werden. Aber auch in einer weniger entlegenen Zeit, am Ausgang des Mittelalters, als die bürgerliche Kunst begann: der Bürger stellte sich auf dem Altarbild dar als Stifter, auf Grabmälern usw. Schließlich gab es die ersten einzelnen abgeschlossenen Porträts, recht fragwürdige Versuche und doch Rembrandts Vorläufer. Vom Standpunkt der antiken Kunst aus, von der Blüte der mittelalterlichen Kunst aus war das, was nachkam, der reinste Zerfall. Im besten Fall absurd, experimentell. Es war aber doch der Anfang zu etwas Neuem. Darauf wirst Du das erwidern, womit Du Deinen letzten Beitrag überschrieben hast, daß es nämlich immer um den Realismus geht. An dieser Stelle möchte ich ein paar reine Fragen einschalten. Umschreibe noch einmal genau, was Du unter Realismus verstehst. Diese Bitte ist nicht überflüssig. In Eurer Diskussion wird die ganze Terminologie sehr verschieden und oft ungenau gebraucht. Es geht unter anderm durcheinander: Realismus *heute* oder Realismus *überhaupt,* also Richtung auf die der jeweiligen Zeit erreichbarste höchstmögliche Realität. Viele religiöse Vorstellungen, für uns entwirklicht, waren in ihrer Zeit ohne Zweifel ein Schritt auf die Realität zu. Wenn heute irgendein Künstler noch immer oder wieder von irgendeinem solchen ungültigen Standort aus arbeitet, – ist dann am Resultat die Methode schuld oder liegt der Fehler an einer früheren Stelle des Schaffensprozesses? Und solche »Fehler« passieren gerade jetzt oft, wie ich aus manchen Manuskripten ersehe, die aus Deutschland kommen, weil nämlich gewissermaßen der Hitlerfaschismus wieder auf barbarische Kultur zurückfällt, so daß, damit verglichen, längst überholte Etappen der Menschheitsgeschichte wieder scheinbar wirklichkeitsvoll und neu aufgefüllt werden. Ich hoffe sehr, Du verstehst mich. Vorausgesetzt, daß man die Begriffe so nimmt, wie sie während der Diskussion genommen wurden, hat es etwa auch in der Gotik eine realistische, eine naturalistische usw. Richtung gegeben. Unzweifelhaft hat es ganze unrealistische Perioden in der Kunst gegeben, wenn Du den Begriff Realismus so auffaßt, wie er meistens, aber nicht immer, während der Diskussion gebraucht wurde. Im jahrhundertelangen Verlauf der antiken Kunst, während ihrer verschiedenen Stilperioden, sind von den Künstlern alle möglichen Methoden angewandt worden. Wenn man die Skulpturen ergänzt durch die Vasenbilder, dann weiß man, was in der Antike alles möglich war. Die antike Kunst war vor der Aufstellung des Athleten des Myron teilweise eine wesensandere als nachher. Jede Generation, wie Du weißt, liebt eine andre Antike. Die Goethe-Winckelmannsche Antike war von der antiken Periode, die etwa meine Generation am meisten liebt, so verschieden wie die Gotik oder wie die romanische Kunst von der gotischen. Und innerhalb jeder Periode bemühte sich manche Methode um die Lösung. (Es wäre auch noch gut, über das Verhältnis zwischen Methode und Stil zu schreiben.) Obwohl ich jetzt nur andeute und eilig und unscharf formuliert habe, verstehst Du wohl die Richtung meiner Fragen und wo, wie ich glaube, in der Realismusdiskussion eine Lücke ist. Und jetzt noch ein Moment, dessen Eigentümlichkeit gleichfalls in der bildenden Kunst am klarsten wird. Ich selbst, und wie vielen mag es so gegangen sein, habe viele Künstler niemals für Realisten gehalten, bis ich selbst die Möglichkeit hatte, ihre gesellschaftliche Existenz in der Nähe kennenzulernen. Was für idealistische, fade Abkömmlinge hat die italienische Malerei in Deutschland gehabt. Erst in Italien konnte man wissen: diese italienischen Maler waren in Wirklichkeit Realisten, sie waren in nichts idealistisch; so waren die Farben ihres Landes, so die Totalität des Lebens. Oder umgekehrt. Greco hat manche Wirkungen auf Maler unserer Zeit gehabt. Im vorigen Sommer erst, als ich zum erstenmal in meinem Leben nach Spanien kam, ist mir klargeworden, in welchem Maß dieser auf viele nur unrealistisch wirkende Maler Realist war. Seine Farben waren keine Visionen, sondern die Farben seines Landes. Seine Proportionen sind den Proportionen seiner Menschen angeglichen, nur hat er das alles zu sehen gewagt. Hierzu gehört auch das Phänomen, daß häufig Maler, die man in ihrer Jugend als revolutionär, als phantastisch usw. empfunden hat, wenn man sie nach Jahren wiedersieht, plötzlich wie gemäßigt, wie besänftigt erscheinen, weit realer als damals. In der Jahrtausendausstellung der französischen Kunst auf der Pariser

Weltausstellung war es nicht nur mein subjektiver Eindruck, wie die großen französischen Impressionisten in sehr kurzer Zeit zu Klassikern geworden sind, die die Realität ihrer Zeit und ihrer französischen Gesellschaft ganz genau so für alle Zeiten für alle Gesellschaften fixiert haben wie Rembrandt oder Tizian die ihrige. Die Aneinanderreihung scheinbar zufälliger Elemente erwies sich nämlich erst nachher als die Herausarbeitung des Typischen, als die wesentlichen Momente im Gesicht der Klasse. Nur war der Beschauer gewohnt, etwas anderes in einem Gesicht als wesentlich zu empfinden. Denn der Mensch gleicht heute sehr oft die Realität dem Abbild an, statt umgekehrt. »Ein Sonnenaufgang wie auf einem Bild«, »Ein Gesicht wie von Rembrandt«.

Du hast bei dem Problem Plakat-Montage-Witz eine Ausnahme zugestanden. Durus gesteht eine andre zu: bei Marc (charakteristischerweise betont er das Märchenhafte bei den blauen Pferden, und ist Märchen nicht eine Art Gegensatz zu Witz?). Anfangs fragst Du, ob es überhaupt einen einzigen echten Expressionisten gibt. Dann möchte ich umgekehrt fragen, ob es überhaupt irgendein wirkliches Kunstwerk gibt, in dem nicht eine Substanz Realismus enthalten ist, nämlich eine Tendenz zur Bewußtmachung von Wirklichkeit. Hier aber liegt eine große Gefahr – nicht in diesem Brief, nicht in einem Gespräch zwischen Dir und mir, aber für den Künstler und für das spezifisch Künstlerische. Nur der ganz große Künstler kann ein neues Stück Wirklichkeit ganz bewußt machen; andre sehen nur dieses Stück Wirklichkeit, und es gelingt ihnen nicht völlig oder erst nach vielen Schwierigkeiten, es bewußt zu machen. Aber auch den ganz Großen gelingt diese Bewußtmachung nicht immer für den jeweiligen Zeitpunkt und für die jeweilige Gesellschaft. Rembrandt wurde nach der *Nachtwache* ausgelacht und ruiniert. Und allen großen Synthesen sind sowohl bei dem einzelnen Künstler wie bei der ganzen Künstlergeneration Bestandaufnahmen der neuen Wirklichkeit, Experimente usw. vorangegangen. Selbst der realistischste Künstler hat gewissermaßen seine »abstrakten Perioden«, und er muß sie haben.

Alle wichtigen Momente, die bei der *Kritik an den Methoden* herausgearbeitet wurden, müssen, wenn sie richtig sind, auch ihre Gültigkeit haben für die *Methode der Kritik,* der Belehrung antifaschistischer Schriftsteller. Alle Momente, wie Totalität, Überwindung der Unmittelbarkeit, tiefe Kenntnis der gesellschaftlichen Zusammenhänge, behalten ja ihre Gültigkeit. Das Objekt des Kritikers oder gar des Lehrers ist der Künstler und sein Kunstwerk, einzigartige, eigentümliche gesellschaftliche Verknüpfung von subjektivem und objektivem Faktor, Umschlagstelle vom Objekt zum Subjekt und wieder zum Objekt. Wendet man alle jene Momente auf die Methode der Kritik an, so muß man verlangen, daß sie anders als bisher in die Totalität des künstlerischen Prozesses eindringt, daß sie die einzelnen Arbeiten in die Gesamtarbeit des jeweiligen Schriftstellers einordnet, daß sie imstande ist, unmittelbar auf Kunst zu reagieren, aber wiederum über ein spontanes Urteil hinauszukommen, damit sie ein Kunstwerk vermittelt und nicht plakatiert, damit sie keine Montage einer Kritik gibt, sondern eine Kritik. Nur dann kann man in unsrer Kritik solche Fehlurteile vermeiden, die teils auf eine völlige Verschüttung jedes unmittelbaren künstlerischen Gefühls zurückzuführen sind, teils auf die Unfähigkeit, über einen unmittelbaren Eindruck hinauszukommen. Dann wird man, um irgendwelche Beispiele zu nehmen, nicht mehr einen Roman wie den von Glaeser[3] als Vorbild für Volksfrontepik preisen; nicht mehr behaupten, Brentano[4] sei von Gläser inspiriert, sondern sein ernstes Buch *Chindler* ernster prüfen. Dann wird man sehen, daß Marchwitza[5] in den *Kumiaks* etwas ganz Neues versucht hat, und ihm helfen. Vicki Baum hat sogar schon vor dem Hitlerfaschismus recht ordentliche Sachen geschrieben. Ein ganz guter Brocken Realismus steckte z. B. in ihrem Hollywoodroman[6] vor bald zehn Jahren, das muß ich als ehrliche vieljährige Leserin der *Berliner Illustrierten* schon sagen. Wenn man aber Döblin auf ein, zwei Spalten außerordentlich dürftig bespricht und die Baum auf sehr vielen Spalten sehr gründlich,

3 Ernst Glaeser, *Jahrgang 1902* (1928).
4 Bern(h)ard von Brentano *Theodor Chindler. Roman einer deutschen Familie*. (1936). Das Wort H. 1, S. 84-87, hatte Überfülle der Themen und zuviel Räsonnieren dem Roman angekreidet.
5 Hans Marchwitza (1890-1965) kämpfte 1920 in der *Roten Ruhrarmee*, Mitglied des *Bundes proletarisch-revolutionärer Schriftsteller*. Emigrierte 1933 zunächst in die Schweiz, war im Spanischen Bürgerkrieg; ging nach dem Krieg in die DDR. Bekannt als Autor mit *Sturm auf Essen* (R. 1930), *Walzwerk* (R. 1932), *Die Kumiaks* (R. 1934) u. a.
6 *Menschen im Hotel* (1929).

dann scheint mir die Proportion schlecht gewahrt, jene Proportion, die eines der wichtigsten Momente des Realismus ist.

Jetzt erlaube mir, Lukács, daß ich mich direkt an Dich wende. Ich habe von Dir in den letzten Jahren sehr viel gelernt. Nun schreibst Du ja aber nicht nur für mich und für unsere engeren Freunde, und Du schreibst nicht nur als Literaturhistoriker, Du schreibst letztlich als Lehrer, und Du wendest Dich an alle antifaschistischen Schriftsteller. Wenn Du über gewisse Gruppen von Schriftstellern urteilst, mag Dein Urteil selbst direkt sein, falls Du ihnen nur reizvolle Experimente zubilligst, ihnen vorwirfst, daß sie die deutsche Literatur zum Schauplatz von Formspielereien gemacht haben. Selbst wenn man annimmt, daß dieses Urteil gerecht sei, muß man doch fragen, ob es im Zug einer Belehrung, als Hilfe, grade in dieser Form richtig ist.

Wenn schon der arme Dos Passos für alle[7] andern herhalten muß, sollte man ihm doch zugestehen, daß er die Literatur unsrer Zeit um große Stoffe bereichert hat. Um Fetzen von Stoffen? Gut, aber immerhin solche Fetzen wie die Geschichte von dem arbeitslosen Liebespaar, das, von den Docks vertrieben, von der Wirtin gekündigt, in New York keinen Platz findet, um sich niederzulegen. Oder das Begräbnis des Unbekannten Soldaten, das ja für sich eine Dichtung ist.

Romain Rolland und Thomas Mann, die Du den »Dos Passosen« entgegenstellst, sind gewiß große Schriftsteller, gewiß Avantgarde. Aber auch davon abgesehen, daß sie in einer anderen Zeit herangereift sind als die meisten Schriftsteller, an die Du Dich wendest; auch wenn Shakespeare, Homer, Cervantes auferständen, – sie könnten den neuen Schriftstellern die Unmittelbarkeit ihrer Grunderlebnisse nicht schenken. Sie könnten ihnen höchstens zeigen, durch welche Methode aus ihren Grunderlebnissen ewige Kunstwerke geworden sind. Eben durch die Methode des Realismus, erwiderst Du, eben durch die Lösung jener doppelten Aufgabe.

Von den antifaschistischen Schriftstellern wird aber nicht nur die doppelte Aufgabe gefordert, die Du selbst dargestellt hast, sondern eine dreifache: der vollkommene physische und intellektuelle Einsatz, man könnte sagen, die Rücktransportierung

7 Vgl. die Einleitung des Hrsg.

des Werks auf die Realität. Wenn dem einzelnen, wenn den antifaschistischen Schriftstellern eine so mächtige Synthese gelingt, dann ist alles gelungen. Schriftsteller, die sich in dieser Schlüsselstellung befinden, brauchen die leidenschaftlichste, gründlichste Belehrung, die sorgsamste, differenzierteste Kritik. Außerdem sind Schriftsteller nun einmal empfindliche, empfängliche Leute. Auf dieser Empfindlichkeit, Empfänglichkeit beruht ja ein Teil ihres Berufs.

Beim Schaffen eines Kunstwerks, wie bei jeder menschlichen Aktion, ist das Maßgebende die Richtung auf die Realität, und dabei gibt es, wie Du auch sagst, keinen Stillstand. Doch was Du als Zerfall ansiehst, kommt mir eher wie eine Bestandsaufnahme vor; was Du als Formexperiment ansiehst, wie ein heftiger Versuch eines neuen Inhalts, wie ein unvermeidlicher Versuch.

Lieber Lukács, das ist also nur ein Brief. Er enthält bloß ein paar Eindrücke, wie sie mir beim Lesen kamen, also spontane ungeformte Eindrücke. Manche sind vielleicht falsch, manche sind vielleicht unwichtig. Aber ich denke, es ist Dir doch lieb, wenn ich schreibe. Wenn Du Lust hast zu antworten, mußt Du bedenken: Ihr diskutiert, setzt euch auseinander, ich hier habe nur das eine gedruckte Resultat der Auseinandersetzung.

Es grüßt Dich
Deine Anna Seghers

28. Juli 1938

Liebe Anna Seghers,

auch ich denke, wenn ich Deine Einwände und Fragen beantworten soll, an die alten Berliner Diskussionen, die wir leider nicht mehr in persönlicher Unmittelbarkeit fortsetzen können. Aber Du wirst es verstehen, ja sicherlich gar nichts anderes erwarten, als daß ich, so wie seinerzeit in Berlin, auch jetzt vor allem alles ausschalte, was nicht zum eigentlichen und engeren Thema unserer Diskussion gehört.

Vor allem darfst Du nicht vergessen, daß mein Artikel eine Erwiderung in einer bestimmten Diskussion gewesen ist. (Diese ging, beiläufig gesagt, nicht um den Realismus. Erst ich habe versucht, die Aufmerksamkeit auf den Realismus zu lenken.) Ich mußte also in der Argumentation, in dem Anführen von Beispielen usw. mich an die vorangegangenen Diskussionsartikel halten. Zum Beispiel Joyce oder Dos Passos wurden von mir *nur* darum angeführt, weil sie bei Bloch als Gipfelgestalten der modernen, der avantgardistischen Literatur erscheinen.

Dann aber muß ich hier alles ausschalten, was Du über Kritik im allgemeinen sagst. Ich werde nur meine *eigene* Position verteidigen. Wie etwa die Proportion der Beurteilung einzelner Schriftsteller in unseren Zeitschriften ist, darauf habe ich so gut wie überhaupt keinen Einfluß. Auch was andre Kritiker eventuell sogar sich auf mich berufend – sagen, möchte ich ausschalten. Nicht nur die Literatur befindet sich in einem schwierigen Übergangszustand, sondern auch die Kritik. Und da gibt es keine andre Möglichkeit, als getrennt zu marschieren und vereint zu schlagen. Das heißt: was jeder von uns richtig macht, kommt der Allgemeinheit zugute. Jedem gehören aber seine Fehler allein an. Und ich will ausschließlich für das geradestehen, was ich persönlich behauptet habe.

Und schließlich noch eine kleine Vorfrage: Du sprichst von Genossen, die »im Vollbesitz der Methode des Realismus, Gestalter, nicht Beschreiber« gewesen sind und die, wie Du sicherlich in den meisten Fällen richtig sahst, künstlerisch Schreckliches hervorgebracht haben. Liebe Anna Seghers, glaube mir, daß ich diesen Lehrlingen nicht einmal einen unverzauberten Besen geliefert habe. Erinnere Dich an den Winter 1931/32 in Berlin.[8] Soviel ich weiß, war ich der erste Kritiker in unserer Literatur, der gestalterische Fehler grade dieser Art aufgedeckt hat. Du wirst Dich erinnern, daß man mir damals hierfür sehr bittere Vorwürfe gemacht und vorgeworfen hat, daß ich die bürgerliche Literatur zum Schaden der proletarischen überschätzt habe. Du wirst Dich aber auch erinnern, daß ich damals grade das betont habe, daß diese Schriftsteller den *Bericht* an die Stelle der Gestaltung setzten. Luft und Papier sind geduldige Elemente. Jeder kann sich mündlich wie schriftlich auf das

8 Anspielung auf die Auseinandersetzung im *Bund proletarisch-revolutionärer Schriftsteller* und die beiden Aufsätze in der Linkskurve *Willi Bredels Romane* (Heft 11, 1931) und *Reportage oder Gestaltung?. Kritische Bemerkungen anläßlich des Romans von Ottwald* (Heft 7 u. 8, 1932).

berufen, was ihm paßt. Es gibt aber doch objektive Zusammenhänge, und diese gestatten mir zu sagen, daß eine jede solche
Berufung auf meine Aufsätze keinerlei sachliche Grundlage hat.
Jetzt zu den wirklich wichtigen Fragen. Du hast vollkommen
recht, wenn Du die beiden Etappen oder Momente des
Schaffensprozesses so energisch hervorhebst. Ich bin auch mit
Deinen Ausführungen auf weiter Strecke einverstanden, nur in
einer, freilich wichtigen Frage hast Du mich mißverstanden. Diese Frage möchte ich nun – ganz unpolemisch – ein wenig prä-
zisieren. Ich habe in meinem Aufsatz oft von einem Steckenbleiben der Schriftsteller auf dem Niveau der Unmittelbarkeit
gesprochen. Dieser Begriff der Unmittelbarkeit scheint auf den
ersten Blick mit dem Begriff jener Unmittelbarkeit zusammen-
zufallen, über die Du als über die erste Etappe des Schaffensprozesses sprichst. Aber das stimmt nicht. Unmittelbarkeit bedeutet in meinem Aufsatz nicht eine psychologische Verhaltens-
art, deren Gegensatz bzw. Weiterbildung das Bewußtwerden
wäre; Unmittelbarkeit bedeutet dort ein bestimmtes *Niveau*
der inhaltlichen Aufnahme der Außenwelt, ganz einerlei, ob
dieses Aufnehmen mit viel oder wenig Bewußtheit geschieht.
Ich erinnere Dich an die von mir angeführten ökonomischen
Beispiele: ich bleibe bei diesen, weil sie klarer und präziser
sind als solche, die man aus der Literatur heranzieht. Wenn also jemand das Wesen des Kapitalismus in der Geldzirkulation
erblickt, so ist das Niveau seiner Anschauungsweise unmittelbar – auch wenn er nach zehn Jahren angestrengten Denkens
ein gelehrtes Buch von zweitausend Seiten über diese Anschauung schreibt. Wenn dagegen ein Arbeiter das Mehrwertpro-
blem instinktiv erfaßt hat, so ist er über diese ökonomische
Unmittelbarkeit hinaus, auch wenn alle Worte, mit denen er
diese seine Erkenntnis sich und andern klarmacht, spontan, gefühlsmäßig, »unmittelbar« sind. Die Überwindung *dieser* Unmittelbarkeit habe ich von den Schriftstellern verlangt.
Diese Unmittelbarkeit ist, abstrakt angesehen, unabhängig von
jener, von der Du sprichst. Ich bin mit Dir einverstanden, wenn
Du in bezug auf die schriftstellerischen Vorbilder sagst: »Sie
könnten den neuen Schriftstellern die Unmittelbarkeit ihrer
Grunderlebnisse nicht schenken.« Das ist vollständig richtig.
Ohne eine Unmittelbarkeit dieser Grunderlebnisse gibt es kein
schriftstellerisches Talent, entsteht kein Werk, über das es sich

lohnen würde, auch nur ein Wort zu verlieren. Und wenn Dir irgendein Genosse oder Kollege sagen sollte, daß ich gegen jene Unmittelbarkeit bin, über die Du gesprochen hast, so sage ihm, daß er ein unwahrscheinlicher Dummkopf ist und zuerst Geschriebenes lesen lernen soll, bevor er sich zu theoretischen Fragen äußert. Diese von Dir richtig bestimmte Unmittelbarkeit des Grunderlebnisses ist also unsere gemeinsame Grundlage, von der aus wir jetzt versuchen werden, einige Fragen näher zu beleuchten als es in meinem Aufsatz möglich war.

Du wirst ganz gewiß mit mir einverstanden sein, wenn ich zwar die Notwendigkeit der von Dir hervorgehobenen Unmittelbarkeit anerkenne, aber behaupte, daß sie kein isoliertes Ding an sich ist, nicht etwas, was in mystischer Abtrennung vom Lebensprozeß des Schriftstellers (und darum vom Lebensprozeß der Gesellschaft) existiert. Du selbst hast Dich in sehr berechtigter Weise gegen eine solche Auslegung gewehrt. Mir gegenüber war diese Abwehr gar nicht notwendig; es fällt mir nicht ein, Dir einen solchen dekadent-mystischen Fetischismus zuzutrauen.

Die Unmittelbarkeit des Grunderlebnisses ist also ein Moment im Lebensprozeß des Schriftstellers. Als Moment hängt es mit seiner ganzen Vergangenheit zusammen, ja es ist eine Zusammenfassung, eine explosive Äußerung dieser Vergangenheit. Und anderseits weist es, wie Du richtig sagst, auf den späteren Schaffensprozeß weiter – und nicht nur auf den Schaffensprozeß, sondern sogar auf das ganze spätere Leben des Schriftstellers.

Sehen wir uns nun diese Beziehung zur Vergangenheit des Schriftstellers etwas näher an. Es ist klar, daß sie keineswegs ausschließlich aus solchen Momenten der Unmittelbarkeit besteht. Das ganze bewußte und unbewußte Leben des Schriftstellers, seine intellektuelle und moralische Arbeit an sich selbst entscheidet darüber, was der Inhalt eines solchen Erlebnisses sein wird. Handelt es sich um einen wirklichen Schriftsteller, so wird die energischste und bewußteste *vorangegangene* geistige und moralische Arbeit an sich selbst nichts von der Spontaneität, von der echten Erlebtheit wegnehmen. Im Gegenteil. Wir sehen es aus den Biographien grade der größten Schriftsteller und Künstler, daß diese intensive Arbeit die Spontaneität ihrer Grunderlebnisse vertieft und bereichert. Auf der andern

Seite sehen wir, daß jedes halbverdaute Wissen (auch wenn der Inhalt dieses Wissens ein angeblicher Marxismus ist), jede Zwiespältigkeit in der moralischen Arbeit an sich selbst (Selbstbetrug usw.) ungünstig auf Breite, Tiefe, Tragfähigkeit, Fruchtbarkeit – und wirkliche Spontaneität dieses Erlebnisses wirkt.

Wenn wir also die Spontaneität der schöpferischen Aufnahme der Welt als einen Teil des ganzen Lebensprozesses betrachten, wenn wir sehen, daß die bewußte Arbeit des Schriftstellers an sich selbst sehr tiefe – freilich oft sehr komplizierte und weit vermittelte – Einwirkungen auf dieses Erlebnis hat, dann können wir, ohne nunmehr Mißverständnissen ausgesetzt zu sein, auf den Zusammenhang dieser Unmittelbarkeit mit jener Unmittelbarkeit eingehen, über die ich in meinem Aufsatz gesprochen habe.

An sich sind beide voneinander unabhängig. Das heißt, es ist möglich, die wesentlichen, also objektiv nicht unmittelbaren Zusammenhänge der Welt im künstlerischen Sinne unmittelbar zu erleben (so sind die Erlebnisse aller wirklich großen Schriftsteller), es ist aber auch möglich, durch mühsame bewußte Arbeit bei der Unmittelbarkeit der kapitalistischen Oberfläche anzukommen; denk an mein früheres Beispiel vom Geld.

Diese Unabhängigkeit existiert jedoch in solcher Reinheit nur in der Abstraktion. In der Wirklichkeit bestehen die kompliziertesten Wechselwirkungen. Und Du wirst nicht bestreiten, ja Du kannst sicher aus Deiner Erfahrung die folgende Behauptung mit unzähligen Beispielen belegen: zwischen der objektiven, inhaltlichen Unmittelbarkeit der Oberfläche eines Gesellschaftszustands und dem Kultus mit der mystisch-isolierten Unmittelbarkeit des künstlerischen Schaffensprozesses besteht eine bestimmte, mitunter sehr stark wirksame Affinität. Das heißt: Künstler, die als Menschen nicht energisch an ihrer intellektuellen und moralischen Weiterbildung arbeiten, bleiben zumeist auch in ihren Erlebnissen an dieser objektiven Unmittelbarkeit der gesellschaftlichen Oberfläche haften.

Ich möchte hier wieder auf die sehr große Kompliziertheit und Vermitteltheit dieser Wechselwirkungen hinweisen. Bei der intellektuellen Arbeit des Schriftstellers an sich selbst handelt es sich in erster Reihe nicht darum, was für intellektuelle, wissenschaftlich formulierbare Resultate er dabei erzielt. Sondern

eben darum, wie weit diese Arbeit ihn gerade in der Spontaneität seines Grunderlebnisses über die objektive Unmittelbarkeit
der Oberfläche hinausträgt. Ich habe in meinen Diskussions-
aufsätzen mit Absicht auf Thomas Mann hingewiesen, weil bei
ihm diese schriftstellerische Fruchtbarkeit der intellektuellen
und moralischen Arbeit an sich selbst so deutlich sichtbar ist.
Das, was er gestaltet, ist unvergleichlich tiefer und der objektiven Wahrheit näher als das, was er als gedankliches Resultat
seiner Forschungen theoretisch ausspricht.
Ich bin mit Dir ganz einverstanden, wenn Du schreibst, »daß
es darauf ankommt, *was* in der Wirklichkeit auf *wen* Eindruck
macht«. Es kam nur darauf an, zu konkretisieren, wie wir dieses Was und Wen zu verstehen haben. Und sobald wir die
Spontaneität des künstlerischen Grunderlebnisses nicht künstlich isolieren und dadurch mystifizieren, sondern im Zusammenhang des gesamten Lebensprozesses betrachten, wird die
Sache von selbst klar.
Wenn Du meine Schriften aus den letzten Jahren gelesen hast,
wirst Du mir nicht vorwerfen, daß ich die Reinheit und Spontaneität der Rezeption der Welt durch den Künstler irgendwie herabzusetzen trachte. Ganz im Gegenteil. Ich erinnere
Dich an den dritten Abschnitt meines Aufsatzes über Maxim
Gorki.[9] (*Internationale Literatur, Deutsche Blätter,* 1937, Nr.
6.) Und ich bitte Dich, diesen Abschnitt jetzt noch einmal
durchzulesen, damit Du noch klarer siehst, als ich es in einem
Brief ausdrücken kann, was ich über diese Frage denke. Ich
zitiere dort einen Ausspruch von Gorki: »Der Schriftsteller ist
nicht mehr der Spiegel der Welt, sondern ein kleiner Splitter;
das soziale Amalgam ist von ihm abgewischt, und da er im
Straßenstaub der Städte liegt, so kann er mit seinen Bruchflä-
chen das große Leben der Welt nicht spiegeln und spiegelt
Bruchstücke des Straßenlebens, kleine Splitter zerschlagener
Seelen.« Siehst Du, das ist es, was ein großer Schriftsteller, ein
großer Realist darüber denkt, daß es darauf ankommt, *was*
in der Wirklichkeit auf *wen* Eindruck macht.
Man darf aber die von Dir hervorgehobene zweite Etappe des
Schaffensprozesses auch nicht künstlich von der ersten isolie-
ren. In der künstlerischen Aufnahme der Welt sind die meisten

9 *Maxim Gorki. Die menschliche Komödie des vorrevolutionären Rußland.*

Formprobleme der bewußten Gestaltung – wenigstens der Intention, der Tendenz nach – mitenthalten. Du sprichst an einer Stelle Deines Briefes über die Unfähigkeit gewisser Schriftsteller, eine wirkliche Fabel zu erfinden. Man würde vielleicht glauben, daß es sich gerade hier um ein künstlerisches Problem reinster, immanentester Observanz handle. Aber grade das Gegenteil ist der Fall. Ob ein Schriftsteller aus seiner Rezeption der Welt eine Fabel formen kann, ob seine Gestalten es ertragen, in den verschiedenen Etappen einer solchen Fabel mit wachsender Lebendigkeit und Suggestionskraft zu figurieren, das hängt grade davon ab, ob die Seele des Künstlers wirklich zum Spiegel der Welt geworden ist oder als kleines Splitterchen abgerissene Stücke der Wirklichkeit verzerrt wiedergibt. Denn eine wirkliche Fabel treibt das Wesentliche, die wesentlichen und sehr komplizierten Zusammenhänge eines Menschen mit seiner Welt, ans Tageslicht. Die bloße Beobachtung eines Menschen, und sei sie artistisch noch so feinsinnig, reicht dazu nicht aus. Jede Fabel zwingt den Schriftsteller dazu, seine Gestalten in Situationen zu bringen, die er unmöglich selbst beobachtet hat. Indem der Schriftsteller solche Situationen erfindet, muß er auch seine Gestalten weiter erfinden, weiter treiben als sie in seinen unmittelbaren Beobachtungen gewesen sind. Ob er das leisten kann, hängt davon ab, wie breit, wie weit, wie tief sein künstlerisches Grunderlebnis gewesen ist. Und wir sind, wie ich hoffe, schon darin übereingekommen, daß dieses Grunderlebnis wiederum von der Energie und Tiefe der intellektuell-moralischen Arbeit des Künstlers an sich selbst weitestgehend abhängt.

Zwischen der ersten und der zweiten Etappe des Schaffensprozesses besteht also eine sehr komplizierte dialektische Wechselwirkung. Diese zweite Etappe kann sehr verschiedene Richtungen haben. Um die Sache zu vereinfachen, spreche ich hier nur von wirklichen und ehrlichen Schriftstellern. Aber auch bei diesen handelt es sich darum, ob der Schriftsteller aus dem Erlebnisstoff dieses objektiv Wesentliche herausholt, ob er seinen Charakter als Spiegel der Welt im bewußten Schaffensprozeß verstärkt und vollendet oder ob er nach »artistischen« Mitteln sucht, mit deren Hilfe er die unzusammenhängenden Splitterchen zu einer künstlichen Scheineinheit verbinden kann. Subjektiv kann dies letzte mit der größten Begabung, mit der größten, hingebungsvollsten Ehrlichkeit geschehen, – objektiv wird dabei doch bloß ein Scherbenberg interessanter Einzelfälle entstehen.

Und damit sind wir bei meinem Zentralproblem, bei der Frage der Dekadenz angelangt. Gestatte mir jetzt einen kleinen literaturgeschichtlichen Exkurs, nämlich eine Antwort auf Deine Darlegung über Goethes Verhältnis zu der jungen Generation, die auf ihn gefolgt ist. Sei nicht böse, liebe Anna, aber Du sprichst hier romantische Literatenlegenden nach, ohne sie näher geprüft zu haben. Schau mal, wenn wir uns alle Urteile des späten Goethes näher ansehen, so finden wir, daß er ein leidenschaftliches Interesse für Byron, für Walter Scott, für den jungen Carlyle, für Manzoni, für Victor Hugo und Mérimée usw. hatte. Ja, man kann nicht ohne Rührung und Bewunderung für die Frische und Unbefangenheit des alten Goethe daran denken, daß er als achtzigjähriger Greis, mit der Vollendung des *Faust* beschäftigt, die ersten großen Romane Balzacs (*Peau de chagrin*) und Stendhals (*Le rouge et le noir*) mit großem Interesse, Verständnis, ja sogar mit Begeisterung gelesen hat. Ich frage Dich also: wenn Goethe 1830 weder zu alt noch zu klassizistisch war, um Balzac und Stendhal richtig zu lesen, warum müssen wir »Alter« und »Klassizismus« heranziehen, um die zwanzig Jahre früheren ablehnenden Urteile über Kleist zu erklären?

Was meine Meinung über Kleist ist, weißt Du aus meinem Aufsatz[10] in der *Internationalen Literatur*. Der Gegensatz zwischen Goethe und Kleist läßt sich natürlich in einem noch so ausführlichen Brief nicht darstellen. Ich möchte Dich nur auf eines aufmerksam machen, nämlich auf die Beziehung beider zu Frankreich, zu Napoleon. Was immer Napoleon sonst gewesen sein mag, er war für Teile von Deutschland ein Zertrümmerer der Reste des Feudalismus. Als solchen haben ihn die größten Deutschen dieser Zeit, die Goethe und Hegel, verehrt. Und Heine schreibt später sehr richtig, daß ohne Französische Revolution und Napoleon die ganze deutsche klassische Dichtung und Philosophie von dem Duodezabsolutismus des damaligen Deutschland zertreten worden wäre. Kleist hat in dieser Zeit die Mischung von Reaktion und Dekadenz reprä-

10 *Erzählen oder Beschreiben. Zur Diskussion über Naturalismus und Formalismus* (1936) Nr. 11/12.

sentiert. *Darum* hat ihn Goethe abgelehnt. (Über die künstlerische Größe Kleists habe ich in meinem Aufsatz ausführlich gesprochen).

Selbstverständlich ist die deutsche Entwicklung dieser Zeit sehr widerspruchsvoll. Die Freiheitskriege gegen Napoleon enthalten sowohl reaktionäre wie demokratische Elemente. Aber gerade bei Kleist darf man nicht vergessen, daß er mit dem ausgesprochen reaktionären Flügel des Widerstands gegen Napoleon verbunden war. Wenn also Goethe – was ich nicht bezweifle – in mancher Hinsicht gegen Kleist ungerecht gewesen ist, so hat diese Ungerechtigkeit, welthistorisch angesehen, sehr gerechtfertigte Gründe gehabt.

Liebe Anna, ich bin auf diese Frage keineswegs darum etwas ausführlicher eingegangen, weil ich einen literaturhistorischen Irrtum korrigieren wollte. Es handelt sich vielmehr darum, daß wir heue manches Analoge erlebt haben und erleben und daß es darum nicht unwichtig und nicht unaktuell ist, in solchen Dingen auf die Grundfrage, auf die grundlegende Verhaltensweise einzugehen und den wirklichen Goethe mit dem wirklichen Kleist zu kontrastieren, um aus dem Kontrast Aktuelles zu lernen.

Wir haben, seitdem wir uns nicht gesehen haben, den Faschismus erlebt. Ich will hier nichts wiederholen, was Dir eben so bekannt ist wie mir. Ich setze also zwischen uns alles Politische voraus. Ich spreche ausschließlich über solche Weltanschauungsfragen, die mit dem künstlerischen Schaffen aufs innigste verbunden sind. Wenn wir nun die Erfahrungen der letzten Jahre in dieser Hinsicht sammeln, so können wir zwei wichtige Gesichtspunkte hervorheben.

Erstens ist es klar geworden, daß der Einfluß der Dekadenz, der verschiedenen reaktionären Ideologien, reaktionären Vorurteile viel weiter und tiefer ist, als wir es in unsrer früheren selbstgefälligen Überhebung gedacht haben. Und zwar nicht nur in den sogenannten kleinbürgerlichen Massen, sondern in uns selbst, in der wirklichen Avantgarde des antifaschistischen Kampfs. Ich habe aus diesem Gefühl heraus in meinem Aufsatz eine rücksichtslose Selbstkritik an dem objektiv reaktionären Charakter meiner früheren Schriften geübt. Ich habe meine Schriften herangezogen, damit ein Beispiel dastehe, dem keiner meiner Opponenten widersprechen wird. Aber glaubst Du

wirklich, liebe Anna, daß ich der einzige antifaschistische Schriftsteller bin, in dessen Vergangenheit solche objektiv reaktionären Werke zu finden sind? Ohne jede Selbstüberhebung glaube
ich, daß ich hierin nicht allein stehe. Der Unterschied ist nur
der, daß ich dies erkannt und ausgesprochen habe, während
sehr viele auch heute die zärtlichste Verehrung für ihre noch
immer lebendigen reaktionären Vorurteile hegen und sie mitunter sogar mit dem Namen Marxismus bezeichnen.
Zweitens haben wir erkannt, daß um uns herum viel größere,
stärkere, gesündere Gegenkräfte gegen den Faschismus vorhanden sind, als wir dies ebenfalls in unserer damaligen Selbstüberhebung geglaubt haben. Wir müssen deshalb unsre Urteile
über die Fortschrittlichkeit, über die Volkstümlichkeit, über
den wirklichen Humanismus vieler Schriftsteller einer gründlichen Revision unterwerfen und nicht in der engen Schematik
jenes zunftmäßigen »Avantgardismus« steckenbleiben, der bei
uns ein ergänzendes Gegenstück zu dem engen, alles Künstlerische verachtenden, nur das unmittelbar Agitatorische schätzen-
den sektiererischen Pseudomarxismus gewesen ist.
Diese Lehren für die Gegenwart hängen aufs intimste damit
zusammen, daß wir unsern engen Standpunkt gegenüber der
Vergangenheit aufzugeben haben. Auch hier ergänzen sich die
scheinbar polaren Gegensätze: die pseudomarxistische Enge,
die alles nicht unmittelbar Proletarisch-Revolutionäre aus der
deutschen Geschichte gestrichen hat, steht auf demselben Niveau wie die geschmäcklerische Enge des »Avantgardismus«,
die Negerplastik und Phidias, Irrenzeichnungen und Rembrandt auf das gleiche Niveau stellt, ja womöglich jene bevor-
zugt.
Aber ich kann hier unmöglich meine Auffassung über die Dekadenz ausführen. Einiges kennst Du ja schon aus meinen Artikeln, insbesondere aus dem letzten Diskussionsaufsatz. Die
siebente Nummer der *Internationalen Literatur* bringt von mir
einen großen Essay über dieses Thema[11]; wir können uns dann,
wenn er erschienen ist, ausführlicher darüber unterhalten. Jetzt
will ich, da mein Brief sowieso sehr lang geworden ist, nur
noch auf eine Frage eingehen. Du sagst über die Diskussion:
»Es geht unter anderm durcheinander: Realismus *heute* oder

11 *Marx und das Problem des ideologischen Verfalls* (1938).

Realismus *überhaupt,* also Richtung auf die der jeweiligen Zeit
erreichbarste, höchstmögliche Realität.« Ich glaube, die beiden
Fragen sind voneinander nicht zu trennen. Wenn man als Kritiker den Kurs nicht darauf nimmt, die Bedingungen und Gesetze des Realismus *überhaupt* zu erforschen, wird man zu dem
Realismus *heute* nur eine eklektische Stellungnahme haben
können. Man wird dann nicht das fordern, was Du hier sehr
richtig hervorhebst, nämlich die heute mögliche höchste Realität. Die richtige Kritik muß durch die künstlerische, historische
und soziale Analyse immer wieder aufzeigen, was heute an
Realismus *objektiv* möglich ist, und das kann sie nur tun, wenn
sie einen Maßstab (Realismus überhaupt) hat. Man wird sich
sonst mit dem begnügen, was heute allgemein als Realismus
gilt (auch wenn seine Grundtendenz antirealistisch ist), und
man wird die Fehler, Verirrungen, Gebrechen unsrer Zeit, die
noch lebendigen dekadenten Tendenzen in ihr als »Realismus
heute« *kanonisieren.* Natürlich gibt es überall Elemente des
Realismus (realistische Details usw.), auch in antirealistischen
Werken. Ein ganz konsequenter Antirealismus ist künstlerisch
fast ebenso unmöglich wie philosophisch der ganz konsequente
Solipsismus, über den ich in unsrer Diskussion sprach. Aber
das ändert an der *Grundfrage* (hier wie dort) nichts. Eine solche Kritik wäre meiner Ansicht nach – ganz unabhängig von
dem, was der Kritiker über sich selbst denkt – objektiv reaktionär.
Du bringst in Deinem Brief sehr viele Beispiele, die mir zeigen
sollen, wie leicht der Kritiker in der Einschätzung neuer künstlerischer Erscheinungen irren kann. Du hast darin vollständig
recht. Ich will nicht darüber streiten, daß einige Deiner Beispiele problematisch sind, ja ich könnte die Zahl dieser Irr-
tumsmöglichkeiten und tatsächlicher Irrtümer noch vermehren.
Aber es handelt sich hier nicht darum, sondern um die Frage,
ob der Kritiker im heute absolut notwendigen Kampf gegen
die Dekadenz durch diese Voraussicht möglicher Irrtümer sich
zu einer furchtsamen Vorsicht bekennen oder sich à corps perdu
in den Kampf stürzen, sich den Teufel um sein Renommee, um
seine »Unfehlbarkeit«, seinen »Nachruhm« kümmern soll,
wenn er nur im Kampf gegen schädliche Tendenzen, im Kampf
für die notwendige Klärung Nützliches leistet.
Das ist nun, liebe Anna, meine Position. Du kennst mich seit

langer Zeit und Du weißt, daß ich bei aller Entschiedenheit meiner Anschauungen sehr entfernt von persönlicher Überheblichkeit bin. Wenn ich also jetzt ein großes historisches Beispiel zur Verdeutlichung der heutigen Lage der Kritik und mit ihr zu meiner eigenen Lage anführe, so wirst Du wissen, daß ich keinen Augenblick daran denke, mich selbst mit einer großen Persönlichkeit der Geschichte zu vergleichen. Ich denke jetzt an Lessing und an seinen Kampf gegen die tragédie classique. Ist seine Bewertung Corneilles in jeder Hinsicht ästhetisch richtig gewesen? Keine Spur. Ich selbst liebe sehr vieles bei Corneille, und es fällt mir nicht im Schlaf ein, meinen Genuß an seinen oder an Racines Werken durch die Kritik Lessings beeinträchtigen zu lassen. Hat also Lessing einen »Fehler« gemacht, als er Corneille so leidenschaftlich – und wie wir sehen – so »ungerecht« angegriffen hat? Keine Spur. Die ganze Blüte des klassischen Realismus in Deutschland wäre ohne diese »fehlerhafte«, »ungerechte« Kritik nicht möglich gewesen. Es mußte ein Augiasstall der höfischen Dekadenz gereinigt werden, damit Raum geschaffen wurde für die große, realistische und humanistische Kunst, die in Deutschland im Entstehen begriffen war.

Historische Beispiele müssen immer sehr vorsichtig angewendet werden. Bei unserm Beispiel, in seiner Anwendung auf die Gegenwart, stimmt meines Erachtens gleich etwas nicht: Corneille und Racine selbst waren nichts weniger als Dekadente. Erst in der Nachahmung des französischen Absolutismus entstand auf deutschem Boden ein Jahrhundert nach ihnen politisch-sozial und auch künstlerisch diese höfische Dekadenz. Die Dekadenz der bürgerlichen Klasse, besonders die des imperialistischen Zeitalters, hat einen ganz andern Charakter. Das Gemeinsame besteht nur einerseits darin, daß Richtungen, die für die Weiterentwicklung gefährlich sind, bekämpft werden müssen, anderseits darin, daß in der Leidenschaft des Kampfes Irrtümer nicht ausgeschlossen sind. Lenin sagte einmal sehr weise zu Gorki, der sich über die Härten des Kriegskommunismus beklagt, daß man bei einem Handgemenge unmöglich genau abwägen kann, welcher Hieb noch unbedingt notwendig und welcher schon überflüssig ist. Ich glaube aber, daß unsre heutige Lage noch so beschaffen ist, daß wir lange nicht genug und genügend treffende Hiebe gegen die Dekadenz ausgeteilt haben.

In diesem Punkt kann ich also mit Dir nicht einverstanden sein. Du mahnst mich zur Vorsicht. Diese Mahnung enthält gewiß ein berechtigtes Moment, und glaube mir, liebe Anna, ich urteile nie über einen Schriftsteller, bevor ich ihn sehr gründlich durchstudiert habe. Aber die *prinzipielle* Mahnung zur Vorsicht, aus Furcht vor einem möglichen Irrtum und vor dem eventuellen Urteil der späteren Geschichte, nehme ich nicht an. Wenn ich mich in allzu vielen Einzelfällen geirrt habe – unter uns: ich glaube nicht, daß dem so ist –, so mögen die zukünftigen Literaturhistoriker mich für einen Dummkopf erklären. (Viele meiner heutigen Opponenten tun es eh schon oder tun wenigstens so. Das ist eine unvermeidliche Folgeerscheinung ideologischer Gegensätze, die in entscheidenden Fragen mehr oder weniger bewußt geworden sind. Man soll sich aber über sie nicht überflüssig aufregen.) Wenn ich mich wirklich oft geirrt habe, werden die Historiker der Zukunft auch recht haben, und meine Asche wird gegen *dieses* Urteil nicht protestieren. Wenn aber der heutige notwendige Kampf gegen die Dekadenz geführt werden soll, so darf man sich vor solchen Dingen nicht fürchten. Ich bin tief und fest überzeugt, daß dieser Kampf ein aktueller, notwendiger und richtiger Kampf ist.
In alter Freundschaft

Dein Georg Lukács

Februar 1939

Lieber Georg Lukács!

Ich konnte damals auf Deinen Brief vom Juli nicht sofort antworten. Der zweite Brief fiel mir schwerer als der erste. Dann passierten alle möglichen Dinge. Die Realismusdiskussion wurde abgebrochen und wir vergaßen sie. Unsre Fenster wurden schon blau gestrichen gegen Luftangriffe, und Sand wurde in die Häuser getragen gegen Brandbomben. Dann wurde der Krieg wieder abgeblasen, die Schutzfarbe abgekratzt, und Hanns Eisler antwortet in der *Neuen Weltbühne*[12] mit unverminderter Heftigkeit auf die Vorwürfe des vergangenen

12 *Antwort an Georg Lukács,* in: *Die Neue Weltbühne* 1938, Nr. 50.

Sommers, er zerpflücke und montiere die Klassiker des deutschen Volkes.

Wenn sich etwas als zäh und stabil erwiesen hat, dann war es die Realismusdiskussion. Das zeigt, daß es dabei um etwas geht, was mit dem überhaupt Wichtigsten zusammenhängt. Auch wenn das Wichtigste dabei nicht immer herauskam, sondern durch Nebenfragen verschleift wurde.

Ich will jetzt versuchen, Deinen Brief zu beantworten. Das fällt mir schwer, erstens weil jetzt wieder ein Monat ist, in dem einem – wie in jedem Monat dieses Jahres – das Briefschreiben besonders schwer wird, zweitens weil Dein Brief für mich eigentlich nur teilweise ein Antwortbrief war. Du bist zwar auf manche Fragen eingegangen, aber eher das Motiv aufnehmend und variierend als antwortend. Das ist aber nicht wichtig, ich möchte mich jetzt doch Seite für Seite an Deinen Brief halten.

Du möchtest alles ausgeschaltet wissen, was mit Kritik zu tun hat. Siehst Du, das ist schon schwer für mich. Denn grade diese Stelle über Kritik in meinem eignen Brief war für mich besonders wichtig. Die Frage nämlich, ob die Kunst der Kritik nicht genau denselben Methoden und Gesetzen unterliegen muß, die Du von den Kunstwerken selbst verlangst. Aber Du sagst, auf die Kritik selbst hast Du keinen Einfluß, da hieße es: getrennt marschieren, vereint schlagen. Ich wiß nicht, ob das mit dem Vereint-Schlagen immer so gut geklappt hat. Im Lauf der Jahre ist oft ein Durcheinander von Schlägen und Zärtlichkeiten auf die Schriftsteller niedergegangen – was auch nichts schaden würde, wenn die Dosierung nützlich wäre. Manche wurden nicht mal geschlagen, – daran bist Du sicher auch unschuldig. Auch an den Mißverständnissen. Du hast bestimmt keinen verzauberten Besen liefern wollen. Das Versehen des Zauberers lag ja auch gar nicht am Besen, sondern daran, daß er liegengelassen wurde. Vielleicht liegt das Versehen in unserm Fall darin, daß die Methode zum Maßstab gemacht wurde. So konnte die Fiktion entstehen, daß die Methode an und für sich schon zu etwas führen könnte. Ich habe diese Täuschung auch nicht durch die andre ersetzen wollen, es könnte durch Unmittelbarkeit allein alles erreicht werden.

Denn diese ganze Strecke in Deinem Brief über Unmittelbarkeit, die möchte ich nicht nur ganz und gern mitgehn, die finde ich sehr schön. Ich stocke nur bei der »moralisch-intellektuellen Arbeit«, nicht aus Widerspruch, sondern aus Angst vor einer bestimmten Art Mißverständnis. Kennen wir doch genug Leute, die verzweifelt an sich selbst arbeiten, wahrhaft »Ringende«, intellektuell und moralisch, denen das Eindringen, die Tiefe wirklicher Unmittelbarkeit dann doch völlig mißrät, während manche François Villons, manche Verlaines... Die Unmittelbarkeit mißlang, weil diese Arbeit an sich selbst, dieses Ringen mit sich selbst, daß es knackte, eine Scheinarbeit war, nur »an sich selbst«, auf nichts wirklich bezogen. Das soll nun keine neue Hymne auf Unmittelbarkeit sein. Du hast recht. Man könnte über die zwei Unmittelbarkeiten nichts Besseres sagen, als was Du in Deinem Brief gesagt hast.

Dann bringst Du zum Beweis dafür, wie eine vollkommene Rezeption der Welt durch den Künstler geschehen soll, ein Zitat von Gorki. Lukács, lieber Lukács, sei nicht bös, aber liegt denn nicht in der Anwendung beinah jedes Zitats, wie grandios es auch sein mag, doch immer etwas Zauberbesenhaftes? Nämlich wieder die Möglichkeit einer Täuschung, es könnten, weil ein weiser und einsichtsvoller Mensch den Schlüssel zu einer bestimmten Tür endlich gefunden hat, nun alle ähnlichen Türen damit erschlossen werden?

Was hatten wir denn für »Spiegel« im Krieg und kurz nach dem Krieg, als wir aufwuchsen? Sie spiegelten entweder eine vergangene Welt fremder Grunderlebnisse, denen wir damals unter der Wucht unsrer eignen nicht gerecht werden konnten, oder sie spiegelten die Gesellschaft verzerrt, als Vexierspiegel. (Ich nehme das Wort auf, obwohl die Kunst ja nicht »spiegelt«.) Wir hatten keinen deutschen Barbusse, keinen deutschen Romain Rolland. Wir können uns heute ungefähr erklären, warum nicht. Uns waren aber Splitterchen, die irgendeinen Bruchteil unsrer eignen Welt aufrichtig spiegelten, lieber als alle Scheinspiegel. Ich nehme wieder das Wort Splitter, obwohl es etwas Zerbrochenes ausdrückt, was aber gar nicht stimmt. Es ist ja nicht die Rede davon, daß da etwas Neues zu Bruch ging, es fing ja erst etwas an, was auch jetzt noch nicht abgeschlossen ist: die Gestaltung der neuen Grunderlebnisse, die Kunst unsrer Epoche. Ich möchte der Klarheit halber wieder ein Beispiel aus der Kunstgeschichte nehmen. In der Spätantike war wirklich manchmal »das Amalgam abgewachsen«, nur noch »Splitter« wurden erwischt, die ersten Ausdrucksformen der frühchristlichen Kunst waren aber nicht mehr nur »Splitter« der großen antiken Kunst, sie waren gleichzeitig wesensverschieden. Überhaupt, wenn man es mit der Kunst einer Übergangszeit wie der unsren zu tun hat, dann ist es immer gut, sich parallele Zeiten in der Geschichte, vergangene »Übergangszeiten« anzusehn, nicht um die Künstler zu fixieren auf solche Anfänge, sondern weil das ein andres Gefühl für den Ablauf und für die Anfangsschwierigkeiten gibt. Im Kunstwerk steckt das Verhältnis des Künstlers zu seinem Stoff. Hier muß die Kritik herausfinden, wo die Bemühung um die Realität einsetzt, und den Schriftsteller darauf hindrängen.

Jetzt kommt in Deinem Brief die wichtigste Stelle. Du berufst Dich auf Lessing. Lessing sah seinen Hauptfeind im Feudalismus. So wie Lessing gegen den Feudalismus gekämpft hat, gegen seinen Niederschlag in der Kunst, so – sagst Du – müssen wir gegen die Dekadenz kämpfen.

Unser Hauptfeind ist der Faschismus. Wir bekämpfen ihn mit allen physischen und intellektuellen Kräften. Er ist unser Feind, wie der Feudalismus Lessings Feind war. Wie Lessing die höfisch-feudalistische Kunst bekämpft hat, so bekämpfen wir den Niederschlag des Faschismus in der Kunst. Kann man aber diesen Kampf mit dem Kampf gegen die Dekadenz gleichsetzen?

Es »sind noch lange nicht genug und genügend treffende Hiebe gegen die Dekadenz ausgeteilt« worden, schreibst Du. Wem gelten diese Hiebe? Den faschistischen Schriftstellern, den Kriegsdichtern, den Blut- und Boden-Schwätzern? Den Marinetti und d'Annunzio? Ihren biederen deutschen Kollegen? Für die gibt es nicht Hiebe genug. Wir haben ja noch nicht einmal die ersten richtigen Hiebe gegen sie geführt. Aber das Handgemenge, von dem Du sprichst, begibt sich ja auf einen andern Boden. Es geht, wie Du selbst sagst, bloß um Reste, um Ansteckungen, um Unüberwundenes. Mit solchen Ansteckungen, mit solchen unüberwundenen Resten sind sicherlich viele unserer Schriftsteller mehr oder weniger behaftet. Sind das deshalb kurzweg Dekadente? Wenn Du ihnen hilfst, darüber hinauszukommen, dann ist das doch kein Kampf gegen Dekadenz, kein »Handgemenge«. Da kann man wohl auch nicht sagen, daß es auf einen Hieb nicht ankommt. Da muß man sehr abwägen, nicht wegen des Nachruhms oder aus Angst vor Fehlurteilen, sondern damit nichts Lebendiges, Neues mitbeschädigt wird.

Denn, um bei Lessing zu bleiben, sein furchtloser Kampf gegen den Feudalismus in der Kunst hat ihn nicht gehindert, den *Götz von Berlichingen* in Grund und Boden zu verdammen. Er nannte den *Götz* einen leeren aufgeblasenen Darm, erkannte in diesem Stück nicht das Werk eines großen Bundesgenossen. Goethe wurde trotzdem Goethe, aber ein Dichter soll ja nicht *trotz* den Kritikern er selbst werden. Lessing hatte die Frage des Kampfes gegen den Feudalismus in der Kunst verknüpft mit gewissen methodischen Vorstellungen und Fragen. Später war Goethe in seiner Art ebenso unzugänglich – wenn Dir das Beispiel Kleist nicht gefällt, kannst Du Hölderlin oder einen andern Betroffenen nehmen. Übrigens hat Goethe sicherlich nicht deshalb den *Zerbrochenen Krug* in zwei Teile zerschnitten und eine Pantomime dazwischengelegt, weil er in Kleist einen Reaktionär sah.

Du gehst davon aus, und mit Recht, daß der Kampf gegen den Faschismus in der Literatur nur mit ganz entgifteten, ganz ausgeräucherten Köpfen wirksam geführt wird. Auf unserm Gebiet verknüpfst Du diesen Kampf eng mit bestimmten methodischen Fragen.

Da fürchte ich, daß eine Verengung eintritt, wo von Dir selbst eben Raum gewonnen wurde, nach der andern Seite: an Fülle und Farbigkeit in unsrer Literatur. Ich fürchte, daß man vor eine Alternative gestellt wird, wo es gar nicht um Entweder-Oder geht, sondern in diesem Fall um die Zusammenfassung, um eine starke vielfältige antifaschistische Kunst, an der alle teilhaben, die als Antifaschisten und Schriftsteller dazu qualifiziert sind.

Wenn man Menschen helfen will, Richtung auf die Realität zu nehmen, dann muß man die Hilfe danach einstellen. Ich weiß nicht, ob in dieser ganzen Realismusdiskussion der Kurs auf die Realität eingehalten wurde, wie man das vom Schriftsteller selbst verlangt.

In einem Brief wie diesem hier kommen Gegenfragen und Einwände am leidenschaftlichsten heraus, weil man die Zustimmungen in den wichtigsten Fragen als selbstverständlich wegläßt.

Noch etwas Lustiges. Viele unserer Kollegen und Freunde lesen und hören solche Diskussionen, wie ich merke, mit den merkwürdigsten Gefühlen. Sie erwarten mit Spannung und Neugierde, wer den andern erledigt. Einer, meinen sie, müßte unbedingt auf der Strecke bleiben, sonst gelte das Spiel nichts. Aber bei einer Diskussion auf gleicher Ebene, wo Ausgangspunkt und Ziel gemeinsam sind, bleibt nur eins auf der Strecke, das Unklare. In diesem Brief habe ich wieder versucht, ein paar Sachen herauszustellen, die mir unklar geblieben sind. Ich weiß, daß man sie nicht auf ein paar Seiten beantworten kann, daß sie eine Menge Arbeit brauchen. Ich habe selten bei einem Briefwechsel so stark bedauert, schreiben statt sprechen zu müssen.

Viele Grüße, lieber Lukács,

von Deiner Anna Seghers

2. März 1939

Liebe Anna Seghers!

Deine Antwort hat mir eine große Freude bereitet. Es ist immer schön und erfreulich, wenn man fühlt, daß man durch eine Aussprache in der Hauptsache einander nähergekommen ist. Und das ist hier zwischen uns zweifellos eingetreten. Wenn Du mit meinen Ausführungen über die Unmittelbarkeit im wesentlichen einverstanden bist, so haben wir bereits das Wichtigste erreicht. Ich weiß freilich, wie gleitend und labil ein »Einverständnis in der Hauptsache« ist. Grade hier ist es für mich ein schmerzlicher Verzicht, daß wir dieses Problem nicht unmittelbar, durch Frage, Gegenfrage, sofortige Antwort usw., mündlich durchdiskutieren können; erst dann wären wir imstande, alle noch vorhandenen kleineren Mißverständnisse zu beseitigen.

Ebenso einverstanden bin ich mit Dir in der Beurteilung einer Diskussion, wie sie unter uns Schriftstellern sein müßte. Deine Formulierung, daß nur das Unklare auf der Strecke bleiben müsse, ist sehr gut. Ich würde meinerseits nur ergänzend hinzufügen: und das Falsche. Denn die Meinungsverschiedenheiten entstehen selbstverständlich nicht nur aus nicht zu Ende gedachten unklaren Anschauungen, sondern auch aus falschen

Ansichten. Daß auch die falschen Ansichten ihre gesellschaftlichen und persönlichen Gründe haben, weiß ich natürlich; daß sehr viele grade mit falschen Ansichten sich zutiefst verbunden fühlen, weiß ich ebenfalls. Darin liegt ja grade die Schwierigkeit einer scharfen, aber sachlichen Polemik. Doch Du kennst mich genügend, um zu wissen, daß ich immer gegen Ansichten und Richtungen und nicht gegen Menschen streite. Also – um auf eine Hauptfrage zu kommen – gegen die Dekadenz, gegen Anschauungen und Gefühle, die dekadenter Grundlage entstammen, nicht aber gegen jene Schriftsteller, in denen sich solche Anschauungen und Gefühle äußern. Einen großen Teil von ihnen schätze ich menschlich und schriftstellerisch sehr hoch ein, aber – dies ist kein Widerspruch – grade darum werde ich heftig darüber, daß in ihnen noch Überreste jener Anschauungen und Gefühle vorhanden sind.

Ein kleines Mißverständnis scheint sich zwischen uns dort eingeschlichen zu haben, wo ich über die Kritik schrieb. Ich wollte sagen, daß *unsre* Diskussion auf das beschränkt bleiben soll, was ich theoretisch und kritisch geäußert habe, damit zwischen Dir und mir in diesen Fragen ein möglichst nahes Einverständnis zustande komme. Wenn ich also, um das Terrain für unsre eigentliche Diskussion zu reinigen, davon sprach, daß wir Kritiker heute getrennt marschieren und vereint schlagen sollen, so war dies selbstverständlich als Sollen gemeint; keineswegs, als würde dieses Vereint-Schlagen immer, ja auch nur häufig klappen. Wenn Du hier wärst und an unsern internen Diskussionen teilnehmen könntest, würdest Du aus unmittelbarer Erfahrung sehen, wie wenig wir mit dem heutigen Zustand unsrer Kritik zufrieden sind, wie sehr ich zu den Unzufriedensten gehöre. Ich hoffe, daß es uns hier gelingen wird, wenigstens einiges zu verbessern, grobe Fehler, die zweifellos geschehen sind, in Zukunft zu vermeiden. Ich wollte aber nicht auf dieses weite Feld gehen, denn dadurch wäre unsere Diskussion von den Hauptfragen abgelenkt worden.

Hier jedoch gibt es eine prinzipielle Frage und zugleich den Schein eines möglichen Mißverständnisses, das wir hoffentlich ebenfalls beseitigen werden. Du schreibst: ».. . ob die Kunst der Kritik nicht genau denselben Methoden und Gesetzen unterliegen muß, die Du von den Kunstwerken selbst verlangst.« Wenn Du damit nur sagen willst, daß auch in der Kritik *die-*

selbe Wirklichkeit gedanklich widerspiegelt wird, deren Abbild das Kunstwerk ist, so bin ich ganz einverstanden. In diesem Fall bedeutet das Wort »Kunst« nicht mehr als das wirkliche Beherrschen des Stoffes. Wenn Du aber dieses Wort im
eigentlichen Sinn verstanden haben willst, also in der Kritik
nicht einen Zweig der Wissenschaft und der Publizistik erblik-
ken willst, so gehen unsre Anschauungen sehr auseinander. In
diesem Fall müßten wir hierüber eine ganz neue Diskussion
beginnen, denn ich halte die Prätention der modernen Kritiker,
Kunstwerke zu schaffen, für eine bequeme Selbsttäuschung, die
ihrer oft aufgeblasenen Subjektivität schmeichelt, die ihnen gestattet, in allen wesentlichen Fragen der Kunsttheorie oberflächlich und unmittelbar (in dem unter uns bereits geklärten
Sinne) zu bleiben.

Doch, wie gesagt, hier liegt das Thema für eine ganz neue
Diskussion vor, und ich begnüge mich jetzt damit, diesen eventuellen Gegensatz zu fixieren, und lege alles Folgende unter
der Voraussetzung dar, daß die Kritik keine Kunst, sondern
Wissenschaft und Publizistik ist. In diesem Zusammenhang
müssen wir vorerst die Frage der sogenannten Methode klären.
Es ist natürlich, daß Schriftsteller, für die das eigentlich Poetische, die eigne schöpferische Tätigkeit im Mittelpunkt des
Interesses steht, bei jeder Kritik, die sich auf Prinzipien, auf
Methode konzentriert, zuerst das »Eigentliche« vermissen. Ich
glaube jedoch, daß die Fruchtbarkeit einer richtigen und guten
Kritik für das Schaffen der Schriftsteller erst dann wirksam
wird, wenn dieses Gefühl überwunden ist. Unlängst fand ich
im Briefwechsel zwischen Gottfried Keller und dem Kritiker
und Literaturhistoriker Hermann Hettner, daß auch Keller
vorerst ein ähnliches Gefühl gegenüber den prinzipiellen Ausführungen gehabt hat wie Du. Er hat aber dieses sein Gefühl
im Lauf seiner Entwicklung korrigiert: »Ich habe demzufolge
dieser Privatliebhaberei für das sogenannt spezifisch Poetische
den letzten Abschied gegeben, indem ich finde, daß sie rein als
Sache des produzierenden Individuums vorausgesetzt werden
muß und nicht zur prinzipiellen Verhandlung gehört.«
Darin ist aber noch etwas ausgesprochen, was meines Erachtens
einmal auch unter uns ganz offen und brutal gesagt werden
soll: zum Schriftsteller gehört Talent. Es würde sehr weit führen, die Ursachen auseinanderzusetzen, weshalb wir in dieser

Hinsicht oft Fehler gemacht haben. Und Du kennst ja diese Ursachen ebenso gut wie ich. Ich möchte aber, daß in dieser Frage zwischen uns nicht das geringste Mißverständnis übrigbleibe. Also – um die Sache wieder einmal an mir selbst zu exemplifizieren – angenommen, ich hätte noch fünfzig Jahre Zeit, mich in die Prinzipien der Literatur zu vertiefen, alle Fragen der Methode aufs gründlichste zu studieren, . . . glaubst Du nun, liebe Anna, ich bildete mir ein, daß ich nach diesen fünfzig Jahren imstande sein würde, auch nur eine künstlerisch gelungene Kurzgeschichte zu schreiben? Selbstverständlich weiß ich, daß dies unmöglich ist, und zwar darum, weil mir das künstlerisch-produktive Talent fehlt. Aber ich glaube nicht, daß ich der einzige in unserer Literatur bin, dem diese Begabung mangelt. Und was muß erst geschehen, wenn die Talentlosigkeit sich auf mißverstandene und vergröberte »Methoden« beruft?

Ich habe den leisen Verdacht, liebe Anna, als würdest Du mich für diese Vulgarisierungen verantwortlich machen. Darauf scheint das Gleichnis vom liegengelassenen Besen hinzuweisen. Ich glaube aber, daß ich ebensowenig wie mein unsterbliches Vorbild den Besen liegengelassen habe. Wenigstens nicht in dem Sinn, den ich aus Deinem Brief zu entnehmen vermeine. In einem ganz allgemeinen Sinn hat man natürlich bei der Niederschrift eines jeden Aufsatzes etwas »liegengelassen«. Insbesondere deshalb, weil die Kritik eben ein Teil der Wissenschaft ist. Das heißt: keine kritische Arbeit kann in sich vollendet und abgerundet sein; vollendet – relativ vollendet – wäre nur ein vollendetes System der Theorie der Kunst, das zugleich eine vollendete Geschichte der Kunstentwicklung enthalten würde. Jede einzelne kritische Arbeit muß aus diesem Gesamtzusammenhang mit einer gewissen Gewaltsamkeit herausgeschnitten werden und wird dadurch formell einseitig und inhaltlich unvollkommen, mag ihr eine noch so vielseitige und umfassende Gesamtanschauung zugrunde liegen. Sie ist nie in sich abgeschlossen wie das Kunstwerk. Wie schwer das ist, weiß ich aus eignen Arbeitserfahrungen. Meine Freunde spotten oft über meine Manier zu sagen: »Nicht hier ist der Ort, darüber zu sprechen.« Aber Du wirst verstehen, daß sich grade hierin das Gefühl für die allseitige Verknüpftheit aller Probleme miteinander ausspricht, das Gefühl, daß jede Feststellung, ohne wenigstens eine Andeutung dieses Gesamtzusammenhangs, eine Tendenz zur Einseitigkeit, zur Mißverstehbarkeit erhält. Da wir nun bei diesen Bekenntnissen halten, fügte ich noch hinzu: andre Freunde machen mir zum Vorwurf, daß ich nicht epigrammatisch zugespitzt, nicht genügend »zitierbar« schreibe. Ich tue es absichtlich, aus eben demselben Gefühl heraus. Ich bin bestrebt, in jeder Einzelerörterung den Gesamtzusammenhang, die systematische und historische Entwicklung wenigstens anzudeuten.

Selbstverständlich hat trotzdem objektiv jede Einzelausführung etwas Fragmentarisches. Und sie wird vom Leser notwendig weiter zerstückelt. Wie sehr dies immer entsteht, wie sehr die Leser aus Bruchstücken »liegengelassene Besen« *machen*, zeigt eine Stelle Deiner Antwort. Ich habe in meinem Brief Dich gebeten, einen Abschnitt aus meinem Gorki-Aufsatz zu lesen, um meine Auffassung über die künstlerische Rezeptivität Dir gegenwärtig zu machen. Ich habe aus diesem Abschnitt – zur Andeutung seiner Grundstimmung – einige Worte Gorkis angeführt. Du polemisierst nun gegen das isolierte Zitat. Aber was dem einen recht ist, ist dem andern billig. Andre machen es ebenso. Und ich bin für das eine ebensowenig verantwortlich wie für das andre, denn in keinem der Fälle kann ich es verhindern, daß meine Sachen so gelesen werden.

Und auch bei Dir entsteht aus der Polemik gegen das isolierte Zitat ein Mißverständnis meiner Anschauungen. Du stellst einen sogenannten Scheinspiegel den von Gorki gemeinten Splittern gegenüber und nimmst – unter diesen falschen Voraussetzungen: verständlicherweise – für die Splitter Stellung. Verständlicherweise, aber nicht richtig. Denn es handelt sich gar nicht um dieses Dilemma. Der »Scheinspiegel« ist gar kein Gegensatz zu den Splittern, sondern eine parallele Erscheinung, eine Konsequenz gesellschaftlicher Kräfte, die *beide* hervorbrachten. Ich habe in den Eingangszeilen zum Realismusartikel diese Frage angedeutet; in einem vorangegangenen Aufsatz, der ebenfalls zur Diskussion gehörte (*Das Ideal des harmonischen Menschen in der bürgerlichen Ästhetik*)[13], ist dieser ganze Komplex ausführlich dargestellt. Du kannst also meine Position nur dann verstehen und nur dann wirklich

13 Vgl. dazu die Einleitung des Hrsg.

gegen mich polemisieren – falls Du auch dann nicht einverstanden bist –, wenn Du klar siehst, daß ich *ebenso* gegen den »Scheinspiegel« *wie* gegen die Splitter bin. (Dasselbe bezieht sich auf die Talentfrage. Die Feststellung, daß zur Kunst künstlerische Begabung unumgänglich notwendig ist, bedeutet nicht, daß man die moderne Auffassung vom Talent teilt, die darin, wie Tolstoi geistreich sagt, eine von allen menschlichen und moralischen Eigenschaften isolierte, sozusagen biologische Qualität des Menschen erblickt.) Erst wenn Du die Richtung dieses doppelten Kampfes siehst, siehst Du, weshalb ich die intellektuelle und moralische Arbeit des Schriftstellers an sich selbst für so zentral wichtig halte. Sie verhilft natürlich dem Talentlosen nicht dazu, Künstler zu werden, sie ist aber die einzige Möglichkeit für das Talent, wirklich etwas künstlerisch Bedeutendes zu leisten.

Warum kritisiere ich immer wieder grade die Splitter? Weil grade hier die Schwäche der begabten Vertreter unsrer Literatur liegt. Ich habe den optimistischen Glauben, daß die Talentlosigkeit sich früher oder später selbst erledigt, womit ich keineswegs gesagt haben will, daß die Psychologie vieler unbegabter Schriftsteller nicht ebenso splitterhaft ist wie die vieler begabter. Außerdem – und das ist vielleicht das Wichtigste – sehe ich, daß die große Zeit, in der wir leben, und die Erfahrungen des antifaschistischen Kampfes *spontan* in der Richtung der Überwindung dieser Splitterhaftigkeit wirken. Es gibt kaum einen begabten Schriftsteller bei uns, der im Lauf der letzten fünf bis sechs Jahre grade in dieser Richtung nicht entschieden weitergekommen wäre. Ich sehe darin ein Zeichen der Zeit und glaube, daß es die Aufgabe der Kritik ist, diesen spontanen Prozeß bewußt zu beschleunigen.

Du sprichst im selben Zusammenhang davon, daß wir Deutsche im Krieg keinen Romain Rolland und keinen Barbusse gehabt haben. Das ist vollkommen richtig und trifft grade den Zentralpunkt unsrer Diskussion. Woher nahmen Rolland und Barbusse ihre Kraft zur nicht splitterhaften Abbildung, zur realistischen Synthese? Ich muß auf das Gorki-Zitat zurückkommen: weil bei ihnen jenes »soziale Amalgam« stärker vorhanden war als bei den besten deutschen linken Schriftstellern dieser Periode. Und das »soziale Amalgam« bedeutet in dieser Frage – wie ich das bereits im Realismusartikel ausführlich dargelegt habe – die Einheit von demokratischen Traditionen im gesellschaftlichen Leben und realistischen Traditionen in der Kunst; als Folge dieser Einheit: ein ständiges Streben nach Volkstümlichkeit, einen unzerreißbaren Zusammenhang mit den großen Problemen des nationalen Lebens. Dies alles hat den deutschen Schriftstellern der Kriegszeit gefehlt. Und ich glaube, Du wirst mich nicht mehr mißverstehen, wenn ich jetzt sage: sowohl die schändliche Kapitulation eines großen Teils der deutschen Schriftsteller vor der Ideologie des imperialistischen Krieges als auch die Art der Opposition einer kleinen Minderheit, und zwar eine Art, die sowohl inhaltlich als auch künstlerisch-formell so beschaffen war, daß sie unmöglich das Volk gegen den Krieg aufrütteln konnte, stammen aus der undemokratischen Entwicklung Deutschlands, aus der »deutschen Misere«. Und wenn wir heute die Erfahrungen der Weimarer Zeit zusammenfassen, so müssen wir feststellen, daß die linke Intelligenz – die kommunistische wie die nichtkommunistische – dieses Gebrechen der deutschen Entwicklung nicht wirklich, nicht gründlich überwunden hat, ja größtenteils nicht einmal Versuche zu seiner Überwindung angestellt hat.

Sag nicht, daß es sich hier um eine objektive historische Lage handelt. Das weiß ich selbstverständlich. Es handelt sich aber darum, daß wir alle nicht den Versuch gemacht haben, an die vorhandenen, lebendigen, demokratischen und volkstümlichen Kräfte in der deutschen Gegenwart und Vergangenheit so intensiv anzuknüpfen, wie dies objektiv möglich und notwendig gewesen wäre. Darum sind wir, linke Intelligenz Deutschlands, Splitter gewesen: darum müssen wir, im Interesse des antifaschistischen Kampfs, diese Splitterhaftigkeit, dieses Fehlen des sozialen und nationalen Amalgams überwinden.

Es fehlen uns die demokratischen Traditionen; darum ist unser Realismus nicht entschieden genug, nicht umfassend und tief genug. Ich weiß: die demokratischen Traditionen Deutschlands sind weniger groß, weniger glorreich als die Frankreichs oder Englands. Aber grade darum müßten wir sie nur noch stärker kultivieren, uns an ihnen stärken und entwickeln, sie ins deutsche Volk tragen. (Ich erinnere Dich daran, daß die faschistische Demagogie die Demokratie einen »Import aus dem Westen« nennt.) Das tun wir auch heute viel zu wenig, viel zu wenig entschieden und bewußt. Und Du mußt verstehen, daß, wenn ich immer wieder von der deutschen Vergangenheit spreche, ich es in diesem Zusammenhang tue: ich spreche für die demokratische Zukunft Deutschlands.

Auch in der Kritik fehlen uns die demokratischen Traditionen. Darum gehen wir an die Beurteilung der Kritik formell-artistisch, also eng heran. Du tust es leider auch in dem Beispiel über Lessing und Goethe. Es ist selbstverständlich eine Tatsache, daß Lessing sehr skeptisch zu *Götz von Berlichingen* (und auch, was Du nicht erwähnst, zu *Werther*) stand. Aber zur Ergänzung des Bildes gehört erstens, daß er mit der Prometheus-Ode des jungen Goethe vollständig einverstanden war. Zweitens lies nur nach, was Goethe in allen Perioden seines Lebens über Lessing gesagt hat: Du wirst nichts als Dankbarkeit finden und eine Sehnsucht nach einem zeitgenössischen Kritiker von den gesellschaftlich-menschlichen Qualitäten Lessings. (Denn es gab Zeitgenossen, die an Fähigkeiten zur künstlerischen Einfühlung nicht weit hinter Lessing zurückstanden.) Drittens rechtfertigt die Entwicklung Goethes durchaus die Lessingsche Kritik. Goethe hat nie wieder, weder gesellschaftlich-inhaltlich noch dramatisch-formell, einen weiteren Schritt auf dem Weg des *Götz* getan. Die naive und primitive Opposition des jungen Goethe gegen die »deutsche Misere« führt hier zur Verherrlichung einer durchaus reaktionären Gestalt. Im *Egmont* geht die dramatische Thematik des reifer gewordenen Goethe bereits in einer ganz entgegengesetzten Richtung. Und dem entspricht genau die formelle Entwicklung des Dramatikers Goethe. Lessing hat für das Verständnis des Dramatikers Shakespeare den Weg freigelegt. Die episch zerfließende Form des *Götz* ist im Vergleich mit Lessings Theorie und dramatischer Praxis ein Schritt rückwärts. Und Goethe hat dies sehr rasch begriffen. Schon der *Clavigo* bricht radikal mit diesem Episieren, und der *Egmont* zeigt, wie tief Goethe bereits damals das Dramatische an Shakespeare begriffen und wie originell er es weitergebildet hat. (Mit alledem bestreite ich weder die ästhetische noch die historische Bedeutung des *Götz von Berlichingen*. Nur: »Nicht hier ist der Ort, darüber zu sprechen.« Ich tat es selbst wiederholt, zum Beispiel in meinem Buch über den historischen Roman.)

Das ist nun selbstverständlich ein sehr mageres Skelett der Beziehungen zwischen Lessing und Goethe; man müßte einen großen Aufsatz schreiben, um die wirklichen Beziehungen nur andeutend klarzulegen. In einem Brief muß man sich auf das bloße beweislose Aussprechen der Tatsachen beschränken. Ich bin auf diese Frage nur eingegangen, weil ich wenigstens einige der Gesichtspunkte andeuten wollte, die für eine Darstellung der Beziehung Lessing-Goethe historisch wie ästhetisch ausschlaggebend sind. Freilich sehe ich sofort, wie hoffnungslos es ist, dies in einem Brief zu machen. Denn man müßte, um den Zusammenhang wirklich verständlich zu machen, die Verwandtschaft und die Verschiedenheit der Entwicklungen in Frankreich und in Deutschland am Ende des achtzehnten Jahrhunderts wenigstens andeuten. Erst dann würde es sich zeigen, wie einerseits die Größe und Grenze Lessings mit seiner Ablehnung der Rousseauschen Linie der französischen Aufklärung zusammenhängt; wie anderseits die deutsche Klassik Goethes und Schillers in bezug auf Demokratie gleichzeitig einen Schritt rückwärts gegenüber Lessing bedeutet und doch zugleich den einzigen gesellschaftlich konkret möglichen Weg vorstellt, den die deutsche Kultur damals gehen konnte. Du verstehst, daß ich nicht einmal versuchen kann, diese Zusammenhänge zu skizzieren, da ja dazu eine Analyse der Widersprüche des Plebejertums in den damaligen bürgerlichen Revolutionen, die Analyse des Unterschieds für Literatur und Kultur zwischen der wirklichen Revolution in Frankreich und ihren ideologischen Einwirkungen in Deutschland usw. notwendig wäre. (Wenn mein Buch *Zur Geschichte des Realismus*[14] erscheinen wird, wirst Du darin einige Andeutungen dieses Zusammenhangs finden.)

Liebe Anna, es ist keine Rechthaberei oder Haarspalterei eines Literaturhistorikers, wenn ich so hartnäckig gegen Deine literaturgeschichtlichen Anekdoten polemisiere. Du hast in der Auffassung für die Erscheinungen der Gegenwart eine ungewöhnlich große Feinfühligkeit. Daß Du Dich bei den größten Gestalten der deutschen Vergangenheit mit solchen Abstraktionen wie Unverständnis des Neuen, Generationsunterschied usw. begnügst und nicht versuchst, die wirklichen Gründe, die wirkliche Tiefe in den scheinbar paradoxen, im ersten Augenblick überraschenden Äußerungen der größten Deutschen eben-

14 *Probleme des Realismus,* Berlin 1955; erst nach dem Weltkrieg konnte Lukács' Konzept vom »großen Realismus« erscheinen.

so feinfühlig zu durchdenken, macht mich ein wenig melancholisch. Denn wie sehen diese Gestalten in den Köpfen des Durchschnitts unserer Literatur aus, wenn selbst Du dich mit solchen Anekdoten begnügst?

Das scheint mir aber eine Frage von höchster Aktualität. Ich will nicht alles wiederholen, was ich Dir im vorigen Brief über die aktuelle und politische Bedeutung des literarischen Kampfs gegen die Dekadenz geschrieben habe. Du gibst mir ja selbst recht, daß man den Faschismus »nur mit ganz entgifteten, ganz ausgeräucherten Köpfen« wirksam bekämpfen kann. Wiederum freue ich mich außerordentlich darüber, daß wir in diesem entscheidenden Punkt so weitgehend einig sind. Ich bin nur darin nicht ganz mit Dir einverstanden, daß dieser Kampf sich auf die Bekämpfung der ausgeprägtest reaktionären Gestalten der Dekadenz, der Marinetti oder d'Annunzio, beschränken müßte. Natürlich muß vor allem die Dekadenz der faschistischen Barbarei bekämpft werden. Es gibt aber auch innere Entwicklungsprobleme der Antifaschisten. Und hier frage ich Dich: auf wen haben die Marinetti oder d'Annunzio noch einen wirklichen Einfluß? Dagegen gibt es unzählige und sehr wichtige dekadente Strömungen (Irrationalismus usw.), die noch in unsern Reihen auf die besten Köpfe, auf die bedeutendsten Schriftsteller, auf die überzeugtesten Antifaschisten außerordentlich stark einwirken. Sollen, wie auch Du es willst, die Köpfe wirklich ausgeräuchert und entgiftet werden, so muß man grade die in unsern Reihen wirksamen Überreste der Dekadenz bekämpfen. Ich weiß, daß dies eine sehr unpopuläre Aufgabe ist, daß sogar ein so guter und treuer Freund wie Du zuweilen mir gezürnt hat und höchstwahrscheinlich auch in Zukunft noch einigemal auf mich schimpfen wird. Da ist aber, wenn man von der Notwendigkeit dieses Kampfes überzeugt ist, kein Kompromiß möglich. Ich kann hier nur das Gefühl haben, das der Plutarchsche Themistokles im Kriegsrat vor der Schlacht von Salamis haben mußte, als er sagte: Schlage mich, aber höre mich an.

Soweit ich die neueren Ereignisse in Deutschland beurteilen kann, bestärken sie mich in dieser Auffassung. Immer wieder entstehen neue Oppositionen gegen den Faschismus. Gesellschaftsschichten und einzelne, die früher jede Form des imperialistischen Kapitalismus widerspruchslos geduldet, ja zuweilen selbst gefördert haben, lehnen sich immer entschiedener gegen die totale Barbarei auf. Die Art ihrer Opposition, ihre Ideologie ist selbstverständlich tief durchsetzt von Einflüssen des Faschismus. Nur sehr langsam, instinktiv und spontan bildet sich in ihnen eine Klarheit. Dabei sind diese Menschen viel tiefer mit dem nationalen Leben Deutschlands verbunden als man im allgemeinen annimmt. Freilich mit einer vielfach sehr reaktionären Auffassung vom Deutschtum. Was können wir ihnen bringen, um ihr Ringen nach Klarheit zu erleichtern und zu beschleunigen? Sicherlich nicht unorganisch zusammengefügte Fetzen einer halbüberwundenen dekadenten Ideologie, zudem einer Abart der Dekadenz, die durch ihr Fehlen des nationalen Amalgams grade diesen Menschen immer fremd bleiben muß. Ich glaube: nur das Aufweisen der wirklichen Größe der deutschen Vergangenheit, das Aufweisen des Zusammenhangs zwischen der großen deutschen Vergangenheit (die freilich ganz anders geartet ist als die meisten unter ihnen es sich vorstellen) und der zukünftigen Größe eines wirklich demokratischen Deutschland, einer demokratischen Kultur in Deutschland kann hier helfen. Wie ich von dem Zusammenhang zwischen Realismus, Volkstümlichkeit und Antifaschismus tief überzeugt bin, ebenso sicher bin ich, daß unser Entdecken der demokratischen Vergangenheit der deutschen Kultur nicht ein Weg zurück ist, sondern ein Weg in die Zukunft, eine ideologische Hilfe zur Befreiung Deutschlands.

Mein Brief ist wieder lang geworden, und doch habe ich nicht ein Zehntel dessen gesagt, was ich sagen wollte. Je stärker in unserm Zwiegespräch die Momente des Einverständnisses hervortreten, desto schmerzlicher entbehre ich die Nähe des wirklichen Gesprächs. Denn die kleinen Abweichungen in Nuancen werden im Brief notwendig gröber herauskommen als im unmittelbaren Gedankenaustausch. Aber ich rechne auf Deine dichterische Einfühlungsfähigkeit: Du hast Dich schon in knorrigere Gestalten einleben können als ich bin.

In alter Freundschaft

Dein Georg Lukács

Die Brecht-Polemik gegen Lukács

Die Expressionismusdebatte

Es wird im Augenblick wieder über den Expressionismus gesprochen. Da haben wir die gepflegte marxistische Analyse, welche Kunstrichtungen mit einer erschreckenden Ordnungsliebe in gewisse Schubkästen legt, wo schon politische Parteien liegen, den Expressionismus zum Beispiel der USP. Da ist etwas Langbärtiges, Unmenschliches am Werk. Da wird eine Ordnung geschaffen nicht durch Produktion, sondern durch Eliminierung. Da wird etwas »auf die einfachste Formel gebracht«. Da war etwas, was lebte, falsch. Ich erinnere mich immer mit einer Mischung von Vergnügen und Grauen (die es nicht geben sollte, wie?) an den Witzblattwitz, in dem ein Aviatiker auf eine Taube deutet und sagt: Tauben zum Beispiel fliegen falsch.

Da gingen einige Jahrgänge von Künstlern durch eine expressionistische Periode. Diese Kunstrichtung war etwas Widerspruchsvolles, Ungleichmäßiges, Verworrenes (sie machte derlei sogar zum Prinzip), und sie war voll von Protest (hauptsächlich dem der Ohnmacht). Der Protest richtete sich gegen die Art der Darstellung durch die Kunst, zu einem Zeitpunkt, wo auch das Dargestellte zum Protest herausforderte. Der Protest war laut und unklar. Die Künstler entwickelten sich weiter, in verschiedenen Richtungen. Der Kunstrichter sagt nun von den einen: Sie wurden etwas trotz des Expressionismus, und von den andern: Sie wurden nichts wegen des Expressionismus.

Was ärgert mich an diesem Kunstrichter? Das: ich bekomme das Gefühl nicht los, daß er meint: Man muß die Kirche beim Dorf lassen. Er will sagen: Diese Expressionisten haben die Kirche nur woanders hingesetzt, statt sie zu entfernen. Aber er sagt: Man muß sie beim Dorf lassen. Ich selbst war nie ein Expressionist, aber solche Kunstrichter ärgern mich. Da ist ein Wirrwarr in der Debatte, den Formalismus betreffend. Der eine sagt: Ihr ändert nur die Form, nicht den Inhalt. Die andern haben das Gefühl: Du gibst den Inhalt erst recht der Form preis: nämlich der konventionellen. Vielen leuchtet nämlich eines noch nicht ein: Gegenüber den immer neuen Anforderungen der sich immer ändernden sozialen Umwelt die alten konventionellen Formen festhalten ist auch Formalismus.

Können wir wirklich gegen das Experiment Stellung nehmen, wir, die Umstürzler? Wie, »man hätte nicht zu den Waffen greifen sollen«? Es wäre besser, die Nachteile des *Putsches* zu erklären, indem man die Vorteile der Revolution erklärt. Aber nicht die Vorteile der Evolution.

Den Realismus zu einer Formsache machen, ihn mit einer, nur einer (und zwar einer alten) Form verknüpfen heißt: ihn sterilisieren. Realistisches Schreiben ist keine Formsache. Alles Formale, was uns hindert, der sozialen Kausalität auf den Grund zu kommen, muß weg; alles Formale, was uns verhilft, der sozialen Kausalität auf den Grund zu kommen, muß her.

Wenn man zum Volk sprechen will, muß man vom Volk verstanden werden. Aber das ist wieder keine bloße Formsache. Das Volk versteht nicht nur die alten Formen. Marx, Engels und Lenin haben, um dem Volk die soziale Kausalität aufzudecken, zu sehr neuen Formen gegriffen. Lenin sprach nicht nur anderes als Bismarck, sondern er sprach auch anders. Er wünschte weder in der alten Form zu sprechen noch in einer neuen. Er sprach in einer geeigneten Form.

Die Fehler und Irrtümer einiger Futuristen sind offenkundig. Sie setzten auf einen Riesenkubus eine Riesengurke, strichen das Ganze rot an und nannten es: *Bildnis Lenins*. Was sie wollten, war: Lenin sollte nichts gleichen, was je wo gesehen worden war. Was sie erreichten, war: Sein Bild glich keinem Bild, das je gesehen worden war. Das Bild sollte an nichts erinnern, was man aus den alten, verfluchten Zeiten kannte. Leider erinnerte es auch nicht an Lenin. Das sind schreckliche Vorkommnisse. Aber dadurch bekommen diejenigen Künstler noch nicht recht, deren Bilder zwar jetzt an Lenin erinnern, deren Malweise aber keineswegs an Lenins Kampfweise erinnert. Das ist ja auch offenkundig.

Wir müssen den Kampf gegen den Formalismus als Realisten und als Sozialisten führen.

Etwa 1938

Praktisches zur Expressionismusdebatte

Sehr rasch ist die Debatte über den Expressionismus, die *Das Wort* veranstaltete, zu einer Schlacht mit den Losungen *Hie Expressionismus!* und *Hie Realismus!* geworden. Alte Wunden brechen auf, neue werden geschlagen, verjährte Feind- und Freundseligkeiten werden ausgetragen, man schlägt sich und anderen in die Brust. Überzeugt scheint niemand zu werden, außer von seiner eigenen Auffassung. So weit ist alles in schönster Unordnung, das heißt, die Parteien schließen kein faules Kompromiß, sondern rüsten mit Macht auf. Etwas niedergeschlagen stehen zwei Zuschauer auf der Walstatt, der *Schreiber* und der *Leser*. Der zweite hat die Dinge gelesen und gesehen, über die die Schlacht tobte, der erste hat noch Dinge zu schreiben. Er betrachtet mit eingezogenen Schultern die totale Aufrüstung, er hört, wie die Messer geschliffen werden.

Der *Leser* (und *Betrachter,* soweit es sich um Bilder handelt) ist gleichfalls zerknirscht. Sein Vergnügen bei der Betrachtung eines Chagall, dessen er sich deutlich entsinnt, ist eben als sündhaft enthüllt worden. Verschärft ist die Sache dadurch, daß er einen als vorbildlich erklärten Roman seinerzeit nicht zu Ende gelesen hat und auch jetzt weiß, daß er nicht die moralische Kraft aufbringen wird, ihn noch einmal anzugehen. Immerhin, Pferde sind tatsächlich nicht blau, das wurde in der Debatte mit Recht gebrandmarkt.

Zerknirschung erzeugt Galgenhumor. Bei kräftiger Konstitution Zweifel. Vielleicht sind die Kampffronten nicht ganz richtig eingezeichnet? In einem solchen Falle würde ein Wirrwarr entstehen, der ungefähr dem unsrigen gliche. Zum Beispiel wenn bei der Partei *Hie Expressionismus!* sich eine Reihe von Realisten befänden und bei der Partei *Hie Realismus!* ein Haufe Verschämter, die sich eigentlich nur »ausdrücken« (exprimere) wollen. Tollers *Wandlung* war ein expressionistisches Stück, und es zeigte vielen von der Wirklichkeit allerhand, was sie nicht gewußt oder nur halb gewußt hatten. Es zeigte keineswegs alles, und alles, was es zeigte, war nicht wirklichkeitsgetreu. Aber Manns *Josephsroman* enthält vielleicht auch nicht die ganze Wirklichkeit? Noch seine *Buddenbrooks*. Und ist der *Josephsroman* wirklich so viel volkstümlicher geschrieben als der *Ulysses?* Das Buch Joyces habe ich von ganz intelligenten

Lesern wegen seines Realismus loben hören. Nicht, daß sie die Schreibweise als solche gelobt hätten (einige sprachen von Maniriertheit), aber es schien ihnen einen realistischen Inhalt zu haben. Wahrscheinlich wird man mich einen Kompromißler nennen, wenn ich gestehe, daß ich über den *Ulysses* beinahe ebenso gelacht habe als über den *Schwejk,* und für gewöhnlich lacht unsereiner nur bei realistischen Satiren. [...]

Es gibt genügend Leute, die strikt und konsequent gegen Realismus sind. Zum Beispiel die Faschisten. Sie haben ein Interesse daran, daß die Realität nicht geschildert wird, wie sie ist. Und mit ihnen hat der ganze Kapitalismus dieses Interesse, wenn er es auch in weniger drastischer Form vertritt. George Grosz hat sich nicht viel weniger formale Freiheiten erlaubt als Franz Marc. Herr Hitler donnerte dagegen, daß die Pferde bei Marc nicht so sind wie in der Wirklichkeit, aber er behauptete nicht so laut, daß die Bürger bei Grosz anders sind als in der Wirklichkeit. Grosz hatte sich noch einige andere Freiheiten herausgenommen.

Wir dürfen nicht beim Formalen zu lange haltmachen. Oder wir müssen genau sein und Konkretes sagen. Sonst werden wir als Kritiker Formalisten, ganz gleich, welches Vokabular wir anwenden. Es verstört unsere heutigen Erzähler, wenn sie allzuoft hören müssen, daß »unsere Großmutter eben ganz anders erzählen konnte«. Mag sein, die Frau war eine Realistin. Angenommen, wir sind ebenfalls Realisten, müßten wir dann genauso erzählen wie unsere Großmütter? Da müssen doch Mißverständnisse vorliegen.

Verkündet nicht mit der Miene der Unfehlbarkeit die alleinseligmachende Art, ein Zimmer zu beschreiben, exkommuniziert nicht die Montage, setzt nicht den *inneren Monolog* auf den Index! Erschlagt die jungen Leute nicht mit den alten Namen! Laßt nicht bis 1900 eine Entwicklung der Technik in der Kunst zu und ab da nicht mehr! Wie ist es mit diesem Balzac, zweifellos einem großen Schriftsteller und ziemlichen Realisten! *Père Goriot* hat eine große Fabel, im Gegensatz zu Flauberts *Education Sentimentale,* einem ebenfalls realistischen Werk von Bedeutung, aber andere Werke Balzacs haben schwächere, weniger im Gedächtnis bleibende, weniger fabelartige Fabeln. *Peau de Chagrin* ist symbolistisch, die Schreibweise dieses Schriftstellers wechselt beständig, und Taine findet, bei größter Bewunderung, daß er überhaupt nicht schreiben konnte, unverzeihlicherweise für einen Franzosen! Unter anderem montiert er dauernd Dutzende Seiten geschlossener Abhandlungen über Themen ein, die »mit der Sache gar nichts zu tun haben«! Er ist ein Realist, er arbeitet mit allen Mitteln, um an die Realität heranzukommen. Und zugleich, nicht zu vergessen, zwingt ihn die literarische Konkurrenz zu erstaunlichen Abweichungen romantischer Art und anderer Art. Haltet euch an Balzac, das ist ein Rat wie: Haltet euch an das Meer!

Solange wir keine wissenschaftlich fundierte Definition des *Realismus* haben, ist es vielleicht besser, das heißt praktischer, das heißt realistisches Schreiben förderndender, von Realisten zu sprechen und ihren Methoden, vermittels getreuer Abbildungen der Wirklichkeit die Wirklichkeit zu beeinflussen. Wir werden dann nicht so sehr darauf aus sein, die Zahl und Art dieser Methoden einzuschränken, als vielmehr darauf, sie zu erweitern. Wir werden so die Erfindung ermuntern, statt sie zu entmutigen. Wir werden auf die Wahrheit einen Preis setzen und jede Ellenbogenfreiheit gewähren, dazu zu gelangen. Kurz, wir werden als Realisten handeln.

Die marxistischen Klassiker haben dem Satz des alten Hegel, daß die Wahrheit konkret ist, viel Beachtung geschenkt und Beachtung verschafft. Er hat eine ganz außerordentliche Sprengkraft bewiesen und wird sie immer wieder beweisen. Kein Realist sollte ihn in der Bedeutung, die er bei den marxistischen Klassikern erhalten hat, außer acht lassen. Man sollte den Realismus, mit dem die Literatur der Antifaschisten steht und fällt, nicht zu einer Formsache degradieren. Man sollte auch als Kritiker Realist sein (nicht nur »für Realismus sein«). Man sollte sagen: Die und die Szene in dem und dem Roman entspricht nicht der Wirklichkeit, denn . . ., oder: Das Verhalten des Arbeiters X in der Situation Y entspricht nicht dem wirklichen Verhalten eines Arbeiters mit den angegebenen Zügen, denn . . ., oder: Die Behandlung der Tuberkulose in diesem Roman erweckt eine ganz falsche Vorstellung, denn in Wirklichkeit . . . Es ist ganz richtig, daß einer Sache bei der Beschreibung zu wenige Seiten gegeben werden können, so daß sie keinen realen Eindruck mehr macht. Das kann man ganz konkret nachweisen, am Einzelfall. Andrerseits sind Werke,

die der Wirklichkeit keine neuen Seiten abgewinnen, kaum
große realistische Werke: Kein Realist begnügt sich damit, immerfort zu wiederholen, was man schon weiß; das zeigt keine
lebendige Beziehung zur Wirklichkeit. Auch das kann man
konkret aufzeigen, am Einzelfall. Ein Realist schreibt so, daß
er verstanden werden kann, denn er will auf wirkliche Menschen wirklich einwirken. Was verstehbar ist und was nicht,
kann man konkret aufzeigen, am Einzelfall. (Es ist zum Beispiel nicht nur das verständlich, was schon verstanden ist.) Ein
Realist, der sich mit Kunst befaßt (zum Beispiel Kritiker), erlaubt ihr eine gewisse Ellenbogenfreiheit, damit sie realistisch
sein kann. Er gesteht ihr das Recht auf Humor (Unter- und
Übertreibung), Phantasie, Freude am Ausdruck (auch neuem
Ausdruck, individuellem Ausdruck) zu. Er weiß, daß es bei
wirklichen Künstlern das gibt.
Realismus ist keine Formsache. Man kann nicht die Form von
einem einzigen Realisten (oder einer begrenzten Anzahl von
Realisten) nehmen und sie *die* realistische Form nennen. Das
ist unrealistisch. So verfahrend, kommt man dazu, daß *entweder* Swift und Aristophanes *oder* Balzac und Tolstoi Realisten waren. Und, wenn man die Form eines Toten nimmt,
daß kein Lebender ein Realist ist.
Geben wir so die Theorie auf? Nein, wir bauen sie auf. Wir
verhindern, daß wir eine Theorie bekommen, die aus einer
bloßen Beschreibung und Interpretation vorhandener Kunstwerke besteht, aus denen rein formale Richtlinien ausgezogen
werden. Für die noch zu schaffenden Werke. Wir verhüten
einen Formalismus der Kritik. Es geht um den Realismus.
1938

Die Essays von Georg Lukács

Ich habe mich mitunter gewundert, warum gewisse Essays *Georg Lukács'*, obwohl sie so viel Wissenswertes enthalten, doch
etwas Unbefriedigendes an sich haben. Er geht von einem gesunden Prinzip aus, und doch kann man den Eindruck nicht
loswerden, daß er ein wenig wirklichkeitsfremd ist. Er untersucht den Abstieg des bürgerlichen Romans von jener Höhe,
die er einnahm, als die bürgerliche Klasse noch progressiv war.

So höflich er die zeitgenössischen Romanschreiber behandelt, soweit sie den Klassikern des bürgerlichen Romans darin folgen, daß sie zumindest formal realistisch schreiben, so kann er doch kaum umhin, auch hier einen Abstieg zu sehen. Es ist ihm ganz unmöglich, bei ihnen einen Realismus zu finden, der dem der Klassiker an Tiefe, Breite, Aggressivität gleichkäme. Wie sollten sie sich auch über ihre Klasse darin erheben können? Auch ein Zerfall der Romantechnik liegt vor, muß vorliegen. Es liegt nicht weniger technisches Geschick vor, nur bekommt die Technik etwas sonderbar Technisches, wenn man will Selbstherrliches. Selbst in die realistische Bauart nach klassischem Muster kriecht etwas Formalistisches. Es gibt da eigentümliche Details. Selbst die Schriftsteller, welche die Auspowerung, Entmenschung, Mechanisierung des Menschen durch den Kapitalismus wahrnehmen und bekämpfen, scheinen an diesem Akt der Auspowerung teilzunehmen, indem auch sie in ihren Schilderungen weniger Aufhebens von ihm zu machen scheinen, ihn im Hetztempo durch die Ereignisse jagen, sein Innenleben als quantité négligeable behandeln und so weiter. Auch sie rationalisieren sozusagen. Sie machen die »Fortschritte« der Physik mit. Sie verlassen die strenge Kausalität und gehen über zur statistischen, indem sie den einzelnen Menschen, als dem Kausalnexus streng folgend, aufgeben und nur über größere Einheiten Aussagen machen. Sie haben sogar den Schrödingerschen Unsicherheitsfaktor, auf ihre Weise. Sie nehmen dem Beobachter die Autorität und den Kredit und mobilisieren den Leser gegen sich selber, nur noch subjektive Aussagen vorlegend, die eigentlich bloß den Aussagenden charakterisieren (Gide, Joyce, Döblin). Man kann Lukács in all diesen Wahrnehmungen folgen und seinen Protest unterschreiben. Aber nun kommt man zum positiven, konstruktiven, postulierenden Teil der Lukács'schen Konzeption. Mit einer einzigen Handbewegung wischt er die »unmenschliche« Technik vom Tisch. Er kehrt zurück zu den Vätern, beschwört die entarteten Sprößlinge, ihnen nachzueifern. Die Schriftsteller finden einen entmenschten Menschen vor? Sein Innenleben ist verwüstet? Er wird im Hetztempo durch sein Leben gehetzt? Seine logischen Fähigkeiten sind geschwächt, wie die Dinge verknüpft waren, scheinen sie nicht mehr verknüpft? So müssen die Schriftsteller eben doch sich an die alten Meister halten, reiches Seelenleben produzieren, dem Tempo der Ereignisse in den Arm fallen durch langsames Erzählen, den einzelnen Menschen wieder in den Mittelpunkt der Ereignisse stoßen durch ihre Kunst und so weiter und so weiter. Und die Ausführungsbestimmungen gehen in ein Murmeln über. Daß die Vorschläge nicht zu praktizieren sind, ist offenbar. Kein Mensch, der die Grundkonzeption Lukács' für richtig hält, kann sich darüber wundern. Gibt es also keinen Ausweg? Es gibt einen. Die neue heraufkommende Klasse zeigt ihn. Es ist kein Rückweg. Es wird nicht angeknüpft an das gute Alte, sondern an das schlechte Neue. Es handelt sich nicht um den Abbau der Technik, sondern um ihren Ausbau. Der Mensch wird nicht wieder Mensch, indem er aus der Masse herausgeht, sondern indem er hineingeht in die Masse. Die Masse wirft ihre Entmenschtheit ab, damit wird der Mensch wieder Mensch (nicht einer wie früher). Diesen Weg muß die Literatur in unserem Zeitalter gehen, wo die Massen an sich zu ziehen beginnen, was es an Wertvollem, Menschlichem gibt, wo die Massen diese Leute mobilisieren gegen die Entmenschung durch den Kapitalismus in seiner faschistischen Phase. Das Moment des Kapitulierens, Zurückweichens, das utopische und idealistische Moment, das in Lukács' Essays immer noch steckt und das er bestimmt überwinden wird, ist es, was seine Arbeiten, die so viel Wissenswertes enthalten, unbefriedigend macht und einem den Eindruck verschafft, es gehe ihm um den Genuß allein, nicht um den Kampf, um den Ausweg, nicht um den Vormarsch.

Über den formalistischen Charakter der Realismustheorie

Der formalistische Charakter der *Realismustheorie* zeigt sich auch darin, daß sie sich nicht nur einzig auf der Form weniger bürgerlicher Romane des vorigen Jahrhunderts aufbaut (neuere Romane werden nur herangezogen, soweit sie diese Form zeigen), sondern auch nur auf einer bestimmten Form des *Romans*. Was ist es mit dem Realismus in der Lyrik, was mit ihm in der Dramatik? Das sind zwei Gattungen der Dichtung, die besonders in Deutschland einen hohen Standard aufweisen.

Ich fahre fort mit Persönlichem, um konkretes Material zu

liefern. Meine Tätigkeit ist, wie ich mir vorstelle, vielseitiger als es unsere Realismustheoretiker glauben. Sie beliefern mich ganz einseitig. Gegenwärtig arbeite ich an zwei Romanen, einem Stück und einer Gedichtsammlung. Einer der Romane ist ein historischer, er benötigt umfangreiche Studien, die römische Geschichte betreffend. Er ist satirisch. Nun ist der Roman die Domäne unserer Theoretiker. Aber es ist nicht Bosheit, wenn ich sage, daß ich für meine Arbeit an diesem Roman *Die Geschäfte des Herrn Julius Cäsar* von ihnen nicht den allergeringsten Fingerzeig bekommen kann. Für jene vom bürgerlichen Roman des vorigen Jahrhunderts dem Drama entlehnte Anballung von allerhand Konflikten persönlicher Art in langen, breit ausgemalten Szenen mit Interieur habe ich gar keine Verwendung. Ich benütze die Tagebuchform für große Teile. Es hat sich als nötig herausgestellt, daß ich für andere Teile den point of view wechseln muß. Meinen eigenen Standpunkt nehme ich ein in der Montage der beiden fiktiven Schreiberstandpunkte. Ich vermute, daß sich so etwas nicht als nötig hätte herausstellen dürfen? Irgendwie fällt es aus dem Schema, das vorgesehen ist. Als nötig hat sich jedoch diese Technik herausgestellt für eine gute Erfassung der Wirklichkeit, ich hatte nur rein realistische Motive. Das Stück ist ein Szenenzyklus, der das Leben unter der braunen Diktatur behandelt. Bisher montierte ich 27 Einzelszenen. Auf einige von ihnen paßt das »realistische« Schema X entfernt, wenn man ein Auge zudrückt. Auf andere nicht, lächerlicherweise schon nicht, weil sie ganz kurz sind. Auf das Ganze paßt es überhaupt nicht. Ich halte es für ein realistisches Stück. Aus den Tafeln des Bauern-Breughel habe ich mehr herausgeholt dafür als aus den Abhandlungen über Realismus. Über den zweiten Roman, an dem ich schon lange arbeite, wage ich kaum zu sprechen, so kompliziert sind da die Probleme und so primitiv ist da das Vokabular, das mir die Ästhetik des Realismus, wie sie jetzt ist, liefert. Die formalen Schwierigkeiten sind außerordentlich, ich habe ständig Modelle zu bauen; wer mich bei dieser Arbeit sähe, würde mich für nur an Formfragen interessiert halten. Ich mache diese Modelle, weil ich die Wirklichkeit darstellen möchte. Was Lyrik betrifft, so gibt es ebenfalls in ihr einen realistischen Standpunkt. Ich fühle aber, daß man ganz außerordentlich vorsichtig vorgehen müßte, wenn man darüber schreiben wollte. Andrerseits gewönne man viel Aufschluß über Realismus in Roman und Dramatik.

Während ich in einem Haufen historischer Wälzer blättere (sie sind in vier Sprachen verfaßt, dazu kommen Übersetzungen aus zwei antiken Sprachen) und einen bestimmten Sachverhalt zu ergründen suche, voll von Skepsis, mir sozusagen unausgesetzt den Sand aus den Augen wischend, habe ich Farbenvorstellungen vager Art im Hinterkopf, Eindrücke bestimmter Jahreszeiten, höre Tonfälle ohne Worte, sehe Gesten ohne Sinn, denke an wünschbare Gruppierungen von nicht benamten Gestalten und so weiter. Die Vorstellungen sind reichlich unbestimmt, keineswegs aufregend, ziemlich oberflächlich, wie mir scheint. Aber sie sind da. Der »Formalist« in mir arbeitet.

Während mir langsam die Bedeutung der Sterbekassenvereine des Clodius aufgeht und mich eine gewisse Entdeckerfreude erfaßt, denke ich: Wenn man einmal ein sehr langes, durchsichtig geschriebenes, herbstliches, glasklares Kapitel schreiben könnte, mit einer unregelmäßigen Kurve, einer Art roter Wellenlinie, die durchgeht! Die City bringt ihren Demokraten Cicero ins Konsulat, er verbietet die demokratischen bewaffneten Straßenklubs, sie verwandeln sich in friedliche Sterbekassenvereine, das Laub ist gelb im Herbst. Das Arbeitslosenbegräbnis kostet zehn Dollar, darauf wird eingezahlt, stirbt man zu spät, war es ein schlechtes Geschäft, aber wir haben die Wellenlinie, manchmal sind in diesen Vereinen plötzlich Waffen da, Herr Cicero wird aus der Stadt getrieben, er hat Verluste, seine Villa wird niedergebrannt, sie hat Millionen gekostet, wie viele? Schlagen wir nach, nein, das gehört nicht hierher, wo waren die Straßenklubs am 9. November 91? »Meine Herren, ich garantiere für nichts.« (Cäsar)

Ich bin in einem frühen Stadium meiner Arbeit.

Da der Künstler es unausgesetzt mit Formalem zu tun hat, da er unausgesetzt formt, muß man, was man *Formalismus* nennt, sorgfältig und praktisch formulieren, sonst sagt man dem Künstler nichts. Wenn man alles, was künstlerische Werke unrealistisch macht, *Formalismus* nennen will, damit man sich versteht, muß man diesen Begriff *Formalismus* nicht rein ästhetisch bilden. *Hie Formalismus! – Hie Inhaltismus!* Das ist doch zu primitiv und zu metaphysisch!

Rein ästhetisch genommen, macht der Begriff keine besonderen Schwierigkeiten. Wenn jemand zum Beispiel etwas behauptet, was nicht wahr ist (oder nicht zur Sache gehört), nur weil es sich reimt, so ist er ein Formalist. Aber wir haben unzählige Werke unrealistischer Art, die nicht auf Grund wuchernden Formensinns so unrealistisch wurden.

Wir können durchaus verständlich bleiben und dem Begriff doch einen weiteren, fruchtbareren, praktischeren Sinn geben. Wir müssen nur einen Augenblick von der Literatur absehen und ins »gewöhnliche Leben« hinabsteigen. Was ist da *Formalismus?*

Nehmen wir den Ausdruck: *Er hat formell recht.* Das will sagen, er hat eigentlich nicht recht, aber der Form nach, nur der Form nach, hat er recht. Oder: *Formell ist die Aufgabe gelöst* will sagen, sie ist nicht eigentlich gelöst. Oder: *Ich habe das getan, um die Form zu wahren.* Das will sagen, es bedeutet nicht viel, was ich getan habe, ich mache, was ich will, aber ich wahre die Form, da kann ich am besten machen, was ich will.

Wenn ich lese, daß die Autarkie des Dritten Reichs *auf dem Papier* perfekt ist, weiß ich nicht, daß es sich um politischen Formalismus handelt. Der Nationalsozialismus ist ein Sozialismus der Form nach, das heißt ein politischer Formalismus. Es handelt sich da nicht um wuchernden Formensinn.

Faßt man den Begriff so (und er wird verständlich so und wichtig so), dann sind wir imstande, zurückkehrend zur Literatur (ohne diesmal das gewöhnliche Leben völlig verlassend), auch Werke als formalistisch [zu] bezeichnen und [zu] entlarven, die nicht die literarische Form über den sozialen Inhalt stellen und doch der Realität nicht entsprechen. Wir können auch solche Werke entlarven, die der Form nach realistisch sind. Es gibt da viele.

Dem *Formalismusbegriff* diesen Sinn verleihend, bekommen wir Maßstäbe in die Hand für Erscheinungen wie die *Avantgarde.* Da kann sie vorn marschieren auf dem Rückzug oder in den Abgrund. Da kann sie so weit vorn marschieren, daß das Gros ihr gar nicht folgen kann, weil es sie aus den Augen verliert und so weiter. Ihr unrealistischer Charakter kann sich so zeigen. Es kann angegeben werden, wo sie sich trennt vom Gros, warum, wodurch und wie sie sich wieder vereinen kann mit dem Gros. _Naturalismus_ und eine gewisse _anarchische Montage_ können konfrontiert werden mit ihren sozialen Wirkungen, indem man nachweist, wie sie nur die Symptome der Oberfläche wiedergeben und nicht die tieferliegenden sozialen Kausalkomplexe. Ganze große, scheinbar, der Form nach radikale Haufen von Literatur können als rein reformistische, also rein formelle Bestrebungen mit Lösungen _auf dem Papier_ gezeigt werden.

Eine solche _Formalismusdefinition_ hilft gleichzeitig der Romanschreibung und der Lyrik und der Dramatik, und sie liquidiert, last but not least, eine gewisse formalistische Kritik, die nur an Formalem interessiert scheint, auf ganz bestimmte, zeitlich gebundene Schreibformen eingeschworen ist und literarische Gestaltungsprobleme, auch wenn sie gelegentlich historische Rückblicke »einmontiert«, auf rein literarischem Feld zu lösen sucht.

In einem großen satirischen Roman, dem _Ulysses_ von J. Joyce, gab es, außer der Verwendung mehrerer Schreibweisen und noch einigem anderen Ungewohnten, [den] sogenannten _inneren Monolog_. Eine Kleinbürgerin, morgens im Bett liegend, meditierte. Ihre Gedanken wurden ungeordnet, durcheinander, ineinander überfließend wiedergegeben. Das Kapitel wäre kaum geschrieben worden ohne Freud. Die Vorwürfe, die es seinem Verfasser einbrachte, waren dieselben, die Freud sich seinerzeit zutrug. Es regnete: Pornographie, krankhafte Freude am Schmutz, Überwertung von Vorgängen unterhalb des Nabels, Unmoral und so weiter. Erstaunlicherweise schlossen sich diesem Unsinn auch einige Marxisten an, die ekelerfüllt den Ausdruck Kleinbürger hinzufügten. Als technisches Mittel wurde der _innere Monolog_ ebenfalls abgelehnt, man nannte ihn _formalistisch_. Ich habe die Begründung nie verstanden. Daß Tolstoi so etwas anders gemacht hätte, ist ja kein Grund, die Art, wie Joyce so etwas machte, abzulehnen. Die Einwände waren so oberflächlich konstruiert, daß man den Eindruck hatte: Wenn Joyce denselben Monolog in die Sprechstunde eines Psychoanalytikers verlegt hätte, wäre alles in Ordnung gewesen. Nun ist der _innere Monolog_ ein sehr schwierig zu verwendendes technisches Mittel, und das zu betonen ist ganz nützlich. Ohne ganz bestimmte Maßnahmen, wieder technischer

Art, gibt innerer Monolog die Wirklichkeit, das heißt die Totalität des Denkens oder Assoziierens keineswegs so wieder, wie er das äußerlich zu tun scheint.

Hier gibt es ein *Nur der Form nach*, das beachtet werden muß, eine Verfälschung der Wirklichkeit. Es handelt sich nicht nur um ein formales Problem (das mit einem *Zurück zu Tolstoi* zu lösen wäre). Rein formal hatten wir einen *inneren Monolog,* den gerade wir sehr schätzten, ich denke an Tucholskys Stücke.

Die Erinnerung an den *Expressionismus* ist für viele eine Erinnerung an freiheitliche Stimmungen. Ich selbst war auch damals gegen das »sich ausdrücken« als Beruf. (Siehe meine Anweisungen an Schauspieler in den *Versuchen.*) Ich stand skeptisch vor diesen peinlichen, beunruhigenden Unfällen, wo einer »außer sich gerät«. Wohin gerät er da? Es wurde bald darauf klar, daß sie sich nur von der Grammatik befreit hatten, nicht vom Kapitalismus. Die Palme war dem Hašek für den *Schwejk* zu reichen. Aber Befreiungen sind immer auch ernst zu nehmen, denke ich. Heute noch sehen viele das Niedersäbeln des Expressionismus in Bausch und Bogen mit Unwillen, weil sie fürchten, daß da Befreiungsakte an und für sich niedergedrückt werden sollen, ein Sichbefreien von hemmenden Vorschriften, alten Regeln, die zu Fesseln geworden sind, daß da ein Festhalten an Beschreibungsarten versucht werden soll, die für Gutsbesitzer paßten, nachdem man die Gutsbesitzer selbst beseitigt hat. Um das Beispiel aus der Politik zu nehmen: Wenn man den Putsch bekämpfen will, muß man die Revolution lehren (und nicht die Evolution).

Es ist nötig, will man verstehen, die Literatur in ihrer Entwicklung zu betrachten (es ist hier nicht Selbstentwicklung gemeint). Es ergeben sich dann Phasen des Experiments, in denen oft nahezu unerträgliche Verengerungen der Gesichtspunkte auftreten, einseitige, besser gesagt, wenigseitige Produkte herauskommen, die Verwendbarkeit der Resultate problematisch wird. Es gibt Experimente, die im Sand verlaufen, Experimente, die spät Früchte tragen oder kümmerliche Früchte. Man sieht Künstler ihren Stoffen erliegen, gewissenhafte Leute, welche die volle Aufgabe sehen, ihr nicht ausweichen und ihr nicht gewachsen sind. Sie sehen nicht immer selbst ihre Fehler, manchmal sehen andere sie, zugleich mit den Aufgaben. Einige sieht man sich verbeißen in Spezialfragen; nicht alle von diesen sind mit der Quadratur des Zirkels beschäftigt. Die Welt ist diesen Leuten gegenüber zur Ungeduld berechtigt, und sie macht Gebrauch von diesem Recht, ausgiebig. Sie ist aber auch zur Geduld berechtigt.

In der Kunst gibt es das Faktum des Mißglückten und des teilweise Geglückten. Unsere Metaphysiker müssen das begreifen. Die Werke können so leicht mißglücken, da sie doch so schwer glücken! Da schweigt einer, weil es ihm an Gefühl fehlt, dort, weil ihm das Gefühl die Sprache verschlägt. Da befreit sich einer nicht von der Last, die auf ihm kniet, sondern nur von einem Gefühl der Unfreiheit. Dort schlägt einer sein Handwerkszeug zusammen, weil man es zu lange mißbraucht hat, ihn auszubeuten. Die Welt ist nicht zur Sentimentalität verpflichtet. Aber man darf aus den Niederlagen, die festgestellt werden müssen, nicht die Folgerung ziehen, daß keine Kämpfe mehr stattfinden sollen.

Für mich ist der Expressionismus nicht nur eine »peinliche Affäre«, nicht nur eine Entgleisung. Der Grund: weil ich ihn überhaupt nicht nur als »Phänomen« betrachte und ihn mit einem Zettel versehe. Da gab es viel zu lernen für Realisten, die ja auf Lernen aus sind und den Dingen die praktische Seite abzugewinnen suchen. Bei Kaiser, bei Sternheim, bei Toller, bei Goering gab es Ausbeute für den Realisten. Offen gestanden lerne ich leichter da, wo ähnliche Aufgaben angegangen wurden. Ohne Umschweife gesagt, dem Tod ins Auge geblickt: Ich lerne bei Tolstoi und Balzac schwerer (weniger). Sie hatten andere Aufgaben zu bewältigen. Und dann: Davon ist mir schon allerhand in Fleisch und Blut übergegangen, wenn man mir diesen Ausdruck genehmigen will. Natürlich bewundere ich diese Leute, die Art und Weise, wie sie mit ihren Aufgaben fertig geworden sind. Gelernt kann auch aus ihnen werden. Es ist aber anzuraten, daß man [sie] dann nicht einzeln heranzieht, sondern ihnen andere Schriftsteller mit anderen Aufgaben gesellt, etwa den Swift und den Voltaire. Die Verschiedenheit der Aufgaben wird dann deutlich, wir können leichter abstrahieren und vom Standpunkt unserer Aufgaben an sie herangehen.

Die Problemstellung für unsere Tendenzliteratur hat es mit sich gebracht, daß ein bestimmtes Problem sehr aktuell wurde: der Sprung von einer Weise der Gestaltung zur andern in ein und demselben Kunstwerk. Das ging ganz praktisch zu. Das Weltanschauliche, Politische ergriff nicht die ganze Gestaltung, der Handlung wurde der Leitartikel einmontiert. Der Leitartikel war meist sehr »unkünstlerisch« verfaßt, und seine unkünstlerische Natur war so in die Augen springend, daß das Unkünstlerische der Handlung, in die er eingebettet war, übersehen wurde (Handlung war immerhin etwas Künstlerischeres, als Leitartikel es sind). Es entstand ein deutlicher Bruch. Praktisch gab es zwei Möglichkeiten, hier zu Rande zu kommen. Man konnte den Leitartikel in die Handlung auflösen oder die Handlung in den Leitartikel und diesen künstlerisch gestalten. Man konnte aber auch die Handlung künstlerisch gestalten und den Leitartikel künstlerisch gestalten (er verlor dann natürlich seinen Leitartikelcharakter) und den Sprung von einem Idiom zum andern beibehalten und ebenfalls künstlerisch gestalten. Das schien neuartig, aber wenn man will, kann man immerhin Vorbilder nennen, deren Kunstcharakter nicht bezweifelt werden kann: die Unterbrechung der Handlung durch Chöre im attischen Theater. Auf dem chinesischen Theater gibt es ähnliche Gestaltungen.
Die Frage, mit wie vielen Andeutungen man bei Schilderungen auskommt, was zuwenig, was zuviel Plastik ist, kann praktisch behandelt werden, im Einzelfall. Bei bestimmten Dingen kommen wir mit weniger Andeutungen aus als unsere Voreltern. Was die Psychologie betrifft, so ist die Frage, ob Ergebnisse neu etablierter Wissenschaften verwendet werden sollen, keine Glaubensfrage. Man hat zu prüfen, im Einzelfall, ob sich die Charakterzeichnung durch Verarbeitung wissenschaftlicher Erkenntnisse verbessert oder nicht, auch, ob die Verarbeitung eine gute ist oder nicht. Es kann der Literatur nicht untersagt werden, sich der neuerworbenen Fähigkeiten des zeitgenössischen Menschen, wie der, simultan aufzunehmen oder kühn zu abstrahieren oder schnell zu kombinieren, zu bedienen. Es muß, wenn Anspruch auf Wissenschaftlichkeit erhoben wird, eben

auch mit dem Bienenfleiß der Wissenschaft untersucht werden, wie sich im Einzelfall die künstlerische Adaption solcher Fähigkeiten auswirkt. Der Künstler mag überall abgekürzte Wege gehen, vieles »aus der Luft auffangen«, große Teile des unaufhörlichen Prozesses mehr oder weniger bewußt durchmachen – die Kritik, jedenfalls die marxistische, hat hier methodisch und konkret vorzugehen, eben wissenschaftlich. Geplauder nützt hier nichts, in welchem Vokabular immer es stattfindet. Unter keinen Umständen reicht es zu einer praktikablen Definition des Realismus aus, nur aus literarischen Werken die nötigen Richtlinien auszuziehen. (Seid wie Tolstoi – ohne seine Schwächen! Seid wie Balzac – aber von heute!) Realismus ist eine Angelegenheit nicht nur der Literatur, sondern eine große politische, philosophische, praktische Angelegenheit und muß als solche große, allgemein menschliche Angelegenheit behandelt und erklärt werden.

Etwa 1938

Bemerkungen zu einem Aufsatz

Man sollte ohne große Erwartungen Leute anhören, die zu gern das Wort »Form« benutzen als etwas anderes als Inhalt oder in Beziehung zum Inhalt oder wie immer, und das Wort »Technik« allzusehr verabscheuen, etwa als etwas »Mechanisches«. Man soll sich nicht darum kümmern, daß sie die Klassiker (des Marxismus) zitieren und dort das Wort »Form« vorkommt: Sie haben nicht die Technik des Romanschreibens gelehrt. Und das Wort »mechanisch« braucht niemanden zu schrecken, solang es sich auf Technik bezieht; es gibt eine Mechanik, die der Menschheit große Dienste erwiesen hat und noch erweist, eben die der Technik. Die »Rechtgläubigen« unter uns, die, auf anderem Gebiet, Stalin von den Schöpferischen unterscheiden, pflegen mit gewissen Wörtern, willkürlichst angewandt, die Geister zu bannen.

Unsere Erbverwalter dekretieren, daß ohne »kampfvolle Wechselbeziehungen der Menschen zueinander«, ohne »Erprobung der Menschen in wirklichen Handlungen«, ohne die »kampfvolle und verschlungene Wechselwirkung zwischen ihren Menschen« keine bleibenden Gestalten geschaffen werden können. Aber die »komplizierten (!) Methoden, mit denen die alten Schriftsteller ihre Handlungen in Gang gebracht haben«, wo sind sie bei Hašek, und doch ist sein *Schwejk* sicher eine schwer vergeßbare Gestalt. Ich weiß nicht, ob sie »bleiben« wird, ich weiß auch nicht, ob eine Gestalt von Balzac oder Tolstoi bleiben wird, ich weiß das so wenig wie sonst jemand, ich selber schätze, offen gesagt, den Begriff des Bleibens nicht so unmäßig hoch ... Wie sollen wir voraussehen, ob nachfolgende Geschlechter diese Figuren im Gedächtnis werden behalten wollen (Balzac und Tolstoi werden sie kaum dazu zwingen können, auch nicht durch noch so sinnreiche Methoden, mit denen sie ihre Handlungen in Gang gebracht haben); ich vermute, es wird davon abhängen, ob es eine gesellschaftlich eingreifende Aussage sein wird, wenn man sagen wird: »Das (und der ›Das‹ ist dann ein Zeitgenosse) ist eine Vater-Goriot-Natur.« Vielleicht bleiben diese Naturen gar nicht? Vielleicht standen sie gerade in solchen kampfvollen Wechselbeziehungen, die es dann nicht mehr geben wird?

Ich habe keinen Grund, auf Gedeih und Verderb die Dos Passos'sche Montagetechnik zu propagandieren: als ich einen Roman schrieb, habe ich selber so etwas wie »kampfvolle und verschlungene Wechselbeziehungen« zu gestalten versucht. (Was ich von der Montagetechnik benutzte, benutzte ich in diesem Roman anderweits.) Aber ich möchte eine Verurteilung dieser Technik lediglich zugunsten der Schaffung bleibender Gestalten doch nicht zulassen. Erstens hat gerade Dos Passos »kampfvolle* und verschlungene Wechselbeziehungen von Menschen« ausgezeichnet dargestellt, wenn auch seine Kämpfe nicht die der Tolstoischen Gestalten und seine Verschlingungen nicht die der Balzacschen Fabeln waren. Zweitens steht und fällt der Roman durchaus nicht mit der »Gestalt« und besonders nicht mit der Gestalt der Art, wie sie im vorigen Jahrhundert existierte. Man sollte nicht die Vorstellung nähren von einer Art Walhalla der bleibenden Gestalten der Literatur, einer Art von Madame Tussaudschen Panoptikums, in dem von

* Eine scheußliche Wortbildung, Euphuismus für »konfliktreich«, das da zu sehr nach »Intrige« riecht.

der Antigone bis zur Nana und von Äneas bis Nechljudow (wer ist das übrigens?) lauter bleibende Gestalten stehen. In einem Lachen über eine solche Vorstellung sehe ich nichts Despektierliches. Wir wissen einiges darüber, auf welchen Grundlagen der Kult des Individuums, wie er in der Klassengesellschaft getrieben wurde, beruht: Es sind historische Grundlagen. Wir sind weit davon entfernt, das Individuum abschaffen zu wollen. Aber wir sehen immerhin mit einiger Nachdenklichkeit, wie dieser (historische, besondere, vorübergehende) Kult einen André Gide hindert, in der Sowjetjugend Individuen zu entdecken. Ich war, Gide lesend, nahe daran, Nechljudow (wer immer das sein mag) als bleibende Gestalt aufzugeben, wenn, wie es ja immerhin möglich wäre, nur dadurch die Gestalten unter der Sowjetjugend, die ich selber gesehen habe, bleiben könnten. Um auf unsere Grundfrage zurückzukommen: Er ist grundfalsch, das heißt, es führt zu nichts, das heißt, es lohnt sich für den Schriftsteller nicht, sich sein Problem so zu vereinfachen, daß der riesige, komplizierte, tatsächliche Lebensprozeß der Menschen im Zeitalter des Endkampfs der bürgerlichen mit der proletarischen Klasse als »Fabel«, Staffage, Hintergrund für die Gestaltung großer Individuen »verwendet« werden soll. Den Individuen kann in den Büchern nicht viel mehr Platz eingeräumt und vor allem kein anderer Platz eingeräumt werden als in der Wirklichkeit. Rein praktisch gesprochen: Für uns entstehen die Individuen bei der Gestaltung der Prozesse des menschlichen Zusammenlebens, und es kann dann »groß« sein oder »klein«. Es ist grundfalsch zu sagen: Man nehme eine große Gestalt und lasse sie vielfach reagieren, mache ihre Beziehung zu anderen Gestalten möglichst wenig flüchtig und oberflächlich.

Das Dramatische (die Wucht des Zusammenpralls), die Leidenschaften (der Hitzegrad), die Spannweite der Figuren, das alles kann nicht gesondert, getrennt von der sozialen Funktion betrachtet oder propagiert werden.
Die Kämpfe (der kampfvollen und verschlungenen Wechselbeziehungen) sind die Konkurrenzkämpfe des sich entfaltenden Kapitalismus, die in ganz bestimmter Weise Individuen hervorbrachten. Der sozialistische Wettbewerb bringt in anderer Weise Individuen hervor und andere Individuen. Und

es ist dann noch die Frage, ob es überhaupt so sehr individualisierend wirkt wie der kapitalistische Konkurrenzkampf. In gewissem Sinne ertönt da bei unseren Kritikern die verhängnisvolle, an die einzelnen gerichtete Parole: »Bereichert euch!« Balzac ist der Dichter der Monstrositäten. Die Vielgestaltigkeit seiner Helden (Breite ihrer Sonnen-, Tiefe ihrer Schattenseiten) widerspiegelt die Dialektik des Fortschritts der Produktion als eines Fortschritts des Elends. »Die Geschäfte wurden bei ihm poetisch« (Taine), aber: »Balzac war zum ersten ein Geschäftsmann, und zwar ein verschuldeter Geschäftsmann . . ., warf er sich aufs Spekulieren . . ., stellte er die Zahlungen ein, um die Schulden abzutragen, schrieb er seine Romane.« Die Poesie wurde bei ihm also auch zum Geschäft! Die Individuen kämpfen gegen die Individuen in dieser Urwaldepoche des Kapitalismus, gegen Gruppen von Individuen, im Grund »gegen die ganze Gesellschaft«. Gerade dies macht eben ihre Individualität aus. Jetzt wird uns der Rat gegeben, wieder, immer noch, nein, aufs neue Individuen zu schaffen, natürlich andere, aber auf die gleiche Weise, freilich auf eine andere, also was? Balzacs »Sammlerleidenschaft grenzte an Monomanie (und so weiter, S. 11) . . . zu setzen«. Diesen Fetischismus des Dinges finden wir auch in seinen Romanen, auf Hunderten, ja Tausenden von Seiten. Das sollen wir allerdings wohl weglassen, Tretjakow wird von Lukács mit erhobenem Zeigefinger verwarnt wegen solcher Meinungen. Aber eben dieser Fetischismus macht die Figuren des Balzac zu Individuen. Es ist nur lächerlich, da an einen einfachen Austausch der das Individuum aufbauenden sozialen Leidenschaften und Funktionen zu denken. Baut etwa die Produktion von Gebrauchsgütern für das Kollektiv ebenso Individuen auf, wie das »Sammeln«? Natürlich kann man auch da mit einem Ja antworten. Diese Produktion findet doch statt, und es gibt doch Individuen. Aber das sind eben so sehr andere Individuen, daß Balzac sie überhaupt nicht als solche erkannt hätte (und Gide sie heute nicht als solche erkennt). Ihnen wird das Monströse fehlen, das Hohe und Niedrige in einem, das Verbrechertum und Heiligsein in einem und so weiter.

Nein, Balzac montiert nicht. Aber er schreibt gigantische Genealogien, er verheiratet die Geschöpfe seiner Phantasie wie Napoleon seine Marschälle und Brüder, er folgt den Vermögen

(Fetischismus des Dings) durch Generationen von Familien, ihr Überwechseln von einer zur andern. Er hat vor sich lauter »Organisches«, die Familien sind Organismen, in ihnen »wachsen« die Individuen, sollen wir also wieder die Zelle setzen oder die Fabrik oder den Sowjet, da ja die Familie offenkundig mit dem Fall des Privateigentums an Produktionsmitteln im Ausbilden von Individuen nachgelassen haben dürfte? Aber diese neuen, unzweifelhaft individuenbildenden Gebilde sind eben, im Vergleich zur Familie, montiert! Im Wortsinn zusammengesetzt! Schon im heutigen New York wird, vom heutigen Moskau ganz zu schweigen, zum Beispiel die Frau weniger vom Mann »geformt« als im Paris Balzacs, sie hängt weniger von ihm ab, das ist soweit ganz einfach. Gewisse Kämpfe »bis zur Weißglut« fallen also fort, die anderen Kämpfe, die an ihre Stelle treten, natürlich treten andere an ihre Stelle, sind mindestens so stark, aber vielleicht weniger individualistisch. Nicht, als ob sie nichts Individuelles besäßen, sie werden von Individuen ausgekämpft, aber da spielen zum Beispiel die Verbündeten eine riesige Rolle, die sie zu Balzacs Zeit nicht spielten.

Glossen zu einer formalistischen Realismustheorie

Wer den Realismus nicht rein formalistisch definiert (als das, was um die neunziger Jahre auf dem Gebiet des bürgerlichen Romans unter Realismus verstanden wurde), der kann gegen solche Techniken der Erzählung wie Montage, inneren Monolog oder Verfremdung alles Mögliche einwenden, nur nichts vom Standpunkt des Realismus aus. Selbstverständlich kann es inneren Monolog geben, der als formalistisch zu bezeichnen ist, aber auch solchen, der realistisch ist, und mit Montage kann man [...] die Welt schief darstellen und auch richtig, da ist kein Zweifel. Bei den reinen Formfragen soll man nicht allzu unbedenklich im Namen des Marxismus sprechen. Das ist nicht marxistisch.

Nicht verwechseln sollte man Montage mit jener technischen Ungeschicklichkeit, durch die in ganz konventionelle Erzählung längere Partien »Theoretisches« eingesprengt werden, Meinungen des Verfassers, Leitartikel, Schilderungen, die für die Erzählung ohne Belang sind. Mit diesem Kunstfehler hat die Montage gar nichts zu tun.

Der Vorschlag, die Romane des Balzac und des Tolstoi zu studieren, ist nicht schlecht. Diese Schriftsteller entwickeln tatsächlich einige sehr wichtige Techniken für realistische Darstellung. (Es ist übrigens ein fast unbegreiflicher Denkfehler, jemandem, der vorschlägt, unter den Darstellungsmitteln von Schriftstellern eine Auswahl zu treffen, ohne weiteres vorzuwerfen, er wolle die betreffenden Werke zersäbeln; den Werken geschieht da gar nichts. Die historische Forschung hat sie natürlich als Ganzes zu betrachten, für sie sind sie nicht ein Haufen technischer Mittel, das ist klar. Aber der technisch lernende Schriftsteller geht von einem andern Gesichtspunkt aus an die Werke früherer Generationen und anderer Klassen heran, das ist ebenfalls klar.)

Bemerkungen zum Formalismus

I

Der Kampf gegen den Formalismus in der Literatur ist von größter Bedeutung, keineswegs nur Sache einer »Phase«. Er muß in aller Breite und Tiefe ausgekämpft werden, eben nicht nur »formell«, damit die Literatur ihre gesellschaftliche Funktion erfüllen kann. Bei einer Bemühung, die der Liquidierung von leeren Formen, nichtsbesagenden Sagen gilt, ist es wichtig, daß die Formen keinen Augenblick von den gesellschaftlichen Funktionen getrennt, von ihnen abgesondert, anerkannt oder verworfen werden. Was ist Formalismus?

Das proletarische Schrifttum bemüht sich, von alten Werken formal zu lernen. Das ist natürlich. Es wird erkannt, daß man nicht einfach vorhergegangene Phasen überspringen kann. Das Neue muß das Alte überwinden, aber es muß das Alte überwunden in sich haben, es »aufheben«. Man muß erkennen, daß es jetzt ein neues Lernen gibt, ein kritisches Lernen, ein umformendes, revolutionäres Lernen. Es gibt Neues, aber es entsteht im Kampf mit dem Alten, nicht ohne es, nicht in der freien Luft. Viele vergessen das Lernen oder behandeln es verächtlich, als Formsache, und einige behandeln das kritische Moment als Formsache, als etwas Selbstverständliches.

Es kommt zu komischen Haltungen. Leute loben den Inhalt eines bestimmten Werkes und lehnen seine Form ab, andere verfahren umgekehrt. Stoff und Inhalt werden verwechselt, die Tendenz des Autors steht im Widerspruch zu der Tendenz seines Stoffes.

Der Realismus wird mit Sensualismus gleichgesetzt, obgleich es natürlich ganz unrealistische sensualistische Werke gibt und ganz realistische unsensualistische Werke. Eine plastische Beschreibung gilt vielen als nur auf sensualistischer Basis herstellbar, alles andere nennen sie Reportage, als ob es nicht auch plastische Reportage gäbe. Die »Gestaltung« wird als rein formale Angelegenheit hingestellt. Bei der Verurteilung der Montage kommen manche, da sie diese nicht tatsächlich untersucht haben, ihren Wirkungskreis nicht abgesteckt, ihre Leistungen nicht beachtet haben, in die gefährlichste Nähe von Blut und Boden und einer anrüchigen Metaphysik des Organischen. Mit einem rein ästhetischen Vokabular versucht man den Ästhetizismus zu bekämpfen, nur auf Formen bedacht, dem Formalismus auf den Leib zu rücken. Die Literatur hat nur noch die Aufgabe, Literatur zu sein. Die Aufgabe der Schriftsteller ist, ihre Formen zu verbessern.

Man kann die nichteuklidische Geometrie nicht gut verstehen, wenn man die euklidische nicht gelernt hat. Aber die nichteuklidische Geometrie setzt auch mit der Kenntnis der euklidischen zugleich ein gewisses Nichtmehrverstehen derselben voraus.

Änderungen, die keine Änderungen sind, Änderungen »der Form nach«, Beschreibungen, die nur Äußerliches wiedergeben, aus denen man sich aber kein Urteil formen kann, förmliches Benehmen, Handeln, um der Form zu genügen, die Form zu wahren, Schöpfungen, die nur auf dem Papier stehen, Lippendienst, das alles ist Formalismus. Man sollte bei Begriffen in der Literatur sich nicht allzuweit von ihrer Bedeutung auf anderen Gebieten entfernen. Der Formalismus in der Literatur ist etwas Literarisches, aber nicht nur etwas Literarisches. Man

kann zum Beispiel auch den Realismus nicht bestimmen, wenn
man nicht an den Realismus, an realistisches Handeln, Urteilen, an Realisten auf andern Gebieten denkt.

2

Unser Kampf gegen Formalismus würde sehr schnell selber
zu hoffnungslosem Formalismus, wenn wir uns auf bestimmte
(historische, vergängliche) Formen festlegten.

Ein Beispiel: Wir finden in der Wirklichkeit des Hochkapitalismus nicht nur den Wunsch der Kapitalisten, die volle Entfaltung der Menschen zu vernachlässigen, sondern auch ihre Praxis, die sie tatsächlich verkrüppelt, einseitig macht, entleert und
so weiter, also auch die verkrüppelten, einseitigen entleerten
Menschen. Wir können nicht den Schriftsteller, der solche Menschen schildert, einfach beschuldigen, er vertrete den Wunsch
der Kapitalisten, er selber »behandle« seine Menschen wie ein
Kapitalist. Natürlich entfaltet der Kampf um das volle Men-
schentum in den kämpfenden Menschen wieder die Menschlichkeit, aber das ist ein komplizierter Prozeß, und er findet eben
nur bei den Kämpfenden statt. Der Schriftsteller, welcher bestrebt wäre, die Menschen lediglich »anders« einzuschätzen,
als es die Kapitalisten tun, und sie deshalb »rund«, »harmo-
nisch«, »seelisch reich« schilderte, würde nur auf dem Papier
»runde« Menschen formen, er wäre ein schlimmer Formalist.
Die Technik der Balzac macht aus Henry Ford keine Persönlichkeit von der Art des Vautrin, aber, was schlimmer ist, sie
gestattet nicht, die neue Menschlichkeit des klassenbewußten
Proletariers unserer Zeit zu gestalten. Upton Sinclairs Technik
ist nicht zu neu, sondern zu alt für solche Aufgaben. Das ist
nicht zuwenig Balzac, sondern zuviel Balzac.

Wir machen einen schweren Fehler, wenn wie die Bemühungen,
den Genuß am Balzac zu lehren, durcheinanderbringen mit den
Bemühungen, Bauvorschriften für neue, zeitgemäße Romane
aufzustellen. Für das erstere ist es nötig, die Romane des Balzac als Ganzes zu nehmen; wir müssen uns in seine Zeit ein-
fühlen können, wir müssen sie als ein Abgeschlossenes, Rundes,
Eigenes betrachten und dürfen nicht im einzelnen Kritik üben,

Details beurteilen und so weiter. Um Bauvorschriften aus diesen Romanen auszuziehen, müssen wir ebenfalls eine Einfühlung in diese Zeit bewerkstelligen, aber doch auch technische Gesichtspunkte gelten lassen. Wir verwandeln uns in Kritiker, wir lesen als Konstrukteure.

3

Ein eigentümlicher Hang zum Idyllischen zeigt sich in der Betrübnis Lukács über die Sprengung der klassischen bürgerlichen Erzählung des Balzac durch Schriftsteller wie Dos Passos. Er sieht nicht und will nicht sehen, daß der moderne Schriftsteller eine Erzählungsart nicht brauchen kann, welche wie die Balzac'sche der Romantisierung der Konkurrenzkämpfe des nachnapoleonischen Frankreich diente (wie bekannt, verweist Balzac nachdrücklich auf die Anregungen, die er aus den Indianergeschichten Coopers geschöpft hat!).

Es bedeutet eine für einen Klassenkämpfer wie Lukács erstaunliche Verniedlichung der Geschichte, wenn er aus der Literaturgeschichte den Kampf der Klassen beinahe völlig entfernt und in dem Abstieg der bürgerlichen Literatur und dem Aufstieg der proletarischen zwei völlig getrennte Phänomene sieht. In Wirklichkeit zeigt sich der Abstieg des Bürgertums in der elenden Aushöhlung seiner formal immer noch realistischen Literatur und zeigen Werke wie die Dos Passos'schen, trotz ihrer Zertrümmerung der realistischen Formen und in ihr, den Durchbruch eines neuen Realismus, möglich durch den Aufstieg des Proletariats. Hier wickeln sich Kämpfe ab, nicht bloße Ablösungen. Die Übernahme des »Erbes« ist kein kampfloser Vorgang. Da werden nicht einfach Formen geerbt, nach dem Tode des Erblassers, der infolge von Altersschwäche, einer natürlichen Dekadenz seiner Kräfte, eintrat.

4

Mitunter sehen wir, eine literarische Epoche betrachtend, mehrere Gruppen von Literaten bei sehr verschiedener Tätigkeit.

Während eine Gruppe die sozialen Spannungen geflissentlich außer acht läßt und ihre Abbilder der Schicksale von Personen so konstruiert, als gäbe es diese Spannungen nicht, weist eine andere Gruppe geflissentlich nach, daß es die Spannungen nicht gibt. Eine dritte nimmt sie als gegeben und natürlich (unvermeidlich, unbeseitigbar). Eine vierte Gruppe arbeitet sie heraus, ergreift Partei, macht Vorschläge mehr oder weniger radikaler Art zu ihrer Beseitigung. Eine fünfte Gruppe berauscht sich an der Anrüchigkeit der Vertuschung. Es gibt natürlich noch andere Gruppen, sie arbeiten gleichzeitig, unter den verschiedensten Parolen, die ihre Beziehungen zueinander nicht sehr deutlich oder gar nicht erweisen, und mitunter gibt es Literaten, die allen diesen Gruppen oder einigen zugleich angehören, das heißt in ihren Arbeiten bald diesen, bald jenen Standpunkt einnehmen.

Der Faschismus ist der große Formalist. Er macht Planwirtschaft, aber seine Planung beseitigt nicht die anarchische Produktionsweise, sondern stabilisiert sie. Er produziert fieberhaft, aber Zerstörungsmittel, er beseitigt den Klassenkampf, nicht indem er die Klassen (Stände) beseitigt, sondern die Standesvorurteile. Und so weiter und so weiter. Er bekämpft die Arbeitslosigkeit, welche die Massen zum Hunger verdammt. Er schafft Arbeit, und sie verdammt die Massen zum Hunger. Er rehabilitiert die Ehre des deutschen Volkes: indem er dieses Volk in zwei Gruppen verwandelt, die Schänder und die Geschändeten. Er verspricht, sie zu Herren der Welt zu machen, und macht sie zu Sklaven einer kleinen Clique. In riesigen Plebisziten unterwirft er sich der Stimme des Volkes (das er unterworfen hat). Das Regime legt den allergrößten Wert auf seine Volkstümlichkeit. Es spricht unaufhörlich und immer zum Volk und vom Volk. Es zählt alles zum Volk, außer dem, was es nicht dazu zählt, das, wenn man es zählt, sich als das Volk herausstellt. Wir tun also gut, den Begriff des *Volkstümlichen* mit der allerschärfsten Kritik anzuwenden. Denn wir repräsentieren ja das Volk, das hier *der Form nach* repräsentiert wird, in Wirklichkeit. Wir sind vertrieben worden, weil wir es vertraten. Wir betraten die Nachbarländer, geschändet im Namen der Ehre, auf der Flucht vor den Horden, die uns auf dem Fuße dorthin folgen werden. Der Form nach sind wir keine

Deutschen mehr. Es ist klar, daß wir dieses Regime nicht nur der Form nach bekämpfen, das von diesem Regime unterdrückte Volk nicht nur der Form nach in seinem Kampf unterstützen dürfen. Es genügt nicht, zu protestieren und im übrigen seiner Beschäftigung nachzugehen. Das wäre ein schlimmer Formalismus. Und wir müssen wissen, daß die literarische Tätigkeit viele Verführungen zum Formalismus bietet. Zwischen der vertriebenen deutschen Literatur und dem unterdrückten deutschen Volk ist ein Anschluß erfolgt, der gemeinsame Feind hat ihn bewerkstelligt. Er hat eine Schicksalsgemeinschaft geschaffen. Im Punkt der gemeinsamen Leiden ist der Anschluß nicht nur einer der Form nach. Aber unsere Arbeiten zeigen diesen Anschluß oft nicht tief genug, wir wissen das oder sollten es wissen. Auch unser Volksbegriff ist nicht immer real genug. Immer noch sehen viele von uns ungenau, was das Volk ist, und jeder von uns ist imstande, sich darüber zu täuschen und darüber Täuschung zu erzeugen. Manche meinen, es handle sich nur darum, einfach zu sprechen, und dann gehen sie nur den Kompliziertheiten aus dem Weg. Andere sprechen kompliziert und gehen den großen einfachen Grundwahrheiten aus dem Weg. »Das Volk versteht nicht komplizierte Ausdrucksweise« – und die Arbeiter, die Marx verstanden haben? »Rilke ist zu kompliziert für die Massen« – und die Arbeiter, die mir sagten, er ist zu primitiv?

[Über Realismus]

Ich habe nicht den Eindruck, daß wir unsere Sache besonders gut geführt hätten, die Sache des *Realismus* in der Literatur. Die Schwächen der hauptsächlichen expressionistischen Werke sind nicht durch Realisten nachgewiesen worden; der *Realismus*begriff ist sehr eingeengt aufgetreten, beinahe hatte man den Eindruck, es handle sich um eine literarische Mode mit Regeln, die einigen willkürlich ausgewählten Werken ausgezogen wurden. Man zerstampfe soundsoviel expressionistische Werke in einem Messingfaß und genieße den gewonnenen Saft mit dem Ausdruck des Mißbehagens, und man zerstampfe und so weiter. Es wird dann ständig nur mit den Säften operiert. So vorgehen heißt nicht sehr realistisch vorgehen. Was da *Rea-*

lismus heißt, macht durch die Ungeschicklichkeit seiner Interpreten einen sehr willkürlichen Eindruck, die Maßstäbe sind zweifelhaftester Natur, *aus dem Leben gegriffen, mit allen Schattierungen, breit* und so weiter und so weiter, und man fragt sich immer, ob nicht nur *so wie Tolstoi* oder *akkurat wie Balzac* oder auch nur einfach schlicht *berühmt* gemeint ist. Der *Realismus* wird dem *Formalismus* gegenübergestellt, als wäre er treu und bieder ein *Inhaltismus*. Sie wissen schon. Man führt, wie gesagt, ein paar berühmte Romane aus dem vorigen Jahrhundert an, lobt sie mit durchaus verdientem Lob und zieht aus ihnen *den* Realismus aus. Einen solchen Realismus verlangen von lebenden Schriftstellern heißt von einem Mann Schulterbreite 75 verlangen, einen Meter Bart und leuchtende Augen und ihm nicht sagen, wo er das kaufen kann. Ich denke, so können wir in einer so wichtigen Sache nicht vorgehen. Wir sind doch imstande, einen viel weitherzigeren, produktiveren, intelligenteren Begriff des *Realismus* aufzustellen.

Ergebnisse der Realismusdebatte in der Literatur

Die große Realismusdebatte in der Literatur, die, ausgehend von der Sowjetunion, eine internationale Bewegung ausgelöst hat, scheint mir zumindest folgende Punkte herausgearbeitet zu haben:
1. Die Romanschriftsteller, welche die Beschreibung des Menschen durch eine Beschreibung seiner seelischen Reaktionen ersetzen und so den Menschen in einen bloßen Komplex seelischer Reaktionen auflösen, werden der Realität nicht gerecht. Weder die Welt noch der Mensch können sichtbar gemacht werden (ist erkennbar und behandelbar beschrieben), wenn nur die Spiegelung der Welt in der menschlichen Psyche oder nur die menschliche Psyche, wenn sie die Welt spiegelt, beschrieben wird. Der Mensch muß in seinen Reaktionen und in seinen Aktionen beschrieben werden.
2. Die Romanschriftsteller, welche nur die Entmenschlichung, die der Kapitalismus durchführt, also den Menschen nur als seelisch verödet beschreiben, werden der Realität nicht gerecht. Der Kapitalismus entmenscht nicht nur, er schafft auch Menschlichkeit, nämlich im aktiven Kampf gegen die Entmenschung.

Der Mensch ist auch heute keine Maschine, er funktioniert nicht nur als Teil einer Maschinerie. Er ist auch vom sozialen Standpunkt aus nicht zureichend beschrieben, wenn er nur als politischer Faktor beschrieben ist.

Volkstümlichkeit und Realismus

Wenn man Parolen für die zeitgenössische deutsche Literatur aufstellen will, muß man berücksichtigen, daß, was Anspruch erheben will, Literatur genannt zu werden, ausschließlich im Ausland gedruckt und fast ausschließlich nur im Ausland gelesen werden kann. Die Parole *Volkstümlichkeit* für die Literatur erhält dadurch eine eigentümliche Note. Der Schriftsteller soll da für ein Volk schreiben, mit dem er nicht lebt. Jedoch ist bei näherer Betrachtung die Distanz des Schriftstellers zum Volk doch nicht so sehr gewachsen, wie man denken könnte. Sie ist jetzt nicht ganz so groß, wie es scheint, und sie war ehedem nicht ganz so klein, wie es schien. Die herrschende Ästhetik, der Buchpreis und die Polizei haben immer eine beträchtliche Distanz zwischen Schriftsteller und Volk gelegt. Trotzdem wäre es unrichtig, nämlich unrealistisch, die Vergrößerung der Distanz als eine nur »äußerliche« zu betrachten. Es sind zweifellos besondere Bemühungen nötig, um heute volkstümlich schreiben zu können. Andererseits ist es leichter geworden, leichter und dringender. Das Volk hat sich deutlicher getrennt von seiner Oberschicht, seine Unterdrücker und Ausbeuter sind aus ihm herausgetreten und haben sich in einen nicht mehr übersehbaren, blutigen Kampf mit ihm verwickelt. Es ist leichter geworden, Partei zu ergreifen. Unter dem »Publikum« ist sozusagen eine offene Schlacht ausgebrochen.
Auch die Forderung nach einer realistischen Schreibweise kann heute nicht mehr so leicht überhört werden. Sie hat etwas Selbstverständliches bekommen. Die herrschenden Schichten bedienen sich offener der Lüge als ehedem und dickerer Lüge. Die Wahrheit zu sagen erscheint als immer dringendere Aufgabe. Die Leiden haben sich vergrößert, und die Masse der Leidenden hat sich vergrößert. Angesichts der großen Leiden der Massen wird die Behandlung von kleinen Schwierigkeiten und von Schwierigkeiten kleiner Gruppen als lächerlich, ja verächtlich empfunden.

Gegen die zunehmende Barbarei gibt es nur einen Bundesgenossen: das Volk, das so sehr darunter leidet. Nur von ihm kann etwas erwartet werden. Also ist es naheliegend, sich an das Volk zu wenden, und nötiger denn je, seine Sprache zu sprechen.

So gesellen sich die Parolen *Volkstümlichkeit* und *Realismus* in natürlicher Weise. Es liegt im Interesse des Volkes, der breiten, arbeitenden Massen, von der Literatur wirklichkeitsgetreue Abbildungen des Lebens zu bekommen, und wirklichkeitsgetreue Abbildungen des Lebens dienen tatsächlich nur dem Volk, den breiten, arbeitenden Massen, müssen also unbedingt für diese verständlich und ergiebig, also volkstümlich sein. Trotzdem müssen diese Begriffe vor dem Aufstellen von Sätzen, in denen sie verwendet und verschmolzen werden, erst gründlich gereinigt werden. Es wäre ein Irrtum, diese Begriffe für ganz geklärt, geschichtslos, unkompromittiert, eindeutig zu halten (»Wir wissen ja alle, was gemeint ist damit, seien wir keine Haarspalter«). Der Begriff *volkstümlich* selber ist nicht allzu volkstümlich. Es ist nicht realistisch, dies zu glauben. Eine ganze Reihe von »Tümlichkeiten« müssen mit Vorsicht betrachtet werden. Man denke nur an *Brauchtum, Königstum, Heiligtum,* und man weiß, daß auch *Volkstum* einen ganz besonderen, sakralen, feierlichen und verdächtigen Klang an sich hat, den wir keineswegs überhören dürfen. Wir dürfen diesen verdächtigen Klang nicht überhören, weil wir den Begriff *volkstümlich* unbedingt brauchen.

Es sind gerade die sogenannten poetischen Fassungen, in denen »das Volk« besonders abergläubisch oder besser Aberglauben erweckend vorgestellt wird. Da hat das Volk seine unveränderlichen Eigenschaften, seine geheiligten Traditionen, Kunstformen, Sitten und Gebräuche, seine Religiosität, seine Erbfeinde, seine unversiegbare Kraft und so weiter und so weiter. Da tritt eine merkwürdige Einheit auf von Peiniger und Gepeinigtem, von Ausnutzer und Ausgenutztem, von Lügner und Belogenem, und es handelt sich keineswegs einfach um die »kleinen«, vielen, arbeitenden Leute im Gegensatz zu den Oberen.

Die Geschichte der vielen Fälschungen, die mit diesem Begriff *Volkstum* vorgenommen wurde, ist eine lange, verwickelte Geschichte und eine Geschichte der Klassenkämpfe. Wir wollen hier nicht darauf eingehen, wir wollen nur die Tatsache der Verfälschung im Auge behalten, wenn wir davon sprechen, daß wir volkstümliche Kunst brauchen und damit Kunst für die breiten Volksmassen meinen, für die vielen, die von den wenigen unterdrückt werden, »die Völker selber«, die Masse der Produzierenden, die so lange das Objekt der Politik war und die das Subjekt der Politik werden muß. Wir wollen uns erinnern, daß dieses *Volk* lange durch mächtige Institutionen von der vollen Entwicklung zurückgehalten, künstlich und gewalttätig durch Konventionen geknebelt wurde und daß der Begriff *volkstümlich* zu einem geschichtslosen, statischen, entwicklungslosen gestempelt wurde. Und mit dem Begriff in dieser Ausgabe haben wir nichts zu tun, besser gesagt, ihn haben wir zu bekämpfen.

Unser Begriff *volkstümlich* bezieht sich auf das Volk, das an der Entwicklung nicht nur voll teilnimmt, sondern sie geradezu usurpiert, forciert, bestimmt. Wir haben ein Volk vor Augen, das Geschichte macht, das die Welt und sich selbst verändert. Wir haben ein kämpfendes Volk vor Augen und also einen kämpferischen Begriff *volkstümlich*.

Volkstümlich heißt: den breiten Massen verständlich, ihre Ausdrucksform aufnehmend und bereichernd / ihren Standpunkt einnehmend, befestigend und korrigierend / den fortschrittlichsten Teil des Volkes so vertretend, daß er die Führung übernehmen kann, also auch den andern Teilen des Volkes verständlich / anknüpfend an die Traditionen, sie weiterführend / dem zur Führung strebenden Teil des Volkes Errungenschaften des jetzt führenden Teils übermittelnd.

Und jetzt kommen wir zu dem Begriff *Realismus*. Und auch diesen Begriff werden wir als einen alten, viel und von vielen und zu vielen Zwecken gebrauchten Begriff vor der Verwendung erst reinigen müssen. Das ist nötig, weil die Übernahme von Erbgut durch das Volk in einem Expropriationsakt vor sich gehen muß. Literarische Werke können nicht wie Fabriken übernommen werden, literarische Ausdrucksformen nicht wie Fabrikationsrezepte. Auch die realistische Schreibweise, für die die Literatur viele voneinander sehr verschiedene Beispiele stellt, ist geprägt von der Art, wie, wann und für welche Klasse sie eingesetzt wurde, geprägt bis in die kleinsten Details hinein. Das kämpfende, die Wirklichkeit ändernde Volk vor

Augen, dürfen wir uns nicht an »erprobte« Regeln des Erzählens, ehrwürdige Vorbilder der Literatur, ewige ästhetische Gesetze klammern. Wir dürfen nicht bestimmten vorhandenen Werken *den* Realismus abziehen, sondern wir werden alle Mittel verwenden, alte und neue, erprobte und unerprobte, aus der Kunst stammende und anderswoher stammende, um die Realität den Menschen meisterbar in die Hand zu geben. Wir werden uns hüten, etwa nur eine bestimmte, historische Romanform einer bestimmten Epoche als realistisch zu bezeichnen, sagen wir die der Balzac oder der Tolstoi, so für den Realismus nur formale, nur literarische Kriterien aufstellend. Wir werden nicht nur dann von realistischer Schreibweise sprechen, wenn man zum Beispiel »alles« riechen, schmecken, fühlen kann, wenn »Atmosphäre« da ist und wenn Fabeln so geführt sind, daß seelische Expositionen der Personen zustande kommen. Unser *Realismus*begriff muß breit und politisch sein, souverän gegenüber den Konventionen.

Realistisch* heißt: den gesellschaftlichen Kausalkomplex aufdeckend / die herrschenden Gesichtspunkte als die Gesichtspunkte der Herrschenden entlarvend / vom Standpunkt der Klasse aus schreibend, welche für die dringendsten Schwierigkeiten, in denen die menschliche Gesellschaft steckt, die breitesten Lösungen bereit hält / das Moment der Entwicklung betonend / konkret und das Abstrahieren ermöglichend.

Das sind riesige Anweisungen, und sie können noch ergänzt werden. Und wir werden dem Künstler erlauben, seine Phantasie, seine Originalität, seinen Humor, seine Erfindungskraft dabei einzusetzen. An allzu detaillierten literarischen Vorbildern werden wir nicht kleben, auf allzu bestimmte Spielarten des Erzählens werden wir den Künstler nicht verpflichten.

Wir werden feststellen, daß die sogenannte sensualistische Schreibweise (bei der man alles riechen, schmecken, fühlen kann) nicht ohne weiteres mit der realistischen Schreibweise zu identifizieren ist, sondern wir werden anerkennen, daß es sensualistisch geschriebene Werke gibt, die nicht realistisch, und realistische Werke, die nicht sensualistisch geschrieben sind. Wir werden sorgfältig untersuchen müssen, ob

---

* *Das Wort* verdankt besonders G. Lukács einige sehr bemerkenswerte Aufsätze, die den Realismusbegriff erhellen, auch wenn sie, meines Erachtens, ihn etwas zu eng definieren.

wir die Fabel wirklich am besten führen, wenn wir als End-
effekt die seelische Exposition der Personen anstreben. Unsere
Leser werden vielleicht nicht finden, daß sie den Schlüssel zu
den Ereignissen ausgeliefert bekommen, wenn sie, durch viele
Künste verführt, sich lediglich an den seelischen Emotionen der
Helden unserer Bücher beteiligen. Ohne gründliche Prüfung
die Formen der Balzac und Tolstoi übernehmend, würden wir
vielleicht unsere Leser, das Volk, ebenso ermüden, wie es diese
Schriftsteller oft tun. Realismus ist keine bloße Frage der Form.
Wir würden, die Schreibweise dieser Realisten kopierend, nicht
mehr Realisten sein.
Denn die Zeiten fließen, und flössen sie nicht, stünde es
schlimm für die, die nicht an den goldenen Tischen sitzen. Die
Methoden verbrauchen sich, die Reize versagen. Neue Probleme tauchen auf und erfordern neue Mittel. Es verändert
sich die Wirklichkeit; um sie darzustellen, muß die Darstel-
lungsart sich ändern. Aus nichts wird nichts, das Neue kommt
aus dem Alten, aber es ist deswegen doch neu.
Die Unterdrücker arbeiten nicht zu allen Zeiten auf die gleiche
Art. Sie können nicht zu allen Zeiten in der gleichen Weise
dingfest gemacht werden. Es gibt so viele Methoden, sich der
Vernehmung zu entziehen. Ihre Heerstraßen taufen sie Auto-
straßen. Ihre Tanks sind bemalt, daß sie wie die Büsche des
Macduff aussehen. Ihre Agenten zeigen Schwielen an den Händen vor, als seien sie Arbeiter. Nein, den Jäger in das Wild
zu verwandeln, das braucht Erfindung. Was gestern volkstümlich war, ist es nicht heute, denn wie das Volk gestern war,
so ist es nicht heute.
Jeder, der nicht in formalen Vorurteilen befangen ist, weiß,
daß die Wahrheit auf viele Arten verschwiegen werden kann
und auf viele Arten gesagt werden muß. Daß man Empörung
über unmenschliche Zustände auf vielerlei Arten erwecken
kann, durch die direkte Schilderung in pathetischer und in
sachlicher Weise, durch die Erzählung von Fabeln und Gleich-
nissen, in Witzen, mit Über- und Untertreibung. Auf dem
Theater kann die Wirklichkeit dargestellt werden in sachlicher und in phantastischer Form. Die Schauspieler können
sich nicht (oder kaum) schminken und sich »ganz natürlich«
geben, und alles kann Schwindel sein, und sie können Masken
grotesker Art tragen und die Wahrheit darstellen. Darüber

ist doch kaum zu streiten: Die Mittel müssen nach dem Zweck gefragt werden. Das Volk versteht das, die Mittel nach dem Zweck zu fragen. Die großen Theaterexperimente Piscators (und meine eigenen), bei denen fortgesetzt konventionelle Formen zerschlagen wurden, fanden ihre große Stütze in den fortgeschrittensten Kadern der Arbeiterklasse. Die Arbeiter beurteilten alles nach dem Wahrheitsgehalt, sie begrüßten jede Neuerung, die der Darstellung der Wahrheit, des wirklichen sozialen Getriebes, förderlich war, sie lehnten alles ab, was spielerisch schien, Maschinerie, die um ihrer selbst willen arbeitete, das heißt ihren Zweck noch nicht oder nicht mehr erfüllte. Die Argumente der Arbeiter waren niemals literarische oder theaterästhetische. Man kann nicht Theater mit Film mischen, das hörte man niemals hier. War der Film nicht richtig eingesetzt, hieß es höchstens: Der Film da ist überflüssig, der lenkt ab. Arbeiterchöre sprachen kompliziert rhythmisierte Verspartien (»Wenn's Reime wären, dann ging's runter wie Wasser, und nichts bliebe hängen«) und sangen schwierige (ungewohnte) Eislersche Kompositionen (»Da ist Kraft drin«). Aber wir mußten bestimmte Verszeilen umändern, deren Sinn nicht einleuchtete oder falsch war. Wenn in Marschliedern, die gereimt waren, damit man sie schneller lernen konnte, und die einfacher rhythmisiert waren, damit sie besser »durchgingen«, gewisse Feinheiten (Unregelmäßigkeiten, Kompliziertheiten) waren, sagten sie: »Da ist ein kleiner Dreh drinnen, das ist lustig.« Das Ausgelaufene, Triviale, das so Gewöhnliche, daß man sich nichts mehr dabei denkt, liebten sie gar nicht (»Da kommt nichts bei raus«). Wenn man eine Ästhetik brauchte, konnte man sie hier haben. Ich vergesse nie, wie mich ein Arbeiter anschaute, dem ich auf seine Anregung, in einen Chor über die Sowjetunion noch etwas einzubauen (»Da *muß* noch das rein – sonst wozu?«), erwiderte, das würde die künstlerische Form sprengen: mit dem Kopf auf die Seite gelegt, lächelnd. Ein ganzer Trakt der Ästhetik stürzte durch dieses höfliche Lächeln zusammen. Die Arbeiter hatten keine Angst, uns zu lehren, und sie hatten keine Angst, selber zu lernen.
Ich spreche aus Erfahrung, wenn ich sage: Man braucht nie Angst zu haben, mit kühnen, ungewohnten Dingen vor das Proletariat zu treten, wenn sie nur mit seiner Wirklichkeit zu tun haben. Es wird immer Leute mit Bildung, Kunstken-

ner, geben, die sich dazwischendrängen mit einem »Das versteht das Volk nicht«. Aber das Volk schiebt ungeduldig diese Leute beiseite und verständigt sich direkt mit den Künstlern. Es gibt hochgezüchtetes Zeug, für Klüngel gemacht, um Klüngel zu bilden, die zweitausendste Umformung des alten Filzhutes, die Paprizierung des alten, in Verwesung übergegangenen Stücks Fleisch: Das Proletariat weist das zurück (»Sorgen haben die«) mit einem ungläubigen, eigentlich nachsichtigen Schütteln des Kopfes. Es ist nicht der Paprika, der da zurückgewiesen wird, sondern das verfaulte Fleisch; nicht die zweitausendste Form, sondern der alte Filz. Wo sie selber dichteten und Theater machten, waren sie hinreißend originell. Die sogenannte Agitpropkunst, über die nicht die besten Nasen gerümpft werden, war eine Fundgrube neuartiger künstlerischer Mittel und Ausdrucksarten. In ihr tauchten längst vergessene großartige Elemente echt volkstümlicher Kunstepochen auf, den neuen gesellschaftlichen Zwecken kühn zugeschnitten. Waghalsige Abkürzungen und Komprimierungen, schöne Vereinfachungen; da gab es oft eine erstaunliche Eleganz und Prägnanz und einen unerschrockenen Blick für das Komplexe. Manches mochte primitiv sein, aber die Primitivität war doch nie von der Art Primitivität, an der die scheinbar so differenzierten Seelengemälde der bourgeoisen Kunst litten. Man tut nicht gut, wegen einiger verunglückter Stilisierungen einen Darstellungsstil zu verwerfen, der sich bemüht (und so oft mit Erfolg bemüht), das Wesentliche herauszuarbeiten und die Abstraktion zu ermöglichen. Das scharfe Auge der Arbeiter durchdrang die Oberfläche der naturalistischen Wirklichkeitsabbildungen. Wenn die Arbeiter im *Fuhrmann Henschel* über die Seelenzergliederungen sagten: »So genau wollen wir das gar nicht wissen«, steckte dahinter der Wunsch, die unter der Oberfläche des ohne weiteres Sichtbaren wirkenden eigentlichen sozialen Triebkräfte genauer dargestellt zu bekommen. Um eigene Erfahrungen anzuführen: Sie stießen sich nicht an den phantastischen Einkleidungen dem scheinbar unrealen Milieu der *Dreigroschenoper*. Sie waren nicht eng, sie haßten das Enge (ihre Wohnungen waren eng). Sie waren großzügig, die Unternehmer waren knickrig. Sie fanden einiges überflüssig, von dem die Künstler behaupteten, es sei für sie notwendig, aber da waren sie generös, sie waren nicht gegen den Überfluß, im Gegenteil, sie waren gegen den Überflüssigen. Dem Ochsen, der da drischet, verbanden sie nicht das Maul, allerdings sahen sie nach, ob er drosch. »Die« Methode, an so was glaubten sie nicht. Sie wußten, sie hatten viele Methoden nötig, ihr Ziel zu erreichen.

Die Kriterien für Volkstümlichkeit und Realismus müssen also sowohl weitherzig als sehr sorgfältig gewählt werden und dürfen nicht nur bestehenden realistischen Werken und bestehenden volkstümlichen Werken abgezogen werden, wie es häufig geschieht. So vorgehend, bekäme man formalistische Kriterien und eine Volkstümlichkeit und einen Realismus nur der Form nach.

Ob ein Werk realistisch ist oder nicht, das kann man nicht feststellen, indem man nur nachsieht, ob es bestehenden, realistisch genannten, für ihre Zeit realistisch zu nennenden Werken gleicht oder nicht. Man muß in jedem einzelnen Fall die Schilderung des Lebens (statt nur mit einer anderen Schilderung) mit dem geschilderten Leben selber vergleichen. Und auch was Volkstümlichkeit anlangt, gibt es ein ganz formalistisches Vorgehen, vor dem man sich hüten muß. Die Verständlichkeit eines literarischen Werkes ist nicht nur gegeben, wenn es genauso geschrieben ist wie andere Werke, die verstanden wurden. Auch diese anderen Werke, die verstanden wurden, wurden nicht immer so geschrieben wie die Werke vor ihnen. Für ihre Verständlichkeit war etwas getan worden. So müssen auch wir etwas für die Verständlichkeit der neuen Werke tun. Es gibt nicht nur das *Volkstümlichsein,* sondern auch das *Volkstümlichwerden.*

Wenn wir eine lebendige kämpferische, von der Wirklichkeit voll erfaßte und die Wirklichkeit voll erfassende, wahrhaft volkstümliche Literatur haben wollen, müssen wir Schritt halten mit der reißenden Entwicklung der Wirklichkeit. Die großen arbeitenden Volksmassen sind bereits im Aufbruch begriffen. Die Geschäftigkeit und die Brutalität ihrer Feinde beweist es.

1938

Quellennachweise

I. *Die Expressionismusdebatte in ›Das Wort‹, Moskau 1937/38*

Klaus Mann, *Gottfried Benn. Die Geschichte einer Verirrung.*
  In: *Das Wort* 9 (1937), S. 35-42
  Mit freundlicher Genehmigung der Nymphenburger Verlagshandlung.

Bernhard Ziegler (Alfred Kurella), *Nun ist dies Erbe zuende . . .*
  In: *Das Wort* 9 (1937), S. 42-49
  Mit freundlicher Genehmigung des Autors.

Franz Leschnitzer, *Über drei Expressionisten.*
  In: *Das Wort* 12 (1937), S. 44-53

Herwarth Walden, *Vulgär-Expressionismus.*
  In: *Das Wort* 2 (1938), S. 89-100
  Mit freundlicher Genehmigung von Frau Lina Walden.

Klaus Berger, *Das Erbe des Expressionismus.*
  In: *Das Wort* 2 (1938), S. 100-102

Kurt Kersten, *Strömungen der expressionistischen Periode.*
  In: *Das Wort* 3 (1938), S. 75-81

Gustav Wangenheim, *Klassischer Expressionismus. Impressionen eines sozialistischen Realisten.*
  In: *Das Wort* 3 (1938), S. 81-93

Béla Balázs, *Meyerhold und Stanislawsky.*
  In: *Das Wort* 5 (1938), S. 115-121
  Mit freundlicher Genehmigung von Frau Erny Hunstiger.

Peter Fischer, *Wie beurteilen wir den Expressionismus?*
  In: *Das Wort* 6 (1938), S. 65-71

Alfred Durus (Alfréd Kemény), *Abstrakt, abstrakter, am abstraktesten.*
  In: *Das Wort* 6 (1938), S. 71-83

Heinrich Vogeler, *Erfahrungen eines Malers. Zur Expressionismus-Diskussion.*
  In: *Das Wort* 6 (1938), S. 84-94

Werner Ilberg, *Die beiden Seiten des Expressionismus.*
  In: *Das Wort* 6 (1938), S. 94-98
  Mit freundlicher Genehmigung des Autors.

Rudolf Leonhard, *Eine Epoche.*
  In: *Das Wort* 6 (1938), S. 98-103

Ernst Bloch, *Diskussionen über Expressionismus.*
  In: *Das Wort* 6 (1938), S. 103-112
  Mit freundlicher Genehmigung des Autors.

Georg Lukács, *Es geht um den Realismus.*
  In: *Das Wort* 6 (1938), S. 112-138

In: G. L., *Werke 4. Probleme des Realismus I.* Essays über Realis-
mus. Luchterhand Verlag. Neuwied 1971. Mit freundlicher Ge-
nehmigung des Luchterhand Verlags
Bernhard Ziegler (Alfred Kurella), *»Schlußwort«.*
In: *Das Wort* 7 (1938), S. 103-122
Mit freundlicher Genehmigung des Autors.

II. Ernst Bloch / Hanns Eisler, *Die Kunst zu erben.*
In: *Die neue Weltbühne* (1938), S. 13-18
Mit freundlicher Genehmigung von Ernst Bloch und des VEB
Deutscher Verlag für Musik Leipzig (für Hanns Eisler)

III. *Ein Briefwechsel zwischen Anna Seghers und Georg Lukács.*
In: *Internationale Literatur* (1939)
In: G. L., *Werke 4. Probleme des Realismus I,* Essays über Realismus Luchterhand Verlag. Neuwied 1971, S. 345–378. Mit freundlicher Genehmigung des Luchterhand Verlags

IV. *Die Brecht-Polemik gegen Lukács*
In: B.B.: *Gesammelte Werke* 19. *Schriften zur Literatur und
Kunst* 2 (werkausgabe edition suhrkamp) 1967, S. 290-331
Die Expressionismusdebatte
Praktisches zur Expressionismusdebatte
Die Essays von Georg Lukács
Über den formalistischen Charakter der Realismustheorie
Bemerkungen zu einem Aufsatz
Glossen zu einer formalistischen Realismustheorie
Bemerkungen zum Formalismus
Über Realismus
Ergebnisse der Realismusdebatte in der Literatur
Volkstümlichkeit und Realismus

Es war dem Verlag trotz ausdauernder Bemühungen nicht
möglich, bei allen Aufsätzen die Inhaber des Urheberrechts zu
ermitteln. Diese sind gegebenenfalls freundlich gebeten, sich
mit dem Verlag in Verbindung zu setzen.

Bibliothek Suhrkamp

edition suhrkamp

Alphabetisches Verzeichnis der edition suhrkamp